山右叢書·二編

四

山右歷史文化研究院　編

上海古籍出版社

目　録

楊襄毅公甘肅奏疏

〔明〕楊　博　撰

張志江　點校

楊襄毅公經略疏稿

〔明〕楊　博　撰

張志江　點校

楊襄毅公宣大奏疏

〔明〕楊　博　撰

張志江　點校

楊襄毅公薊遼奏疏

〔明〕楊　博　撰

張志江　點校

蒲坂楊太宰獻納稿

〔明〕楊　博　撰

張志江　點校

蒲坂楊太宰獻納稿卷五 …… 三〇七

蒲坂楊太宰獻納稿卷六

蒲坂楊太宰獻納稿卷十

大椿堂詩選

〔明〕楊　博　撰

張志江　點校

楊襄毅公甘肅奏疏

〔明〕楊　博　撰

張志江　點校

點校説明

《楊襄毅公甘肅奏疏》（以下簡稱《甘肅奏疏》）一卷，明楊博撰。

楊博（1509—1574），字惟約，號虞坡，山西蒲州（今山西永濟）人。嘉靖八年（1529）進士。歷任盩厔、長安知縣，調京爲兵部武庫司主事，升武選司署員外郎，未久實授，遷職方司郎中。隨大學士翟鑾巡視九邊，所過山川形勢、土俗好惡、士卒多寡强弱皆分條記載。博爲人魁梧，幹辦敏給，臨事從容，有識量。帝有時中夜降手詔，博隨事逐條對答，悉符合上意。前後任兵部尚書張瓚、毛伯温都非常倚重他。遷山東提學副使，轉糧儲參政。嘉靖二十五年，越級提升爲右僉都御史，巡撫甘肅。大興屯田，開鑿水渠，募民墾荒。境内屬番罕東時與居民械鬥，爲築七堡徙居之，州境肅然。進右副都御史，以母憂歸。仇鸞鎮守甘肅，博曾揭發其貪罔三十事。鸞拜大將軍，屢次詆毀他，帝不聽。服闋，鸞已伏誅，召拜兵部右侍郎，轉左侍郎，經略薊州、保定。因潮河川水勢建石墩，置戍守。還京，督京城九門。遷總督薊、遼、保定軍務，分布諸將，晝地爲守。嘉靖三十三年秋，蒙古把都兒及打來孫十餘萬騎入犯薊州。博身不解甲，督兵力戰。寇攻打邊墻，四晝夜不得入，退屯虎頭山。博募敢死士，夜以火驚其營。寇擾亂，天亮前悉退去。進右都御史。次年，打來孫入犯益昌，博復擊退之。升任兵部尚書，加太子少保。嚴嵩父子招權納賄，博一概阻撓，令其不得恣意而行。嵩惱恨博，适逢博丁父憂离任。後原兵部尚書被免職，特舉博代之。以大同右衛被圍緊急，改博總督宣、大、山西軍務。博厚恤士卒，奏行善後十事。留鎮撫，奏請蠲免被擄掠地方租賦，徵集其丁壯爲義勇，分隸諸將。同時製造箱車，繕治邊墻，戍守銀釵、驛馬諸嶺，備禦居庸南山。又於大同牛心山諸處築堡建寨、修墩浚濠，五旬竣工。加太子太保，留鎮如故。後改薊遼總督。嘉靖三十八年，秋防事完，廷議欲召博還朝爲兵部尚書，吏部尚書吴鵬不同意。兵部右侍郎鄭曉争之曰："博在薊、遼則薊、遼安，在本兵則九邊俱安。"乃召還，加少保。時帝甚憂邊務，博每先事爲備，帝眷寵、倚重如左右手。嘉靖四十二年十月，寇大舉進攻薊州，聲言欲犯遼陽。總督楊選率軍東上防禦，博發文制止，又連致手書三封，選終不聽。博急徵兵入援，寇已毁墻子嶺邊墻，進犯通州，大掠順義、三河而去。帝怒，誅楊選，念博前功，未予加罪。嘉靖四十五年，改任吏部尚書。隆慶改元，博一品滿三考，進少傅兼太子太傅。後以直諫忤旨，稱病辭官回鄉。隆慶五年（1571）大學士高拱掌管吏部，薦舉博堪任兵部，詔以吏部尚書署理兵部事。拱欲以大罪中傷原内閣首輔徐階，博造訪拱，極力解勸，事方獲已。隆慶六年，高拱罷，博改任吏部尚書，進少師兼太子太師。張居正欲羅織拱罪狀，博毅然争之，人以是稱博爲長者。萬曆元年（1573）秋，發病，上疏乞致仕。次年病故於鄉。贈太傅，謚襄毅。

楊博戎馬一生，所至之處頗有建樹，建白、奏議及詩文頗多。據清黄虞稷《千頃堂書目》卷三著録有："《襄毅公奏疏》四卷，又《歷官奏議》十七卷，又《經略疏議》二卷，又《職方郎官疏》六卷，又《撫臺疏議》二卷，又《本兵疏議》二十四卷，又《太宰楊公獻納稿》十卷。"《明史·藝文志》著録有："《獻納稿》十卷，《奏議》七十卷，詩文集十二卷。"各書所載書目、卷數頗不一致。追根溯源，楊博的著作應以其次子楊俊士《恭請先襄毅公〈本兵疏議〉序狀》的記載爲準。據該文記載，楊博任兵部職方司郎中，有《職方郎官草》；巡撫甘肅，有《甘肅奏議》；經略薊、保兩鎮邊務，有《經略疏稿》；總督宣大、山西軍務，有《督府奏議》；兩度總督薊遼、保定軍務，有《兩督奏議》；任吏部尚書，有《獻納稿》。萬曆三年，即其去世次年，楊俊士又將楊博三度入主兵部之奏疏整理成書，名曰《楊襄毅公本兵疏議》。總其一生，楊博共有奏疏七種。明張四維《虞坡楊公行狀》即據此記載爲："所著有《虞坡文集》八卷、《詩集》二卷、《歷官奏議》凡七種共七十卷、雜著四卷。"明唐鶴徵《皇明輔世編》卷六《楊襄毅博傳》也據此記載爲："所著《虞坡集》、《詩集》、雜著、《歷官奏議》，凡八十四卷。"據此，楊博的著作，除《職方郎官草》六卷、《甘肅奏議》（卷數不詳）、《經略疏稿》（卷數不詳）、《督府奏議》（卷數不詳）、《兩督奏議》（卷數不詳）、《獻納稿》十卷、《楊襄毅公本兵疏議》二十四卷，即張四維等所説的"《歷官奏議》凡七種共七十卷"外，尚有《虞坡文集》八卷、《詩集》（或名《大椿堂詩集》）二卷、雜著四卷。

《甘肅奏疏》即楊博巡撫甘肅時的奏疏彙編，凡查處屯田、修築城堡、興復學校、賑貸饑饉、安插屬夷、檢舉欺罔、興革利弊，等等，無不涉及，是研究當時甘肅政務、邊防和軍務的珍貴史料。《甘肅奏疏》，據楊博次子楊俊士《恭請先襄毅公〈本兵疏議〉序狀》記載，原名《甘肅奏議》，嘉靖二十七年刊刻於甘肅。該本民國時尚有殘本存世，《續修四庫全書總目提要》（稿本）即著録有明嘉靖刊本《甘肅奏議》自二卷至五卷共四卷。此本今佚。現存《甘肅奏疏》一卷，共十一篇，收於今人劉明陽所藏明刊本《楊襄毅公奏疏》中。《續修四庫全書總目提要》（稿本）陳鍌所撰《甘肅奏議》提要稱："包御史節寓[一]序十一篇本云，治甘大典有六，興學校則有專責監司之疏，贍輸餉則有修復屯田之疏，給馬政則有通融之疏，禦西域則爲裁勒貢夷之疏，闢疆宇則有繕固境外之疏，惠士卒則有剪刈牟食之疏。今校勘十一篇内，僅有查處屯田及制禦西夷二疏，餘四疏均在此編内。”據此，同時參考《楊襄毅公奏疏》中的《經略奏疏》一卷本、《本兵奏疏》十二卷本與現存《經略疏稿》二卷本、《本兵疏議》二十四卷分别對比的情況來看，《甘肅奏疏》應爲《甘肅奏議》節本，篇目、文字均有大量删减。此外，北京大學圖書館所藏舊抄本《楊襄毅公奏疏》中又有《甘肅奏疏》四卷，和《甘肅奏疏》一卷本内容完全一樣，僅僅是分卷不同罷了。此次點校，即以劉明陽所藏明刊本《楊襄毅公奏疏》中之《甘肅奏疏》一卷本爲底本，參校以北京大學圖書館所藏舊抄本《甘肅奏疏》四卷本（簡稱“舊抄本”），以及明陳子龍等《明經世文編》等書所選載的楊博的部分奏疏。

校勘記

〔一〕“節寓”，包節《甘肅奏疏序》落款“包節寓允吾撰”，陳鍌即以“包節寓”稱之。其實包節字元達，号蒙泉。“寓允吾”，爲寄居允吾（西北古地名，音沿牙）之意。

《甘肅奏疏》序

昔魏相佐漢宣帝中興，數條賈誼、鼂錯、董仲舒所言，奏請施行之。迨宋臣蘇軾上札子神宗朝，乞將陸贄奏議繕寫進呈，反覆熟讀。夫以魏、蘇氏之賢，推右四子若此，非愛其論説皆國家長畫，可咨故寔、切治道者耶？載觀權德輿叙贄集，又拳拳以才、位、時爲説，若有未厭然者。以彼其才而當時未能盡用，人又安能無遺望乎？夫席儒腐議，率皆溝猶俗吏淺聞，要非炙轂，均之不能暢達政體，洞悟主聽，此才之所以爲難也。即使才如四子，長於匡建，若滯伏卑散，逢會齟齬，非位非時，奚究於用？此説之所以爲難也。乃觀虞坡楊公之章疏，若其才其位其時不重愜德輿所望者耶？今玆大夫士將無與魏、蘇氏同心者耶？嘗聞公覃思六經，搜獵百家，既已有年，後又久宦職方氏，愈益究心掌故，以周知邊郡之扼塞要害，嘗坐策赤白囊奔命書無遺算，蓋自郎署時簡于帝心，人無不以吉甫、方叔望之矣。未幾，稍遷藩臬，尋擢中丞，撫循河右也。乃日夜專精勵意，以酬其位與時者，罔遣餘力，數言邊事利病得失，章數十上，無不報可，河西百八十年未備之政繇是燦然。興學校則有專責監司之疏，贍輸餉則有修復屯田之疏，給馬政則有通融茶法之疏，禦西域則有裁勒貢夷之疏，闢疆宇則有繕固境外之疏，惠士卒則有剪刈牟食之疏。此其大端也，他未易更僕數。是可以見明練之識焉，見綜貫之學焉，見雅辯之文焉，見甲乙之令焉，見慎臧之慮焉，見姚遠之業焉，見體國之誠焉，見轉圜之機焉，所以究宣德意、膏雨荒遐者，皆其善言事之力哉！非夫遭際明盛之朝，當經略之寄，又惡從用適其才若此？然特河西章疏也。繼自今端委廟堂，翊贊樞衡，陳皋陶、稷、契之謨，以繼都俞吁咈之盛，非公今日事耶？非中外士所厚望於公者耶？憲副東鹿喬君載涖兹土，每讀公疏輒嘆曰："河西故寔其在兹乎！久而弗傳，將多放逸。"乃謀都閫柳君，勒之貞材以視不朽云。憲副簡予曰："美則愛，愛則傳。"於戲！其即魏、蘇氏之意歟。兹疏傳，而四子者可得專美於漢唐哉？

嘉靖戊申孟夏，前監察御史檇李包節寓允吾撰

查處屯田疏

欽差巡撫甘肅等處地方、都察院右僉都御史臣楊博謹題：爲查處屯田，計安地方事。臣以庸劣誤蒙聖明付以邊撫重寄，任事以來，其於地方利弊靡不悉心講求。大要河西事體重且大者，莫過於屯田一事，遂[一]即案行守巡、兵備四道，各將境内荒蕪田地通行查出。或上下水利不通，應該挑浚；或人力、牛種不敷，應[二]該處給；或從來抛荒未種，應該開墾：逐一議處明白。每處畫一小圖，貼説其上，陸續送閱。果有父子兄弟[三]相率力田者，即以姓名開呈，動支官錢買辦羊酒、花紅犒賞。惰農自安者，各舉數人，量加懲治以警其餘去後。節據分巡西寧道副使鍾鑑先將鎮城迤南荒田開報到臣，如黑河水龍灞則有荒田二十餘頃，洞子渠則有荒田一十三頃，馬子渠則有荒田一頃，大滿渠則有荒田四頃。即鎮城一面荒蕪之田至於如此，其他十五衛所可概知矣。臣即督同鍾鑑前去各該地方逐一踏勘，召人承種，不見有響應者。會集父老問之，咸以爲往年興復屯田，或種未入土，名已入册；或人已在逃，糧猶如故。不知虜至則不得耕牧，水淤則不能灌溉。其從來抛荒之地，雖節奉事例，永不起科，官司一概追徵，更無分别。未受富饒之利，先罹剥膚之害，以故寧甘貧窶，不敢承認。臣惟甘肅地方與延綏事體大略相同，先年河東民運皆係本色，後因輸納不便，改本爲折，遂致二鎮漸次蕭索。延綏守臣無歲不討内帑者，以其計無所出，不得不仰給也。甘肅苟且支持，未嘗率意陳乞者，非守臣之才過于延綏，以其地土肥饒，猶可耕牧故也。臣自入境以來，見所至荒田不下萬頃，遂極力經理，期於少效。乃今備咨輿情，始知其受病源委全在於催科之不清，而法令廢閣實由于勸懲之未至。若不急爲處分，河西生計日就窮蹙，臣恐萬不得已，又將如延綏之奏討矣。以内帑有限之財，應諸鎮無厭之請，匪惟該部難於區畫，亦非臣等邊臣體國之忠也。昔漢趙充國、唐郭元振在河西咸卓然著聲，考其所爲，充國則上屯田便益，以逸待勞；元振則修通河渠，盡水陸之利。今時雖云異，勢不甚殊，倣二臣之意，而不泥于其迹，固亦存乎其人焉耳。如蒙乞敕該部，將原奏各邊拋荒地土聽其儘力開墾，永不起科，其舊曾起科，荒蕪年久，仍要用力開耕，應納子粒一體蠲免事例再加申明，行臣遵守。仍聽臣將在城甘州左等五衛并山丹衛高臺所行分巡副使鍾鑑，凉州、鎮番、永昌、莊浪、古浪五衛所行分守參政張璽，肅州衛鎮夷所行兵備副使趙得祐，西寧衛行兵備副使王繼芳，各會同副參、遊守等官，督同衛所掌印、管屯官員，及兹邊警少緩之時，將一應荒田查議停當，候明年春暖刻期舉行。合用錢糧、人工等項并未盡事宜，臣當往來調度，次第整理。各官果能加意區畫，有益地方，事完查上勞勩，該部一併録叙。怠惰誤事者，具實論劾。其衛所官吏、知數人等，若仍敢將荒田作弊，朦朧起科，嚴行拿問，從重治罪。中間如有應免子粒，亦許從實查免，不得徒事虚文，庶政有條理，人自樂從。臣猶恐議者必以爲永不起科大便小民爲疑，不知損上益下，藏富於民，實自古經略之長策。若使民果富饒，臣欲鹽糧則鹽糧有餘，臣欲銀糧則銀糧有餘，臣欲清補節年屯糧則屯糧有餘，所謂“投之所向，無不如意”。不然，則民方餬口不給，遑恤其他。萬一虜騎衝斥，倉廩匱竭，河西不幾於坐困乎？此臣之所以蚤夜圖維，不能已於有言也。臣不任懇切覬望之至。

該户部覆議相應，奉聖旨：“是。原拋荒的地土，任民盡力開墾，永不起科。舊曾起科、今荒了的，召民一體開墾，應納子粒准蠲免十年，不許徵擾，待其成熟，奏來定奪。邊臣敢有變亂的，巡按御史參奏，拿來重治。”欽此。

議處公用銀兩疏

題：爲議處公用銀兩以革宿弊以蘇邊人事。行據分守西寧道右參政張璽等呈稱，公用銀兩始自嘉靖玖年，巡撫都御史趙載因修理鎮城鼓樓，暫令店户、流民、酒户、屠行各量出銀兩，買辦顔料等項支費。後至嘉靖十九年，巡撫都御史牛天麟因各項公費浩繁，苦累衛所軍吏，案行各道，審派店户、流民、酒屠、油舖等項，量力厚薄，上納銀兩，專備進賀、表箋、盤纏、鄉飲、祭祀等項支用。以後相沿，遂以爲常。雖係一時補偏救弊之法，實爲一方割肉充腹之患，委當停革以蘇軍困。查得甘州左等一十五衛所，每歲公用銀共該銀一千五百七十三兩四分八釐。及查得鎮城太監府遺下湖草、菜果、磨課等項，每歲共收銀三百四十餘兩；税課司課程正附銀，每歲約有八九百兩。西寧税課局課程銀，每歲一百一兩七錢七分；磨課銀，每歲收有三百七十一兩。凉州衛副總兵没官園圃四處，每歲租糧銀六十九兩九錢；税課局課程銀，每歲三百六十兩六錢；地畝馬價糧斂餘銀，每歲約有三百餘兩。永昌衛地畝馬價糧斂餘銀，每歲約有一百餘兩。鎮番衛地畝馬價糧斂餘銀，每歲約有七八十兩。莊浪衛税課局課程銀，每歲二十九兩九錢四分；地畝馬價糧斂餘銀，每歲約有一百六十七兩。古浪所地畝馬價糧斂餘銀，每歲約有二十餘兩：俱係無礙，堪以動支，以補前項公用之費。但往時賞番、賞功、買補驛站騾馬，多於數項銀内取給，乞爲詳奪，等因。具呈到臣。先該臣巡蒞凉、莊、山、永等處，節據軍人范禄等告稱，各役俱係馬、步軍身，各有正經糧差。本衛所不知何故，又以賣酒、賣飯等項些須生理派徵公用銀兩。公使臨門，急於星火，以致老稚皇皇，寢食弗寧，寔是無名之徵，乞爲查革。或一處而告詞八九十紙，或一詞而聯名數十百人，哀悲之聲，至不忍聞。已經通行守巡、兵備各道查議去後，今據前因。臣惟腹裏州縣設有里甲，編有均徭，以故諸凡公費，章程炳炳，不惟經管者無弊可作，抑且輸納者無詞可諉。本鎮地方僻在河外，舉目皆軍，雖有一二軍舍餘丁，自有本等糧差。乃今計無所出，漫於屠沽、負販横加科擾，官府之經費十不及一，奸人之侵冒十已八九，兼之追併嚴急，甚至有力不能辦，因而自盡者，生計日蹙，元氣漸耗，臣待罪地方，私切痛之。但諸凡典禮，如祭祀、鄉飲等項，揆之於義，皆不可廢。既經守巡、兵備各道將應補銀兩議報前來，係干民瘼，相應急爲題請。如蒙乞敕該部再加查議，行下臣愚，每歲預行各道，將議定磨課、課程、地畝糧銀、園圃租銀稽查明白，通融分發各該衛所，定委掌印官收掌，遇有公費，照數動支，仍置立循環文簿二扇，開造於上，每季終循去環來，赴臣倒换查考。此外敢有科剋一錢者，聽臣與巡按御史拿問究治。再照前項銀兩，雖議處補，然地畝糧銀則年歲有豐有歉，課程税銀則商旅有多有寡，難以則定數目，且賞番、賞功多於此中支給，以後萬一不敷，未免又復科剋。臣自接管以來，遵照户部題奉欽依事理，將各衛所月糧各置立格眼文簿，每軍一名，上書姓名，下分十二格眼，每月填注支過糧銀數目，或逃亡、事故緣由，以故官旗知警，還官糧銀邇來漸多。此雖經費正數，然前此皆侵漁於豪猾之手，即今盡數歸官，殊爲有益。倘公用不敷，以此還官之銀量爲查補，計亦無不可者，伏望併賜裁處。

該户部覆議相應，奉聖旨："是。"欽此。

修築緊要城堡疏

題：爲修築緊要城堡以弭虜患事。據分守西寧道右参政張璽呈，蒙臣案驗，依蒙，行據監收鎮番倉秦州判官甘宗道呈稱，公同鎮番衛掌印指揮何淮等親詣本衛大城周圍閲視，查得西城一面沙壅，并將應該添築等事議估開報前來。又據監收凉州廣儲倉秦州判官袁澍呈稱，凉州柔遠驛、懷安驛、靖邊驛三堡俱各不堪，先年屢議修理，因循未舉，查係番虜交馳之地，萬一失守，貽患匪輕，相應併議，等因。具呈到臣。爲照本鎮地方斗絶羌胡之中，孤懸河湟之外，度勢審時，較之沿邊諸鎮獨爲難守，而經制長策大要亦不出於趙充國“留兵屯田，部[四]曲相保”、“塹壘木樵，校聯不絶”之數言。蓋以静制動，以逸待勞，以坐收成算，而區區攻戰之末不與焉。臣以駑劣，以今歲七月之初始至鎮城，深惟積穀重農第一要務，故亟將屯田事宜議擬題請。其次則繕城郭，起塢堠，謹烽燧，良不容緩，乃備行守巡、兵備四道，將概鎮城堡、墩臺通行查處。昨因八月、九月農工告畢，已將甘州張欽等堡應添置者次第添置，應修飾者次第修飾，事涉瑣細，不敢塵瀆聖聽外。但惟鎮番地方北出凉州二百餘里，曠遠寥闊，寔與宣府獨石、馬營相類。昔人謂於凉州北境磧中建置城垣，控其衝要，自是寇不敢復至凉州城下，即此處也。乃今風沙擁積，幾於城埒，萬一猾虜突至，因沙乘城，豈惟凉、永坐撤藩籬，寔甘肅全鎮安危所繫。至于凉州柔遠、懷安、靖邊三堡，亦皆番虜往來出没之所，垣墻低薄，壕塹淤塞，雖嘗屢議修築，止緣無人任事，旋議旋罷。今右參政張璽欲要於鎮番添築關厢，一則消除沙患，一則增置重險，并將修飾柔遠等堡事宜開呈前來，謀之父老，咸爲可行，質之官寮，殊無異議，急當整理。但夫役動調衆多，錢糧經費浩繁，事體頗重，固非臣愚所敢擅舉。如蒙乞敕該部再加查議，稍待來年春暖，土脉融和，容臣查照所議刻期舉行，未盡事宜，徑自查處。仍行參政張璽、凉州副總兵蕭漢，往來督視，務期一勞永逸，保障地方。

該兵部覆議相應，奉聖旨："着撫鎮官用心舉行。"欽此。

興革地方事宜疏

題：爲興革地方事宜以省財用以防虜患事。行據守巡西寧道右參政張壐、副使鍾鑑將覆議過"裁冗贅以省濫費"、"息調遣以厚藩籬"、"添城堡以實空虚"、"設操守以便堵截"四事備細緣由，會呈到臣。臣會同鎮守總兵官、太子太保，咸寧侯仇鸞議照，天下之事有可已者，有弗可已者。可已而弗已，是之謂勞以多事；弗可已而已之，是之謂盭而罔功。況今邊圉之政千瘡百孔，即有興革，必須詳察時宜，廣求輿論。成大事者不惜小費，務遠略者難計近功，故《經》曰"革而當，其悔乃亡"，則知自古聖人於改革之際未嘗不三復而致意也。所據巡按御史張坪條陳興革四事，既蒙聖明下臣再議，臣雖至愚極陋，與有地方安危之責，是以不敢依違，僭陳末議。伏乞敕下該部，再加議擬，早賜裁定。

該兵部覆議相應，奉聖旨："是。准議行。"欽此。

計開：

一、議裁冗贅以省濫費。臣議得，制禦之方不嫌詳密，興革之際極當慎重。且如凉莊遊擊一事，卒然議設，卒然議革，若以今日之革爲是，則前日之設爲非；前日之設爲是，則今日之革爲非。理貴會通，不宜懸殊。荷蒙聖明軫念邊防，下臣再議，河西人士無不舉手加額，以爲神謀淵慮，明見萬里之外。臣自本年六月十八日渡河而西，周歷凉、莊之間，如古浪、黑松、安遠、鎮羌、岔口等處，親見墩堡殘破，耕牧廢弛，行旅震慴。因備詢守巡、副參、遊守等官，咸謂此正海、套二虜交馳之所，前巡撫都御史趙錦深知其患，議添遊兵一枝，誠於地方有益。但彼時倉卒舉事，慮之殊未周詳，處之多未穩妥。舊遊兵往來輪戍，人猶以去親戚、離墳墓爲難，今兹新兵經年在外，不得休息，以故人心厭苦，首倡罷兵之説。此處之未當一也。原議春夏駐札凉州，秋冬駐札莊浪，不知凉州已有分守、副總兵，莊浪已有分守、參將，又留遊兵在彼，所謂“以有用之兵置之無用之地”。處之未當二也。客兵遠戍，全在多方撫綏。行糧既不以時查給，月糧多被官旗侵隱。且營房未設，棲止無所，感事興懷，歸思孔切。此處之未當三也。今日之計，補偏救敝則可，因噎廢食則大不可。譬之塵垢之衣，少加澣濯，自當一新。若四分五裂，未免竟爲長物。所據裁省遊擊，臣寔不敢輕議。以臣愚見，莫若將凉莊遊擊免行裁革，照依永昌遊擊事例，移于安遠堡駐札，東制鎮羌、岔口以達莊浪，西制黑松、古浪以達凉州，無事團聚操練，有警分布截殺。倘遇徵調城池，仍令備禦官軍照舊防守。其遊擊官廨、官軍營房并展修關城等項，臣先是已嘗區畫停當，容臣次第舉行。近城荒田聽各軍自行開墾，永不起科。仍將遊兵除防秋時月不議外，閑暇之時量爲定立班次，令其取討衣鞋以示休息。合用行糧、料草即於安遠堡設立倉場，或派給鹽引，或發銀糴買、委官收受，務足支用。應得月糧，有妻孥在衛者於本衛關支，無妻孥者聽分守西寧道不拘常規就彼議給，庶人情、事體兩不相妨，實爲長便。

一、議息調遣以厚藩籬。臣議得，鎮番地方突出凉、莊、山、永之外，寔與宣府獨石、大同右衛孤懸相似。兵部謂藩籬不固，堂室難保，誠爲確論。即今城被沙壅，害已剥膚，臣已議築關城以消隱憂，正與各官所慮相同，除另本具題外。所據原議“息調遣以厚藩籬”一節，參酌先後，計處俱已周詳，無庸别議，合照原議施行。

一、議添城堡以實空虚。臣議得，建城設所，事體重大，必須控其要害，如昔人立古浪而虜患屏息，立鎮番而虜不敢復至凉州城下，方爲百年長計。今議所謂永寧堡者，乃在鎮番野猪灣之内，其外猶有宫家、鄭家等堡，即使不煩兵力，所果可立，亦恐無益於成敗安危之數。臣初欲自鎮番野猪灣起，至永昌平口止，築墻挑塹。行委参政張璽，副總兵吉象、蕭漢勘處，各官謂地土沙鹻，不堪築墻，且去水甚遠，挑壕亦難輕〔五〕舉，止應於迤北平泉、天池、塔兒灣、葦蘆泉空處各添一墩，已經集議停當，稍待春暖，既當舉行。雖未能全收保障之功，烽燧既明，趨避頗易。况遊兵既不裁革，别再無兵可以撥補，所據永寧立所之議似應停罷。

一、議添操守以便堵截。臣議得，永寧堡原設防守把總官一員，止領軍二百，委屬單弱。今既不能立所，操守亦難添設，止應量爲增置，緩急方克有濟。合無除舊兵外，再於永昌軍内撥二百名，共凑四百名，相兼戍守。如遇宫家、鄭家等堡有警，聽防守官統領，一體防範截殺，仍隸永昌管轄。其王允亨不必更動，照舊領班備禦，一應銓官等項事宜俱可停罷，以省煩擾。

開陳制禦西夷事宜疏

題：爲開陳制禦西夷事宜以備采擇事。照得諸番之中，惟回夷最爲奸狡，而回夷之中，土魯番尤爲驕悍，經制長策，自古稱難。且如嘉靖二十四年，本不係應貢之期，輒敢踵習故智，擁衆叩關，于時處之一失機宜，遂致流毒滋蔓，不可救藥，至勞聖明親賜裁斷，方始讋服。及今若止爲目前之圖，不求善後之計，臣恐將來河西之患寔自此始。用是廣咨博訪，擇其尤切要者條爲三事。臣待罪邊陲，目擊時弊，非敢苟爲一身之謀，直以厝薪之火其憂方大，是以不得不竭其愚慮。如蒙乞敕該部再加議擬，如果有補夷情，早爲裁覆，行下遵守，臣愚幸甚，地方幸甚。

該禮部覆議相應，奉聖旨：“依擬行。”欽此。

計開：

一、定事例以服夷心。臣惟土魯番等地面并哈密入貢、伴送等項節年題准事例雖已鮮明，緣五年方有一次，官更吏改，事體茫然，以致積年猾夷肆其欺誑，反覆辯析，極勞頰舌。臣近日奉旨議處夷情，遍問官寮，俱稱新任，舊事不知，雖兵守大吏，亦不過道聽塗説，無所可否。不得已，乃取收架文卷細加搜閲，兵火之餘，散漫殘缺，止得其概，以意會之，僅能終事。仰惟朝廷典制炳如日星，凡在臣民，無不拭目快睹，矧兹制禦戎虜之方，關涉特重，似不宜漫無統會，一至于此。合無聽禮部將節年西夷事例逐一查出，約節成書，刊印二三百本，發下本鎮，大小官員各給一本。今次夷人貢回之日，各地面頭目、正使，禮部亦各給與一本。庶幾典章、法制一覽無遺，不惟邊臣有所持循，蠢爾夷裔自亦不能售其奸矣。

一、息刁詐以全國體。臣惟朝廷所以制御臣下者，禮與法也。禮以網之，刑以維之。失禮則入於刑，國之經也。至於小民之挾制官府相與奏訴者，雖得其情，猶爲之全其體貌，投鼠忌器，正所以尊國體也，而况華夷之辨，尤當致慎者乎！臣近日奉旨議處夷情，移文肅州兵備、參將等官，率皆縮頸歛手，不敢片言理論。臣質其故，乃曰："是夷奸險，某年詰奏，某人已拿問矣，某年詰奏，某人已落職矣，以是不敢。"臣不勝忿激，以爲朝廷設置邊臣，專爲制禦戎虜。若人人遠嫌避咎，不知將何賴焉。遂不得已，親爲查審條列以聞，業已奉有俞旨，無容別議，但方來之事不可不慮。查得嘉靖十二年，土魯番夷使馬黑麻、虎力孄翁等奏稱太監陳浩貪黷之狀，節該禮部議得，既不可墮外夷之計以損國威，亦不可失遠人之心以招邊釁，又不可縱邊臣之貪以屈國法，在朝廷當大有處分，方保不害治體，詞嚴義正，可謂深得安攘之要。合無查照該部題奉欽依事理，今後夷人訐奏大小官員不法事情，差官體勘，果係裝誣，即將夷人重加戒諭，令其曉然，知聖明在上，昭如日月，纖毫刁詐，不容欺弊。如所奏得實，先將夷人督發出關，方許請旨，將有罪人員從重處分，雖置之極典亦不爲過。庶幾夷心稍戢，國體允全，而奉法之臣亦自可以展布矣。

一、定供億以絶覬望。臣惟西域賈胡嗜利無厭，雖升合毫釐，無不多方告擾。且如廩糧一事，據肅州衛申則云進貢該廩給存留該口糧，甘泉驛申則云正、副使該廩給存留該口糧。臣細加稽考，如果節年事體不一，蓋皆邊臣相與因襲，原無題准定例。臣嘗與守巡、兵備各官虚心計議，咸謂正、副使廩給從人口糧，于理猶爲近似，蓋名位有等，供億因之差别故也。又如存留給軍、給驛馬匹，一向相沿，上馬價十二兩，中馬價十兩，下馬價八兩，斟酌調停，俱已平妥。各夷猶且屢屢告要增添，苦無厭足，亦緣原無定例，故彼得以肆其奸爾。臣愚以爲此等事情，迹若輕小，其在夷情則關涉頗重，不可不爲畫一之政。合無將前項廩糧、馬價聽兵部議擬停當，併入禮部新定事例之内，以後庶幾便於遵行，不致煩擾。

邊方學校十分廢弛疏

題：爲邊方學校十分廢弛，乞專責成以隆聖治事。臣惟自昔聖王之政，莫不先於建學立師，非徒爲一時觀美之具也，大要以明倫爲上。故學校荒穢則教化陵夷，教化陵夷則風俗頹敗，士綱人紀，因之弗振，其所關涉者豈細故哉？我國家自混一以來，絶徼窮荒，莫不有學。其在陜西，如延綏，如寧夏，則文雅蔚然，科第相望。本鎮百八十年來，甲科不過一二人，鄉科亦僅僅數人，方之二鎮，天淵懸絶。臣近日將生徒略加考校，大半皆句讀不通之士，亟求其故，寔因提學官經年不到，無所懲勸，以故狼狽至此極爾。夫甘肅，《禹貢》雍州之域、漢五郡之故地也，明德碩望，代不乏人，乃今落落至此，臣待罪地方，心竊痛之。議者皆欲責望于提學官。本鎮去陝西千餘里，提學官一人，八府、三邊皆其督理，即使精力有餘，亦且不能遍歷，而况警報時聞，動見阻隔。弘治間，提學副使楊一清始曾一至。昨嘉靖二十四年，副使楊守謙方至凉州，又復中止。非諸臣怠緩，自廢官常，此其勢固有所不能也。議者又謂分巡副使可以就近督理。夫分巡副使固爲十五衛所糾〔六〕察奸弊設也，近日題奉明旨，與分守、兵備分管地方。如分巡則管甘、山等七衛所，一應錢糧出納皆其綜理，駐札鎮城，時不可離，乃責之以巡歷之役，兼之學校之政，此其勢尤有所不能也。議者又欲將管糧僉事復設，分巡副使專管學政。不知河西止十五衛所，已有守巡、兵備四員，畫地經理，官已備矣，若又增設管糧僉事，所謂“官多民擾”，此其理又有所不可也。臣嘗會集官屬、父老人等，遍加咨訪，咸謂巡按御史歲一巡歷，所至未嘗不考校生徒，止無進黜之權，士心玩愒。若使之兼董學政，揆之事勢，似爲穩便。臣又虚心量度，御史管學，官不增設，而學政可舉，其便一也。學政既舉，而澆漓之俗居然可變，其便二也。武弁子弟寄學作養，忠義敵愾之氣因之發作，其便三也。環住諸夷習聞弦誦之聲，疏野之性可以潛消默化，其便四也。用是不避煩瀆，僭爲陳請，如蒙乞敕禮部再加議擬，如果臣言可采，將本鎮學校照依遼東事例，專敕巡按御史管理，其陝西提學副使不必干預。再照腹裏地方有有司官員，月考在教官，季考在府州縣官，歲考在提學官，上下相承，體統不紊。本鎮皆軍衛衙門，掌印指揮、千户類多不解文義，無能提調。合無將季考事理，甘、山等七衛所行分巡副使，肅、鎮二衛所行甘肅兵備副使，凉、莊、鎮、永、古衛所行分守參政，西寧衛行西寧兵備副使，各分投管理，仍聽巡按御史稽查，復命之時第其勤惰，一併舉刺。臣之愚見如此，但事體重大，伏乞聖明俯賜裁處。

禮部覆議相應，奉聖旨："准議。"欽此。

大將欺罔貪暴疏

題：爲大將欺罔貪暴，重失人心，懇乞聖明亟賜黜治以安重鎮事。照得本鎮地方孤懸河外，南番、北虜、西夷，三面受敵，視之他鎮，獨爲難守。粤自海虜盤據土魯番侵擾以來，兵馬日見消耗，田土日見荒蕪，塢堠日見廢弛。譬之久病之人，尫羸待斃，必須加意調息，庶幾元氣漸復，邪氣不能乘虚而入。若更加摧暴，鮮有不速其顛隕者。是故甘肅之安危繫全陝之安危，全陝之安危繫天下之安危，節鉞重臣焉可久以匪人乘之哉？竊見見任甘肅總兵官仇鸞到鎮以來，欺罔貪暴之事不可殫述。臣自去歲七月與之同事，私念將材難得，若肯矢心改圖，未可輕棄，是以百凡極力規正，以求同心體國之義。近該兵部題奉欽依，備行總督侍郎、巡按御史，勘其科剋不法事情。鸞自分罪不容掩，益復爲囊槖之計，剥削之害，淪於骨髓，一時民謡謂："甘肅人無心，皆鸞剜之；甘肅人無腦，皆鸞掏之。"興言及此，可勝酸楚！臣待罪地方，與有糾察之責，是以不敢終默，請即其罪惡之顯著者爲聖明陳之。

嘉靖二十三年五月内，海虜由西寧掜爾朵硤出没，西寧衛百户孫繼祖、柴茂，總旗崔彦真各斬獲首級二顆。仇鸞假以首級不真爲由，差人提至永昌，共嚇要金二十兩、銀二百兩、馬五匹，俱憑家丁宋英過送。又聽宋英撥置，謂"提到不行軍法，恐有物議"，每人仍各重責三十，陸續俱死於道，屍見浮坵，殊爲可憫。此其不法者一也。各邊鎮守總兵原無進馬事例，仇鸞大肆欺罔，每年假以進貢爲名，牽運馬匹入京，冒支糧草。如嘉靖二十三年十二月内，則差家人張淮、郭名、仇玄、袁章，醫獸郭漢、張四加，軍伴多元帥、李官子、陳鬧兒等，共牽馬一十二匹。二十四年十二月内，則差千户汪洋，頂作王洋，醫獸楊玘，總旗孫祥，軍人王瑾、趙禄，夜不收田十一、李貴，共牽馬一十匹。二十五年十月内，則差夜不收孫康兒、米辭兒，舍人楊林、王印，家人時義，共牽馬六匹：俱有沿途驛遞應付關文可查。此其不法者二也。原任鎮守張太監家人張源，山丹衛寄住，專與仇鸞在土關兒一帶占種軍田。今嘉靖二十六年，因年成薄收，租糧不及原數，仇鸞差人提至甘州，重責三十，發甘州左衛鎮撫劉墇問罪，間因傷身故。不因軍馬，不因錢糧，擅將平人打死，殊爲可惡。此其不法者三也。各邊鎮守總兵官不許擅受民詞。仇鸞不遵禁例，一應户婚、田土詞訟，無不接受，陸續批發鎮撫等官，希圖追收紙贖。如西寧守備薛卿違法多端，被本衛老幼牛禄告發，仇鸞乃批行薛卿自問，謝禮銀一百兩、馬二匹。近升甘肅遊擊，差軍吏李遇春又送金二十兩、銀一百兩。兩次發去馬五匹，易賣金四十兩，俱係夜不收李阿金往來催取。見該臣將薛卿參問。此其不法者四也。體勘功罪，乃巡撫、巡按職掌。今嘉靖二十六年正月内，凉州失事，臣與總督軍門俱案行分巡西寧道查勘。仇鸞詐稱稾由己出，嚇要甘肅游擊王勛銀三百兩，旗牌藍英過送；凉州副總兵蕭漢銀三百兩、馬一匹、段二疋，百户佘恩過送：許其爲伊出脱罪名。後該臣與總督軍門具實參奏，見今革任聽勘。王勛行至岔口驛，謂鸞之夜不收穆得貴曰："仇鸞誆我許多銀兩，一毫事也幹不得，臨行狗也不差一個送我。"罵不絶口，行道之人無不竊笑。此其不法者五也。甘州古城、甘峻二堡，高臺紅崖堡俱逼鄰番虜，近該臣各奏添防守官一員，古城用指揮俞鋭，甘峻用指揮閻清，紅崖用指揮濮世忠。臣見草創之初，地方衝險，百凡爲之委曲計處。仇鸞乃差家丁馬四往來嚇詐，謂若不致謝，今秋失誤軍機，定行斬首。各官慌懼，濮世忠送銀四十兩，閻清送銀三十兩，俞鋭送銀三十兩、馬一匹。後乃假以别事，將俞鋭提至甘州，重責三十，幾乎致死。此其不法者六也。嘉靖二十五年二月内，領兵打帖木哥、往爾加帳房，奪獲番羊三千餘隻。仇鸞止將一千隻報官，其二千隻俱送花寨堡把總官牧放，以後盡賣與進貢回夷火者阿克力等，得其玉石、碼磂、金鋼鑽各項番物無數。後火者阿克力等因價值虧減，兼且不得廪糧，面肆怨詈。指揮金堂，通事米俊、黄毛，玉匠丁月盡知其詳。痛失夷心，大虧國體，此其不法者七也。打往爾加帳房，又得獲番馬一十七匹。比因原調肅州千總指揮梅景人馬到遲，欲以軍法究治。梅景斂各軍銀五十兩送鸞，且將老弱番馬八匹易换肅州調到官馬。其番馬沿途俱各倒死，負累貧軍，追納樁朋，於心何忍？此其不法者八也。甘州、凉州河東備禦班軍，每年止有多半到邊，有名無實，皆由仇鸞串同領班官，肆意科斂。如嘉靖二十三年，領班官馬得恩送鸞銀三百兩、黑五名馬一匹。其餘每班送銀不下三四百兩。見被指揮朱鵬赴巡按衙門告發，批行分守西寧道問理。此其不法者九也。山丹守備趙漢，本年七月内地方搶虜頭畜隱匿〔七〕不報，臣與仇鸞會差旗牌官正堂拘伊中軍官究問，仇鸞嚇要趙漢銀一百兩。其銀即係該衛樁朋馬價，乃千户梅爵、百户靳鉞經收者。趙漢已經臣參奏，梅爵、靳鉞見行分巡西寧道究問。此其不法者十也。岔口備禦指揮袁彩，仇鸞因伊妻經過各處俱致贐費，惟袁彩未送，假以失誤生員楊昆護送人馬，差人扭至甘州，索要馬二匹、銀五十兩、搶列孫皮襖一件，仍重責三十發回。此其不法者十一也。古浪千户所指揮杜瑩會委管千，有病告辭，仇鸞謂其抗違軍令，索要銀五十兩、馬二匹，杜瑩家貲爲之一空。此其不法者十二也。所屬副參、遊守等官，俱係兵部推升者，俱要見面禮物，少不如意，即多方挫辱，或鎖紨〔八〕其中軍官，或不容其謁見，或假以他事重加箠楚。如肅州參將李經則索銀一百兩、馬四匹，劉勛銀一百兩、馬二匹，鎮夷操守陳龍銀五十兩、馬一匹，高臺操守王爵銀一百兩、馬一匹，郭珊銀五十兩、馬一匹，楊濟、張廷輔各銀七十兩，洪水守備部思忠銀一百兩、馬二匹、小麥三十石，陳忠金二十兩、馬二匹，山丹守備吴鸞〔九〕銀一百兩、馬二匹，趙漢銀五十兩、馬一匹，甘州領班都司王允亨銀二百兩，鎮羌守備竇墇銀一百兩，永昌守備唐勇銀五十兩、馬一匹，胡璡銀五十兩，黄福銀一百兩、馬二匹，凉莊遊擊馬宗援銀一百兩、馬二匹，莊浪參將楊時銀五十兩，陸恩銀五十兩、金帽頂一個，紅城子守備林虎、凉州領班都司孫朝各銀一百兩，古浪操守楊勛銀五十兩。臣嘗面詰各官，咸謂威勢所迫，不敢不送。若使略其罪狀，許以原贓給主，自當相率控訴。此其不法者十三也。各處把總、千總、管司等官，但係本鎮徑委者，一有員缺，即差人召致，往來講價，有同販鬻。如都指揮孫淮暫守鎮夷，銀二十兩。指揮張欽暫守高臺，銀五十兩；汪墇，銀二十兩。指揮李柰防守平川，銀一百兩；趙琬，銀四十兩、馬一匹。都指揮周廣等甘州管中軍、千把總，周廣銀五十兩，石斌、石潭各馬二匹，胡琳銀五十兩，哈英、胡海各銀一百兩、馬一匹，趙雲鳳銀八十兩、馬一匹，朱勇銀五十兩，紀綱銀三十兩，金堂玉四斤、碼磁刀一把，馬機銀一百兩。指揮趙威防守花寨，銀三十兩；梅爵，銀八十兩。指揮武希伊防守黑城，銀二十兩、牛絨大帳房一頂、猫兒眼一顆；劉墇，銀六十兩。指揮張輔洪水管千，銀六十兩、馬二匹、貂鼠皮襖一件。都指揮宋卿暫代游擊，銀一百兩。指揮趙宗仁遊兵千總，銀二百兩；史經，銀三百兩、馬五匹；高輔，銀一百兩。指揮劉墇凉州管千，銀一百兩。指揮陳恩暫守鎮羌，銀一百兩。千户朱勛操守古浪，金二十兩、馬一匹。指揮三省三川把總，金十兩、騾一頭。指揮星鎮操守碾伯，金二十兩。管家百户沈傑備知其數。各官豈皆自備，要之多取辦於軍糧、馬草。此其不法者十四也。凉莊遊兵，初議常川在彼，臣近日題奉欽依始分爲兩班，輪流戍守。被有甘州司逃回軍人童保等，每名出銀三錢，共銀九十兩，饋送仇鸞，鸞許其即作下班之數。臣謂如此則紀綱盡廢，竟遣回營。各軍揚言於道曰："我輩天理人情，原該赴營，只是總府騙了許多東西，事又不成，錢又不還。"謗詈紛然，談之使人羞口。此其不法者十五也。哈密回夷都督米兒馬黑麻奏討甘州地方寄住，見在議處，本夷召集哈密陸續走出人口一百五十餘人作爲部落，置買田土，蓄養馬駝，勢漸滋蔓。仇鸞受伊玉石、銀貨，共計千兩，收爲心腹。又將捉獲真正海虜一名，密令供作漢人，更名來喜，并套虜王加子等二名、寧夏軍人宋英、山西冀寧道歇案殺降重犯趙欽、犯死罪在逃樂工侯榮一百餘人，俱出入門下，或奪人妻女，或逼死人命，或打詐財物，生事害人，極其恣肆，河西之人畏之如虎。此其不法者十六也。設兵分守，各有信地。仇鸞但遇警報，輒議出兵，名雖截殺，實爲網利。每次經過地方，分守、管操、印屯等官畏其凌虐，無不阿意奉承。如至肅州，參將劉勛則歛各千銀一百兩、衛所銀一百兩。至鎮夷，操守陳龍銀一百兩。至高臺，指揮李泰銀一百兩。至永昌，該衛銀二百兩、遊兵營銀二百兩。至鎮番，守備尹鉞銀四百兩，蔡勛銀七百兩，指揮樊英銀一百兩，吴朴銀五十兩，姚揚銀三十兩。其他送馬送段，不虚一人。是以每當出兵，臣再三以理阻止，鸞不惟不知省改，反怒目切齒於臣。此其不法者十七也。西寧、碾伯等處沿邊林木，乃番漢藩籬，禁例甚嚴。仇鸞專令家丁韓柰、徐連等私自砍伐，由黄河發至原籍寧夏販賣，每年得銀三四千兩。此其不法者十八也。果園堡之功，家丁陳洪斬獲大首級一顆，即冒與奏帶郭玉，假名虜酋狼台吉之首，誇張奏聞。即今宣大傳報，狼台吉見在，豈有兩狼台吉之理乎？肆意欺罔，全無忌憚。此其不法者十九也。果園堡之功，發謀出慮則由副總兵王輔，奮勇登先則由遊擊唐勇，仇鸞攘爲己功，濫叨升賞，人心已自不平。除將在京伊弟仇鵬、仇鳳安功二顆外，其餘俱憑家丁宋英、百户沈傑賣之，得銀約有七八千兩。如指揮王楫、鄭紀俱係充軍人犯，通然未到軍前，王楫用銀二百兩，鄭紀用銀碗一個、銀壺二把、銀二百兩，俱得以功贖罪，見今録用管事。此其不法者二十也。果園之功，得獲馬駝、牛羊無數。仇鸞隱下馬五百匹、牛八百隻、羊五千隻，俱憑都指揮趙雲鳳、指揮李泰經管，發與副參、遊守等官，每馬一匹，上等銀五十兩，其次亦不下三十兩，牛羊則憑沈傑盡數私賣。此其不法者二十一也。各湖采打草束，每年約有十萬。標下車十隊，每名派一百束，要銀八錢。夜不收四百名，每名派一百束，要銀七錢。前鋒軍三百名，每名派四十束，要銀三錢五分。鐵鎗手并各該人匠五百餘名，每名派七十束，要銀五錢。其馬房湖、迷黑湖草又約有六萬，每束賣銀一分二釐，俱憑沈傑與識字李孟朝經管。沈傑初求管事，止送鸞銀一百五十兩、玉帶一條，見今莊田、水磨，富致千金，則其害人生事，不言可知。此其不法者二十二也。朝廷錢糧，升合爲重。仇鸞任意作踐，但到一處，對家丁誇曰：“今日又倒了一厫了。”鼓掌大笑。如鎮番、三岔驛〔一〇〕糧草頗多，積有奸弊，鸞之家丁陳洪受官攢時大仁等銀十兩，稟仇鸞多住數日，將糧草通放盡絶。見今事發，該臣案行分守西寧道究問。負國不忠，莫此爲甚。此其不法者二十三也。本年二月内，仇鸞在於鎮番，差家丁王三、來喜等前去半個山虜營盗出達馬六十餘匹，止將老弱馬四匹報官，餘皆入己。被賊趕至鎮番，尋馬不獲，將教場桅竿燒毁而去。此其不法者二十四也。各營官軍騎征馬匹，例該官價銀十二兩。仇鸞要得圖利，專差心腹百户高鋭、旗牌石雄等，用段梭、茶斤易買南山番夷馬匹，每匹止價五七兩，到城派與各軍，除官價外，仍索要樁頭銀三、五、七兩，或八、九兩，俱沈傑經管，苦累貧軍，籲天無門。此其不法者二十五也。家丁仇榮等五十名，已各支月糧，又將家丁趙欽等在各衛土、達項下冒支月糧，每年該糧四百八十石，三年共糧一千四百餘石。又將前項家丁冒報騎征馬二十五匹，每年六個月，盗支料豆一百五十餘石、草四千餘束，三年共計料豆四百六十餘石、草一萬二千餘束。此其不法者二十六也。私役軍士丁章、殷洪正、計子、何伏、羊伏、徐大、蕭大、蕭四郎、王廷必、米杲、李欽、王月、張仲禮、何王等，俱在高臺、鎮夷、平川、洪水等處占種軍田，不下三數百頃，牛具、種子皆取辦于地方屯長人等，沈傑與寫字李緒處俱有文簿可查。此其不法者二十七也。用鷹手王海、馬四養鷹十五六連，每日街市取肉養鷹，出城放鷹，用馬三四十匹，走死不知其數，中軍官撥馬，日不暇給。此其不法者二十八也。南山一帶，自孛囉口起至洪水堡止，仇鸞收要水租五百餘石，差旗牌夏成等催取，人人受害，先取上風除爲水租，後纔敢自用、納糧，不知是何額辦。此其不法者二十九也。差夜不收錢月、羊卷子、楊大、蘇志、陳見等五名緝拿南山一帶通番人犯，嚇要居人龐淮棗騮大騸馬一匹、董福青騸馬一匹、王伏棗騮騸馬一匹、楊車兒銀十五兩，各地方索銀計有五七百兩，中軍把總胡海處俱有問罪卷案可查。此其不法者三十也。然此止據臣之所知者爾，臣之所不知者尚多也。而事之大者爾，其細者臣又不敢毛舉也。參照平羌將軍、鎮守甘肅等處地方總兵官、太子太保、咸寧侯仇鸞，貌恭心憸，行濁言清，不勝小人網利之私，全無大臣體國之義，邀功生事而欺罔朝廷，挾私妄作而大開邊釁，酷暴如時陳而貪過於陳，貪婪似姜奭而暴浮於奭。諸將側目，私相怨詈；三軍切齒，明著歌謡。書其罪，罄竹無窮；數其惡，擢髮難盡。此誠一方之大蠹、海内之神奸也。若使尚握兵柄，臣恐皮盡而毛無所附，隱憂伏禍，罔知攸終。如蒙乞敕該部速爲查議，將仇鸞亟賜罷黜，另選謀勇廉正之人以充其任，仍行巡按陝西監察御史，將臣所奏事情逐一查勘，明正法典，以快人心，以靖地方，以爲將官恣肆者之戒。

奉聖旨："這所劾仇鸞罪狀多端，兵部便一併參看了來説。"欽此。

地方饑饉懇爲賑貸疏

題：爲地方饑饉，人不聊生，懇乞天恩速爲賑貸以安重鎮事。據分守西寧道右參政江東呈，蒙臣案驗，查議過莊、鎮、凉、永、古五衛所應該賑濟緣由，到臣。臣會同巡按陝西監察御史邢尚簡議得，河西地方今歲大段薄收，自十五衛所論之，而莊浪、鎮番、永昌、凉州、古浪爲甚。又自五衛所論之，而莊浪尤爲特甚。所據分守參政江東議呈四事，其"給種子以益地利"一事概爲五衛所而言，至於"計丁口以行賑貸"、"處驛站以濟困窮"、"立常平以備饑饉"三事專爲莊浪，審時度勢，其言明白痛切。臣等反覆計算，雖稱用銀六萬兩，常平子種、驛傳之銀仍當補還，實計賑貸，即如臣等每口再加銀二錢之議，大約亦不過用三萬餘兩，所費不多，所活甚衆。除暫於甘州糧價銀内權爲借支，委官先行糴買外，伏望皇上軫念生靈阽危，近在旦夕，特敕户部發銀三四萬兩，專聽臣等賑濟莊浪支用，萬一以太倉積貯有限，或就准於甘州糧價銀内照數開銷，其款列事宜併乞俯賜裁允，庶幾垂死之民得以更生，孤懸之地不致落莫。臣等無任懇切懸望之至。

奉聖旨："户部看了來説。"欽此。

計開：

一、議計丁口以行賑貸。臣等會議得，莊浪地方十室九空，較之凉、永、鎮、古，饑饉特甚，賑貸之舉急當舉行，所據一應事宜，該道計議俱已周悉。但〔一一〕欲每口按月給糧三斗，父母、妻屬再止給銀三錢，固見節財省費之略，恐非博施濟衆之義。春來青黄不接，米價益當騰貴，計銀三錢，止可買糧一斗五升，通前本色三斗，僅有四斗五升，數口之家，其勢不能遍給。且彼中土兵，雖係都督魯經管束，自我皇上視之，均爲赤子，委當一體查議。合無將前項貧丁并魯經所轄土丁，自嘉靖二十八年正月起，至本年六月止，每口按月給糧三斗、銀五錢，事完造册奏繳。

一、處驛站糧料以濟困苦。臣等會議得，莊浪驛站狼狽至極，即使豐稔之年，差役浩繁，尚且逃移接踵，況今時當饑饉，張口待哺，委難撑持。該道欲要今冬委官糴糧，收貯各倉，來春查照工食、料豆銀數，給與本色，一轉移之間，默寓賑貸之意，允爲有見，臣等無容别議。合無如其所擬，先借甘州糧銀，趁時收買，候河東解到站價之日，照數補還。

一、議立常平以備饑饉。臣等會議得，救荒之政，固難盡善；常平之法，自昔稱良。該道欲要今冬糴買本色，收貯各倉，來年止照原糴時估，官爲糶賣，不惟有補於賑貸之所不及，是誠有得乎漢人之遺意。但恐射利之徒一見官司糶糧，乘時興販，垂死貧民反致不沾實惠。合無略爲限制，莊浪、紅城子、苦水灣、大通河四處，各選委廉幹官一員，該道各給印信文簿一扇，每日將糴糧人户姓名挨次開寫，大約一家每月止許買五七斗，多亦不許過石。果有富商大賈馳鶩其間，即便拿問開詳，聽臣等從重究治。

一、議給子種以益地利。臣等會議得，蠲税、賑貸、常平，止可爲權時救荒之計，若中下貧户合用子種不爲預處，未免相率流移，田雖膏腴，自無不耕而獲之理，來歲之事，委可深慮。所據該道議呈前因，春初計畝均給，既足以濟農家之急；秋成抵斗還官，又可以備軍儲之用。一舉兩得，是誠經濟長策。但恐油滑之徒得種到手，任意花費，不肯盡力南畝，或收成之後，托故延捱，不肯及時輸納，必須預爲之所，方絶弊端。合無每十人定殷實者一人作爲領頭，造册在官。下種之後，該道親行查驗，地仍荒蕪者嚴加懲治。果有逋負者，於餘人名下相兼追賠。庶幾有補於私，無損於公。

安插屬番以靖地方疏

題：爲安插屬番以靖地方事。據整飭甘肅兵備副使王儀呈，准分守肅州右參將劉勛手本，開稱修過迤北威虜舊城一座，補修西南城角墩一座。察黑包舊營迤南新築堡一座，東南角築墩一座。舊八里墩新築堡一座，補修舊墩一座。王子莊新築堡一座，補修舊墩一座。白烟墩迤南空新築堡一座。補修鎮朔二墩一座。威虜迤西空新築堡一座，新築東南角墩一座。補修新八里舊墩一座。修復年久廢棄舊四墩一座、舊永安墩一座、鎮北墩一座、威虜後墩一座、金塔寺舊城一座，補修東南角城墩一座。各做工、防護官軍實支過糧二千六百四十二石三斗五升五合，料九百四石八斗六升，犒賞銀一百七十六兩二錢一分一釐。給散過各番種糧三百六十七石五斗、鐵鍋二百七十六口、鐵鏵四百三十六個，賞過各番頭目、男婦段布、茶酒等項。將瓜州族番達頭目總牙等部落帳房二百七十頂、男婦一千三百六十七名，安插威〔一二〕虜、察黑包二城。赤斤番達頭目革力個失等一枝、柴城兒番達頭目卜木爾吉等二族部落，共帳房一百三十一頂，男婦六百五名口，安插威虜西空堡。革力個失弟小頭目可洛縱一枝部落帳房七十八頂、男婦三百五十九名口，安插舊八里墩堡。苦峪族番達頭目朶爾只等部落帳房九十九頂、男婦四百七十一名口，安插白烟墩南空堡。川邊族番達頭目察黑包等部落帳房二十七頂、男婦一百一十四名口，安插王子莊墩堡。沙州族番達都督日羔剌等部落帳房一百一頂、男婦五百三十八名口，安插金塔寺城〔一三〕：各住守、耕牧，通共撫逐、安插過各族番達帳房七百六頂，男婦三千四百五十四名口，等因。到道。卷查先蒙巡撫甘肅等處地方、都察院右僉都御史傅鳳翔案驗，准兵部咨，該國子監監生李時暘奏，查議間，又蒙巡撫甘肅等處地方、都察院右僉都御史楊博案驗，行催該本道，會同參將劉勛勘議，呈詳本院，蒙批。番漢雜居，此誠肅州剥膚之患，本院日切疚心，但恨無人肯任之者。該道既稱一舉三得，雅與本院初意允合，作急委官踏勘估計，呈來施行。依蒙，行委該衛掌印指揮路綱逐一查勘，議呈本院，蒙批。肅州之事，目前莫大於此，參將劉勛必能同心共濟，以爲一勞永逸之計。除鎮城兵馬議發前來外，其餘計處周悉，俱如擬施行，仍備呈總督軍門以憑會題。依蒙，備行參將劉勛查照修理去後，今准前因，擬合呈報，等因。到臣。臣惟《書》戒“蠻夷猾夏”，《詩》稱“戎狄是膺”，《春秋》有道“守在四夷”。自古聖王制禦之方，外而不内，疏而不戚，未有番漢錯居可以久安長治者也。本鎮甘、凉諸衛遠在全陝之西，極爲孤懸；肅州一衛又獨在甘、凉之西，孤懸特甚。是故全陝之休戚視甘、凉，甘、凉之安危視肅州。譬之人身，極當霧露之衝，必須元氣完固，多方頤養，庶幾可保無虞。若内先虚弱，邪氣乘之，鮮有不速其斃者。先年兵部題奉欽依，帖木哥、土巴等部落安插高臺、白城山一帶，總牙、日羔剌等部落安插肅州威虜、金塔寺一帶。向因威虜等處城堡殘破，各番盡移肅州寄住，以致郊關之外，蜂屯蟻聚，不可勝數。指大如股，賓多於主，睚眦之忿動見戕殺，男女之風因而淆亂。肅人有言：“不但生畜爲番人夥養，雖子女亦暫爲番人鞠育。”番人有言：“若等所住者，我等地方，有時見索，必須還我。”即此二種論議，臣愚卧不帖席，食不甘味，尚敢重惜一身之利害而漫不爲之計念哉？仰蒙聖明在上，嘉納本兵之議，俯從言官之請，申飭臣愚，相度邊隘，次第修飭。臣惟肅州番夷之事，害已剥膚，自今處之，猶或可及。用是咨於總督尚書王以旂，王以旂力主其議；謀於總兵官王繼祖，王繼祖意亦克合；檄於副使王儀、參將劉勛，王儀、劉勛身任其事。會集番達頭目總牙等再三曉諭，以爲“爾等散處于兹，終非經久之計。今當遵照題准事宜，爲爾修築城堡，以安爾居；開浚渠壩，以便爾耕；處給種糧、鍋鏵，以恤爾窮”。各番欣然承諾，更無異詞。以故急乘草枯馬弱之時，結營境外，次第興工。計自本年三月十五日起，至五月初五日止，共修過城堡七座、墩臺一十二座，安插過各族番達帳房七百六頂、男婦三千四百五十四名口。近者離邊二三百里，遠者四五百里，腥膻之氣爲之一清，文明之化居然四達。以臣初時愚慮，止欲漸次撫逐，尚不敢覬望至此。此實皇上文武聖神，剛健中正，威振遐荒之所致也，邊民幸甚，臣等幸甚。所據一時效勞諸臣，其功似難輕泯。如總督陝西三邊軍務、兵部尚書兼都察院右僉都御史王以旂，仰承戒備之命，深惟保障之圖，百年心腹之患一旦攸除，五郡樂利之休兩月就緒，信元老之壯猷，寔丈人之成算，功當首論者也。平羌將軍、鎮守甘肅等處地方總兵官、前軍都督府都督僉事王繼祖，會發兵馬，可謂同心，指授經營，苦無異議，功亦當論者也。整飭甘肅兵備、陝西等處提刑按察司副使王儀，經濟長才，瑚璉重器。任人所不敢任之事，始終不眩於浮言；成人所不能成之功，番漢均爲之仰戴。分守肅州等處地方右參將、都指揮僉事劉勛，幹理優長，經畫周悉。極能撫綏，工雖鉅而人力不勞；長於開陳，帳已移而夷心無怨。以上二臣功當特論者也。管工千把總、指揮千百户梅景等三十七員，總旗張鎮等二十九名，架梁防護指揮千百户錢貫等十八員名，或衝風冒雨，勤苦多端；或執鋭披堅，驚惶萬狀。以上員役咸有勞績，相應甄録者也。伏望皇上俯念生靈受患之久、邊臣任事之難，將王以旂賜敕獎勵，仍優加恩賚。王儀、劉勛厚加升賞，王繼祖同加賞賚，梅景等聽臣動支官錢分别獎勞，以爲臣下勤事者之勸。仍乞敕下該部，再加計議，以後前項番夷照依白城山帖木哥事例，必須朔望買賣方許赴城，其餘尋常無事之時，漢人但有潛入番營者，即以通番論罪；番人但有潛入境内者，即以賊番治罪。兵守衙門仍要不時差人往來巡視，一遇回虜侵軼，參將會集番兵，協同剿殺，有功與漢兵一體升賞。庶幾夷夏之分明，内變可消；掎角之勢成，外患自弭。

該兵部議擬相應，奉聖旨："這屬番寄住地方，貽患日久。今既安插出邊，再不許私自入城，違的重治不饒。各官效有功勞，王以旂等已升賞了，劉勛、王儀各升俸一級，賞銀十兩、紵絲一表裏。李時暘、梅景等，着總督衙門犒賞。餘依擬。"欽此。

達賊出没大致克捷疏

題：爲達賊出没，官軍奮勇邀擊，斬獲首級，奪獲馬駝、夷器，大致克捷事。行據守巡西寧道右參政江東、副使石永呈勘過各該地方獲功緣由，到臣。惟蠢兹醜虜，今歲正月自海上回還，擁衆長驅，勢甚猖獗。幸賴總督尚書王以旂不次移文程督，已經斬首四十，奪獲生畜三千有奇，固已失利而歸矣。乃復潛住莊、鎮、山、永邊外，捉虜哨守人役，覘我虛實。總督尚書王以旂節因兵部題奉欽依，嚴飭各邊用心防禦，因而計料此賊必來復寇，乃亟畫戰守事宜，再三申諭，諄諄懇懇，不下數千百言。是以臣等遵承指授，當將各路兵馬隨在分布。此虜果於四月初四等日相繼出没，參將蔡勛等敗之於鎮羌，斬首三十級，生擒二名。遊擊馬宗援等敗之於永昌，斬首四十五級。守備吴鸞等敗之於鎮番，斬首八級。守備金鑑等敗之於山丹，斬首一十六級。共一百二級，内生擒三名，奪獲達馬、駝騾四百六十六匹頭隻、夷器二千五十八件副枝。通前正月之功，則共斬獲虜首一百四十二級，奪獲生畜幾於四千矣。虜氣大挫，我師全勝，是豈臣等愚昧所能及此，寔我皇上仁恩淪浹、聖武布昭之所致也。邊民幸甚，臣等幸甚。内而輔臣訏謀遠猷，外而本兵運籌决策，簡在聖心，恭候宸斷。所據一時地方官員，如總督陜西三邊軍務、兵部尚書兼都察院右僉都御史王以旂，抱忠義之略，兼文武之才。撫綏有道，三軍切引領之思〔一四〕；懲勸無偏，諸將誓捐軀之報。先事周防，百爾之思靡所不到；臨機酬應，千里之遠如在目前。青海生色，天山增氣，功當首論者也。平羌將軍、鎮守甘肅等處地方總兵官、前軍都督府都督僉事王繼祖，持己公廉，臨敵勇敢。前時戮力血戰，萬死一生；今日鋭意經畫，一月三捷。綽有統馭之才，不負專閫之寄，功當同論者也。分守莊浪等處地方左參將、署都指揮僉事蔡勛，虜情久熟，兵寄新膺。鎮羌堡連夜馳驅，不避艱險；黑古城盡日分布，允中機宜。凉莊遊擊將軍、署都指揮僉事馬宗援，智能料敵，勇果兼人。安遠之設伏，先獲地利；水池之轉戰，丕振軍聲。守備永昌地方、以都指揮體統行事、指揮使黄福，自知使過，急欲策勛。後師如雲，固藉諸營之助；先登若虎，果成一戰之功。守備山丹地方、都指揮僉事金鑑，向當大舉之寇，雖經失利，情在可原；今衝强敵之鋒，敢於深入，功自難泯。以上四臣功已及數，例該升級，相應仍加賞賚者也。協守甘州左副總兵、都指揮僉事吉象，有守有爲，知彼知己。雖無衝鋒陷陣之勞，寔有發縱指示之略。甘肅遊擊將軍、署都指揮僉事瞿塘，本以兵將未識之時，適當戎馬交馳之變。兼程赴敵，驍果之氣亦優；併力夾攻，斬獲之績頗著。守備鎮羌地方、以都指揮體統行事、指揮僉事李輔，兵提一旅，勇冠三軍，冒血刃以直前，中流矢而不動。守備鎮番地方、都指揮同知吴鸞，與虜相鄰，以戰爲事，收零散於奔北之餘，靖妖氛於掃蕩之後。操守古浪、以都指揮體統行事、指揮使楊勛，當衝險之所，率單弱之兵，其功雖少，其勢獨難。以上五臣功未及數，例不升級，相應重加賞賚者也。督理甘肅糧儲、户部郎中吴夢麟，督餉三年，勞神萬狀，加之以師旅而經費無乏，因之以饑饉而催科不擾，兵强食足，事本相因，功亦當論者也。陝西等處承宣布政使司分守西寧道右參政江東，折衝不出乎尊俎，錢穀兼諳夫甲兵。講求戰守之法，心勞力瘁；經畫儲偫之備，士嘻馬騰。陝西等處提刑按察司分巡西寧道副使石永，憲紀修明，軍需充裕。增墩築堡，大爲保障之圖；清野堅壁，允藉帡幪之慶。以上二臣職在守巡，失事法既責成，獲功理當特論者也。所據前項事情，雖經該道逐一體勘明實，但恐中間别有隱匿情弊，除將首級、夷器暫發貯庫，達馬給軍騎征，駝騾變價公賞外。伏望皇上俯念地方孤懸之甚、官軍征戰之難，敕下該部，將王以旂不俟勘報特加升賞，王繼祖同加升賞，仍各賜敕奬勵。蔡勛、馬宗援、黄福、金鑑各加升賞，金鑑仍准贖罪。吉象、瞿塘、李輔、吴鸞、楊勛厚加賞賚，吴夢麟、江東、石永同加賞賚。其有功千總等官李堂等，轉行巡按陝西監察御史查勘明白，并陣亡旗軍、家丁一體造册升賞。擒獲達婦、達男應否處决、安置，及指揮賀有年、梅爵實係親斬首級，應賞應升，俱候一併議奏，庶幾激勸所及，人心思奮，竊計此虜不足滅矣。

該兵部併議安插屬番功次，題奉聖旨："這擒斬虜寇數多，并安插屬番，地方平靖，功委可嘉。王以旂廕一子送監讀書，王繼祖升都督同知，楊博升右副都御史，俱照舊撫鎮地方，還各賞銀四十兩、紵絲三表裏，都寫敕奬勵。蔡勛等各賞銀三十兩、紵絲二表裏。吉象、吴夢麟等十五兩、一表裏。金鑑准贖。其餘依擬。”欽此。

查處屯田計安地方疏

題：爲查處屯田，計安地方事，據分守西寧道副使石永呈，等因，到臣。案查先准户部咨，該臣題，該本部覆題，奉聖旨：“是。原抛荒的地土，任民儘力開墾，永不起科。舊曾起科、今荒了的，召民一體開墾，應納子粒准蠲免十年，不許徵擾，待其成熟，奏來定奪。邊臣敢有變亂的，巡按御史參奏，拿來重治。”欽此。欽遵，備咨前來，已經通行修舉去後，今據前因。臣惟積穀重農，在各邊均不可緩，其在本鎮尤爲要務。各邊商販接踵，尚不苦於輸輓之艱。本鎮孤懸河外，舟車不通。且如去歲，涼、莊之間稍有荒歉，餓莩滿道。臣初到地方，即嘗題請興舉屯政，計其三歲之間，或修浚渠壩，或勸借牛種，或召募軍丁，大約開墾成熟，已不下三四千頃。但田土之荒蕪極多，牛具之勸借有限，心力雖勞，地利未盡。查得先年都御史牛天麟亦嘗奏討京運銀兩，專備牛具支用，一時屯丁咸獲樂利之休。邇來番虜交馳，屢肆侵暴，較之天麟巡撫之時，蕭條固已數倍矣。及今若不大爲整頓，食匱兵疲，以戰則不支，以守則不固，方來之事良可深慮。所據該道呈稱，荒田萬頃，每頃用牛二隻，共該牛二萬隻，每隻用銀二兩，共該銀四萬兩，止據大率而言。以臣觀之，一望皆赤，曷啻萬頃。甘州庫貯雖查有吏承、義民、散官銀兩，尚不及三分之一。臣愚蚤夜圖惟，弗遑寧處。如蒙乞敕户部再加計議，將前項開納事例銀一萬二千九百四十兩免其解京，於外再發帑銀三萬兩，專聽臣督率各道置買耕牛。或以太倉積貯有限，准於本鎮京運、民運内照數開支，臣當躬親勸課，務期人足家給，少紓聖皇西顧之憂。況三年之後，銀復還官，惠而不費，事在可行。臣不任懇切覬望之至。

奉聖旨："户部知道。"欽此。

校勘記

〔一〕"遂"，底本漶漫不清，據舊抄本補。

〔二〕"應"，底本漶漫不清，據舊抄本補。

〔三〕"兄弟"，底本漶漫不清，據舊抄本補。

〔四〕"部"，底本作"步"，據明崇禎刻本明陳子龍《皇明經世文編》卷之二百七十三載楊博《修築緊要城堡疏》改。

〔五〕"難輕"，底本漶漫不清，據舊抄本補。

〔六〕"糾"，原訛作"斜"。以下徑改，不再一一出校。

〔七〕"隱匿"，底本漶漫不清，據舊抄本補。

〔八〕"紨"，疑當作"絓"。

〔九〕"驚"，底本漶漫不清，據舊抄本補。

〔一〇〕"驛"，底本漶漫不清，據舊抄本補。

〔一一〕"佀"，疑當作"但"。

〔一二〕"插威"，底本漶漫不清，據舊抄本補。

〔一三〕"寺城"，底本漶漫不清，據舊抄本補。

〔一四〕"思"，底本漶漫不清，據舊抄本補。

楊襄毅公經略疏稿

〔明〕楊　博　撰

張志江　點校

點校説明

《經略疏稿》二卷，明楊博撰。

楊博戎馬一生，所至之處頗有建樹，建白、覆議頗多，相關奏疏當時即整理刊刻成書。《經略疏稿》即其經略薊州、保定二鎮軍務時的奏疏彙編，凡增添兵將、加修城垣、易置將領、調停馬政、查處錢糧、議處兵食、添補軍器，等等，無不涉及，是研究當時薊州、保定邊防、軍務的珍貴史料。

《經略疏稿》二卷，現存明嘉靖三十二年刻本，藏福建省厦門市圖書館。這個本子是楊博經略薊州、保定二鎮軍務之後，即由易州兵備副使畢竟容（號梓石）"詮次刻識"的，保留了楊博經略薊州、保定期間奏疏的完整内容，彌足珍貴。今人劉明陽所藏明刻本《楊襄毅公奏疏》中又有《經略奏疏》一卷，北京大學圖書館所藏舊抄本《楊襄毅公奏疏》中復有《經略奏疏》上下兩卷，這兩個本子内容基本相同，篇目、文字均有删减，實乃《經略疏稿》二卷本的節本。此次點校，即以明嘉靖三十二年刻本爲底本，參校以劉明陽所藏明刻本《經略奏疏》（簡稱"劉藏本"）和北京大學圖書館所藏舊抄本《經略奏疏》（簡稱"舊抄本"），以及明陳子龍等《明經世文編》等書所選載的楊博的部分奏疏。

《經略疏稿》序

明興，攘胡立夏，並建九邊，提封萬里，而薊州、保定尤爲京師肘腋。自正統以來，也先、火篩恃其番聚，引衆入腹，卒受干擾，而中外恬逸，莫以爲憂。至嘉靖二十九年，唵答復跳梁其間，面内窺射，墻蒙圻内，如蹈無人之境，非人謀弗臧，貽戚自掇也乎！邇癸丑暮春，聖天子鋭意邊防，兼收群策，敕虞坡楊公經略薊州、保定二鎮，超然爲社稷計者甚遠也。公先任職方，洞暢邊務，及躬巡塞上，覈堅弱，究虚實，裁夷險，酌向背，靡不爛然條貫，故披襟陳素，本前經，切事情，詎論當時而解頤已哉！夫醫之治疾也，必先切脉，繼則觀色聽聲，凡以察病源也。今畿輔一帶，營伍單弱，士常不適伍，而所得芻糧不足充債師〔一〕私囊，是割其心者已非一日。及有司榷槌民脂，徵馬給軍，則亦鐖踣且斃矣。使之當風飄鳥舉之虜，是以徒而攻飛也，不亦難乎！加以民困眚沴，物力大屈，而百需耗削，元氣索然，此又背脅疽根，非特瘇㾜形於四肢爾也。公於政爲國手，切脉最熟。是故欲奠陵寢則重昌平，有疏；欲固唇齒則重廣昌，有疏；欲謹門户則修理朝河川、馬水口並鎮邊、長峪、横嶺三城，俱有疏。他如擇守令，易將領，停寄牧，創墩隍，增營戍，補軍器，處月糧，前後不下二十餘疏，俱爲對病之美石。至論練主兵爲根本，調客兵爲權宜，又以今日之勢，不在於增兵，而在於練兵；不在於增馬，而在於養馬。又乞督邊臣以圖實效，所以砭劑乎疽根者至矣。使中外臣工黽圖實效以培元氣，不使有虚邪之侵，不可以折肱稱良矣哉！憲副梓石畢君素慕公者，詮次刻識，屬以序。禮方慨邊事大壞，欲持戈建功名而未能，故爲之言，庶志於清邊塵者或有所稽，而公之樹功於寓内也，此特爲之兆耳。

嘉靖癸丑冬十二月豐城雷禮序

校勘記

〔一〕“師”，疑當作“帥”。

經略疏稿卷一

恭謝天恩疏

臣准吏部咨，該本部等衙門會題，節奉聖旨："楊博升本部左侍郎。"欽此。欽遵，備咨到臣，除望闕叩頭謝恩外。伏念微臣，本以駑蹇之材，叨從樞筦之後，竊禄雖已數月，佐政實無寸長。封疆奔走，方圖效狗馬之忠；雨露恩私，又遽及蓬蒿之賤。天高地厚，莫罄名言；齏骨靡身，難以報稱。臣無任欣躍感戴激切屏營之至，謹具奏聞。

經略昌平地方疏

欽差經略邊務、兵部左侍郎兼都察院右僉都御史臣楊博謹題：臣節奉敕諭："今特命爾前去薊州、保定二鎮，將一切軍務事宜悉聽爾從長區處，奏請定奪。"欽此。欽遵。臣惟昌平州陵寢所在，事體崇重，遂帶同本部署郎中張重等首詣該州，恭謁皇陵。禮成，即至黄花鎮，渤海所，居庸關，白羊口，横嶺〔一〕、長峪、鎮邊諸城，但可通賊山口，無不周歷，以故山川之險夷，經制之詳略，士馬之强弱，戰守之機宜，頗得其概。大抵自嘉靖二十九年遭虜以來，雖嘗建官添將、設險增兵，審時度勢，尚多可議。如駐守昌平都御史則苦無事權，副總兵則僅擁殘兵。黄花鎮山林險阻，原非虜衝，參將不當坐食于中。渤海所東界幵連，切近賊巢，守備豈能獨當其外？山前之備禦甚疏，山後之藩籬未固。譬之尫羸之人，一毛一髮，無不受病。及今若不早爲酌處，萬一秋深卒有警報，誤事不輕。臣竊惟天下之事，有可已者，有弗可已者。可已而弗已，是之謂靡以多事；弗可已而已之，是之謂盩而罔功。《經》曰"革而當，其悔乃亡"，言革道之當慎也。

又曰“變而通之以盡利”，言通變之不可少也。昌平之事，革之未當，既已有悔，變之以時，方能盡利。用是仰遵廟算，兼取衆長，附以一得，條爲七事。但中間事體多屬重大，固非臣愚所敢定擬。伏望皇上俯賜采覽，敕下該部，從長參酌，議擬覆請，嚴行總督、鎮巡等官，趁今無事之時，將一應邊防事宜協心整飭，務期陵寢奠安，畿輔寧謐。臣愚幸甚，邊民幸甚。謹題請旨。

計開：

一、議置巡撫。臣查得，各邊巡撫都御史，錢糧、兵馬、詞訟，一切邊務悉屬綜理。惟昌平都御史，號爲駐守，所管止昌平一州，順義、懷柔二縣，且原無拊循之責，百凡掣肘，城池破壞不能修理，兵馬凋殘不能操練。譬之萬鈞之重，負之於一人之身，一遇緩急，束手無措。議者病其無益，久欲裁省。臣以爲此官之設，原爲護衛陵寢，屏翰京師，天下之任莫大於此。若將順天州縣分以隷之，就令其併理巡撫，則民事既相關涉，軍務自當振舉。合無兵部計議，將昌平、涿州、霸州、宛平、大興、順義、懷柔、良鄉、房山、固安、永清、東安、武清、漷縣、文安、保定、大城十七州縣并境内衛所，屬之昌平都御史，名曰提督居庸等關兼巡撫昌平等處地方，霸州兵備道專聽管轄，密雲兵備道以有懷柔、順義二縣亦聽其兼管。其薊州、通州、香河、寶坻、三河、密雲、平谷、玉田、豐潤、遵化十州縣并永平一府及各該境内衛所，仍屬之順天都御史，薊州、密雲二兵備道聽其管轄。二巡撫畫地分守，勢成犄角。總督官開府薊州，居中調度。防秋之時，酌量賊勢緩急，順天巡撫專守古北口、石塘嶺迤東地方，昌平巡撫專守慕田峪、渤海所迤西地方，彼此互相聲援，戰守甚爲便利，其於陵寢、京師似爲有補。通將各官敕書查照换給。臣嘗會集官屬、父老人等，再三咨詢，咸以爲便。伏乞聖明裁定。

一、改設總兵。臣查得，操練人馬雖係巡撫職任，至於提兵截殺，自是總兵之事，必須文武重臣一時兼設，事體方能經久。駐守都御史如果兼理巡撫，其副總兵張琮亦宜照依山西鎮守副總兵舊例，改作鎮守名色，與巡撫都御史會同行事，名曰鎮守居庸、昌平等處副總兵，仍聽總督官節制。其天壽山、鞏華城、黄花鎮、居庸關一帶地方參遊、守備等官，并新割順天州縣境内衛所，俱屬統領。平時修理城堡，操練人馬，巡視山場；遇警督率官軍，分布戰守，拱護皇陵，保障郊圻。除符驗照舊外，合無兵部計議，换給敕書，增給旗牌，鑄給關防。其公廨、供應等項，俱聽巡撫官次第查處，務使規制、體統居然一新。伏乞聖明裁定。

一、移置將領。臣查得，黄花鎮迤東渤海所慕田峪、賈兒嶺、田仙峪一帶，與李家莊之賊巢穴密邇，剽掠之警，無月無之。每遇秋深，又能勾引北虜，潰墻而入，重爲畿輔之害。地當衝險，見今止設守備一員。至於黄花鎮，外則永寧、四海冶爲之限隔，内則本鎮諸口深林疊嶂，大舉决不能至。且相去渤海頗遠，中隔駱駝峻嶺，一遇有警，應援無及，反設分守參將一員：似皆未爲穩便。合無兵部計議，將黄花鎮參將杜煇移渤海所住，渤海所守備臧禄照舊移黄花鎮，與内守備同城居住。其黄花鎮邊務，仍聽參將往來督理。庶幾衝僻各適其宜，兵馬不爲徒設。然此止是更易住札地方，其敕書責任俱不必另换。伏乞聖明裁定。

一、查處遊兵。臣查得，鎮邊、長峪、横嶺三城，外通懷來，内連畿甸，實第一要害之地，見今止設守備一員、把總二員，權輕兵寡，不堪戰守，必須設險增兵，大破常格，除另議具題外。至於白羊口，境連腹裏，僻在一隅。虜若外自懷來川而來，必須越過鎮邊、長峪，方至白羊；虜自古北口而來，徑由高崖口、鎮邊而出，亦絶不到白羊。反設遊擊一員、守備一員，有用之兵置之無用之地，殊爲可惜。合無兵部計議，將白羊口遊擊徐麟移置鎮邊城住札，就將所部兵馬鎮邊、長峪、横嶺各發一千，以成鼎足之勢。其白羊口照舊止留守備，亦自足彀防禦。伏乞聖明裁定。

一、預備山後。臣查得，昌平、居庸以宣府爲藩籬，若使永寧、四海冶、隆慶、懷來一帶邊備整飭，不煩措置，關南自保無虞。臣節行參將王臣，將大、小紅門等處委官出關體勘，大率皆有通賊路口，而懷來川則直抵鎮邊、高崖，川原平漫，一馬可到，尤爲緊要。但非臣經略地方，有礙區處。合無兵部計議，備行總督侍郎蘇祐、巡撫都御史劉璽、巡按御史蔡朴，將山後相近皇陵去處逐一親詣相度，要見何處通人不通馬，何處人、馬俱通，應該如何修守，作速會奏，務要周悉萬全，不可與昌平自分彼我，致誤大事。以後賊果突入關南，先治宣府官之罪，然後及於昌平。庶幾聲勢連絡，氣脉貫通。伏乞聖明裁定。

一、調停月糧。臣查得，永安、鞏華二營軍士，月糧俱在京倉關支。每遇支糧，少者延住五六日，多者甚至旬日，蓋道里往復既已不便，而奸人偷安又得藉口。居常操練，時猶可待，及至防秋，更難周全。此事體不便一也。積年吏書承造糧册，以少爲多，以無爲有，内外既相隔别，侵冒自難稽考。此法守不便二也。各軍或遇事變，不能親領，有父兄、子侄代支者，情猶可通。至於煢孑之人，妻女守候，未免怨詈。此人情不便三也。臣與駐守都御史王輪再三籌度，似難拘於常例。合無户部計議，將各軍月糧改行昌平管糧衙門就近關支，不惟可以杜絶奸欺，人情、法守均無妨礙。伏乞聖明裁定。

一、處補馬匹。臣查得，永安營原馬九百九十九匹，鞏華營原馬一千五百一匹。二營初立之時，正屬缺馬，權以兑給聽征官軍交還瘦馬給之。近因哨探擺撥，晝夜不息，永安營倒死二百五十五匹，見在七百四十四匹；鞏華營倒死四百九十八匹，見在一千三匹。疲軍羸馬，平居已自不堪，遇警何所藉賴？及查得，附近懷柔、密雲、順義三縣寄養馬匹，有一户養數十匹者，有一門養五六匹者，有一丁養二三匹者，力既不贍，馬漸瘦損。合無兵部計議，不爲常例，將各縣馬匹兑給二營，務足三千匹，一以壯營伍之威，一以蘇瘡痍之民。儻以防秋在近，馬當存留備用，量於太僕寺動支馬價銀三四萬兩，運送都御史王輪處，買馬給軍。其該追樁朋銀兩，仍聽王輪嚴限追完，相兼支用。伏乞聖明裁定。

乞憐極衝邊隘增添兵將加修城垣保安畿輔地方疏

臣准駐守昌平地方、都察院右僉都御史王輪咨，行據整飭霸州等處兵備、山東提刑按察司副使許天倫呈稱，查議過鎮邊、長峪、横嶺三城緣由，及據委官見任經歷蘇時通、原任指揮楊繼武會呈鎮邊等城應修工程等項，備咨到臣。先該臣巡蒞鎮邊、長峪、横嶺三城，見其外通懷來，内連畿甸，實第一要害之地，止設守備一員、把總二員，權輕兵寡，不堪戰守，當行分守居庸參將王臣，督同蘇時通等勘報。隨據孫奉告，係鎮邊城老幼，本城自正德十一年大舉達賊由立石、旛桿峪、北港、西北街、牛膝峪等口進入，搶至宛平縣常峪村、德勝寺方回。正德十四年始設鎮邊守禦千户所，召軍三百名，守備一員，提調白羊、長峪、横嶺等處。其白羊原係把總王堂管理，比時守備王駐因見本城寒苦，將王堂逐赴鎮邊，至今接管。嘉靖二十七年九月十三日、二十八年二月十三日，賊犯本城邊界大小山谷。二十九年八月二十三日，賊犯京畿，經由高崖口，殺傷京營防守官軍。比蒙鞏華城劉副總兵調取本城把總楊繼武，帶領官軍盡赴高崖截殺，遺下空城。虜勢重大，穿城徑過，殺傷人畜，搶劫財物，燒毁倉場、軍房，徑出北港、西北街等口去訖。若不添設兵將，修理城垣，將來必成丘墟。切思本城實爲京師西北咽喉重地，虜賊譎詐，日有奸細窺我虚實。如蒙乞憐衝苦邊城，添設參將一員，召補軍馬，加修夾道、城垣，一以防備水患，一以衛護居人，庶爲便益，等因。到臣，俱經備咨王輪勘議去後，今准前因。臣會同總督軍務侍郎何棟看得，駐守昌平都御史王輪咨稱，鎮邊、長峪、横嶺三城委爲虜衝，先年因山爲城，添軍戍守，形成鼎足，勢張犄角。于時全賴宣府兵精馬健，保障於外，雖屢經虜犯，固未有如嘉靖二十九年之甚者。因往懲來，今日防禦之急，莫過三城。先後施爲之序，鎮邊爲要，蓋鎮邊總會諸口，在西北，内則熊兒峪、牛膝峪、西北街，外則柳樹窪、唐兒庵、白崖子，一路通懷來水頭村、大山口，一路通舊保安畫莊、松棚、井溝，人馬可以馳驟，牛車徑至半山。即如今年三月，虜犯宣府馬廠，距唐兒庵僅八十里，若使鎮邊軍馬充實，先據邊山要害，則聲勢易振，扞拒之力可施。譬之築堤障水，於水勢始發之上流而遏之，則水勢易殺，横决之患可消。若俟其就下泛濫，狂瀾已成，人力難勝，堤壩徒設。今之所以處鎮邊者，非徒爲擁兵株守，蓋爲畿輔生靈之計。反覆辨析，俱已詳盡。臣竊惟防邊之政，莫先於審時，尤莫先於度勢。以今觀於宣府之時，旱荒相仍，人不聊生；以今觀於宣府之勢，屢經挫衄，士氣消沮。名雖居庸藩籬，苦不足恃，要之，與山西事體頗類。比年以來，山西宴然無事者，非大同能爲捍蔽，乃山西自爲之計故爾。所據鎮邊、長峪、横嶺三城，北護陵寢，南拱京師，虜既嘗由此而出，虜必能由此而入，比之山西，尤爲不同，似不宜藉口宣府，因襲故常，重誤大計。臣謹將王輪原議摘其節要，悉心參酌，條爲四事。如蒙敕下兵部，速議覆請，備行王輪，督同副使許天倫及時整飭。臣無任懇切覬望之至，謹題請旨。

計開：

一、議設參將。臣查得，居庸關原係分守，職在守關，時不可離。近因建議分區，改爲參將，兼理白羊、鎮邊等城。道里逶迤，居常難于周歷；山溪隔越，遇警不能卒至。況虜所窺伺專在鎮邊，遡其要害，誠不減於古北諸口，必須於鎮邊城專設將官，緩急方克有濟。合無添設參將一員，住札鎮邊城，以横嶺、白羊二守備，長峪、鎮邊二把總隸之，名曰分守鎮邊等處參將。合用軍士，除原額五百一十名，及巡關衙門近議召募四百九十名外，仍聽副使許天倫公同新設參將，再召土著民餘，務足三千名。每名該衣鞋銀五兩，共該銀一萬兩，户部照例給發。此處止宜多設步軍，少設馬軍。兵部於寄養馬内量發五百匹，以備傳報、哨探之用。各軍盔甲、器械，工部陸續查給。至於參將公廨，軍士營房并未盡事宜，悉聽王輪次第區處。其居庸關照舊復爲分守，止管遺下中、南、北三路各關隘地方，東與黄花鎮參將門家峪接界，西與鎮邊城參將白羊口接界。見任參將王臣暫管分守事務。候王臣升遷去任，止補分守，不必再設參將。伏乞聖裁。

一、議修山城。臣查得，鎮邊既設參將，兵馬衆多，舊城委不能容，必須稍加展拓，難以憚勞惜費。行據委官經歷蘇時通等勘稱，欲將鎮邊城北自高山頂起接修正城一百丈，根闊一丈五尺，收頂一丈，高連垛口二丈。東山修稍城一百二十三丈，西山修稍城一百一十五丈，俱因山砌石，高連垛口一丈二尺。仍於東山、西山各頂據險各築窟窿敵臺一座，以便擊拒。其城中穿流水門改修月形夾墻，連城以順水勢。合用錢糧，人夫口糧、鹽菜俱於收貯支剩修邊銀内動支。修工尺寸隨地改移，支給錢糧因工加減，俱照修邊事例施行。臣參酌無異，俱應如擬。合無備行王輪，嚴督新設參將上緊修築。此工完日，然後將長峪城東北街口、高崖口各起工程從宜修舉，鎮邊、横嶺仍動前銀，先開井泉二三十處，以便汲爨。通完之日，備將用過官銀、修過工程造册奏繳。伏乞聖裁。

一、議給月糧。臣查得，鎮邊、長峪、横嶺三城俱在萬山之中，地雜沙石，不堪播種，鎮邊、横嶺且缺乏水泉，以此軍不樂居，逃移接踵，必須處之得所，方能聯屬人心。合無除白羊口官軍月糧如常支給外，其三城官軍月糧俱許常支本色，馬匹全支料草，著爲定規，不宜輕易變更，庶幾目前人肯應募，日後事可經久。伏乞聖裁。

一、議調邊兵。臣查得，前項設將添兵之議雖已周悉，誠恐防秋在近，一時不能就緒，萬一醜虜突至，勢孤兵寡，未免仍致誤事。合無行令提督時陳，將調到邊兵揀選二枝，住札鄰近地方，果有警報，分發鎮邊、長峪、横嶺三城，與遊擊徐麟兵馬相兼戰守。一面先令領兵官員各詣屯兵山口，逐一相度，要見何處可守，何處可戰，必須方略預有定畫，臨事方免錯謬。伏乞聖裁。

懇乞停免寄養馬匹以蘇民困疏

據順天府順義縣申稱，蒙整飭霸州、帶管密雲兵備道、山東提刑按察司副使許天倫案驗，蒙臣紙牌，照得本部奉命經略薊、保等處邊務，見得所過州縣多屬狼藉，廣詢其故。咸謂自嘉靖二十九年被虜以來，至勤聖明軫念，多方優恤，有司廢閣，往往未霑實惠。竊惟本固而後邦寧，内安方能攘外，今民窮至此，若不上宣德意，下慰群情，邊備雖飭，其誰與守？牌仰本道，即將道屬曾經被虜沿邊州縣一切不便事情，逐一采訪呈報。蒙此，案仰本縣照案事理，即將不便事情徑申本部，并報本道查考。依蒙，議得本縣自嘉靖二十九年，大虜深入爲寇，結營本縣河之東西，焚燒廬舍，殺擄人民，積屍如丘，流血成河。四周村落蕩爲灰燼，縱有一二存者，又皆孤貧無依，田地抛荒，不能耕種。雖屢奉朝廷欽恤之詔，一應錢糧俱是額辦之數，未見分毫蠲免。至於寄養馬匹一節，太僕寺見得本縣密邇京師，不時給發前來，或一户十數匹者有之，或一婦二三匹者有之，或有將殺盡人户責令里甲代領者有之，以致前馬領未幾時，立見瘦損。不若曲爲寬處，誠恐殘民日就逃移，邊陲何所憑藉。乞爲題請，比照昌平州事例，今後遇有馬匹，免其再發，改發蕃富州縣，庶爲便益。及據密雲、懷柔二縣申，同前事。行據該道新任副使李蓁呈稱，各縣苦累，委與縣司所申相同，前馬相應豁免，等因。到臣。隨該臣親詣順義、懷柔、密雲三縣，果見其閭里蕭條，邑井丘墟，或一城不滿三四百家，或一村止存一二十人，愁苦之聲滿耳有聞，傷殘之狀極目難盡，必須生息休養數年之後，方可望其安全。查得寄養馬匹一事，先該巡按御史鄢懋卿具奏，已將昌平奉旨豁免，一時人心感戴天恩，歡慶載道。所據三縣地方，比之昌平，遭虜雖同，瘡痍特甚，似當一體議處。伏望皇上憫念畿輔疲民，敕下兵部議擬，將順義、懷柔、密雲寄養馬匹查照昌平事例，以後免其撥發。其見養馬匹，遇有各處奏討者，先爲兑給，庶幾少寬一分，民受一分之賜，不勝長便。謹題請旨。

經略潮河川地方以遏虜患疏

行據整飭密雲等處兵備、山東提刑按察司副使李蓁呈，蒙臣批，據委官古北口守備高輅、經歷康思道、千户李景時會呈，近蒙本部帶同署郎中張重等巡莅古北口、潮河川關，登山環視，見得嘉靖二十九年胡虜入犯之處，雖經修完邊墻，仍有坦漫山川，應添墩堡以保萬全，行委職等勘議回報。職等親詣指示去處，盤山據險，相勢度形，逐一踏勘得，潮河川關對峙，猪嘴寨後山崖河口勢委極衝，順水城迤南川身居中，應築墩堡六座。東邊護關舊墻一百三十二丈，低薄不堪，應該拆修，中間添築敵臺三座，接應六堡，以作鼎峙之勢。及勘得河川西山野猪嶺墩起，至猪嘴寨後山崖止，計長四百一十五丈。中間岡勢坦漫，豁峴五處，俱係賊馬往來馳騁舊路，該修横城一道，適中高阜去處，仍築墩臺三座，以便瞭望、傳報，上接邊城，下抵陡崖，以爲六堡羽翼。照得前項六堡地基，訪問父老，皆稱川内俱係沙土、碎石，如遇山水泛漲，一衝無底。及看北頭舊壕，深約一丈見水，水下仍係沙泥。今築堡城，必深空丈餘，再下地釘、樁木，方可甃石壘砌。緣取石去處相離工所二十餘里，窨壕下樁，甃石築基，費工用料，較之尋常工程大不相同。況修邊軍民、夫役連年勞苦，力已疲敝，若照派夫日給鹽菜口糧銀二分五釐，匠銀三分，惟恐人不樂從。合無查照近奉明文顧夫事例，每工夫、匠各日給工食銀六分。除掛木、窑柴、灰石、板木等項行本區參將督率軍士出口采辦應用外，今將勘議過應修城堡墩臺丈尺、估計過合用工料數目理合開呈，到臣。該臣批，看得潮河川極爲虜衝，備禦方略不嫌詳密，仰密雲兵備道覆議停妥，通詳督府、撫院。蒙此，本道覆看得，古北口爲薊鎮極衝之地，潮河川又虜騎易突之衝，邇年修完邊墻，似可遏防虜患。惟潮河川寬衍平漫，水沙無定，難以修築，若不曲爲之備，恐有意外之虞。今據守備高輅等勘議，川中修築墩堡，西山添築横城，及改修護關舊墻，險隘相聯，足堪防守。及查估計工程丈尺、物料數目，并合用夫匠欲照顧夫事例，每工給銀六分，使人心樂從，工程易集，俱應依擬。若止用本區夫匠，工力不敷，一時難完，相應動支真定、大名等府解到顧夫銀兩，分發與鄰近州縣，顧募夫匠，晝地分工，併力修築，等因。到臣。臣會同總督軍務侍郎何棟、巡撫都御史吴嘉會議得，古北口潮河川，外通興州，内連密雲，實殘元避暑故道。嘉靖二十九年，虜自黄榆溝擁衆突入，塞川南下，遂致驛騷畿輔，振動郊圻。雖嘗分兵，道出高崖，大勢營帳仍由黄榆北歸，則知潮河川者實醜虜入寇之第一門户也。往年都御史洪鍾欲於川内建城屯兵，據其要害，以故不惜勞費，鑿山引河，功未及成，人共惜之。今臣親至開山口再三相度，原來地高水低，縱使可通，無濟於事。又至近日新修黄榆溝一帶，邊墻見其堅完高厚，女墻、敵臺表裏周匝，有兵拒守，虜自不能飛度。但墻外尚有平漫去處，逐漸挑空，地低一尺，墻當更高一尺。是在邊臣隨宜處置，無庸别議。又逾河至潮河川，周迴顧視，黄榆溝邊墻包乎川之外，即今何棟、吴嘉會所修新墻是已；開山口節年邊墻反在川之内，即洪鍾鑿山故處是已。二墻夾峙，勢如雙屏，萬一賊衆潰墻，勢必落川，再無别道。川面雖有浮沙，不甚厰漫，是誠我兵之戰地也。過此則爲石匣，爲密雲，平原曠野，萬馬可馳，我兵欲戰不能，欲守不得矣。臣今議於川内創築小石城六座，每城内各築一墩。自北而南，三城儼如棋布；自南而北，三城宛如星羅。臨期酌量賊勢，分屯勁兵，令其可隱可見，可避可擊。又議於川之西山野猪嶺墩起，至猪嘴寨河口墩迤北石崖止，創修横城一道，伐其占據山梁之謀。又議將東邊護城關不堪舊墻通行拆修，添築敵臺三座，以爲六城聲援之計。惟恐窒礙，難以經久，備行兵備副使李蓁勘報無異。大抵大事可成，則小費不足計，况所費不多；遠效可圖，則近怨不足恤，况無從興怨：似當修舉無疑。如蒙乞敕兵部再加議擬，如果相應，備行都御史吴嘉會、總兵官成勛、副使李蓁，嚴督參將周益昌，坐委守備高輅，經歷康思道，千户李景時、張守爵，動支官庫見貯民夫銀兩，分發鄰近州縣顧募夫匠，相兼本區夫匠，併力修築。工完回奏，不許混入修邊大工册内，以致工程、錢糧難以勾考。謹題請旨。

計開：

一、添設河川居中墩堡六座。臣勘得，堡城每座周圍二十八丈，底闊一丈二尺，高連垛口一丈七尺，收頂七尺。門樓一座，門一合，中間懸吊賺板一片。堡内墩臺一座，周圍八丈，高連垛口二丈五尺，房一間。女墻留一小門，相構城墻，用活天橋板一根，用則架閣，不用則取入堵門。堡城每丈合用掛木二百四十根、石灰二千斤、地釘木一百六十根、順水木二十根。墩臺每座合用掛木一千九百二十根、石灰一萬斤、大小房木四十三根。夫匠每工銀六分，各工不等，并房料價通共該銀六千一百八十九兩六錢，俱於真定、大名等府解到顧夫銀内支給。伏乞聖裁。

一、拆修順水護關城一道。臣勘得，關城低矮不堪，長一百三十二丈，底闊一丈二尺，高連垛口一丈七尺。每丈合用掛木四百四十根、石灰二千斤。添設敵臺三座，每座周圍八丈，高連垛口二丈，墩房一間。合用掛木一千九百二十根、石灰一萬斤、大小房木四十三根。夫匠每工銀六分，各工不等，并房料價通共該銀二千三百一兩三錢六分，俱於真定、大名等府解到顧夫銀内支給。伏乞聖裁。

一、添設河川西山横城一道。臣勘得，横城上自野猪嶺墩起，下至猪嘴寨河口墩迤北石崖止，計四百一十五丈，底闊一丈，高連梁〔二〕口一丈五尺。每丈合用掛木二百四十根、石灰二千斤。墩三座，每座周圍八丈，高連垛口二丈，墩房一間。合用掛木一千九百二十根、石灰一萬斤、大小房木四十三根。夫匠每工銀六分，各工不等，并房料價通共該銀五千九百六十九兩一錢六分，俱於真定、大名等府解到顧夫銀内支給。伏乞聖裁。

易置將領以一事體以修邊政疏

准整飭薊州等處邊備兼巡撫順天等府地方、都察院右副都御史吴嘉會咨，准臣咨，節奉敕諭："今特命爾前去薊州、保定二鎮，將官應否易置，悉聽爾從長區處，奏請定奪。"欽此。欽遵。

近日巡蒞薊鎮，見得各區兵將多未穩妥，煩查概鎮副參、遊守等營，何官應存，何官應革，何官應調於何處，所管兵馬應該如何處分，方可經久，等因。准此，行據整飭薊州等處地方兵備、山西提刑按察司副使趙文燿呈稱，查議過灤陽營、鮎魚石二參將，太平寨、馬蘭谷二遊擊應該易置緣由，到院。該本院查得，薊州鎮第二區地方先年原設分守太平寨參將一員，第三區原設分守馬蘭谷參將一員，各駐札本營，統領標下官軍三千員名，以爲策應之兵。近因畫地分區，添將拒守，議將太平寨參將改駐灤陽營，原統標下官軍添設太平寨遊擊一員統領；馬蘭谷參將改駐鮎魚石，原統標下官軍添設馬蘭谷遊擊一員統領。布置戰守，未爲不善，但兩區參將所守地方廣遠，關寨數多，若使兵馬充足，無容別議。今查灤陽營一區止有官軍六千四百餘員名，鮎魚石一區止有官軍六千九百餘員名，内除守墩架炮、出哨擺塘等項軍士各二千二百餘名，差占已赴，再難別差。又有馬尖兒手、大漢、家丁、軍士各一千餘名，亦係節年挑選聽調之數，即非參將所有。其餘馬、步官軍各止三千餘員名，又皆分散各關營、寨堡守把，參將標下實無統領應援之兵。雖有各衛班軍一千五六百名，又係内地脆弱之卒，不任邊役，豈堪爲用。其添設遊擊兵馬，借口遊兵不相統調，互分彼此，無濟緩急。是遊擊有兵而守邊非其事，參將有邊而應敵無其人。與其增遊兵之名以自寡，莫若仍守兵之舊以自將。合無具題，將灤陽營參將李意仍歸太平寨，鮎魚石參將龔業仍歸馬蘭谷，其二營兵馬仍付標下統領，以備應援。添設太平寨遊擊王注、馬蘭谷遊擊唐桂俱行裁革，赴部別用。庶兵將歸一，戰守自便。除各區兵將應該照舊者不開外，合咨前去，煩爲裁處，等因。到臣，案查前事已經咨議去後，今准前因。臣惟朝廷設官分職，各有攸司。参將有地方之責，恪守封疆，猶之布政司分守官，故名曰分守參將。遊擊無地方之責，隨在攻擊，猶之按察司分巡官，故名曰遊擊將軍，固未有遊擊拘於一隅者也。且各鎮遊兵，極多不過四枝或六枝，固未有如薊鎮六區，每區設一遊擊者也，縱使兵馬充足，亦非事體所宜。乃今摘參將之兵歸之遊擊，不惟東掣西肘，誠爲十羊九牧。所據第二區灤陽營參將、太平寨遊擊，第三區鮎魚石參將、馬蘭谷遊擊，設置未妥，委當釐正。巡撫都御史吴嘉會謂遊擊有兵而守邊非其事，參將有邊而應敵無其人，與其增遊兵之數以自寡，莫若仍守兵之舊以自將，論已周詳，臣愚無容別議。如蒙乞於兵部再加擬議，將太平寨遊兵歸入灤陽營，參將李意仍舊回太平寨住札；馬蘭谷遊兵歸入鮎魚石營，參將龔業仍舊回馬蘭谷住札。各另换給敕書，以便行事。其遊擊王注、唐桂裁革回衛，候有相應員缺另行改用。謹題請旨。

議築簡便墩城以消虜患以全民命疏

臣節奉敕諭："今特命爾前去薊州、保定二鎮，將應該修築城堡悉聽爾從長區處，奏請定奪。"欽此。欽遵。臣惟腹裏城堡固當爲堂室之圖，沿邊墻塹尤當先門户之計。于是不避艱險，周歷諸隘，以次經略，除一切軍務事宜各另具題外。復念蠢兹醜虜，擁衆遠來，其志原在搶掠，不遂其欲，不能但已，必然極力攻墻。萬一我兵力竭，一處不支，別墻盡屬無用。如嘉靖二十九年，既過黄榆溝、潮河川，突入密雲、懷柔一帶，但有城堡去處，苦不來攻，至於散居村落，任其殺擄，如入無人之境。事後雖嘗分遣僉事張鐸等修築城堡，于時倉卒舉事，計處未周。總合數村築一空堡，有相去十餘里者，甚至有二三十里者。堡内既無井泉，理難持久；窮民各有家緣，豈肯輕棄？虜未至而先行收斂，妨廢不貲；虜已至而方行收斂，緩不及事。臣往年巡撫甘肅之時，嘗創爲墩城之法，即如五七家之村，令其近村合力築一小城，周圍止二十八丈，底闊一丈二尺，高連垛口二丈，收頂七尺。于中各築一墩，每座周圍八丈，高連垛口二丈五尺。實臺，上蓋房一層，架樓一層，最上蓋天棚一層。此外更有欄馬墻壕二道。近墩又有漫道，將至墩門，懸置板橋，防賊循道而上。大村則令其左右夾峙，各築二墩，或四墩、六墩。蓋守禦之方，大則爲城，其次則爲堡。城非萬金不能成，堡非千金不能成。惟此墩城，通計不過百金，爲費甚少，隨處可築。大城必須數千人，堡須千人，方能拒守。惟此墩城，十數人即可以守。虜少則勢力單弱，料彼不能攻乞；虜多則人馬稠密，懼我乘高擊打。縱使攻破一墩，必先自傷數十百人，所得不足以償其所失，虜必不肯爲之。況我之墩城隨在皆設，虜勢雖重，豈能一一攻之？不煩收保之勞，坐收障蔽之益。此之謂家自爲守。且賊既入邊，勢必散搶，若各城之中分置步兵，與土人相兼按伏，俟有零騎到墩，邀而擊之，自然可以成功。此之謂人自爲戰。先年大舉達虜嘗犯涼州，彼時墩城告完，臣適在彼，調度既無毫毛疏失，且有斬獲微功，是乃明效大驗。臣今奉命月餘，所過州縣，見其閭里蕭條，財匱民勞，以故不敢輕率建議。徐而思之，利害有輕重，關係有大小。土木之害較之搶殺爲小，殘破之患比之勞費爲大。若使得人綜理，激勸有方，是雖不可慮始之民亦當翕然感動。近日民間苦虜侵暴，亦有自爲之者，但與臣之規制少異。一二豪强之徒又爲其私築，因而挾制，臣切痛之。如蒙乞敕兵部計議，如果相應，容臣畫一圖式，責成都御史吴嘉會、艾希淳、王輪，督同兵備及府州縣等官，將薊、保二鎮地方，審時度勢，不限以時，不拘以地，勸民以次修築。不宜過於嚴急，反致騷動。沿邊去處，就行總兵徐珏、成勛、張琮一體整理。中間或有土脉疏鬆，不堪修築，必須多用磚石包砌，以圖經久，難以惜費。其昌平、懷柔、順義、密雲、三河、平谷曾經被虜州縣，仍乞不爲常例，量發官銀三四萬兩。如内帑不便，或於真、順等府解到民夫銀内准其如數動支，聽吴嘉會、王輪審其人力，果有十分不能自處者，量爲補助，以仰副我皇上日勤宵旰，愛護元元之意。然此雖有小費，果得民命曲全，比之調發客兵，日費千金，無益有損者，萬萬不侔。臣無任懇切覬望之至，謹題請旨。

修理城池疏

准駐守昌平地方、都察院右僉都御史王輪咨，准臣咨，節奉敕諭："今特命爾前去薊州、保定二鎮，將應該修築城堡、處給錢糧悉聽爾從長區處，奏請定奪。"欽此。欽遵。近該本部至昌平州，見其土堡低薄，至順義縣，見其城池破壞，俱不堪保障，咨煩勘議，等因。准此，行據昌平州申，蒙本院鈞牌，前事，依蒙，會同永陵等衛掌印指揮張弼等，親詣本州南門外，拘集匠作，勘議得，土堡内有永陵等五衛官軍，與州民相攙居住，即今虜情叵測，更建城垣，誠爲緊要。設欲與同舊城合併，將南面拆毁，其城築建年久，磚石未免碎壞不堪，似難再用。合無照依通州規制，存其舊城於外，將土堡拆毁，因其基址，建築新城。三面丈量得，計長八百一十四丈。議得墻高二丈，垛口五尺，通高二丈五尺。根闊二丈，收頂一丈五尺，外用磚包三層。合用土工、磚灰、匠作共該銀二萬九千四百八十三兩八分。甕城照依永安舊城壘築，内外俱用磚包。量得外面五十五丈，裏面四十五丈，折上五十丈。除城門一合，拆下舊堡城鐵裹門并過木、枕石等項堪以改用，合用土工、磚灰、匠作共該銀三千三百二十兩。敵臺一十六座，各比城墻築出一丈五尺，長四丈。每座上蓋鋪房三間。合用土工、磚灰、木料、葦箔、匠作等項共該銀一千七百八十六兩二錢八分。大樓臺一座，計三間明間，面闊一丈六尺，左右稍間闊一丈三尺，東西明間闊一丈二尺五寸，兩山稍間七尺。除枋柱、桁梁、搭脚、過木等料俱與官樹内采辦不估外，合用散木、磚瓦、灰料、匠作等項共該銀九百三十六兩九錢五分。大城門一合，每扇高一丈三尺，闊六尺，厚五寸。除轉樞鐵鑄壽山福海一副，徑大五寸，應合申請工部取用，合用木料、工匠等項共該銀六十一兩八錢。水門六座，合用磚灰、匠作共該銀三百二十四兩二錢五分。箭樓五架，計三間，通面闊四丈，明間一丈五尺，稍間各闊一丈，通深一丈五尺，兩山頭左右稍間各闊五尺。除枋梁、搭角、過木等料俱於官樹内采辦，合用長梁、横枕、散木、磚瓦、灰料、工匠等項共該銀五百一十七兩六錢。大樓、箭樓并兩角樓合用顔料、桐油、鐵釘、瓦獸、麻刀、柱頂石，及搭樓、壘城、捆架打繩綮麻等項，共該銀四百九兩一錢。以上各料查照估定價值，召商〔三〕上納。匠作亦照估定工食顧募。搬運磚石供作人夫，行令永安、鞏華、老家三營撥軍應用，移文户部，分司於居庸倉，每日給與行糧一升五合。用〔四〕鷹架、木植俱於鞏華城及各馬房借用，撥夫搬運，照數送還。城根合用土櫬、石塊，俱撥軍夫於附近處搬運。其搭架、打繩匠工并拆卸舊城門樓等處板瓦堪用數目，今難定擬，候臨期酌處另報外。爲照永陵等衛，因爲護衛陵寢而設，議築城垣，保障地方，以重根本。今職等議估得，建築城墻、樓鋪工料價銀共計三萬八千四百九十八兩五錢六分，合應請發該部錢糧，早賜修建，庶備禦有所，地方攸賴，等因。

據此，又據委官經歷董義呈稱，遵依前去順義縣，會同知縣王恒，親詣丈量。本縣土城不堪保障，必須用磚包砌，方得經久。查得該縣卷内，嘉靖三十年二月初十日，抄蒙駐守昌平地方都御史許宗魯案驗，爲再乞天恩，俯從民願，修築要地城池，以固根本，以安地方事，准兵部咨，該本部題，職方清吏司案呈，奉本部送，兵科抄出，順義縣舉人、監生、生員、鄉民萬鵬程等具奉，前事。行委經歷張燿親詣丈勘得，本縣舊城一座，周圍一千二十六丈六尺，内除節年攙修磚砌一百六十九丈，尚有未修八百五十七丈六尺，薄矮不堪，應合修砌。高連垛口二丈五尺，收頂一丈，比時本官估計，外面用磚包砌一層半，共用磚一百一十九萬三千零五個，并漫頂，增添角樓、月城等項，磚灰、瓦箔、鐵葉、木植、人匠工食，通共約用銀一萬六千五百四十八兩一錢六分。查得本縣庫貯各衙門贓罰、紙贖銀三百五十四兩三錢五分三釐三毫，并賞軍支剩銀七百八十兩，及拆卸本縣廢寺五座木植、磚瓦估計時價銀二百餘兩，仍有不敷銀一萬五千二百一十餘兩，逐款造册，呈報去後。續蒙本府張推官紙牌，爲查催各省應解銀兩，以備軍儲，以濟拾分缺乏事，准本府牒，據經歷司案呈，抄蒙巡按直隷御史鄢懋卿案驗，奉都察院巡按直隷永字三百六十五號勘札，已將前項贓罰銀三百五十四兩三錢五分三釐三毫，於嘉靖三十一年五月二十一日批差義官李佐解赴太倉，取獲批迴庫收附卷訖，止存賞軍支剩銀七百八十兩。後蒙密雲兵備道案驗，蒙巡按直隷御史鄢懋卿案驗，奉都察院巡按直隷永字五百二十四號勘札，准工部咨，前事，准將庫貯贓罰并賞軍支剩銀兩先行動支，其不敷銀一萬五千二百一十餘兩，在於順天府所屬州縣庫貯及撫按等衙門贓罰、紙贖等項一應無礙官銀查取協濟。本縣已將賞軍支剩銀七百八十兩，申蒙密雲兵備道，蒙批，賞軍支剩銀兩奉有欽依動支，徑自查照施行。依蒙，動給窑户杜暹等支領，見今燒造城磚。其餘不敷銀兩，至今未蒙查發。爲照前項城垣，若照委官經歷張燿估計，包砌一層半，終非堅久，合無俯從所議，包砌三層。合用磚二百二十九萬六千五百一十二個，每個價銀一分二釐，共用銀二萬七千五百五十八兩一錢四分四釐。每磚一個用灰一斤，共灰二百二十九萬六千五百一十二斤，每百斤用銀一錢，該銀二千二百九十六兩五錢一分二釐。每丈用瓦石匠十工，共工八千五百七十六工。每一工給銀七分，共銀六百兩三錢二分。以上通共用銀三萬四百五十四兩九錢七分六釐，除已給過賞軍支剩銀七百八十兩，并角樓、城樓合用木植、磚瓦奉有欽依已經動支，拆卸本縣廢寺五座補用外，尚有不敷銀二萬九千六百七十四兩九錢七分六釐，垂賜給發，照依估計三層包砌，庶爲永固。其修城人夫，在於本縣久遠等一十二里分派上、中、下三等玖則人户，起倩興工，等因。該縣已經具申去後，今蒙前因。查得該縣卷内，先該經歷張燿議用磚包砌一層半，該縣復議用磚包砌三層，今議仍依縣議三層包砌。原議每磚一個用價銀一分二釐，似乎頗多。今會同知縣王恒，每磚一個量減去二釐，共減去銀四千五百九十三兩二分四釐，每個止給銀一分。其磚長一尺二寸，闊六寸，厚三寸。該磚二百二十九萬六千五百一十二個，共該銀二萬二千九百六十五兩一錢二分。灰二百二十九萬六千五百一十二斤，每一百斤價銀一錢，共銀二千二百九十六兩五錢一分二釐。每丈用瓦匠、石匠十工，共工八千五百七十六工。每一工給銀七分，共銀六百兩三錢二分。以上通共用銀二萬五千八百六十一兩九錢五分二釐，除給過賞軍支剩銀七百八十兩，尚有不敷銀二萬五千八十一兩九錢五分二釐，通爲燒磚，買灰，泥瓦、木石等匠工食并城樓、角樓、月城等項應用。查得該縣原無收貯别項無礙錢糧，合無請發帑銀二萬五千八十一兩九錢五分二釐，燒造磚灰，趁時於外面未修土城用磚包砌修理。其人夫，該縣被虜搶殺，見在者人力已疲，或恐不足應役，於順天府附近所屬未遭虜寇殘害州縣分派三四處，酌量里分多寡，每里量派一名，暫爲協助。以人夫解工又往返道途，奔走勞苦，每夫一名徵銀一兩，解發該縣收貯，顧夫應役，每日將召顧過夫姓名開報送縣查考，以一個月爲止。餘夫該縣查照先議，派用其營州左屯衛在内，除正軍外，於空閑，不論官舍、軍餘，丁内派撥四十名，分爲兩班做工，等因。到院。看得各官所議，因地揆勢，度時量力，俱屬穩便。除人夫可以徑行外，其估計各項應用錢糧，官庫委無積貯堪以動支，似應依擬題請給發，合咨前去，煩爲裁酌施行，等因。到臣，案查前事已經咨議去後，今准前因。

臣惟昌平州外羅土堡，内設永陵等五衛官軍，拱護陵寢，關係甚重，堡墻單薄不堪，急當修建。其順義縣城，嘉靖二十九年虜欲攻陷，適遇保定兵馬拒守，得以幸免。雖經兵、工二部題奉欽依，准其修築，不敷銀兩於無礙官銀内動支，緣地方遭虜之後，各該官庫搜括已盡，若候積有銀兩方行動工，永無可完之期。臣再三相勘，今之順義，即古順州，平原曠野，實惟戎馬之場，萬一虜騎突至，攻破此城，京東州縣未免盡爲振動，利害重輕似不在昌平之下。所據二城既該駐守都御史王輪勘報前來，通計用銀六萬三千五百八十兩五錢一分二釐，委果無從支辦。伏望皇上憫念畿輔生靈重遭塗炭，特敕兵、工二部會同計議，不爲常例，照依前數處發官銀，聽王輪督同兵備等官及時興工。如工部銀兩例須坐派各省，一時不能遽完，先於兵部馬價銀内權宜借支，日後處補。至於順義縣要撥鄰境州縣人夫協力幫修一節，揆之人情未順，難以准行，止宜將本縣民夫并營州左屯衛官舍餘丁通融起倩，庶免告擾。其餘事宜，悉如原議施行。事完，備細造册奏繳。謹題請旨。

議處月糧以便下情以省官運疏

准整飭薊州等處邊備兼巡撫順天等府地方、都察院右副都御史吴嘉會咨，准臣咨，節奉敕諭："今特命爾前去薊州、保定二鎮，應該處給錢糧，一切軍務事宜悉聽爾從長區處，奏請定奪。"欽此。欽遵。煩查本鎮軍士月糧見今如何支給，即今應該作何調停，議處咨報，等因。行據整飭薊州等處兵備、山西提刑按察司副使趙文燿呈稱，議過薊州軍士月糧緣由，到院。該本院查得，薊鎮各區關營、衛所官軍月糧，舊例歲派順、永二府所屬州縣，起存民屯并各衛所軍屯，本色米石俱於山海、劉家口等倉上納。又山東，河南，真、保等府折糧銀兩，并山東、河南海運兑軍糧斛二十四萬石，内本色二十萬石、折色四萬石，俱於薊州倉庫上納。後該撫按衙門具奏，户部會議題准，將海運糧斛改納折色一十八萬石、本色六萬石。每歲官軍月糧，上半年支本色，如本色不足，支給折色，每石在邊折銀六錢五分，在衛四錢；下半年支折色，每石在邊四錢五分，在衛四錢。行之已久，人情頗便。嘉靖三十年，户部因本鎮增募軍士，惟恐地方米價騰貴，議將海運糧斛照依舊例，四萬石派徵折色，二十萬石派徵本色運納。但薊州在本鎮偏西，而迤東關營、衛所食糧官軍數多，去倉甚遠，近者三五百里，遠者七八百里，往返不便，只得賤價以鬻。即有賫還，半爲盤纏、脚價之費，所餘無幾。衆口嗷嗷，屢稱不便。合無具題，仍照先年事例，將前海運糧米止運本色六萬石，其餘一十八萬石仍徵折色上納，行令薊州管糧郎中與前順，永，山東，河南，真、保定等處糧銀相兼放支。在官免運□之勞，在下蒙惠利之實，一舉兩得，似爲穩便。合咨前去，煩爲裁處，等因。到臣，案查前事已經咨議去後，今准前因。臣惟兵、食二者事本相因，必須糧充蒭裕，方得士嘻馬騰。故以人情言之，穀賤則願給折色，穀貴則願給本色；倉口相近則願給本色，倉口隔遠則願給折色。當事之臣亦往往俯順其情，爲之曲處，經費之義，撫字之仁，蓋自有不容偏廢者。惟兹薊州海運糧斛一事，若使去倉密邇，月得實米一石，人心自是喜慶。但各該關營相去薊州倉三五百里，遠者甚至八九百里，勢既不能賫還，理當賤價以鬻。一二奸商又往來其間，因之射利。在上徒費輓運之勞，在下不蒙樂利之實。臣所至地方，告者接踵，或一處告詞四五十紙，或一詞連名數十百人，委果事體、人情均屬未便。既經巡撫都御史吴嘉會查議前來，相應亟爲酌處。如蒙乞賜户部計議，將前項海運糧米仍照先年撫按衙門題准事例，止運本色六萬石，其餘一十八萬石仍徵折色上納，行令薊州管糧郎中與順、永等處糧銀相兼支放。如今年錢糧會計已定，姑自嘉靖三十三年爲始，以後不必再爲更易。謹題請旨。

班軍急缺軍器乞爲權宜處補疏

准整飭薊州等處邊備兼巡撫順天等府地方、都察院左副都御史吴嘉會咨，准臣咨，節奉敕諭："今特命爾前去薊州、保定二鎮，一切軍務事宜悉聽爾從長區處，奏請定奪。"欽此。欽遵。移咨煩查，本鎮器械應該作何整飭，酌議停當咨報，等因。准此，行據整飭薊州等處兵備、山西提刑按察司副使趙文燿，整飭密雲等處兵備、山東提刑按察司副使李蓁各呈，將查議過各區防守大寧都司衛所班軍缺少軍器緣由到院。據此，查得先爲復舊鎮、重邊防以壯畿輔，以固京師，以圖久安長治事，該兵部題，發大寧所屬春、秋兩班京操官軍薊州防守。續該工部議，以秋班一萬九千一百三十員名給發鐵盔一萬九千一百三十頂、甲一萬副，運發前來，收候兩班軍士上班之日領用。尚欠甲九千一百三十副，備行保定、薊鎮撫按官，行令河間等十六衛所，自嘉靖三十一年爲始至三十五年止，將額解軍器料價、脚價通折造甲給發領用。題咨到院，除將見在盔甲分發本鎮所屬第二區至第六區，共盔一萬四千九百九十八頂、甲七千八百六十副，駐守昌平都御史所屬第七區、第八區，共盔四千一百三十二頂、甲二千一百四十副，給軍領用外，尚欠甲九千一百三十副，薊鎮該補七千一百三十八副，昌平該補一千九百九十二副。雖經移咨保定巡撫衙門，嚴督河間、德州等衛，武定、滄州等所，及行通州副總兵，嚴督定邊、通州左等衛，查照打造去後。但甲逾九千，非設法可辦；限以五年，非計日可完。即今軍士在邊，身無寸鐵，不獨無濟防守，何以壯觀軍容？合無題行工部，將前原欠鐵甲權爲議處，照數查發，解送前來，聽給少甲軍士披用。其原議河間等一十六衛所各年額造軍器，照舊造解該部交納。庶戰具有資，防邊不誤，煩爲裁處施行，等因。到臣，案查前事已經咨議去後，今准前因。該臣親詣各區閱視兵馬，見得大寧班軍，本以腹裏脆弱之人，遠戍極邊衝險之地，即使器械鋒利，遇有警報，尚且倉皇失措，乃今既無完衣，又無寸鐵，驅之即戎，未免有誤機宜。所據原欠官甲，限以五年，委非計日可完，防秋在近，勢又不能久待。既經巡撫都御史吴嘉會咨議前來，似當從宜酌處。如蒙乞敕工部計議，將原欠鐵甲九千一百三十副先行別爲處給，薊州該七千一百三十八副，昌平該一千九百九十二副，俱運送吴嘉會處，給軍領用。其原議河間等衛所額造軍器，仍照年限造完解部。一轉移之間，軍容自當改觀。謹題請旨。

請换制敕重事權便調度以保安重鎮疏

准整飭薊州等處邊備兼巡撫順天等府地方、都察院右副都御史吴嘉會咨，准臣咨，煩將原領敕諭并總兵官制敕抄捧一通咨報，等因。准此，本職欽奉敕諭："都察院右僉都御史吴嘉會，今特命爾前往薊州永平、山海、密雲、居庸關、白羊口等處，整飭邊備，兼巡撫順天、永平二府地方，操練軍馬，修理城池、關隘，防禦賊寇，撫安軍民，督理糧儲，禁革奸弊，扶植善良，摧抑强暴。遇有一應詞狀，及官吏人等酷害旗軍、私役軍餘、占種田土并不公不法等事，除軍職及五品以上文職奏聞區處，其餘就便拿問，或發巡按、巡關御史究治。如有權豪勢要之人侵欺盗賣糧草，及砍伐邊關樹木、阻撓軍務等項者，體訪得實，具奏處治。凡一應軍情邊務，悉與鎮守等官從長計議而行，不許偏執誤事。其餘有益於邊務及便於軍民者，聽爾從宜處置。分守、守備等官俱聽節制。爾爲憲臣，須持廉秉公，正己率下，使官吏畏威，軍民懷惠，庶副委托。若背公向私，行事乖方，致人嗟怨，責有所歸。又朵顔等衛夷人離邊不遠，尤宜嚴督所屬用心隄備，遇有聲息，相機戰守，毋或怠惰，致有疏虞。爾其敬之，故諭。”欽此。欽遵。照得本職嘉靖三十年十月内生擒導虜逆酋哈舟兒等，該兵部等衙門題奉欽依，升右副都御史，敕諭未蒙换給。及查敕内止載分守、守備等官具聽節制，新設副總兵、參遊俱未開載，咨煩裁處，等因。准此。又准本官咨，准鎮守薊州永平山海等處地方總兵官、右軍都督府都督同知成勛手本，職欽奉上命，鎮守是方，原奉制諭：“署都督僉事成勛，今特命爾充總兵官，鎮守薊州永平、山海等處地方，修理城池、關隘，操練軍馬。遇有賊寇，相機勦殺。其各路參將照舊分守地方，所統官軍悉聽節制。如制奉行。”欽此。又奉敕諭：“署都督僉事成勛，今特命爾充總兵官，鎮守薊州永平、山海等處地方，提督沿邊一帶營堡，整飭兵備，申嚴號令，練撫士卒，振作軍威。遇有賊寇，相機戰守。凡一應軍機等事，須與巡撫官從長計議停當而行，務在同心協力，濟理邊務，不許偏私執拗，致誤事機。爾爲武臣，受兹簡任，尤須持廉秉公，正己率下，使所部各得飽暖，樂於戰守，庶威武振揚，克副委任。毋或貪財害人，致生嗟怨，有妨操守，如違，責有所歸。爾其勉之慎之，故諭。”欽此。欽遵。切惟本職原以署都督僉事奉命鎮守，嘉靖三十年十月内生擒導虜逆酋哈舟兒等，該兵部等衙門題奉欽依，叨升都督同知，至今制敕未蒙更换。况薊州地方拱護京師，先年止是防範朵顔等三衛夷人，自嘉靖二十九年虜患以來，地方殘破，兵馬凋疲，比之别鎮，利害迥别。伏見各區參遊敕諭俱有悉聽鎮巡官節制，而本職所領制敕反無節制各官字樣，以致未敢擅便行事。本職人微才淺，果有何能，不過仰仗朝廷恩威，煩爲轉達，將原奉制敕具題换給便益，等因。准此，合咨前去，煩爲併處，等因。各到臣，案查前事已經咨查去後，今准前因。臣惟各邊鎮守總兵官、巡撫都御史開府一方，名曰鎮巡，一切軍務事宜會同計議而行。其副參、遊守等官悉聽節制，上下相承，體統不紊，以故兵威振揚，夷虜讋服。今詳薊州總兵制内，止稱參將所統官軍悉聽節制，而副總兵、遊擊俱未開載明白，至於敕内全未開載。巡撫敕内止稱節制分守、守備等官，副參、遊擊亦未見載及。况二臣近以軍功，成勛升都督同知，吴嘉會升右副都御史，所有職銜似當併爲議處。如蒙乞敕兵部計議，如果相應，行移翰林院另撰制敕三道，明開本鎮副參、遊守等官悉聽二臣節制，二臣仍聽總督軍門節制，及將各該職銜查照更易。候新换制敕至日，原領制敕徑自奏繳。謹題請旨。

邊方州縣疲敝至極懇乞選除甲科以修邊政疏

臣節奉敕諭："今特命爾前去薊州、保定二鎮，一切軍務事宜悉聽爾從長區處，奏請定奪。"欽此。欽遵。准整飭薊州等處邊備兼巡撫順天等府地方、都察院右副都御史吴嘉會咨，開通州、灤州俱缺知州，良鄉、永清、三河、武清、漷縣、寶坻、懷柔、房山、大城、玉田、平谷、盧龍俱缺知縣緣由，到臣。近日巡視該鎮，見得沿邊一帶州縣，城堡之殘破，里甲之苦累，錢糧之逋負，驛傳之蕭條，百孔千瘡，不可盡述。其知州、知縣係一方長吏，平時休息愛養，既有撫輯之責，遇警收保團結，兼有兵戎之寄，比之腹裏州縣，責任爲重，振作尤難。近該吏部大臣請乞多取進士，以備邊任。仰蒙皇上俯賜嘉奬，准照嘉靖二年事例取四百名，神謀聖慮，所以軫念邊民者至矣盡矣。但惟今之九邊雖均當整飭，而薊州一鎮則屏翰京師，拱護陵寢，尤爲造化首善之地。所據進士選除守令一事，似當先自薊鎮始。如蒙敕吏部再加擬議，將前項州縣員缺量其緩急，於進士内選其年力精壯、德性醇良者以次除補。倘進士辦事未久、開選尚遠，或於附近省分歷任一年上下進士知州知縣，查其政績可觀者量調數員，以備今歲防秋之用，庶幾邊政可舉，邊民可蘇，地方幸甚。謹題請旨。

兵馬凋殘不堪戰守乞敕邊臣加意整飭疏

臣節奉敕諭："今特命爾前去薊州、保定二鎮，一切軍務事宜悉聽爾從長區處，奏請定奪。"欽此。欽遵。節該鎮守薊州永平山海等處地方總兵官、右軍都督府都督同知成勛，鎮守昌平居庸等處地方副總兵官、署都指揮僉事張琮，各將所管軍馬數目開報到臣。案查先該臣巡視昌平、薊鎮，督同本部署郎中張重等閲得兵馬狼藉，已經備行各官，要見總副、參遊等官下，原額軍士若干，逃亡、事故若干，見在若干；馬軍堪戰若干，不堪若干；步軍堪守若干，不堪若干；馬匹原額若干，倒死若干，見在若干，堪以騎征若干，不堪騎征若干。從實開報去後，今該前因。臣惟防邊之要，莫先於兵，尤莫先於馬，必須兵精馬健，以守方固，以戰方克。自古談兵之家，曰"兵不貴多而貴於精"，又曰"軍政莫急於馬"。薊鎮、昌平分屯列戍，軍雖不下六七萬人，類多老弱庸懦，不堪戰守；馬雖不下二三萬匹，類多羸瘠瘡癬，不耐驅馳。往年所禦止是三衛屬夷，且猶兵勢蕭索，今所禦者，强横之北虜矣；往年禦虜止是秋高月朗，且猶分布不周，今無論春夏秋冬，盡防範矣。當此時危勢迫之難，宜爲易轍改弦之計。大抵邊臣之意，皆爲本處兵馬削弱，必須多調勁兵以爲應援。以臣之愚，似當以練主兵爲根本，以調客兵爲權宜。况客兵之來也，閭閻騷擾，雞犬不寧，未收保禦之功，先罹憑陵之患，民謡滿耳，邊兵可常調乎？又爲連年修邊，步軍苦於版築，馬軍苦於架梁，無暇操練。即如各枝遊兵，未嘗架梁，而身無寸鐵，手不執弓，食糧則有名，臨警則無實，驕惰至此，主兵果可恃乎？又爲缺馬騎征，仍欲仰給太僕。臣爲〔五〕且宜將見在之馬悉心喂養。若多發官馬，不能愛惜，未免盡爲溝中之瘠，馬果可再發乎？至於包辦役占，百弊紛然，所當究詰。臣惟今日之勢，不在於增兵而在於練兵，不在於增馬而在於養馬。增兵增馬者，邊政之文也，徒費芻糧；練兵養馬者，邊政之實也，有裨捍御。臣周歷地方，見之甚真，不忍緘默。伏望皇上俯念虜患猖獗，邊備廢弛，今後該鎮奏募新軍，奏討官馬，敕下兵部，且不宜輕易議給。速行總督、鎮巡等官，先將各區軍馬協心整飭，逃故者作何處補，老弱者作何沙汰，見在者作何操練，馬匹作何喂養，役占包辦者作何清查，務期軍馬充盈，奸弊剗除，以爲地方深長之計。事完，備將練過人馬、革過弊端分别區分，徑自回奏。所有臣一得之愚併爲條列，以備聖明采擇。臣無任惶悚懸切之至。謹題請旨。

計開：

一、清兵馬之本源。臣惟練兵養馬，督撫不過總其大綱，日省月視，考其成功，則總兵、副總兵、參遊、守備等官之事，必須各官奉公守法，方能約束部軍，次第振舉。訪得各區將領剋扣剥削，"惟日不足"，全不問及軍馬之事。雖有一二稍知整飭，士多解體，令自難行。若不清源正本，恐終無可爲之期。合無聽兵部計議，備行總督、巡撫官，自本年七月爲始，每月行令各官具揭開報，要見本月内本營買過馬匹若干，補過軍士若干，修過軍裝若干，夷虜有無入犯，曾否獲功，是否失事，兵馬曾否操練，是否精强。虚文揑報者以軍法重治。中間果有剥削欺負之徒，指名參奏，兵部查其贓私狼藉者一二人，請旨拿解問罪，畢日押赴原營，將所得贓私面給各主，上以彰朝廷之法，下以慰生民之憤，庶幾貪風可息，軍困可蘇，而練兵養馬，自當漸以就緒。若使如常止革回衛，不一二年又復起用，則此輩無所創懲，軍政何賴？伏乞聖明裁定。

一、正兵馬之紀綱。臣惟一鎮紀綱，全在總督、巡撫，而兵備、副使則一方紀綱係焉，將官之廉貪，邊政之修廢，無不當問。臣見近日舉劾將官，率爲對偶聲律之文，或稱其兼通儒書，或稱其儀容典雅，或稱其廉而不著其廉之實，或劾其貪而不據其貪之迹。以故各官得以巧文邀薦，矯情避劾。所據振飭紀綱一事，實今日之要務。查得霸州兵備副使許天倫、密雲兵備副使李蓁、薊州兵備副使趙文燿，人品、才識俱各極一時之選，若付之經理，必能不負任使。但原奉敕諭，責其内而禦寇者甚詳，外而禦虜者反略，似當通爲議處。合無聽兵部計議，今後兵備官務要不時巡蒞各區，點視軍馬，糾〔六〕察奸弊，稽考錢糧，修飭邊備。每季終通將各該將官行過實迹分别臧否，呈報督撫衙門。應薦應劾者，督撫官明開某人賢，兵馬精强；某人不肖，兵馬疲敝。其兵備賢否，督撫官即此亦可概見。庶幾法有責成，兵備不爲徒設；事無文具，軍政自當修舉。伏乞聖明裁定。

一、嚴兵馬之稽查。臣惟各區兵馬向來全無稽考，每遇點視，旋造文册，逃亡、事故，任其揑報。及至食糧，則多寫虚名，冒支糧賞。兵部不知其多寡之詳，户部莫究其盈縮之數。應差則以百爲十，食糧則以十爲百。臣近日所至地方，查出此弊甚多，節行兵備等官勘問，未據呈報。臣往在甘肅巡撫之時，嘗照户部題准事例，置立格眼文册，每衛各置一册，止〔七〕寫官軍姓名、年貌，下列二行，一行分十二格眼。前十二格眼，每月注其食糧，或本色，或折色，或有逃故者就於當月格眼内開除，復役者於本月格眼内填注。後十二格眼，每月注其或見在本處應當何差，或調發某處按伏截殺。遇臣到彼，不必另造文册，就將此册送比，明白簡要，宿弊頗革。今宜略倣其法行之，似亦相應。合無聽兵部計議，備行巡撫都御史吴嘉會，將所屬地方不拘衛所、關營，參兵、遊兵，各造一册，送各該兵備道查對無差，就用巡撫、兵備關防上下鈐蓋。但遇巡莅，執此查比，如有虚捏、冒破情弊，究問釐正。其馬匹亦照此式置册，要見某月支料若干、草若干，或本色、折色，或此月例不該支，俱要開注。倒死者亦於當月格眼内開除。庶幾勾考詳明，弊端杜絶。伏乞聖明裁定。

一、蘇兵馬之困苦。臣惟各區兵馬不振，雖由將官剥削所致，中間苦累，尚有出於此情之外者。即如軍士，每月例有椿朋錢，又有灰價錢，二項已去其月米之半。馬一年全不支草，料止支半年折價。軍士無聊，必至食馬之食，軍貧馬死，無可計處。除灰價一事已經巡撫都御史吴嘉會查革外，其月糧、料草事宜，合無聽兵部計議，備行總督、巡撫官虚心酌量，要見軍士月糧折價若干，有無彀用；馬既全不支草，有何草場牧放，是否見在，或被人侵占；秋青馬草曾否采打，有無相兼支放；料止支半年，人情、事體有無相應，于今應該如何處置。限一月以裏奏下户部，從長覆議，庶食足兵强，事可經久。伏乞聖明裁定。

校勘記

〔一〕"嶺"，底本訛作"舊"，據下文改。

〔二〕"梁"，疑當作"垛"。

〔三〕"商"，原作"啇"。以下徑改，不再一一出校。

〔四〕"用"前，據文章似當有一"合"字。

〔五〕"爲"，劉藏本、舊抄本及明崇禎刻本明陳子龍等《明經世文編》卷二百七十三楊博《兵馬凋殘不堪疏》均作"謂"。"爲"通"謂"。

〔六〕"糾"，原訛作"糺"。以下徑改，不再一一出校。

〔七〕"止"，劉藏本、舊抄本作"上"。

經略疏稿卷二

欽差經略邊務、兵部左侍郎兼都察院右僉都御史臣楊博謹題：

經略紫荆關隘以遏虜患疏

准巡撫保定等府地方兼提督紫荆等關、都察院右僉都御史艾希淳咨，據總理紫荆等關保定等府地方兵備、山西提刑按察司副使畢竟容呈，蒙臣紙牌，近該本部巡視紫荆關隘，看得虜若由大同蔚州越過廣昌，必經北口黑石嶺，或迤西大檀口、石門峪、鎗頭嶺等處；虜若由渾源、靈丘越過廣昌，必經直峪口、靈關口，及銀山驛、馬嶺等處；虜若由宣府懷來而來，其勢必趨保安，徑犯沿河、馬水等口。所據前項地方俱爲要害，必須屯兵據守，門户既嚴，堂室自固。擬合查勘，牌仰本道官吏，即行倒馬關參將馮登、保定府同知馮友親詣彼中，公同地方參守等官從實酌議，要見諸處是否要害，此外有無别路可通，即今應該如何設備，兵馬如何選撥，錢糧如何處分，並未盡事宜，逐一備細條議，呈報本部并巡撫衙門，以憑會處施行。蒙此，行據參將馮登、同知馮友勘報前來。該本道議得，馬水口、浮圖峪爲紫荆關東西門户，極其要衝。但浮圖峪相離紫荆關七十里，遇有警急，紫荆參將可以速爲救援；而白石口、烏龍溝，各該欽依把總相離本峪亦各三十里，聲勢聯絡。本峪守備奉有敕書，事權隆重，可謂經制詳密矣。惟馬水口距紫荆關一百五十里，所屬沿河口距馬水口又一百五十里，地里廣遠，視浮圖峪幾至加倍。三總所轄，隨山旋繞，約計各百餘里，若在腹裏，各可當一大縣，而以責成守備、把總二員，且守備未奉敕書，欲其臨事展布，不免中懷疑阻。若不併為議處，萬一虜勢重大，防禦不周，臨急隔遠，聲援難及，或蹈疏虞，貽禍不小。合無將馬水口守備比照浮圖峪事例請給敕書一道，令其欽遵行事。沿河口、大龍門管總各准照白石口、烏龍溝改爲把總，照例巡撫、巡關衙門會同推舉堪任指揮各二員，題請兵部覆擬推用，與馬水口把總並列爲三，各照舊管理所轄隘口。三把總分理於下，一守備總理於上，大小相維，體統不紊，似於邊備加密。及照大龍門所轄菜樹庵口，近議修築城垣，俱已完固，向未設官撥軍，防守無裨。本口山勢平漫，外通保安、蔚州之西岔口，最爲虜衝，雖連年防秋戍守爲多，而近日虜犯非時，不容玩視。合就近募軍一百名，於各衛所内選擇驍勇千户一員統領，名爲常守，并將相近莊窠澗、鹿角口俱屬管理。其募軍并起蓋官營房舍、製造盔甲什物等項銀兩，計無多費，聽巡撫衙門於各府收貯贓罰銀兩處給。蓋菜樹庵在外，莊窠澗二口在内，有事併守，可藉無患。均乞裁奪，除呈經略衙門照詳外，理合具呈，等因。到院。看得該道所議前因，俱已周悉，本院無容别議，合咨前去，煩爲題請施行，等因。到臣，案查前事已經牌行該道查議去後，今准前因。臣惟今之議者，以紫荆關爲要害，而馬水口、浮圖峪咸在所略。臣今隨處周歷，再三相度。紫荆天險，萬山環合，一水縈迴，虜騎恐不能到。關西則由大同廣昌至浮圖峪，然後可至紫荆關；東則由宣府保安，不至紫荆，徑可以至馬水等口。蓋緣馬水等口與鎮邊、長峪接境，稍内即爲郊圻，去京尤爲密邇，利害緩急，似猶在浮圖峪之上。即今浮圖峪守備領有敕諭，各該把總俱奉欽依，事權頗重。而馬水口守備止係部札，沿河口、大龍門止設管總，事體尚爲未妥。其大龍門所轄菜樹庵口，城垣雖築，官軍未備，有險無人，徒爲勞費。既經巡撫都御史艾希淳議報前來，相應通行酌處。如蒙乞敕兵部計議，如果相應，將見任守備劉松壽查照原擬責任，請給敕諭一道，賫付本官欽遵行事。沿河口、大龍門二管總照白石口、烏龍溝事例，各改爲把總，聽巡撫、巡關衙門會舉堪任官員，本部請旨簡用。其菜樹庵口添募官軍一百名并營房等項事宜所費不多，巡撫都御史於贓罰銀内徑自處給，事完回奏。臣惟此地極當衝險，必須再募常守軍一二千名，方保萬全。但募銀無可措處，土人不肯應募。合無每年防秋之時，照依今年題准事體，保定鎮巡官選撥精兵三枝，於馬水口、沿河口、大龍門各住札防範，庶幾邊關既固，畿甸自安。謹題請旨。

申飭單弱邊關乞請添撥營堡以絶虜患以便策應疏

准整飭薊州等處邊備兼巡撫順天等府地方、都察院右副都御史吴嘉會咨，准臣咨，據分守燕河營等處地方參將葉昂呈抄，蒙總兵官成勛批，該臣批，據一片石提調李景呈，據黄土嶺等關軍餘王玉等告稱，原設一片石提調下，東自三道關起，西至大青山口關止，邊長一百餘里，止有官軍八百餘員名，内除守墩炮五百餘名，守關者尚有馬官軍三百餘員名。逐年春秋二季修工、防秋之時，城堡空虚，再無别項兵馬防禦。查得黄土嶺等關堡原有黄土嶺營兵馬策應，自嘉靖十七年間蒙總督軍務兵部左侍郎樊繼祖，將黄土嶺營并長谷駐操營撥去策應。大毛山口等關迤西提調下俱有營兵策應，惟獨本提調下無兵應援。節年大舉達賊突入西陽口、黄土嶺等關地方，官軍力寡，不能敵對。雖報到石門寨營遊擊，兵馬相離四十餘里，馳驟不前，以致誤事。又查得黄土嶺關西去炕兒峪堡二十餘里，其間山勢平漫，裏外空曠，又兼邊墻低薄，境外又通遼東爛泥窪、刀背山、野馬川三股賊行總路，遇賊經過，驟馬即至，内無兵馬堵截，乞於彼處地名桑園内添設一營。及查石門寨營近添遊兵三千，俱無營房棲住，各居四外鄉村。本營又有官軍四百餘員名，係爲餘數，乞將本營官軍凑充遊兵三千之數。或將遊兵掣出四百餘名，添選指揮一員管理，在於前營操練，聽候東西策應；或再將黄土嶺營調撥策應黄土嶺等關堡，保障地方，以絶虜患。連名據告到職。看得所告係干極衝邊關，官軍力寡，實缺營兵策應，備仰卑職，即照鈞批備云批呈内事理，作速查議酌處，務要停妥，具由回報，以憑轉報，等因。蒙此，依蒙查得一片石提調李景所轄黄土嶺關委極衝要，上年達賊由此入掠，缺乏兵馬應援。本關相離大毛山提調所轄黄土嶺營頗近，先年原隸本營策應，嘉靖十七年，蒙總督軍務侍郎樊繼祖題准，策應大毛山，到今各分彼此，遇警不相干涉。今本官所呈，要於地名桑園添設一營，將義院口提調所屬石門寨營軍士補充遊兵，於遊兵軍内選撥四百名前赴桑園住守，以聽策應。此舉固當添設，但審人心俱不樂從，至於動工修堡，尤爲未便。合無行令大毛山提調申維岳，將黄土嶺營官軍照舊策應黄土嶺、大青山口等關，地方可保無虞，等因。到部。據此，合咨前去，煩爲會行鎮守總兵官，議處停妥咨報，以憑具題施行，等因。准此，會同鎮守總兵官、都督同知成勛議照，一片石提調所屬關堡共一十處，先年恃在遼東邊内，以爲稍緩，未議營兵策應。邇年大虜入寇遼東前屯衛等處，逼近該關地方。又黄土嶺、大青山口等關切鄰遼東鐵廠等堡，彼邊少有疏防，此地即被侵犯。據其要害，正與西關、長峪、鎮邊等城事體相同。但添營撥軍既屬不便，而周防曲備亟所當圖。所據大毛山提調所屬關堡九處，策應營城二處，若將黄土嶺營改屬一片石提調管轄，止將長谷駐操營聽屬大毛山提調管轄，各策應本提調地方，則人情、事體俱爲穩便，邊防虜患似可無虞。擬合咨報，煩請裁處，等因。案查前事已經咨議去後，今准前因。臣惟燕河營參將所轄一片石、黄土嶺等處關營，與遼東前屯衛止隔一墻。在薊州視之則爲極邊，在遼東視之則爲腹裏，正猶鎮邊、横嶺之於懷來，紫荆、倒馬之於廣昌，事體相類。若使遼東鐵廠等堡防範嚴密，近而小一千之賊既不能肆其侵軼之奸，遠而迤北大營之虜尤不能逞其憑陵之暴。所據巡撫都御史吴嘉會咨稱前因，大意欲將黄土嶺營改屬一片石提調管轄，雖係補偏救弊之圖，似非究本窮源之論，相應從長議處。如蒙乞敕兵部計議，將黄土嶺營改屬一片石提調下管轄，以復舊規，以便策應。其大毛山提調此後不必干涉。一面行移遼東鎮巡官，將鐵廠堡一帶地方速爲經略，兵馬不足如何輳撥，墻塹不完如何修飭。但遇虜賊入犯，極力堵截，務使兩鎮地方均有攸賴，以見門户、堂室之意，不得自分彼此，致有他虞。謹題請旨。

查處錢糧以裨軍務疏

准巡撫保定等府地方兼提督紫荆等關、都察院右僉都御史艾希淳咨，准臣咨，煩將本鎮兵馬、錢糧一切軍務事宜應議處者議報，等因。行據整飭天津等處兵備、山東提刑按察司副使劉廷臣呈稱，河間、天津、滄州七衛所軍士月糧，天津三衛、滄州守禦千户所，俱在天津等衛倉關支，每月每名八斗。其雜差守把城門并軍斗、庫軍，每名每月六斗。每歲俱支本色十個月，折色二個月，每月折銀三錢二分。每年漕運衙門撥派遮洋總粟米并天津等衛屯糧、蘆葦課米共七萬石支給，其折色銀兩係改撥山東夏麥銀兩處補。河間三衛月糧，俱在河間府巨盈倉關支，每名單月支本色糧八斗，雙月支折色銀三錢二分。又有近調河間住札遊兵二枝，馬匹料豆，春、冬二季每日〔一〕每匹支料豆三升，夏、秋二季住支。其本、折色俱係户部坐派河南、山東、大名府税糧支給。前項軍士行糧在於防守地方隨便支給，亦無兑領馬匹，原非支領草料。爲照前項軍士月糧、馬匹草料俱董之以監督主事之官，行之以節年，收放之法不可謂不盡矣。但六衛一所軍士，往年係京班之數，安逸閑散，中間或因討取回籍，歲納班錢，或因附麗寄居，久占他處，關支猶可假借，造報不便稽查。近奉欽依，改戍薊鎮邊關，勞苦大異往年，而錢糧供費今尚仍舊。除天津三衛并滄州所俱係主事駐札之所，倉廪無匱乏之虞，士卒免呼號之苦，無容别議外。其河間三衛相去天津三百餘里，文移往返動經旬日，事務隔遠，不能親理，故往年積扣餘銀數以千計，以緊要之軍需供無名之虚費，計拖欠之成數而催徵於各省疲困之民。比因連歲荒歉，逋負甚多，誠非得策。法久弊生，理所必至，而變通盡利，存乎其人。若將河間三衛倉場收支之法，與天津者一一皆同，監督者單月收支天津，雙月收支河間，每歲不過三日可以畢事，歲終計其拖欠之數，案呈本部，嚴限催徵，則錢糧不染於主守之人，事體提挈於監督之際，弊將自革，軍受惠矣。及查所屬積貯客兵錢糧，自嘉靖三十年蒙本院奏發客兵并河道等銀，分發河間府并滄州等十八州縣、天津三衛，召買糧料、草束等項，除支過外，實在粟米一萬六千一百餘石、黑豆二萬六千四百餘石、草六十八萬七千八百餘束，煤炒易銀六百七十兩，未易煤炒二百二十六石，破料易整豆一千七百餘石，大麥一百五十石，未易破料一千九百石，細草易銀一百二十兩，易整草三萬四千六百二十束，未易細草七萬六千束，扣剩米價銀六百四十餘兩，折色銀一千三百兩，補還支過糧料、草束銀九千五百四十餘兩，見貯各該倉庫，俱係客兵緊要支用之物。但地方緩急、衝僻不同，節年止據任丘、河間、天津、静海等處報有支除之數，其餘偏僻州縣月報、季報無收無支。若不通融調處，則衝途每苦於不敷，僻地將積於無用，相應斟酌調運。如西路任丘、河間、獻縣、阜城、景州、故城等處不敷，則調取偏僻縣分肅寧、交河、寧津者以濟之；如東路吴橋、東光、南皮、滄州、青縣、静海等處不敷，則調取慶雲、鹽山者以濟之：庶調停適宜，緩急有濟，等因。備由開詳到院。本院查得，河間、天津等衛并滄州守禦千户所軍士之事體本同，而月糧之實惠當一，矧户部專設主事一員前來管理，計慮已悉。先年六衛一所官軍本、折月糧皆主事自行綜理，收支均之，未聞缺乏。後因主事駐札天津，止親理天津三衛及附近滄州一所者，隨時查收，按月關領，少有拖欠，又即呈部行催，所以至今倉廪無缺乏之虞，而軍士鮮呼號之苦。其河間三衛者，緣相離頗遠，一時偶有相妨，暫委河間府管糧通判收放，因循日久，遂爲常規。且通判亦不經理，復委之於縣佐、貳衛、經歷等官。如本色雖呈樣米，而進倉未必登樣，況有兑領虚出之奸；折色雖先驗發，而入庫漫無稽查，不免加收欺隱之弊。至於放支本、折，則又守候呈請，不但文移往返，動淹月日，而武弁貪得，掯勒科扣，又靡所不至矣。且三衛軍糧，户部原坐派河南、山東二省，凡有拖欠，主事與之稽查呈部。今亦止憑河間府移文行催，各省視府文如故紙，即本院差官守催，亦徒然耳。所以三衛月糧每每稱缺，軍士嗷嗷告苦者，職此故也。今該道議稱，各衛軍士選充遊兵，改戍薊鎮，比之京操，勞苦大異，乞要將河間三衛倉場收支之法，與天津者一一皆同，委係切中時弊，有裨軍務。合將河間三衛官軍本、折月糧，仍令監督主事查照原設專官之意，與同天津各衛一體往來躬親綜理，督官及時收支，盤查糧銀，禁革奸弊。各省如有拖欠，按季即與呈部，移文嚴限催徵。如此，不惟主守者不敢爲奸，而官旗亦免於科尅軍糧，得實惠，戎務有裨益矣。但事涉因循，習以爲常，仍須題奉欽依，方可責成。合咨貴部煩爲再加酌議，題請施行，等因。到臣，案查前事已經咨議去後，今准前因。臣惟政體貴於大同，人情不宜忘遠。即如河間、天津、滄州七衛所月糧，户部原設主事一員監督，止因主事住札天津，與河間相去頗遠，因而轉委它官，以致糧之本、折彼此互異。在天津者則幸有含餔之樂，在河間者則不免枵腹之嘆，非惟人情不妥，亦且事體未安。况河間班軍近改游兵，遠戍邊陲，比之先年，勞逸急緩尤爲不同。所據巡撫都御史艾希淳咨稱前因，委於軍政有益，相應酌處。如蒙乞敕户部計議，行令監督主事今後務要往來巡涖，單月收支天津，雙月收支河間，其七衛所俱本色支十個月，折色支兩個月，事體相同，方爲穩便。錢糧如有拖欠，不時呈部催徵。不許專住天津，及委官收支以滋奸弊。一應事宜仍照該部原題事理施行。其該道所稱調停客兵糧草一節，寔爲要務。彼時虜情緊急，以故不分衝僻一概積貯，不知僻遠去處軍馬經年不到，久之半爲浥爛，甚爲可惜。臣恐此時不止天津一道爲然，薊州、保定二鎮恐俱有之。合無備行二鎮巡撫都御史，嚴督各該兵備道，會同監督郎中、主事通行稽查，要見原發何項銀兩若干，某處買糧若干、草若干，支過若干，見在若干，某處應該照舊存積，其照舊存積者仍須安置如法，某處不係軍馬經行，應該作何處置，務期上不費公帑之財，下不致匱乏之患。具由回奏，仍造册送部稽考。謹題請旨。

更置兵食以裨邊務疏

據總理紫荆等關保定等府地方兵備、山西提刑按察司副使畢竟容呈，准户部監督主事屈諫手本，照得軍城驛軍城倉，比之插箭嶺軍儲倉地方輕緩，不係集駐兵馬之地。然軍城倉之官攢雖設而事甚簡少，軍儲倉原無官攢而錢糧重大，新興倉之帶管而典守不專。合無將軍城倉原設官攢改調軍儲，其軍城糧草行令見在老人、斗脚常川看守，庶幾倉場事務别其輕重，而錢糧支放亦便稽考。爲此合用手本前去，煩爲再議，轉呈題請，改移施行，等因。准此，查得軍城即宋軍城寨之地。宋以插箭嶺、周家堡一帶爲外邊，屯戍備儲於軍城，謂之得策。今插箭嶺之外蔽以大同，相隔塞垣不下六七百里，而徒泥於故迹，初修筑其城，置巡檢司，繼增爲一總，設把總指揮一員，成軍建倉，添設官攢。今官軍閑曠而弗調，糧草浥爛而未支，俱置無用，不無可惜。及查插箭嶺軍儲倉，每年防秋客兵幾四五千，積貯糧草每至數萬，乃於唐縣僉委老人收守，積弊不可勝言。近雖暫委新興倉官帶管，終恐責任不專，守支無法。所議欲將軍城倉官攢改易收守，移閑就要，卓有所見。但軍城本屬内地，官兵俱爲徒設；錢糧積貯頗多，年久向無支放。相應一併查議，通行酌處。合無將軍城把總裁革別用，常守官軍併於本關參將營操練，官攢改於軍儲倉經收糧草。其軍城見貯糧草，量留十之二三以給經過客兵，就令經收老人、斗脚守支。其餘按月散給本關官軍作爲月糧，而以應給折銀抵出，於插箭嶺糴買。所轄如周家堡、玉河庵、營溝口等處，相近倒馬關，就令參將提調。小關城、岳嶺口、夾耳安、大嶺口等處相近狼牙口，即令狼牙口把總帶管。本城止留巡檢司盤詰往來，軍城驛供應官使，要亦不失初設之意。如此則官攢、把總各得實用，錢糧、軍伍不致虚費，一舉數利，似爲長便，等因。行准巡撫保定等府地方兼提督紫荆等關、都察院右僉都御史艾希淳咨，稱軍城驛兵、食二事委未穩妥，所據主事屈諫、副使畢竟容所議，悉與本院所見相同，合咨前去，煩爲題請施行，等因。到臣。先該臣入紫荆關，由浮圖峪出廣昌，至插箭嶺。自北而南，迤邐至倒馬關。關南八十里，至軍城驛。軍城之南，盡爲畿甸州縣之地。插箭嶺與浮圖峪東西對峙，爲倒馬關之門户，倒馬關尚爲堂室，則軍城驛從可知矣。先年因襲故常，經制過密。設立官兵則閑曠而無用，徒爲勞擾；積貯芻糧則經費所不及，日就浥爛。臣目擊其詳，周爰咨度，主事屈諫、副使畢竟容皆以爲不便，都御史艾希淳亦甚以爲不便，輿論攸同，急當改置無疑。如蒙乞敕兵部計議，如果相應，將軍城把總裁革，官軍併於倒馬關參將營輪班操練，軍城倉官攢改置軍儲倉，見在客兵糧草陸續支給主兵，扣出折銀於插箭嶺糴買，或防秋之日就行折放，遺下糧草就令老人、斗脚守支。本城止留巡檢司、軍城驛二衙門，照舊盤詰、應付。其周家堡、小關城等處分隸事宜，悉如該道原議施行，仍將軍儲倉行移該部，鑄給條記用使，軍城倉條記徑自奏繳。謹題請旨。

議處地方事宜以裨戎務疏

據總理紫荆等關保定等府地方兵備、山西提刑按察司副使畢竟容呈，據保定府同知馮友呈稱，會同倒馬關參將馮登、朔州兵備道委官通判孟松、分巡口北道委官通判戴賓，親詣廣昌、靈丘、廣靈、蔚州、保安等州縣地方，公同廣昌等縣知縣等官閻光閭等、廣靈守備等官王良臣等，自西南直抵東北，隨山就險，會勘得，内通外達，有磁窑口、林關口、唐山口、直峪口、紅砂坡口、石門峪口、大檀口、北口、柳河口、九宫口、永寧口、松子口、三澗口共十三口，俱係沿邊緊要一帶口分。磁窑口内有銀釵驛、馬嶺，石門峪口内有鎗頭嶺，北口内有黑石嶺，四口雖係内口，亦爲要害。其黑石嶺止設把總官一員、軍一百三十名，林關等七口各軍八名，永寧、三澗口各軍五名，唐山、大檀口各軍三名，磁窑、紅沙口無軍。嘉靖十九等年，虜賊大舉擁衆深入，屢犯靈丘、廣昌縣等處地方，俱因前項隘口守把軍士單弱，雖恃天險，軍少不敷把截。前項口分似應就近添撥軍士，以資控扼。及查得廣昌縣南通紫荆、倒馬二關，北入宣府、大同二鎮，欲戒嚴於兩關，當致謹於此地。况廣昌攝於二者之間，誠重地也。夫地重則事權當重，合無於廣昌城革去守備，添設參將一員，凑添兵馬三千，合爲一營，專事操練，適中調度，一遇有警，隨賊向往，相機堵截。外峙諸口而爲宣大内蔽，内連兩關而爲畿輔外捍，庶重關設險而内外無虞，將領得人而緩急有濟。今將應議事宜開立款目，畫圖貼説具呈，等因。及准倒馬關參將馮登手本，議報相同緣由。各到道。

案照，先蒙臣紙牌，近該本部巡視紫荆關，看得虜若由大同、蔚州越過廣昌，必經北口黑石嶺，或迤西大檀口、石門峪、鎗頭嶺等處；若由渾源、靈丘越過廣昌，必須經直峪口、靈關口及銀山驛、馬嶺等處；若由宣府懷來而來，其勢必趨保安，徑犯沿河、馬水等口。所據前項地方俱爲要害，必須屯兵據守，門户既嚴，堂室自固，擬合查勘。牌仰本道官吏，即行保定府同知馮友、倒馬關參將馮登，親詣彼中，公同地方參守等官從實酌議。要見諸處是否要害，此外有無别路可通，即今應該如何設備，兵該如何選撥，錢糧該如何處分，并未盡事宜，逐一備細條議，呈報本部并巡撫衙門，以憑會處施行。

蒙此，行間續蒙本部批，據廣昌縣儒學守制廩膳生員劉金揭帖，爲陳言邊務，改調礦兵，添設將官，固國本以捍外患，壯咽喉以靖腹裏等事。照得廣昌僻處邊境，路最衝要，東接紫荆，南衝倒馬，西通宣府，北達大同，雖非北門鎖鑰，實係腹裏咽喉。境外、腹裏之衝，要未有若此之極者也。雖古昔盛時，虜之出没，未有不由此地以爲進退。及考正統十四年虜犯燕境，倒取紫荆，乃由蔚州之南北口而入。正德九年侵入雲中，乃由廣靈之南石門峪而入。及至嘉靖十九年、二十年、二十三年犯保定，乃由磁窑口、石門峪等口而入。夫虜犯腹裏，雖由前口，以爲要路而總其腹裏之衝要者，未有若廣昌以爲路之至要者也。肯以至要之地而添設兵馬，以守夫門户之衝要，則醜虜之勢雖猖獗，我可以破其鋒而挫其勢矣。生雖窮處草微，言本訛謬，不足以塞廟堂之厚望，但生居邊方，屢受虜害，不敢以安危利葘而寢其言也。夫廣昌原額官軍雖有八百員名，俱被浮圖峪、葛峪堡、深井等處調去操備、守口等役，本城止遺老弱官軍二三百名，凡遇有事之日，盡調宣府南路截殺。比照嘉靖二十三年十月十六日，達賊侵入，直至廣昌城下，解鞍牧馬，大肆猖獗，侵犯兩關，如蹈無人之境。雖有宣大雄兵數萬，不過襲其尾，隨其傍，至於衝鋒破敵，誰敢以當彼哉？以生言之，合將原調去浮圖峪等處官軍掣回，將廣昌守備改革，添設參將一員，將蔚州礦兵三千、靈丘礦兵一千五百、廣昌礦兵一千五百，將原管礦首總領改革，每五百名内添設把總一員，俱屬參將提調，凡遇防秋之日，不許調發各邊，盡數調撥磁窑口、石門峪、北口、大檀口、九宫口、松子口地方守把，量其地之險要以額人之多寡。況前數口據山爲險，兩崖壁立，中止一綫徑路，皆其一夫所守，萬夫莫當之地。又況礦兵之戰以山爲利，肯據險攻擊，則虜雖猖獗，拒之亦不難矣。縱使虜由别口而入，則廣昌參將會議兩關參將合兵截殺，誠謂拒蜚狐以壯咽喉之地，固兩關以靖腹裏之根也。不然，則咽喉一破而兩關失守，腹裏、京師决有不敢言之患也。且紫荆、倒馬與廣昌本唇齒也，善固齒者必修其唇可也。紫荆、倒馬添參將，雖固其齒，猶養一指也。廣昌無兵馬，實亡其唇，猶失肩背也。養一指而失肩背，善修身者不如是也。乞大觀之下，勿以迂儒妄議，采納一二，曲加施行，則國本可固，咽喉可壯，外患可捍，腹裏可靖，等因。蒙批，仰易州兵備道速行同知馮友、參將馮登併勘報。

蒙此，又蒙巡撫保定等府地方兼提督紫荆等關、都察院右僉都御史艾希淳，巡按直隸監察御史馬三才、蔡揚金、黄季瑞案驗，俱爲議處地方事宜以裨戎務事，該巡按直隸監察御史楊選題，前事，内一款“執要害以添防守”：夫御虜者先貴於自防，當關者尤貴於擇要，故守得其要，則用力寡而成功多矣。竊聞宣、大二鎮乃西關諸隘之藩籬，而迤南北口、石門一帶又紫荆、倒馬之門户。虜之入寇，若過宣、大地方，未有不由北口、石門、銀釵、直峪等四處而能越犯紫荆等兩關者也。且北口、石門等處崇岡峻嶺，疊嶂層巒，一夫能守，百夫莫當，比之紫荆、倒馬等處，更喦險可據。夫既爲通虜之要途，又有可據之山險，且路止四處，兵力不分，則前項隘口豈非紫荆、倒馬之咽喉而出關拒寇之重地哉？乃聞防秋之際，前項隘口兵不過數十人，惟黑石嶺設有官，兵亦不過於百員名。究其所以，蓋由前項隘口俱屬之蔚州、廣昌等州縣，在宣、大則以大邊爲重，而不及屯兵此地，以爲畿内之外藩。在直隸則以本關爲重，而不能越境行師，以增畿地之勞費。至於廣昌，原設守備亦因而移之外邊戍守，本城事務翻令他官代攝，夫宣大、紫荆勢若唇齒，北口、石門要若紐樞。重大邊與本關，而顧輕此紐樞之地，臣愚以爲舛也。查得舊年廣昌鄉夫于大賢等二千九百餘名奏下兵部，願收月糧，效力防守地方。人數見在，而廣昌守備城操官軍止三百餘名，若合而爲一，足彀一枝兵力。臣愚以爲在宣大，舍大邊而退保此地，固非也；在直隸，舍本關而出保此地，亦非也。合無於防秋之日，令兩鎮及山西各量移兵數百於此協力防守，或即將廣昌守備改爲參將，而以鄉夫于大賢等二千九百餘名并見操官軍三百餘名屬之操備，免其他方調遣，專以守御本城，控扼諸關。若虜犯蔚州、廣靈等處，許其相機截殺，則既可以爲宣大之内援，又可以爲兩關之外蔽。就使虜騎能犯宣大，必不能越犯兩關，此亦守要之一端也。伏乞聖裁。

該本部覆議前件，臣等看得，御戎貴先據險，守土尤重得人，地利得而武備修，防禦斯有賴矣。所據宣、大二鎮原與紫荆、倒馬諸關相爲表裏，宣、大有警，則紫荆、倒馬之捍御在所當急。今御史楊選題稱，若賊過宣、大地方，必由北口、石門、銀釵、直峪四處，而後能犯紫荆等關。且前項隘口險要易守，實爲咽喉重地，而無兵防衛。要將兩鎮及山西各量移兵數百協守，或將廣昌守備改爲參將，而以原設鄉夫并見操官軍統領，專守本城，控扼諸關，誠得設兵守要之術。但增兵改將，事體頗重，前項地方未經查勘，遽難議擬。合候命下，移咨宣大、山西、保定各鎮督撫等官，會差守巡、兵備風力官員親詣查勘。要見北口、石門、銀釵、直峪四處隘口是否險要，爲虜賊必由之路，四口之外有無别路可通，及改設參將、增添兵夫、移兵協守事體有無相應，果否經久可賴，作速查議明白，具奏前來，以憑覆議定奪，伏乞聖裁，等因。覆題，奉聖旨："准議。"欽此。欽遵。俱案行本道會議，通呈施行，等因。蒙此，節經備行保定府同知馮友，會同倒馬關參將馮登，親詣彼中查勘議報去後，今該前因。

爲照建事貴於審時，屯兵先於扼要，故制禦得法則爲力易而功倍，而相機設備亦兵家所不能違也。我國家建極京師，北鄰虜境，外設宣、大二鎮，内置紫荆諸關，凛若重圍，勢成捍蔽。使其外治周詳，藩籬森密，則諸關有所倚藉。前項廣昌、保安本爲二鎮之内地，其勢在所緩也。頻年以來，虜患日棘，備御日疏，小犯則小入，大犯則大入，每歲不下數次。即如去年八月，虜由大同三犯靈丘以南，少進則爲浮圖峪、插箭嶺地方。今年三月。虜由宣府越犯灰窑兒、黄土嶺等處，少進則爲沿河、馬水口地方。而浮圖峪、插箭嶺、馬水口乃兩關東西門户，山勢綿亘，隘口廠漫，設官屯軍，備非不密，終恐虜勢重大，避實擊虚，地里廣遠，未免分兵列戍，力格志離，一不能支，將至誤事。保安、廣昌，譬則兩關咽喉，扼吭而治，爲力必易。故先年防秋，兵部調兩鎮中、南路參將，各領兵移駐其地，制險控要，蓋不待今日而始議及也。或者以略外詳内爲詞，而虞兩鎮有舍己爲人之疑。不知兩關有備，畿甸靖安，重兵内屯，聲勢張大，將來虜必不敢深入，兩鎮諸營專事外御，亦可以免内顧之慮矣。但虜至保安，每折而西，必犯蔚州地方，故廣昌之備尤爲至急。矧因守備而爲參將，不煩於添官；聚鄉夫而爲戍卒，無費於召募。雖錢糧、馬匹、器械等項少有增置，圖大忘小，且計兩鎮之逃亡卒伍不知其幾，扣減之數移以處之，當裕如也。所據同知馮友等前項勘議俱已明悉，似應俯從。及查廣昌生員劉金等揭稱掣回浮圖峪軍，今議該所改爲參營，言亦有理。但自正統年間移住本峪，久各相安，憚於改易，矧止一百三員名，數亦不多，合行照舊，無致動摇人心，反生咨怨，等因。

行准巡撫保定等府地方兼提督紫荆等關、都察院右僉都御史艾希淳咨稱，若守廣昌，則紫荆、倒馬二關有所障蔽，門户、堂室，緩急甚明。所據該道議處前因俱已周悉，但本院職專提督，迹涉利己，合咨前去，煩爲裁酌施行，等因。到臣，案查前事已經咨議去後，今准前因。

臣惟重關疊障，經制不嫌嚴密；地利人和，區畫均當詳慎。既有大同藩籬，紫荆、倒馬若無事於守者。乃今建將陳兵，日增月益，正猶遼東在外，山海關不得不守；宣府在外，居庸關不得不守。然於所守之中，又有得其肯綮、未得肯綮之處，即如廣昌者固其一也。廣昌南直紫荆、倒馬二關，北接大同、宣府二鎮，誠爲咽喉重地。所據添設參將一事，度勢審時，寔不容緩。御史楊選謂，在宣大則以大邊爲重，不及屯兵此地，以爲畿内之外藩；在直隸則以本關爲重，不能越境行師，以增畿地之勞費。兵備副使畢竟容謂，因守備而爲參將，不煩於添官；聚鄉夫而爲戍卒，無費於召募。雖錢糧、兵馬、器械等項少有增置，計兩鎮逃亡卒伍之糧移以處之，自當裕如。同知馮友、參將馮登謂，若設參將居中調度，外恃諸口，可爲宣大内蔽；内連兩關，可爲畿輔外捍。生員劉金謂，廣昌路之至要，縱使虜由别口而入，新添參將會議兩關參將，合兵截殺，拒蜚狐以壯咽喉之地，固兩關以靖腹裹之根。兩關失守，腹裹、京師有不敢言之患。所論俱已詳盡，劉金家被虜患，利害切身，其言尤爲獨至。但御史楊選原議，雖該兵部題奉欽依，備行各鎮會勘，彼此利害不同，甲乙可否自異，文移往返，決無可成之期。臣近由紫荆出浮圖峪，親歷廣昌地方，周爰咨詢，始能盡得其詳，用是采之輿情，參之己見，條爲六事。如蒙乞敕兵部計議，如果臣言與楊選所言事體相應，將廣昌參將早爲改設，款内事宜一併議擬。其廣昌調守浮圖峪官軍一百三員名，歷年既久，安土重遷，難以輕易掣迴，止應照舊。命下之日，仍行同知馮友、參將馮登前去廣昌，會同新設參將逐一經理，事完回任。中間如有應處未盡者，聽彼處總督、鎮巡官以次從長區處，務期經久可行，不爲文具。謹題請旨。

計開：

一、改設參將。臣議得，廣昌原設守備事權本輕，每當秋深又調去防邊，委於地方無益。合無改設分守參將一員，照例請給敕書、旗牌等項。草創之處，貴在得人，務要掄選操持廉謹、諳練機宜者前去任事。其廣昌守備裁革回衛，聽候別用。靈丘、廣靈、蔚州三守備，黑石嶺把總并蔚州衛、廣昌所俱聽參將節制。參將仍聽總督軍門及宣大鎮巡官節制。以後不許輕易徵調，有失設官本意。伏乞聖明裁定。

一、選補營伍。臣議得，廣昌守備見在軍止三百名，今既改參將，必須湊足三千名，方成營伍。合無將廣昌所義勇官于大賢等下鄉夫一千名内選六百名，廣昌縣義勇官周廷秀等下鄉夫五百名内選四百名，靈丘縣義勇官王世宗等下鄉夫一千五百名内選七百名，蔚州義勇官劉憲等下鄉夫三千名内選一千名，通選二千七百名，與廣昌所見在軍合成一營，專聽參將統領。此輩慣走山坂，號稱强悍。于大賢等苦於頻年征調，且嘗奏行兵部，欲充正軍。若使免其調遣，專在本處防守，一夫當關，萬夫莫敵，所補於地方者不輕。伏乞聖明裁定。

一、分據險要。臣議得，林關口、直峪口、大檀口、石門峪、北口、銀釵嶺、驛馬嶺、鎗頭嶺諸處，萬山夾峙，巖壑洞開，委屬通賊要路。又查得磁窑口、唐山口、紅沙坡、柳河口、永寧口、九宫口、松子口、三澗口，形勢陡峻，節年亦嘗通賊。内磁窑口隸渾源州地方，驛馬嶺隸廣昌縣地方，與銀釵、鎗頭二嶺接連，表裏靈丘，合將靈丘城土兵四百名内摘二百名，撥磁窑口八十名，銀釵嶺、驛馬嶺、鎗頭嶺各四十名。林關口、唐山口、直峪口、紅沙坡隸廣靈縣地方，合將廣靈城土兵四百名内摘二百名，撥林關口、唐山口各三十名，直峪口六十名，紅沙坡八十名。石門峪、大檀口、北口、柳河口、九宫、永寧口、松子口、三澗口隸蔚州地方，合將蔚州步軍八百名内摘四百名，撥石門峪、大檀口、北口、九宫口各六十名，柳河口、松子口各五十名，永寧口、三澗口各三十名。就令三城守備照地提調。然此不過議其梗概，仍聽新設參將至日隨宜處置，務要周匝，不致徒爲勞費。伏乞聖明裁定。

一、設官守口。臣議得，磁窑等口雖係緊要，其中蹊徑尚多，内伏盗賊，外通奸細，必須擇其緊關者各設一官，令其職專守把，兼事盤詰，方爲得其領要。合無磁窑口一員止管磁窑口，直峪口一員兼管唐山、林關、紅沙坡三口，北口一員兼管石門、大檀、柳河三口，松子口一員兼管九宫、永寧、三澗三口，銀釵嶺一員兼管驛馬、鎗頭二嶺，共該官五員，聽新設參將於蔚州衛、廣昌所千百户或總旗内選用。伏乞聖明裁定。

一、查處錢糧。臣議得，蔚州守口軍四百名，廣昌所見在軍三百名，月糧、布花照舊各在本鎮關領，且原有盔甲、器械應用外。今議靈丘、廣靈土兵四百名，蔚州、廣昌、靈丘鄉夫二千七百名，俱係新設，每名月該支米一石，并冬衣、布花。合無聽户部議處，或就近於易州監督主事衙門支給，似亦穩便。其鄉夫二千七百名，仍該盔甲、器械二千七百副，工部照數查給。此處天險，宜守不宜戰，宜步不宜馬，但傳報、哨探，馬不可少。廣昌見有馬二百二十匹，兵部再於寄養馬内查給二百八十匹，共五百匹，夏秋牧青，春冬支給料草。伏乞聖明裁定。

一、建置統領。臣議得，廣昌既設參將，行伍必須嚴整，軍政方始修明。于中若無中軍、坐隊等項官員，事體未免紛擾。合聽新設參將將義勇官于大賢、趙堂、楊恩、張鑑、周廷秀、賈經綸、王世宗、趙孟元、趙奉、韓岐鳳、劉憲一十一名就選作坐隊，令其彼此相安，便於鈐束。其中軍千總、把總、旗牌等官，仍於蔚州衛、廣昌所選用。伏乞聖明裁定。

巡邊疏

臣節奉敕諭："今特命爾前去薊州、保定二鎮，一切軍務事宜悉聽爾從長區處，奏請定奪。及將薊州邊墻備查修完若干，錢糧有無冒破，未修者作速嚴督修完。各該兵備等官悉聽委用。其地方文武職官公勤修職者從實舉奏，怠慢誤事者參究黜罰。爾爲大臣，受兹簡任，宜竭誠體國，悉心經理，務使衆務修舉，地方有備，斯副委任。事完，奏請回京，故敕。"欽此。欽遵。行據整飭霸州等處兵備、山東提刑按察司副使許天倫，整飭密雲等處兵備、山東提刑按察司副使李蓁，整飭薊州等處兵備、山西提刑按察司副使趙文燿各呈稱，查過嘉靖三十年起至嘉靖三十二年四月三十日止，邊墻已完、未完，錢糧已支、未支各數目。及稱已完工程俱各堅固，錢糧俱無冒破；未完工程見奉明文，民夫停罷，班軍奏留，本區夫少工多，必須假以歲月，方能完事。及照嘉靖三十二年五月初一日以後錢糧，見今陸續支放，未曾結絶，除候工完，另行造册具呈，等因。到臣。該臣督同本部署郎中張重、主事王遴，遵奉敕諭，先至昌平，次至薊鎮，自西徂東，但有邊墻去處，無不周歷。未完邊墻，節行總督、鎮巡等官併工修理，不敢時刻稽緩。大率極衝者俱已修完，次衝者以十分爲率，已完七分，工程頗爲堅固，尺丈一無減少。及將錢糧再三查算，已支者各有下落，未支者見在收貯。但謂邊墻決能御虜，臣不敢概以爲然；謂邊墻徒爲勞費者，臣亦不敢概以爲然。薊州邊墻與陝西花馬池之墻事勢不同。花馬池平地爲墻，儼如長城，得人拒守，虜決不能飛度。薊州則因山爲墻，山若平漫，虜嘗出没，因而築墻補湊；山若高峻，地方廣遠，勢自不能遍筑。不知高峻去處，虜騎亦皆可到，萬一乘隙突入，别墻盡屬無用。今爲邊臣之計，在外仍當練兵選將以備戰，在内仍當筑城建堡以備守，不可專恃於墻。至於警報，北虜之患爲少，三衛之患爲多。北虜之患聲勢重大，故墻難全恃；三衛之患聲勢單弱，故墻可爲恃。三衛與薊止隔一山，鼠竊狗偷，無日無之。但有墻去處，未入則遲回而不敢入，既入則逡巡而不能出，以故居民得保耕牧，晏然無事，臣又不敢終謂修墻之無益也。但未完工程，民夫既已停罷，班軍又復奏留，人力不及，一時不能遽完，相應從宜酌處。如蒙乞敕兵部再加計議，備行總督軍務侍郎何棟、巡撫都御史吴嘉會、鎮守總兵官成勛，各暫將本區軍夫嚴督修築，得尺則尺，得寸則寸，不許因而怠緩。少候京城工完，仍乞聖明俯念邊防垂成之際，將原議班軍督發前去，併工修築，庶爲長便。臣謹將查過已完、未完邊墻並已支、未支錢糧數目開坐上聞，通候工完之日，仍行巡按御史閲視明白，造册奏繳。謹題請旨。

計開：

一、原議薊州第一區平山營起至第十區昌平居庸關沿河口止，應修邊城、墩臺并剷崖各工程共四萬二千一百三十丈，邊城三萬四千七百五十四丈五尺，剷崖五千二百三丈五尺，墩臺二百四十一座，各周圍不等，共二千一百七十二丈，房二百四十七間，外附墻敵臺二百座、房二百間。

已修完工程，嘉靖三十年、三十一年并三十二年四月三十日止，共修完工程二萬七千七百七十三丈一尺九寸四分四釐，内墩臺一百四十九座，外附墻敵臺九十七，墩敵房二百三十四間。又呈准原議之外，增修冷口關外極衝邊城四百八十丈。邊城二萬四千二百三十五丈二尺九寸四分四釐，剷崖二千一百九十二丈一尺，墩臺一百四十九座，各周圍不等，共一千三百四十六丈八尺，房一百四十三間，附墻敵臺九十七座，房九十一間。呈准原議之外，增修冷口關外極衝邊城四百八十丈。

嘉靖三十年，支錢糧修完邊城七千一百一十二丈八尺三寸，墩臺三十四座，各周圍不等，共三百三十一丈，房三十四間，附墻敵臺三十二座，房三十一間。不支錢糧修完邊墻二千五十丈三尺五寸，剷崖一百五十一丈七尺，墩臺二十五座，各周圍不等，共二百三十六丈七尺，房二十三間，附墻敵臺一座，房一間。

嘉靖三十一年，支錢糧修完邊城一萬二千三百九十一丈七寸一分，剷崖一千四百三十丈三尺九寸六分，墩臺五十八座，各周圍不等，共五百一十六丈三尺，房五十四間，附墻敵臺五十五座，房五十一間。呈准原議之外，增修冷口關外極衝邊城五十丈。不支錢糧修完邊城一百八十九丈一尺三寸三分四釐，剷崖六百九丈四分，墩臺一十七座，各周圍不等，共一百四十三丈，房二十間，附墻敵臺一座。呈准原議之外，增修冷口關外極衝邊城四百三十丈。

嘉靖三十二年四月三十日止，支錢糧修完邊城二千四百九十一丈九尺一寸，墩臺一十五座，各周圍不等，共一百一十九丈八尺，房一十二間，附墻敵臺八座，房八間。

未修工程一萬四千三百五十六丈八尺五分六釐，内墩臺九十二座，附墻敵臺一百三座，房二百一十三間，邊城一萬五百一十九丈二尺五分六釐，剷崖三千一十二丈四尺，墩臺九十二座，各周圍不等，共八百二十五丈二尺，房一百四間，附墻敵臺一百三座，房一百九間。

一、原議户部該發修造邊銀二十七萬四千八百八十兩三錢、架梁官軍馬匹料草銀四萬九千五百三十六兩，共該銀三十二萬四千四百一十六兩三錢。委官廪菜銀九百六十七兩五錢，架梁官軍口糧米二萬三千二百二十石，兵部該發修邊銀五萬兩。

已收户、兵二部陸續解發銀共二十四萬兩。户部發銀一十九萬：一、爲乞恩請給錢糧以圖戰守事，進士馬斯臧解到修邊銀五萬兩，該提督軍務侍郎孫禬徑發密雲管糧衙門收貯。一、爲修舉邊防事，進士馬濂解到架梁官軍馬匹料草銀二萬兩，該總督軍務侍郎何棟徑發薊州管糧衙門收貯。一、爲修舉邊防事，經歷羅星、潘守達解到修邊銀七萬兩，該總督軍務侍郎何棟咨行巡撫都御史吴嘉會，案發密雲兵備道，轉發薊州收貯。一、爲酌時宜，蘇民困，以廣聖恩，以預安内攘外事，主事孟官解到修邊銀五萬兩，該總督軍務侍郎何棟咨行巡撫都御史吴嘉會，案發薊州兵備道，轉發薊州管糧衙門收貯。兵部發銀五萬兩：一、爲乞恩請給錢糧以固戰守事，經歷董恩明解到銀二萬五千兩，該提督軍務侍郎孫禬徑發薊州管糧衙門收貯。一、爲修舉邊防事，經歷李九經解到修邊銀二萬五千兩，該總督軍務侍郎何棟咨行巡撫都御史吴嘉會，案發密雲兵備道，轉發密雲管糧衙門收貯。

未發銀米，户部該修造邊銀一十萬四千八百八十兩三錢、架梁官軍馬匹草料銀二萬九千五百三十六兩、委官廪菜銀九百六十七兩五錢、架梁官糧軍米二萬三千二百二十石。一、爲修舉邊防事，真定、順德、廣平、大名四府解到修邊募夫銀共一十一萬三千七百五十二兩八錢，巡撫都御史吴嘉會案發薊州、密雲各兵備道轉發收貯廣平、順德二府銀五萬六千一百五十二兩八錢，密雲縣收貯真定、大名二府銀五萬七千六百兩。

已支過錢糧：嘉靖三十年、三十一年并三十二年四月三十日止，各區共支過户、兵二部原發備邊銀一十三萬四千四百二十八兩四錢六分二釐六毫八絲八忽五微，真、順等四府顧夫銀二萬三千七百二十兩三錢五分七釐四毫四忽。

夫匠口糧米七萬八千七百七十九石四斗六升五勺九抄三撮二圭，各價不等，共銀六萬二百四十四兩六錢四分八釐六毫九絲八忽六微五纖。

本色米四萬九千二百四十二石六斗七升五合六勺四抄七撮二圭，各價不等，共銀三萬八千二百四十五兩三錢六分九釐七毫一絲二忽六微。

折色米二萬九千五百三十六石七斗八升四合九勺四抄六撮，各折價不等，共折銀二萬一千九百九十九兩二錢七分八釐九毫八絲六忽。

夫匠鹽菜、工料銀四萬九千四百六十五兩一錢一分五釐一毫八絲一忽六微。

委官廩菜銀一千二百五十三兩一錢四分六釐。

打造備邊鐵鋸錘、鐵钁、鐵屑、抿匙等器，用過工食、炭價銀九十兩。

架梁防工軍馬糧料草銀二萬三千二百三十五兩六錢一分七釐八毫八忽二微五纖。

買辦泥兜、水桶，用過銀一百三十九兩九錢三分五釐。其泥兜、水桶未用，見今變價賣，原價還庫。

顧募夫銀二萬三千七百二十兩三錢五分七釐四毫四絲。

見在未支錢糧，户、兵二部銀米，共計該銀一十萬五千五百七十一兩五錢三分七釐三毫一絲一忽五微，俱在薊州、密雲等庫，及分發各州縣、衛所糴買米石，及各區參將衙門收貯，修邊支用。真、順、廣、大四府募夫銀九萬三十二兩四錢四分二釐五毫六絲。數内近該臣節次題准，備行巡撫都御史吴嘉會，修理潮河川墩城，動支銀一萬四千四百六十兩一錢二分，又修築昌平、密雲等六州縣簡便墩城，動支銀二萬兩，共銀三萬四千四百六十兩一錢二分，俱不在前項修邊之數。其餘銀五萬五千五百七十二兩三錢二分二釐五毫六絲，俱在薊州、昌平、密雲縣庫并各區參將衙門收貯，見今顧夫修邊支用。

易置領兵官員以備防秋疏

臣節奉敕諭："今特命爾前去薊州、保定二鎮，將官應否易置，悉聽爾從長區處，奏請定奪。"欽此。欽遵。臣惟虜警方殷，秋防在近，各該領兵官員關涉極重。若使貪暴奸佞者參於其間，所部之軍久被荼毒，方切瘝己之懷，自無親上之義，其人不足爲惜，其事所當深慮，相應亟爲易置。訪得原任京營參將、今改河間領軍遊擊將軍、都指揮同知曹鎮，行本貪污，性復怯懦。幾致我軍之變，謀減料銀；全仗彼逆之威，動索常例。終日挾妓，長飲於都司陳翀之家；百計需求，盡假於中軍張隆之手。先任插箭嶺守備、今升大寧都司正兵營坐營署都指揮僉事王禄，暴能虐軍，少不更事，守備而横肆誅求，坐營而益恣凶狠。縱軍買閑，私起抽税之條；點馬罰紙，妄立查墩之規。扣月糧而被陳堂挾告，折節禮而使張從斂收。以上二臣罪惡顯著，不堪領兵，所當革罷者也。又訪得大寧都司軍政簽書、署都指揮僉事何鎮，膽氣驍雄，體貌魁梧。提調黄崖，奮勇成斬獲之功；守備横嶺，孤軍抗猖獗之虜。謀猷大有可觀，勤勞久已懋著。原任通州分守、今調守備插箭嶺地方、署都指揮僉事胡宗舜，諳練知機，鎮静得體。任分守而裁革聽用，遂决意於休閒；領騎兵而調度有方，能留心於校閲。守備數月，宿弊一清。以上二臣勇略昭彰，堪以領兵，所當擢用者也。如蒙乞敕兵部再加查訪，如果臣言不妄，將曹鎮、王禄革回原衛閑住，遺下員缺，或即以何鎮代曹鎮，胡宗舜代王禄，惟復另行推選，庶幾不肖者既去，賢者自進，卒有緩急，必能宣力效忠，振舉戎務。謹題請旨。

查處管糧司屬以足兵食疏

准整飭薊州等處邊備兼巡撫順天等府地方、都察院右副都御史吴嘉會咨，行據整飭密雲等處兵備、山東按察司副使李蓁呈稱，依蒙，查得密雲管糧主事，先年地方無事，分管龍慶、石匣、古北等倉主兵糧料，本色不過二十餘萬，一年交代，事體有常。後因嘉靖二十九年虜患猖獗，動調客兵數多，加增錢糧數倍，俱係請發帑銀，召商買運，責任既重，幹理亦難，仍以一年交代，誠於事體未宜。若照薊州、易州管糧衙門，注選三年爲限，任久而事體自能周知，責專而奸弊易於清理，不惟錢糧有裨，亦於地方有賴，委屬相應，別無窒礙，擬合回報，等因。到院。據此，案照先准臣咨，前事，内開密雲當潮河川、古北口至衝，近因虜患猖獗，調度兵食，比之薊州尤爲喫緊。所據户部分司管糧主事，似應注選以三年爲限，但未審有無窒礙，合咨前去，煩爲查議應否，具由咨報，以憑題請施行，等因。准此，已經行仰該道查議去後，今據前因。看得所議密雲地方，兵食重大，幹理尤難，若管糧主事限以一年交代，則事涉紛更，徒爲往返，人無固志，未究猷爲。所據比照薊州、易州管糧衙門注選三年，誠爲有益，別無窒礙。及照昌平管糧主事經理餉務，責任與密雲相同，切近京師，事體視密雲尤要，似應一體議處，亦以三年爲限，咨煩具題施行，等因。到臣，案查前事已經咨議去後，今准前因。臣惟自虜患猖獗以來，密雲直古北之衝，昌平繫陵寢之重，客兵調發，百倍往昔，審時度勢，委當通變。所據巡撫都御史吴嘉會咨稱前因，既查有薊州、易州管糧衙門事例，甚於兵食有益，相應題請。如蒙乞敕户部計議，果無别礙，將密雲、昌平管糧主事俱注選三年，滿日方許交代，以後定爲成規，不許輕變，庶幾人有固志，事易責成，官商觀望之私、吏胥因緣之弊自當爲之一清矣。謹題請旨。

民糧改徵本色公私均便疏

准巡撫保定等府地方兼提督紫荆等關、都察院右僉都御史艾希淳咨，據總理紫荆等關保定等府地方兵備、山西提刑按察司副使畢竟容呈，蒙臣紙牌，據户部監督保定等處糧儲主事屈諫揭帖内一件"徵本色"，勘得保定等處附近邊關州縣舊規，徵折色銀兩解赴該倉庫，以爲主兵月糧支用。每年防秋，客兵本色則户部請發太倉銀兩，解各管糧衙門，召商糴買。爲照民田所有，糧芻而已，舍民所有糧芻，而斂其所無之銀兩，使百姓賤賣以給取盈之徵者在所不能免矣。至於召商糴買，多在防秋掣兵之後，適當冬殘穀貴之時，况所買去處亦不過此臨近數州縣已耳。買非時則價用多，商非人則糧草惡，多費而虚，儲之何在其爲能省也？若令各該州縣於秋成之日改徵本色，近紫荆關者於紫荆關倉場上納，近倒馬、龍、故關者於倒馬、龍、故關倉場上納。其太倉解到歲用銀兩儲爲折色，與前本色通融爲主、客兵之兼支，則收頭侵用之弊可革，花户賤賣之苦可免，召商貴買之費可省，軍士實受之惠可需矣，等因。到部。看得主事屈諫所云改徵本色一事，公私均便，似爲可行。但相近各關州縣并改納本色糧數未曾明開，擬合行查，牌仰本道官吏，即將真、保二府近關州縣并應改本色糧米數目作速查明，開坐回報。中間事體、人情有無窒礙，亦要虚心酌議，共成公事。

蒙此，續蒙臣紙牌，爲通鹽法以濟邊儲事，亦據主事屈諫揭帖内一件“通鹽引”。勘得納粟種鹽，各邊有之，於國甚便。惟紫荆等處原未之有，以邊防可恃、畿輔無虞故也。今之視昔則不同矣，是鹽引之法亦不可以不講也。若計紫荆等倉應該再備糧草，即令有本富商各倉分數上納，查照此間糧草時估，酌爲淮浙、長蘆鹽引數目，與夫改納本色一體備行，則召買之事可以不用，而有粟之農亦肯自效矣，等因。到部。擬合就行查議，牌仰本道官吏，即查前項開鹽之議事體有無相應，查照先行改納本色糧米牌内事理，一併通行呈報，以憑參酌施行。蒙此，查得河南、山東、大名等處徵解糧草，於真、保二府給贍本鎮主兵；真、保二府州縣徵解糧草，於喜峰、密雲、隆慶等處給贍彼處主兵。立法之初，皆運本色，就近轉輸，本爲盡善。今各處本色改徵折色，而彼此客兵多於主兵，請乞帑銀，俱爲召買。夫徵銀必至鬻穀，召買乃復招商。懼其後時而未辦，又將派買於有司，反覆追併，官民交受其累。所據欲將沿關州縣應解糧草之數盡改本色，運納相近倉場，支給客兵，而以會計應發本鎮銀兩如前起運之數解補彼中以給主兵，轉移之間，極其便易，不惟脚價可省，抑且弊端盡絶。及查保定府所屬州縣并真定府所屬定州、行唐、曲陽、新樂、平山、阜平、靈壽、獲鹿、井陘等九州縣，每年該納夏糧共一萬七百有零，秋糧共四萬二百有零，黑豆共四千五百有零，穀草共一百五十二萬有零，約計近年支過客兵本色之數幾過其半。雖值邊警偶緩，兵馬未調，未可爲常，廣儲厚積，則疏通鹽法亦爲良策。今沿關一帶地方俱引商發買鹽斤，而糧草又其土産，若斟酌價值，就近中納，商必樂從。兹惟邊備日密，軍儲爲先，多方以求充實，臨急猶恐匱乏，參詳二事，俱宜允從。合無真、保二府所屬前項州縣，各將應納夏秋税糧給批，委官率領大户赴監督衙門告投，照例呈樣明白，分撥倉場交納，完有通關，掣取批迴，歲終監督衙門徑將收完數目呈報户部。其真定府管糧府佐，尚有徵解州縣，照例總運赴部。鹽商中納，雖於各鎮定有正額，本鎮係在腹裏，糧草價值較之必少增益，縮彼於此，而或於他鎮請發帑銀之時如數補給，似亦穩便。此外猶不足每年應備之數，酌量請給銀兩，作爲折支。及或夏麥不便客兵支用，一併改徵秋糧。并後積有本色數多，間或支與主兵月糧，而以銀兩存貯以給客兵，悉聽從宜區處。如此而通變宜民之道、裕儲濟邊之方經久可行，上下稱便，乞爲題請，得蒙施行，地方不勝幸甚。蒙臣批，據議即當具題，但不知某州該派某倉，某縣該派某倉，必須以近就近，另揭開報。覆查得所屬設置倉場及節年兵馬經行去處俱各備有糧草，但地方有衝僻之異，備有多寡之差。在關則紫荊關新城倉、插箭嶺軍儲倉、浮圖峪倉爲備宜多，倒馬關新興倉、大龍門陸礬倉、馬水口倉次之，沿河、金水、烏龍溝、白石口又次之。在州縣則易州、清苑縣爲備宜多，定州、淶水縣次之，新樂、唐縣、慶都、滿城、安肅、定興、新城、雄縣又次之。而今日所急在邊關而不在州縣，輸納之法亦當先邊關而後及州縣。惟道理或淪於太遠，搬運不免於多費，事干經久，亦所當慮。合令易州、淶水縣赴陸礬倉，定興、安肅二縣赴馬水口倉，完縣、唐縣、滿城、容城等縣赴浮圖峪倉，安州、新城、清苑、高陽等州縣赴新城倉，定州、曲陽、行唐等州縣赴軍儲倉，新樂、慶都二縣赴新興倉，祁州、新安、雄縣等州縣赴易州倉，博野、蠡縣、束鹿、深澤等縣赴廣盈倉，阜平、平山、靈壽等縣赴龍泉關倉，獲鹿、井陘二縣赴故關倉，則皆就近一二日之程，未有逾於二百里之外，輸納爲易，民必樂從。其他處所尚有見貯未支之數，因前知後，今歲防秋恐或猶有羸〔二〕餘，如蒙俯從前議，本色、開中二事並舉，隨便上納，亦必漸能接濟。其或監督衙門臨時酌量，請發銀兩，照常召買，當亦易辦。行之數年，邊關州縣必至所在充實，上裕國儲，下周民瘼，誠爲永永有賴。除呈經略衙門照詳外，理合具呈，等因。到院。看得該道所呈，本院與主事屈諫再三面議，意見俱各相同，公私甚爲有益，咨煩裁處施行，等因。到臣，案查前事已經屢行議處去後，今准前因。

臣看得巡撫保定都御史艾希淳咨稱二事，一爲改徵本色，一爲開中鹽引，始而主事屈諫建議於先，繼而副使畢竟容查議於後，大意爲紫荆等關虜患既不同於往日，客兵又百倍於疇昔，錢糧之支費不勝其繁，經費之出納尚仍其舊。即如真、保二府近山州縣，秋成有糧之時，不徵本色而徵折色，小民未免賤價以鬻，於民不便。秋後無糧之時，發銀召買，商不樂從，又派小民上納，於官不便，於民尤爲不便。若使以近就近，改徵本色，一轉移之間，既省召買之勞，又遂閭閻之願，公私均爲便利。至於開鹽一節，迹雖涉於更張，意實存乎通變，臣與諸臣再三熟計，委在可行。謹用覆加參酌，條爲二事。如蒙乞敕户部計議覆請，早賜裁允，庶幾食足兵强，邊關幸甚。謹題請旨。

計開：

一、改徵本色。臣議得，若以折色糧草改徵本色，則收頭侵用之弊可革，花户賤賣之苦可免，召商貴買之費可省，軍士實受之惠可霑，誠如主事屈諫所論。但各該州縣相去關隘遠近不等，必須以近就近，人情、事體方爲穩便。合將易州、淶水縣定赴陸轡倉，定興、安肅二縣赴馬水口倉，完縣、唐縣、滿城、容城四縣赴浮圖峪倉，安州、新城、清苑、高陽四州縣赴新城倉，定州、曲陽、行唐三州縣赴軍儲倉，新樂、慶都二縣赴新興倉，祁州、新安、雄縣三州縣赴易州倉，博野、蠡縣、束鹿、深澤四縣赴廣盈倉，阜平、平山、靈壽三縣赴龍泉倉，獲鹿、井陘二縣赴故關倉各上納。大約保定一府州縣，除本色米六千石外，夏税、秋糧、黑豆、穀草各折價不等，共該銀六萬九千四百三十一兩九錢七分二釐三毫九絲伍忽。真定府定州、曲陽等九州縣，夏税、秋糧、穀豆各折價不等，共該銀四萬四千一百二十六兩一錢四分八釐二毫。二府通計銀一十一萬三千五百五十八兩一錢二分五釐九絲五忽。户部若以應發本鎮客兵銀兩扣數解補邊鎮，彼此俱爲省便。此外倘猶不敷，聽監督主事會計呈請，本部量行召買，其一應綜理事宜仍聽主事徑自施行。伏乞聖明裁定。

一、開中鹽引。臣議得，開中鹽引謂之飛輓，惟九邊有之，紫荆等關稍爲腹裏，向無開中事例。即今虜所垂涎，專在畿内，利害緩急反出各邊之上。嘉靖十九年以前，止是本處官兵防守，近年調發客兵不下數萬，供費浩繁，審時度勢，開鹽之議似非得已。合無聽户部從長斟酌，應將何運司鹽引開於此處，每年該開若干引，鹽價比何邊該多，比何邊該少，買窩賣窩之弊應該作何禁革，就行易州監督主事管理，經始之初，務要計處周詳，不致草略，重滋奸弊。伏乞聖明裁定。

懇乞聖明督責邊臣以圖實效疏

臣以庸愚叨承欽命，經略薊州、保定二鎮邊務。伏自陛辭以來，周歷邊關，凡可以少裨軍務者，無不采之輿情，參之己見，陸續上陳。仰蒙皇上天地之恩，不遺葑菲，下之該部，多見施行，臣愚幸甚，地方幸甚。但惟二鎮之事，難易不同，修廢各異。在薊州、昌平，則財力匱竭，所缺略者十之六七，以之戰守，多致罔功。在保定則財力稍裕，所缺略者十之一二，以之捍禦，或可少效。即目盛夏，雖稱虜警晏然，思患預防，不可不慎，故有所見聞，悉心酌議，因事建白者，臣愚經略者之職也。奉有成命，早夜經營，務臻實效者，總督、鎮巡官之事也。今臣雖言之，該部雖議之，我皇上雖俯納之，若使諸臣或嫌其事不己出，故爲異同，或摘其就中不便，漫行停閣，上負聖皇宵旰之懷，下孤愚臣芹曝之念，中夜憂惶，罔知攸措。用是不敢遠嫌避怨，僭申末議，伏望皇上特降明旨，責成總督軍務侍郎何棟，鎮守總兵官成勛、徐珏，巡撫都御史吴嘉會、艾希淳，副總兵張琮，趁今閑暇，查臣所議一切事宜，除係干興革已經處分外，其餘兵馬、錢糧、城堡等項，務要嚴督副參、遊守并各該兵備、府州縣等官，同心戮力，多方整飭。事在秋防之前者，併力爲之，不失機宜之會；事在秋防之後者，以次爲之，必求經久之圖。完日各另具由回奏，聽該部、該科稽考，庶邊政不爲虚文，邊事自當振舉。臣無任懸切覬望之至，謹題請旨。

經略事完回京疏

嘉靖三十二年三月二十一日，臣欽奉敕："兵部右侍郎兼都察院右僉都御史楊博，近該言官建議，防秋在邇，欲要專遣大臣經略邊務，等因。今特命爾前去薊州、保定二鎮，會同總督、鎮巡等官，將一應戰守事宜相度計議，應該修筑城堡、處給錢糧及將官應否易置，一切軍務事宜悉聽爾從長區處，奏請定奪。及將薊州邊墻備查修完若干，錢糧有無冒破，未修者作速嚴督修完。各該兵備等官悉聽委用。其地方文武職官，公勤修職者從實舉奏，怠慢誤事者參究黜罰。爾爲大臣，受兹簡任，宜竭誠體國，悉心經理，務使衆務修舉，地方有備，斯副委任。事完，奏請回京，故敕。"欽此。欽遵。隨准兵部咨，爲前事，該兵科都給事中王國禎等題，節該本部覆題，擬臣隨帶本部武庫清吏司署郎中張重、武選清吏司主事王遴前去薊、保二鎮，經略邊務，等因。奉聖旨："楊博著兼都察院右僉都御史，前去巡邊，寫敕與他。"欽此。欽遵，備咨到臣。臣即日陛辭，前至昌平，次至薊州、保定二鎮，除一切軍務事宜各另經略具題外。即今巡歷已完，遵照敕諭，相應奏請，合無容臣帶同司屬官回京。臣無任惶悚俟命之至，謹具奏聞。

繳敕疏

臣先准兵部咨，該兵科都給事中王國禎等題，該本部覆題，擬臣帶同本部武庫清吏司署郎中張重、武選清吏司主事王遴，前去薊州、保定二鎮經略邊務，等因。奉聖旨："楊博著兼都察院右僉都御史，前去巡邊，寫敕與他。"欽此。欽遵，備咨到臣。臣於嘉靖三十二年三月二十一日恭領敕諭一道并符驗、關防，前去經略。近該臣以事完具奏，奉聖旨："楊博等着回京。該部知道。"欽此。臣已欽遵回京，所有原領敕諭理合進繳，其符驗、關防，伏乞敕下各該衙門照例交收。謹具奏聞。

恭進圖本疏

臣先准兵部咨，該兵科都給事中王國禎等題，該部覆擬，臣前去薊州、保定二鎮經略邊務，等因。奉聖旨："楊博著兼都察院右僉都御史，前去巡邊，寫敕與他。"欽此。欽遵，備咨到臣。近該臣以事完具奏，奉聖旨："楊博著回京。該部知道。"欽此。除臣欽遵回京外，所有經略過軍務事宜理合畫圖貼説，上塵聖覽，謹具奏。

計開：

《薊州山海等關貼説圖》一本；

《昌平居庸貼説圖》一本；

《保定紫荊等關貼説圖》一本。

懇乞天恩辭免兼官疏

臣先准兵部咨，該兵科都給事中王國禎等題，該本部覆題，擬臣前去薊州、保定二鎮經略邊務，等因。奉聖旨："楊博著兼都察院右僉都御史，前去巡邊，寫敕與他。"欽此。欽遵，備咨到臣。近該臣以事完具奏，奉聖旨：“楊博等著回京。該部知道。”欽此。除臣欽遵回京，敕諭先已奏繳外，所有原兼都察院右僉都御史職銜，伏望皇上容臣辭免。臣無任屏營悚息之至，謹具奏聞。

校勘記

〔一〕“日”，疑當作“月”。

〔二〕“羸”，疑當作“羸”。

跋《經略疏》後

兵有三難，達斯三者，封疆其庶幾矣。何也？圖籍誠備，險易不盡勢則知之難；詞説誠詳，機術不盡中則言之難；職任誠果，權變不盡遂則行之難。三難而有一則事不濟，有其二僨，三者兼有焉，雖智所不解也。儒者曰："周得中策，漢得下策。"唐宋迄今得何策哉？於戲！古昔興廢，其本不在邊鄙而在朝廷，其政不在戰守而在綱紀，政本之論，今又安在耶？戰國之士杳不聞道，勸其君則以土地、人民自愛爲言，猶一人之身，一髮一指，皆所宜保，不忍或殘之也。先王經理天下，先王畿而放四海，重德義而難任人，知策在是也，謹言而審行之，故能伏逆柔遠，以永對于天下，而長保其世。王化既遠，傍道卜筑，任守如傳，視瘠如越。燿才者昡其識，誇靡者修諸詞，負重併力之士既罕數獲，而葑菲冠玉辨者或緩，宜躬行之逮已矣乎，終焉爾也。我聖天子修文布德，言洽海外，惟内外宣力之臣，知者、言者、行者間或背馳，是用致寇。聖天子惻民之創，乃命左司馬楊公肇釐邦畿，使四鄙之臣震命式服，畫區奮庸，以保無疆維熙之業。公既陛辭，出昌平，遵居庸，東抵雲薊，至于山海，西陟紫荆，涉馬水，歷浮圖，由倒馬以達龍、故，山溪險易、城隍高深、器械利鈍、糗糒虚實、士馬强弱、將率賢否，閲歷調度，增損布置，設身殫思，謨明晝臧，事事無不如指諸掌。凡可施設者則畢陳于疏，以請斷宸極，皆允行焉。今據公疏，地利悉肯綮中矣，俾行者事事遂焉，無復多言之亂、中制之患，以達諸執事四鄙者，又皆如李牧在代郡，王霸在上谷，歷二十餘年，持久静俟，竟成厥功，封疆之事謂不可庶幾乎！易州兵憲畢君仁叔寔理畿輔之右掖，謂公之議皆可達遠以施諸行，而永有攸利，故命梓傳之。書成，以僕爲公鄉後人，恐天下兵從此講矣，因欲有言于公疏之後。

賜進士第、户部主事屈諫跋

楊襄毅公宣大奏疏

〔明〕楊　博　撰

張志江　點校

點校説明

《楊襄毅公宣大奏疏》（以下簡稱《宣大奏疏》）二卷，明楊博撰。

楊博戎馬一生，所至之處頗有建樹，建白、奏議頗多，相關奏疏大多整理刊刻成書。《宣大奏疏》即其總督宣、大、山西軍務時的奏疏彙編，凡議處善後、添設憲臣、乞免糧差、議處要害、舉刺將領、及時練兵、分理屯田，等等，無不涉及，是研究當時宣、大、山西三鎮政務、邊防和軍務的珍貴史料。

《宣大奏疏》，據楊博次子楊俊士《恭請先襄毅公〈本兵疏議〉序狀》記載，原名《督府奏議》，嘉靖三十八年即由門人知縣王君緯刊刻於鄢陵。該本不傳。現存《宣大奏疏》二卷本，收於今人劉明陽所藏明刊本《楊襄毅公奏疏》中。據同收於該書中之《經略奏疏》一卷本、《本兵奏疏》十二卷本與現存《經略疏稿》二卷本、《本兵疏議》二十四卷分别對比的情況來看，《宣大奏疏》二卷本似爲《督府奏議》的節本，篇目、文字均當有所删減。此外，北京大學圖書館所藏舊抄本《楊襄毅公奏疏》中又有《宣大奏疏》四卷，和《宣大奏疏》二卷本内容完全一樣，僅僅是分卷不同罷了。此次點校，即以劉明陽所藏明刊本《楊襄毅公奏疏》中的《宣大奏疏》二卷本爲底本，参校以北京大學圖書館所藏舊抄本《宣大奏疏》四卷本（簡稱“舊抄本”），以及明陳子龍等《明經世文編》等書所選載的楊博的部分奏疏。

太師楊襄毅公宣大奏疏卷一

感激天恩兼程趨赴地方疏

欽差總督宣大山西等處軍務、太子少保、兵部尚書臣楊博謹題：爲感激天恩兼程趨赴地方事。嘉靖三十七年三月二十一日，准吏部咨，該本部等衙門會推兵部尚書，奉聖旨："楊博仍舊職，着作速到任管事。"欽此。臣以本兵多事，惟恐遲緩，遵奉明旨，即自臣原籍蒲州由澤潞徑道兼程前進。四月初五日，行至真定府地方，復准吏、兵二部咨，爲傳奉事，嘉靖三十七年三月二十一日，該司禮監太監黄錦傳奉聖旨："目今右衛困急，江東勿以權任辭務，著盡力幹理，逐賊、入餉。總督官不必推，且着楊博去，少寧回部。吏、兵二部知道。"欽此。竊念微臣，一介書生，至愚極陋，仰蒙皇上特達之知，旬日之間，再承天寵，既復其樞筦之司，又畀以軍旅之寄，感極涕零，不勝犬馬圖報之心。臣晝夜奔馳，一二日當由倒馬關西入大同境内。即今右衛委在危急，除兵食、戰守事宜容臣隨即議奏外，伏望皇上少紓聖懷。臣無任惓惓懇切之至。

奉聖旨："覽奏，卿已赴鎮，朕心慰悦，宜殫力設謀，逐賊、入餉，急解右衛之困，以副委任。着賞銀三十兩、紵絲四表裏。該部知道。"欽此。

議處右衛善後事宜疏

題：爲遵奉敕諭，議處右衛善後事宜以圖經久事。臣節奉敕諭："近日大同右衛被逆勾虜困急，特命爾前去，總督宣大、山西等處軍務兼理糧餉，在於適中緊要地方駐札，經略一應邊務，各該鎮巡官員悉聽節制。其右衛地方加意整飭兵馬，運送糧餉，安輯軍民，固守城堡，務保無虞。”欽此。欽遵，除宣、大、山西三鎮邊務以次經略具題外。臣惟大同右衛孤懸塞外，與宣府獨石、涼州鎮番大略相類，所恃以爲唇齒者，衛城四外堡寨而已。蠢兹醜虜，聽信逆酋丘富之謀，二三年間將附城各堡攻乞殆盡。譬之一人之身，四肢盡去，僅餘腹心，蠶食之計已成，虎視之耽彌甚。即如去春，虜自正月圍困，四月方得解嚴，于時人心皇皇，朝不保夕。若使虜退之後，當事諸臣運餉積薪，力爲固守之圖，修堡練兵，大成攻戰之計，虜謀自伐，虜氣自奪，何至有今日之猖獗哉？仰賴聖人在上，明見萬里，易置臣工，激勸忠義，經畫兵將，處發錢糧，事無巨細，悉從宸斷。天聲丕振於雲中，士氣勃揚於塞上，以故右衛、玉林兩衛之人，垂死之命又得更生，數月之圍解於一旦，生靈幸甚，地方幸甚。即今虜蹤漸遠，道路大通，補偏救弊，不止目前之謀；遠慮深思，當爲經久之計。臣與巡撫都御史楊選、總兵官張承勳、副總兵尚表、分守參將麻禄、參議史闕疑，參兵部節年之議題，查廷臣累月之建白。事在可行者，不敢執泥以爲非；事若難行者，不敢依違以爲是。廣集衆思，條爲十事。大抵喫緊之時全在五月、六月，必須併力殫慮，以次舉行。若稍爲遲疑，秋高弓勁，又不免於紛紛之擾。如蒙敕下該部，速爲議擬，行下臣等，及時整飭，臣無任惓惓懇切之至。

奉聖旨：“這所奏事宜都依擬作速舉行，合用錢糧，該部查明給發，不許延誤。兵部知道。”欽此。

一、廣儲糧餉。臣等議得，大同右衛自圍解以來，陸續發過糧米將及萬石，城中之人多赴威遠左衛就近糴買，往來不絶，即今該衛每銀一錢買米四升，與鎮城價值相去不遠。但孤危之地，糧宜多貯，已將鎮城買完客兵糧米見今儘數運輸，大約必須四五萬石，方勾秋冬固守之用。其左衛、威遠、平虜、天城、陽和五處密邇虜巢，似當一體爲備。合無候山西糧至之日，容臣等酌量分發，一面曉諭六城之人，多積糧米，廣儲芻薪，定爲先事之防，不致後時之患。

一、激勸忠藎。臣等議得，右衛之人被虜圍困已經數月，艱難辛苦，蓋備嘗之，是固副總兵尚表鼓舞之功，各該官軍忠義之略均不可泯。至於饑而死者，寧捐其生，不忍附虜，尤得人臣終始之義，即今暴露通衢，言之酸楚。合無動支户部官銀一萬兩，聽臣等通行給賞，官每員銀一兩，被傷者一兩五錢，死者二兩，夜不收、軍舍、餘丁每名銀五錢，被傷者七錢，死者一兩，以爲藥餌、棺殮之資，事完造册奏繳。仍行參將麻禄，設壇致祭以慰忠魂。如户部庫銀不敷，於客兵銀内從權支給。

一、查給牛、種。臣等議得，左衛之人近遭虜患，糧米、生畜搜食已盡，牛、種俱缺。即目仲夏，尚可佈種之時，若使坐失地利，終非經久之計。已該臣等權於客兵銀内動支七千五百兩，内二千五百兩買收麥、黍、穀之種，五千兩買其牛隻，分給應用。合無念其窘迫之極，日後免其還官，少見賑恤之意。前銀如用不盡，仍送客兵項下支銷。

一、修築墩堡。臣等議得，大同右衛東路至左衛八十里，中路至大峪口一百五十里，西路至威遠城五十里，俱當添築墩堡。但工程浩大，一時不能遽完，先將東路牛心山、雲陽鋪各舊堡一座幫修完固，紅土鋪、黄土坡各創修新堡一座，其官軍公廨、營房、倉場等項一併修建。仍于各堡空心每四里修墩一座，撥軍瞭守，一以傳接烽火，一以趨避行旅。除行總兵官張承勳、分守參議史闞疑總理其事，刻期興工外。合無兵部查發銀三萬兩，專備前項工程支用，完日造册奏繳。其中路草溝堡、占官人屯、梁家店、齊家河、北花園、馬道口六處，西路小村兒北梁一處應添墩堡，已經臣等規畫停當，候東路工完，另行具奏。

一、添設官兵。臣等議得，右衛東路地方各該墩堡既欲修復，所據官軍、馬匹相應通行計處。牛心堡適中，合設守備一員，募軍一千名，給馬二百匹。紅土堡、黄土堡、雲陽堡各設操守一員，各募軍五百名，給馬一百匹。守操官悉聽右衛參將節制。通計軍二千五百名，每軍該衣裝銀五兩，共該銀一萬二千五百兩，權於兵部馬價銀内借支。右衛城見亦缺馬，應給一千匹，共該馬一千五百匹，於寄養馬内兑給。其四堡軍士盔甲、器械，共該二千五百件副，工部如數查發。月糧、布花，候募軍完日，大同管糧郎中會入錢糧數内。

一、計處車營。臣等議得，右衛自被圍之後，緣未置造車營，以故束手無策，閉門待斃。合無於左衛打造偏厢車二百輛，右衛三百輛。以後再遇虜警，右衛車營自西而東，左衛車營自東而西，聲勢聯絡，道路易通，必不至如今歲之甚。大約每車用銀十兩，五百輛共該銀五千兩，巡撫衙門於商税、紙贖銀内陸續處發。其合用牛騾，三衛殷實之家臨期借辦。

一、表揚倡義。臣等議得，右衛之人向當危急之時，間有疏財仗義，周濟貧乏。如姚貴等出穀至一百石，麻錦等出銀至三百兩。若不量爲表揚，恐無以爲方來之勸。合無聽臣等通行查明，置立“尚義之家”牌匾，懸諸其門，以樹風聲。其用過銀、穀於巡撫及各道司府州縣贓罰銀内陸續補還，不必扣除各軍糧賞，以廣皇上憫念元元之意。

一、安插流移。臣等議得，右、玉二衛應納糧銀四千五百餘兩，已蒙聖恩蠲免，二衛之人歡呼載道。即今各該私堡雖經殘毁，尚可修復。合無聽臣等將流移之人設法招徠，令其分屯住種，應徵錢糧量免三年，蘇其困苦。

一、請給火器。

一、預防邊堡。

經略大同邊務疏

題：爲遵奉敕諭，經略大同邊務事。臣節奉敕諭："今特命爾前去，總督宣大、山西等處軍務兼理糧餉，在於適中緊要地方駐札，經略一應邊務。"欽此。欽遵。臣惟大同一鎮寔古雲中之地，精兵健馬，自昔甲於各鎮。南拱畿輔，八郡賴以宴安；西接山西，三晋恃以無恐。比年以來，戍卒驕悍而法紀廢弛，邊吏因循而兵食蠹壞。近又加以右衛之變，虜勢日殷，我兵日弱。邊墻傾圮，全無夷夏之防；閭里蕭條，不勝愁苦之狀。邊人無知，以通虜爲上策；驕虜乘機，視危城爲奇貨。向非聖明在上，多方拯救，右衛之陷久矣。右衛不保，左衛、威平、高山、鎮城亦自不能安枕，言之可爲慟心，聞之使人疾首。及今虜馬未壯，當爲先事之圖；若使秋氣漸深，定遺後時之嘆。竊以大同之勢論之，邊墻陵夷，邊堡破壞，雖有兵馬，决不能阻虜之入，比之薊鎮依墻爲守者殊不相侔。臣今先以修復境内墩堡爲主。其次則塞銀釵、驛馬等嶺，以絶虜衝突紫荆、倒馬之路；備居庸、南山一帶，以絶虜窺伺陵寢、畿甸之路；修陽方、神池等處墻塹，以絶虜深入山西之路。三處果不能越，即使馳騁平川，諸堡戒嚴，各城固守，自不得不移營北遁。然後調集選練之兵，以逸待勞，邀擊其後，斯固戰守之大機也。若夫立百年之巨防，畫萬全之至計，非修復邊墻不可，但事體重大，另容查議。所有地方緊要事宜，早夜圖惟，條爲十事。大抵邊政不在多言，邊臣當責實效。臣雖愚劣，不敢不以實效自勉。伏望皇上俯念邊事狼藉之極、邊民窮苦之狀，特敕該部早爲議處，行下臣等，及時舉行，臣與地方均切幸甚。

奉聖旨："該部便看了來説。"覆奉聖旨："依擬。"欽此。

一、選練兵馬。臣惟大同兵馬原額之數不爲不多，邇來逃亡、倒死，十居其半。且軍以標兵之故，間有精壯，多屬搜選；馬以賄虜之故，僅餘殘弱，勢難追逐。徒擁將領之虛名，全無攻戰之實用。臣嘗以爲今日之事，不在增兵而在選兵，不在增馬而在養馬。已行總兵官張承勳，將各營兵馬通行挑選，分爲上、中、下三等，見今正在整頓。但馬數甚少，不得不仰給於官。如蒙敕下兵部，除先已准給馬六千匹及右衛新討五百匹外，再發六千匹，聽總兵官分散各營，以資騎征之用。臣總督標下原有遊兵二營，應留應汰，容臣酌量急緩，次第查處。至於大同巡撫標兵，存留五百，其餘盡數發入營伍，遇有警急，總兵量分兵馬，聽其調度。仍乞備行宣府、山西都御史，將標兵照依大同事體徑自查處，各另回奏。

一、修築堡寨。臣惟邊方保障，大者爲城，其次爲堡、爲寨、爲墩。若使周密完固，烽堠既明，收保又預，虜雖擁衆深入，其何能爲？臣近至地方，見得所過堡寨單薄低矮，又四無角墩，連年爲虜攻乞，全坐此弊。臣昔巡撫甘州，嘗創爲墩院之法，行之五年，極有明驗，事涉瑣細，不敢塵瀆聖聽。已經會行宣大巡撫都御史，坐委守巡、兵備，選委廢閑將官，公同副參、遊守、府衛州縣等官，往來監督，見今正在整飭。如蒙敕下兵部再加議擬，容臣於工完之日分別勤惰，應旌賞者請旨旌賞，應犒賞者徑自犒賞。果有頑民阻撓行事，臣當徑以軍法處治。其接火墩臺，備行副參、守操等官，量其工程大小、軍夫多寡，逐漸修理，大抵成一工則有一工之益。

一、經理隘口。臣惟大同地方自渾源以南，如磁窑等口，驛馬、銀釵等嶺，天造地設，真一夫當關，萬夫莫敵之所。若使修守嚴密，紫荆、倒馬，虜騎决不能到。臣昔經略保定之時，已嘗具奏，於廣昌添設參將，召募礦兵義勇三千，專一守堵，緣各該鎮巡官意見不同，月糧等項至今尚無歸著。臣以爲保障畿輔，事體重大，渾源以北，平原曠野，既不能拒之於外，有此天險，失於固守，誠爲可惜。如蒙敕下兵部，會同户部再加計議，將廣昌參將改駐靈丘，專屬大同，不必仍屬宣府，參將選募礦兵義勇三千名，月糧、布花會入大同主兵糧内。廣昌照舊設一守備，原額軍士摘撥管理。渾源、廣昌二守備悉聽參將節制，廣昌守備兼聽宣府節制。大小隘口，但有空闊去處，聽保定巡撫處置錢糧，查送大同巡撫，就委參將、守備刻期修理，仍行分巡僉事王彙征往來監視。蓋此項工程非爲大同，專爲保定，保定巡撫自當協心戮力，共成盛事。

一、查處軍器。臣惟官兵禦虜，馬匹、軍器，二者缺一不可。臣近至地方，閱視各軍，多無盔甲。節據總兵官張承勛開報，各營共少盔甲五千餘副。推求其故，多因右衛圍困之時，或衆寡不敵，陣失無存；或怯懦將領，因而賄虜。若使各軍自行修補，菜色之人，救死不贍，豈能辦此？如蒙敕下工部，不爲常例，查照張承勛所開缺少盔甲數目，早爲處發，庶幾士氣精明，緩急有濟。

一、久任將領。臣惟各邊將領，豈惟總兵專閫一方，關係爲重，下至副參、遊守均有干城之寄，久任責成，庶於地方有益。查得臣所屬將官，邇來或周歲一遷，或一歲數遷，虎旅之司視爲傳舍，部下之人迎新送舊，不勝其擾。除怯懦、奔競者另本劾奏外，如蒙敕下兵部，今後宣大、山西將官必須年資相應，方得推用，其歷任未久者，姑俟其成。況今秋防在邇，用人爲急，不當遂其規避之計。

一、簡除有司。臣惟沿邊有司，錢糧、兵馬、獄訟、城堡，一切事宜悉屬綜理，比之腹裏迥不相同。除見任不職者另本劾奏外，若以衰遲、庸劣及考察調用之人一概銓補，不無有誤邊計。如蒙敕下吏部，今後宣、大二鎮并山西近邊州縣掌印正官，務要多選甲科，或於年力精壯舉人内相兼選補。得一人則成一方之務，得數人則成一鎮之務。

一、嚴禁私通。臣惟宣大之人久慣通虜，而大同尤甚。至於墩軍、夜不收，專一爲虜耳目。議者病其壞事，欲撤墩軍以絶禍端，言之可恨。臣近至地方，察知其弊，嚴加禁絶。但習俗既久，恬不爲非，搜訪過嚴，反生疑畏，係干夷夏大防，首當振飭。如蒙敕下兵部，備查節年私通禁例，發下臣等，容臣刊刻簡易告示，多印數千百張，各該城堡、墩寨逐一張掛，令其洗心滌慮，或〔一〕與維新。出示之後，仍與虜通者，許諸人捕告，依律問擬，先於犯人名下追銀五十兩給賞。如犯人無力，官爲處給。

一、痛革殺降。臣惟被虜人口沉淪沙漠，日望鄉關，情亦良苦，幸而奔至邊外，萬死一生。狂悖之人，何忍取而殺之，以邀功賞，上傷天地之和，中絶歸復之路，誠可悲痛。臣近至地方，每遇投降人口，多方撫慰，其人但通漢語者，無不感激流涕，若使傳播虜中，是亦鼓舞招徠之機。臣以爲殺降雖有正法，監候詳審，多至瘐死，人情信目而不信耳，無以示戒。如蒙敕下該部再加議擬，今後如有殺降之人，聽督撫、巡按特本具奏，得旨之後，即行巡按御史各另處決，首級梟掛作患地方，庶人知警畏，夙弊可革。

一、申明職守。臣惟邊方之事，全在職守。若職守不明，人懷規避，每致僨事。近見巡按御史欒尚約具奏，謂户部之銀已發而軍餉不繼，則歸罪於巡撫；兵部之兵已調而用兵無功，則歸罪於總兵；持日太久，略無寸效，則歸罪於總督。其言雖爲右衛而發，要之職守，極爲切當。以臣愚見，各邊獲功，不惟巡按御史不當論功，本兵堂屬亦不當論功。蓋查勘功罪者，御史之責；議擬功罪者，本兵之責。若使本兵、巡按一有邀功之念，張大、掩飾，勢所必至，似應併爲釐正。如蒙敕下兵部，將總督、鎮巡職守再行備細申明，以後遇有斬獲之功，則以親臨戰陣爲主，首叙總兵之功，督撫止於賞賚。如偏裨〔二〕有功，總兵不在戰陣，亦止議賞。本兵與巡按御史通不許論功。其朔州兵備道與臣同處陽和一城，贊畫軍務，原無職任，即今虜患孔棘，難以拘以常格。合無查照邊臣近日所議，將天城、陽和二衛兵馬、錢糧一切事務改屬兵備管理，分巡冀北道不必干預。

一、寬假文法。臣惟邊之弊大概有三，其一文移太繁，其二責效太速，其三議論太多，三弊不除，難收改弦之效。即如大同地方，凋殘破壞，萬孔千瘡，鎮守總兵張承勛、巡撫都御史楊選，履任之初，雖皆鋭意有爲，但以一人而矯數人之枉，以一旦而挽數十年之弊，其勢誠難。若使虜報卒至，輒行罪及，未免心懷顧忌，難以展布。臣嘗以大義曉譬，謂神宗成憲，三載考績，三考黜陟，未有責效於旦夕者。況邊方事重，尤非旦夕可辦，參酌法理，似應寬假，以責來效。如蒙敕下兵部，再加計議，以後地方有警，鎮巡以下官員，或言官論列，或該部覆議，務要查其歷官淺深、任事勤惰，分别具奏，不得概行參問，庶幾國法、人情兩爲穩便。

添設兵備憲臣以紓虜患疏

題：爲邊城孤危，懇乞天恩添設兵備憲臣以紓虜患事。節准兵部咨，該巡按御史欒尚約題，爲進兵運餉，乞敕督撫、將領、官員嚴加戰守，以慰聖懷以安重鎮事，該本部等衙門會議覆題，奉聖旨："都依擬着實舉行。其有未盡事宜，楊博作速計議奏來。"欽此。欽遵，備咨到臣。臣會同巡撫大同都御史楊選議得，除議處右衛、經略大同事宜，先該臣等二次具奏，恭候明旨，及應行未盡者以次另議外。臣等竊惟，政在得人，人存則政易舉；事當通變，變通則民自宜。大同中、西二路所轄左、右、威、平四衛，朔州、井坪二城，原設參將二員，近又改設副總兵一員，將領不爲不多，緣無憲臣專理其事，以故百務廢弛。即如近日大虜之變，豈惟右、玉二衛獨遭危急，雖左衛、威平盡爲狼虎之穴。臣等近日暫駐左衛，見得衛城相距邊墻，近者僅六七里，一馬可到，爲之寒心。先該巡按御史李鳳毛欲添兵備，似爲有見。况今兵變之後，尤與往歲不同，若能救弊補偏，惠安兩路之人，難以循故襲常，重惜一官之費。如蒙敕下兵部，會同吏部再加計議，添設兵備副使一員，住札左衛，經理左、右、威、平四衛，朔州、井坪二城，兵馬、錢糧、獄訟、城堡悉屬統攝，山西按察司帶銜支俸，合用敕書、關防等項一併請給，一切事務與協守副總兵計議而行。分守參議，專管高山城北西路拒門等堡，應州、馬邑、山陰、懷仁四州縣。分巡僉事，專管大同鎮城、聚落，城北東路鎮邊等堡，渾源、蔚州、大同、靈丘、廣昌、廣靈六州縣。朔州兵備副使，專管天城、陽和二衛，并東路平遠等堡。畫地經理，一如陕西、甘肅事例，似爲穩便。臣等又惟，張官置吏，事體重大，固非臣等所敢定擬，倘蒙天恩俞允，草創之初，全在得人。臣等訪得山西布政司左參議楊師震，才華卓越，操履精嚴。向官榆塞，洞閑戰守之宜；今任河東，難展韜鈐之略。參議之俸，雖稱未允；僉事之任，良以獨深。在今日則爲稍遷，在他日可以久任。伏乞聖明併賜裁處，臣等無任惓惓懇切之至。

吏、兵二部俱覆奉聖旨："是。"欽此。

右衛路通乘時以圖後效疏

題：爲右衛路通，乞敕督撫諸臣乘時以圖後效事，臣准兵部咨，該巡按直隸監察御史欒尚約題，奉聖旨："東既調兵入餉，已着博悉心周計，大逐虜賊，勿致再欺。墩堡之要害處作速修築，必奈久，亦不許推延，期以八月前完報。餘及墻工次第堅造。應可行的急奏繼理，便行文去。兵部知道。”欽此。欽遵，備咨到臣。仰惟皇上以聖神文武之資，操禮樂征伐之柄。頃者右衛之變，虜逐餉入，機宜悉出於淵衷；及今圍解之餘，救弊補偏，經制動關乎宸斷。雲中人庶均切感戴之私，塞外逆酋不勝震讋之狀。臣以庸劣，誤叨重寄，任事以來，恐負君父特達之知，奔走經營，食寢俱廢。况今天語丁寧，至再至三，敢不少竭駑駘，仰答鴻造。除議處右衛事宜，先該臣等條畫具奏，已蒙聖明俯賜允行外。但夷情叵測，常乘其怠忽；内治當嚴，不嫌於詳慎。臣會同巡撫大同右僉都御史楊選，閲地形之險夷，萃群言之辯析，重加三思，釐爲四事。前疏所列者正在急圖，今疏所陳者以次繼理，務使右衛以至威平聲勢聯絡，鎮城以達右衛氣脉貫通。如蒙敕下該部再加詳議，及時舉行，少紓臣等犬馬之忠，永爲邊人保障之利。

兵部覆奉聖旨：“是。”欽此。

一、議增墩堡〔三〕。臣等議得，墩堡之疏密，當視邊陲之衝緩。右衛至左衛一帶逼近虜巢，前議每四里設墩一座，猶恐其疏。合無每空再加二座，大約每里許該墩一座。左衛至高山站，視右衛爲稍衝，每五里見有墩臺一座，每空再加一座，大約二里半該墩一座。高山站至鎮城，視右衛爲少緩，原無墩臺，每五里該墩一座。候牛心山等堡并墩臺完日，仍行總兵官張承勛、分守參議史闕疑繼理其事，錢糧於修邊銀内動支。其中路草溝堡、占官人屯、梁家店、齊家河、北花園、馬道口六處，西路小村兒北梁一處，應添墩堡并沿邊墻塹，照依臣等原議另行具奏。

一、經略左衛。臣等議得，左衛至高山站六十里，合無於適中繆官人屯築大堡一座，二十里鋪、舊高山城各修築小堡一座。高山站至鎮城六十里，於適中岡家灣築大堡一座，白廟兒屯、石佛寺各修築小堡一座。公廨、營房等項以次修建，應用錢糧俱於修邊銀内動支。

一、增設官兵。臣等議得，左衛至高山站以達鎮城，既添設墩堡，官軍、馬匹相應計處。合無於繆官人屯、岡家灣各設操守一員，仍各提調東西二小堡，各募軍五百名，各量給馬一百匹，以備往來傳報之用。每小堡各設把總官一員。通計募軍一千名，每軍衣裝銀五兩，共該銀五千兩，盔甲、器械一千件副，如前馬二百匹，兵、工二部照數處給。月糧、布花，候募軍完日，會入大同管糧郎中錢糧數内。

一、查處荒田。臣等議得，左衛以達鎮城，官路東西盡皆膏腴之田，近因虜患頻仍，無人耕種。今既議添墩堡，合無令各該官軍儘力開墾，所有屯糧姑免追納，候年歲豐裕，另行議處。閑暇之日，將原設墩臺低薄不堪者逐漸修理。其地方一應人等，果有隨堡住種者，聽從其便。

地方連遭虜患懇免糧差疏

題：爲地方連遭虜患，殘破至極，懇乞天恩豁免糧差，因而召集義勇以安重鎮事。臣近至大同地方，節據左、威等衛，應、朔等州，山陰等縣軍民范文奎等告詞，到臣。臣會同巡撫大同都御史楊選議得，賑濟之施，其澤有限；糧差之免，其惠無窮。與其暫爲優恤，以滋軍吏、里保之奸；曷若少緩徵輸，以廣厚下安宅之政。仰惟聖人在上，軫念邊氓，時勤宵旰，頃因右衛之變，事無巨細，悉出淵衷。臣等仰承德意，初至地方，閭閻疾苦，未得其詳。乃今閲月之間，周爰咨諏，不遑食寢，始知各該衛所、州縣殘破狼藉，一至於此。皮已盡矣，毛將安附？若不審勢量時，仍有徵科之擾，已逃者永絶鄉閭，見在者將淪溝壑，雁門以北恐竟爲榛莽之場矣，元氣、腹心，良可痛惜。猶恐議者以爲糧差盡免，王府之禄米、邊軍之月糧從何取給，不知損上益下，藏富於民，自古經制之良策，況今民貧徹骨，無富可藏。臣等反覆熟慮，深切隱憂，一得之見，不敢不陳於君父之前。如蒙敕下該部，念地方破壞之極關係封疆，將前項衛所、州縣民屯糧草大破常格，嘉靖三十六年以前盡數停徵，自今嘉靖三十七年爲始，豁免三年。諸凡差役應徵者，照舊徵納，前項應免之數悉爲停免。各衛所屯糧、屯草、牛具、尖丁，共該銀二萬五千九百四兩六錢三分有奇、本色糧二萬六千二百三十三石一斗六升有奇、本色草四萬五千六百二十二束二分有奇。各州縣糧草等項，共該折色銀五萬五百四十五兩四錢八分、本色麥米八百一十石。總計二項，止該折色銀七萬六千四百五十兩一錢有奇，本色糧米麥二萬七千四十三石一斗六升有奇，草四萬五千六百二十二束有奇，權於別項官銀内早爲補發，務使一方生靈出諸水火，置於衽席，以廣我皇上保愛元元之意。臣等仍於其間宣布聖恩，令其人人踴躍，選其丁壯之驍健者，名爲義勇，每三千合爲一營。屬軍衛者選委廢將統領，屬有司者就委本處守備統領，無事各防堡寨，竭力營田，有事相度機宜，分據要害。合用軍器，不拘鎗棍、刀斧，聽其所有者隨便用之。有功之日，與官軍一體升賞。盡本路之人而爲兵，盡本路之兵而禦虜，既無月糧、行糧之虛費，又得家戰人守之實功，比之遠調客兵者省費不貲。以此中之所省補之豁免糧差，不惟相准，兼且過之。在朝廷則除一害兼收興一利之益，在小民則寬一分斯受一分之賜，臣等不勝懇切祈望之至。

奉聖旨："户、兵二部看議來行。"欽此。

議處要害地方疏

題：爲議處要害地方以安重鎮以備虜患事。臣獲見邸報，該巡按直隷監察御史欒尚約題稱，獨石要害，視右衛遠近緩急尤爲不同，欲要行臣，將應處之事悉照右衛經略奏請上裁，等因。臣參詳所論，憂切邊陲，深得先則制人之義。節據降人口報，動以圍困獨石爲詞，若候部咨到日方行議處，未免緩不及事。臣不自揣量，早夜圖維，擇其最切要者條爲十款。大抵大同之事禍已燃眉，不得不爲拯救之圖；宣府之事患在厝薪，仍須急爲蓄艾之計。臣於宣大防秋疏内言之已詳，無容别議。如蒙敕下該部再加議擬，將臣所奏俯賜允行，仍乞嚴敕宣府鎮巡官李賢、張鎬，廣集衆思，各上方略。不止防秋，先爲防夏之圖；不止外防獨石，首爲拱護京陵之計。臣雖庸鈍，亦不敢不共效狗馬之忠。臣無任屏營懇切之至。

奉聖旨："該部看了來説。"

兵部覆奉聖旨："劉環革任閑住，員缺照例推二員來看。其餘准議行。"欽此。

一、乞運糧餉。臣議得，防御獨石，首當多積糧餉。糧餉既充，虜氣先奪，圍困之謀，不攻自破。先該巡撫都御史張鎬屢疏，請發帑銀，未見處分，是非該部漫不加意，寔以帑銀缺乏之故。後該臣博議發京倉粳米三十萬石於懷來等倉，却以宣府年例銀兩一半仍發本鎮，一半改發大同。連日再三籌度，庫無見銀，倉有見粟，救弊補偏，計恐無便於此。合無聽户部將乞運一事早爲舉行，邊人不食粳米，止食粟米，若發粟米三十萬石，尤爲得濟。此外再將宣鎮年例銀兩先發十數萬兩，以爲脚價、折支之費。乞運至日，聽鎮巡官設法轉運。其入衛兵馬往來懷、隆供億之費，亦於此中取辦。

一、更易將領。臣議得，寇在門庭，北路則患切剥膚，東路則患在剥牀，二路將領均爲喫緊。若使匪人厠乎其間，緩急之際，誤事不淺。除獨石參將劉漢先已具疏保留外，訪得分守東路懷來、永寧等處參將劉環年已衰遲，志復灰冷，桑梓之地，終難展布。四海冶守備韓鑑，心本儒生，口談武略，衝險之所豈其所長？合無將劉環革任，聽候别卷勘明奏請，韓鑑改用腹裏。仍於近日九卿、科道會薦諸臣内如尹秉衡者，推舉一人以代劉環。其韓鑑員缺，查得原任大同右衛守備張咸，洞悉虜情，慣經戰陣。不救鄰兵，去之原非其罪；年方精壯，用之當及其時。以補四海冶守備，似堪任使。

一、分布城守。臣惟大同右衛被虜圍困月久，中間調度處置，全藉廢將之力。蓋各官妻孥生計俱在危城，利害切身，自當不賞而勸。所據獨石城守一事，正與右衛相同。合無聽參將劉漢將在城官員，不拘見任、廢棄，擇其威望衆所信服如尚表者，立爲守城之主。其餘畫地分守，預爲告戒，一有警報，參將劉漢提兵出戰於外，主城將官環兵固守於内，聲勢相倚，互爲犄角，方保萬全。

一、預處援兵。臣議得，北路獨石果有虜警，除本鎮兵馬刻期應援外，所據入衛各枝兵馬俱在關内關外住札，若候奏請至日方行調用，未免坐失事機。合無聽臣與鎮巡官李賢、張鎬酌量賊勢，一面移文兵部，與薊遼總督知會，一面將前項兵馬隨宜調遣。各該遊擊務要與主兵同心戮力，共建奇勛。如敢因循玩愒，自分彼此，應拿問者容臣拿問，應參究者參究重治。

一、撫輯屬夷。臣議得，屬夷之於我也，乍臣乍叛；我之於屬夷也，將信將疑。即如近日督撫建議，欲發銀五六萬兩，於寧遠堡邊墻裏外築堡二座，安插屬夷老小，意非不美，揆以夷夏大防，似猶未妥。兵部題奉欽依，行臣勘處。以臣愚見，謹始慮終，寔不敢輕議。但撫賞銀兩，羈縻之策，委不可缺。合無聽巡撫都御史張鎬於户部議准主兵銀四千兩内扣數支出，委官買辦段布、牛酒，將同力拒敵諸夷照依原奏通行賞勞。虜去家小、牛羊、帳房者，查出另賞，以結其心。以後虜入境内，果能先事哨探，爲我之耳目，臨敵奮勇，爲我之羽翼，雖優加賞賚，亦不爲過。

一、經理懷、隆。臣議得，經略之議雖在北路獨石，而東路南山一帶，陵寢在上，事體尤重，四肢、腹心，不言可辨。居庸關以西，自石崖峪口起，至合河口止，延長七十里，隘口一十四處；以東，自張家口起，至渤海止，計長四十里，隘口一十三處。中間山勢平漫，可通大舉者九；林木稀疏，可通零騎者七；巉崖陡峻，可通單騎者十一。往年於大山口等處，酌量多寡，分派官軍，共六千名，大約俱在該鎮步軍於礦兵取用。除礦兵時非防秋，難以輕調外，合無聽鎮巡官李賢、張鎬，賊果突入，一面統兵應〔四〕援北路，一面留兵防守東路。雖堪戰勁兵，亦當存留二枝，以防大虜壅隔之患。其新築臺軍，如果不敷，權於河南班軍内凑撥應用。

一、激勵壯勇。臣議得，北路地方人慣見虜，驍健絶倫，以故論什伍之軍，其數甚少；論比黨之軍，其徒實繁〔五〕。先年雖有斬獲首級與官軍同論之文，勘報每遲以歲時；雖有奪獲生畜給賞之文，將領多見其克取。敵愾之氣何由發作，忠義之志因而消阻，深可痛恨。合無聽總兵官李賢，公同參將劉漢，將各城各堡壯丁逐一查出，應守城者守城，願出戰者出戰，記名在官，不必拘以文法，不必束以紀律。斬有首級，總兵官先給印信小票；奪有生畜，即時盡數給賞。守操等官如敢刁難、扣取，先以軍法重治，然後參奏拿問。其尋常無警之時，不許追呼，以致騷擾。

一、量給馬匹。臣議得，各鎮奏討馬匹動經數千，不行愛惜餧養，相繼倒失，無益實用，臣嘗痛惡其非。即如近日巡撫張鎬移咨到臣，欲討四户大馬三千餘匹，給付家丁騎征。臣以標兵方在議革，不敢具奏。但宣鎮總副、參遊之馬，見在各不及一半，往來追逐，似爲未便。合無聽兵部量發官馬二千匹，分給各營，稍壯軍威。不敷之數，容臣督令各官動支樁銀，以次買補。

一、添修墩臺。臣惟北路地方，第一當修飾城堡，其次則腹裏并接火墩臺，一方耳目，關係甚重。除原設不堪者節行分巡口北道參議許用中見今督修外，仍於獨石城馬營溝通馬營大路胡家莊、孔家莊議添空心墩臺二座，每座共高三丈三尺，上加女墻四尺，周圍越城一道，外挑圍壕一道。馬營堡議添上哨通君子堡司家溝口、李樹溝口、羊奶子溝口、二隊溝口，下哨通松樹堡馮家科、小嶺兒，本營迤南羊房堡、段家衝，西川九窠窖衝口，東北獨石溝通獨石城大路霍家莊共十座，雲州堡議添夜不收嶺一座，高低廣狹，悉如獨石之制。通共添墩一十三座，不惟足以制虜，居人、行旅，均屬便利。見今總兵官李賢在彼設伏，合無嚴行本官，督併參將劉漢及守操等官刻期完報。

一、協同薊鎮。臣惟大虜屯住獨石邊外，正係東西岐路，西則可犯宣府，逼近陵寢；東則可犯薊鎮，驚擾畿甸。必須兩鎮鎮巡官交相傳報，事方克濟。蓋宣府密邇虜巢，常得其形；薊鎮咫尺屬夷，先得其情。合無今後薊鎮一知虜欲西犯之訊，差人速報宣府；宣府一見虜欲東犯之迹，差人速報薊鎮。彼此相資，共伐虜謀，共消虜患。

議處右衛善後事宜疏

題：爲遵奉敕諭，議處右衛善後事宜以圖經久事。據鎮守大同等處地方總兵官、中軍都督府署都督僉事張承勛呈，臣會同巡撫大同地方、贊理軍務、都察院右僉都御史楊選議得，板築之役，勞人動衆，自昔稱難。其在大同，尤爲獨難，一則地方值兵荒之後，凋殘特甚；一則士卒當驕悍之餘，反惻未寧。以故都御史史道等先嘗建立五堡，遲以歲月，始克落成，度勢審時，自不得不然爾。粵自右衛圍解以來，屢蒙天語丁寧，臣等始議之墩堡正在經營，繼理之墩堡即爲條畫，既不許推延，又必求奈久，臣等蚤夜驚惶，寔以不克竣事爲懼。乃今五旬之間，築完大小土堡九座、墩臺九十二座，挑完拒虜大壕二道，各長一十八里。工既高堅，人復踴躍。虜蹤漸遠，絶無牽制之虞；糧餉充裕，不致缺乏之患。是皆我皇上聖敬格天，至誠感物所致。臣等待罪邊陲，得以免戾，不勝欣慶。一時效勞人員，如鎮守大同總兵官張承勳，公廉足以率衆，經濟裕於籌邊。時方兩月，能成諸路之全功；專閫一方，不負九重之重寄：功當首論。分守冀北道、布政司參議史闕疑，公餉之措置，應用不窮；閑田之播種，勸相有道。往來狼虎之穴，不勝胼胝之狀：功亦當論。見任副總兵尚表，原任參將，今致仕陳力，今閑住郭綱、楊棟，今立功葉昂，今充軍孫麒、馬桓、麻隆、朱漢，原任遊擊，今閑住李翰臣、今緣事黄詔，見任坐營官吕勇、秦松、原章，原任參將、今暫代坐營任漢，原任都指揮，今閑住儲臣、今充軍楊德，掌號中軍方琦，見任守備馮詔，原任操守、今充軍曹昶，勤勞爲最，當爲一等。千總尉璽，原任參將，今閑住張勳，今緣事麻禄、劉卿，今充軍賈英，見任遊擊許忠，原任遊擊，今閑住王良臣、胡朝、陳忠，原任守備周國，武舉官陳豸、郭江、湯德輔，勤勞次之，當爲二等。原任副總兵、今降級趙臣，原任參將、今閑住秦鎮，軍門中軍官羅恭，千總李國臣，把總李天爵，軍門標下見任遊擊朱雲漢，大同遊擊周邦，原任遊擊胡吉、趙伯勳，掌號中軍官劉英，旗牌馬洪，見任守備何垚，參將李坤、趙旹，隨征報效縣丞鄭雲鸞，聽用監生郭藩，勞又次之，當爲三等。見任守備王堂，操守龐忠、劉晋臣、王勳、尚義，山西、河南領班都司蔣勵、游繼暹，總兵官下旗牌官胡公勉等九十員，守備官王芝等三十員，千總官許模等一十四員，把總官潘成等一百四十八員，管隊官葉名等一千一百六十八員，勞亦可録，當爲四等。如蒙乞敕兵部再加議擬，轉行宣大巡按御史，親詣閲視。如果工程、錢糧别無虚揑、冒破情弊，一面造册奏繳，一面查議上請。將張承勛賜敕獎勵，仍加升賞。史闕疑量與升俸，尚表、陳力等二十員，尉壐等一十三員，係見任者甄别升賞，致仕與閑住者遇缺推用，充軍、爲民者充爲事官，隨營截殺。趙臣等一十六員各加賞賚，王堂等聽臣等動支官銀行犒賞以示激勸。

兵部覆奉聖旨："楊博修築墩臺，工大完速，勞勩可嘉，賞銀五十兩、彩段四表裏。張承勛、楊選各三十兩、二表裏。還各寫敕獎勵。其餘巡按御史作速查勘具奏。"欽此。

虜中降人傳報夷情疏

題：爲虜中走回降人傳報夷情事，准兵部咨，該巡撫山西右副都御史魏謙吉題，奉聖旨："這所報賊情，彼逆必有報欺，在我不可不預之備。兵部便行與各該總督、鎮巡等官，着嚴加隄防，不許怠視。"欽此。欽遵，備咨到臣。臣惟蠢兹醜虜，自大同右衛圍〔六〕解以來，猶有一二零騎在邊窺伺。乃今閲月之間，移營北徙，絶無烽燧之警。但歸正之人摩肩接踵，幾滿千人之上。或言欲由永寧入犯京師，或言欲犯山西，或言仍圍右衛等處，或言東搶遼東，或言就近揉取田禾，言人人殊。以臣愚見，宣大事體與薊鎮迥不相同。薊鎮恃有邊墻，拒之不入，即爲上策。宣大地方大邊、二邊既以陵夷，沿邊墻塹又復傾圮，虜騎處處可入。爲今之計，虜之未入也，則當遠哨探、剿零寇，以明我之目、奪彼之心；虜之既入也，則當據要害、奮夜擊、搗巢穴、激鄉兵、廣招降、截歸路、守堡寨、多方略以示隨機應變之義。會同巡撫都御史魏謙吉、張鎬、楊選，總兵官李賢、張承勛、王懷邦，不揣迂疏，逐條詳議。但兵家之事，貴於未戰，臣等待罪邊陲，不勝臨事之懼。伏望皇上敕下兵部，蚤爲覆議，俯賜裁允，容臣等驅馳戎行，少伸犬馬之報。

兵部覆奉聖旨："依擬。"欽此。

一、嚴哨探。臣等議得，節據降人所報，俱係捕風捉影之説，不可盡據，必須哨探明的，兵馬進止方有着落。先已屢次差人遠探，直至海上，方見營帳，趕回達馬四百餘匹，盡數給賞原去通事、家丁，人心感奮，争欲深入一哨。但虜若東犯遼薊，誠恐遠由出山後，耳目不及，反致誤事。合無仍行薊鎮一體哨探，遇有屬夷報到消息，或得其形，或得其情，彼此互相傳報，庶克有濟。

一、剿零寇。臣等議得，往時秋禾將熟，近邊零賊，或一二百騎，或三五十騎，往往入邊揉田，致使小民終歲勤動，竟絶收穫之望。虜之所以敢於如此者，不過數技：一則恃其馬强，來如飄風，走如脱兔，人不及追；二則恃其善於弓矢；三則知我墩軍報知，必先放炮舉號，方始聚兵，賊乃預爲隄備；四則多設伏兵，見我追逐，故意誘入境外，以反敗我。合無今次遇有零騎，聽宣、大、山西三鎮總兵官，不必照舊舉號放炮，止整點兵馬，分爲二股，一股潛往賊回之路設伏，一股如常追襲，前後夾攻，必有奇中者。

一、據要害。臣等議得，宣、大、山西三鎮，各有要害之處，先守其要，則提綱挈領，兵氣自倍。如宣府則當守懷隆、永寧南山一帶，山北可守則守，不可守則併入昌平邊墻，協力固守，使賊匹馬不能入關。大同則當守渾源、靈丘、廣昌銀釵、驛馬等嶺，協同保定鎮巡，固守紫荊、倒馬、馬水口等處，使賊不能越關而南，驚動畿輔。山西則當守陽方、神池、老營堡、偏關等處，使賊不能越關而西，侵軼州縣。其五臺、繁峙、平刑設在關外，尤當一體戒嚴。此外止是宣府、大同之川，既有兵馬以撓戰於外，又有墩堡以雄峙於内，以逸待勞，以主待客，狂悖之謀自難大逞。

一、奮夜擊。臣等議得，夜擊賊營，兵家奇事。但近來劫營，有同兒戲，或先放炮，或先舉火，使賊知而爲備，反來攻我，雖曰撓賊，寔自撓耳。合無今次遇賊入境，聽宣、大、山西三鎮總兵官各募敢死之士，相度天時、人事，如果可爲，當夜下令，令其銜枚暗號，直撞賊營，勢如風雨，惟在破敵，不貴首功。當内舉火放炮之時，外面亦舉火放炮，勢若馳擊，是爲裏應外合，暮夜倉卒之間，賊未有不駭愕驚遁者。但兵事尚密，此事尤當縝密，全在臨期斟量，以圖萬全。

一、搗巢穴。臣等議得，攻其必救，兵法所尚。即如宣府地方近邊則有張家口外種田之賊，大同地方近邊則有脱脱一種、丘阜一黨，若使乘機勦殺，批吭搗虚，必有明效。合無今次遇賊入境，聽宣、大二鎮總兵官各將搗巢之兵計處停當，一面發兵在内截殺，一面發兵在外搗巢。但須哨探明的，仍將各營走回人口，查有乖爽者，各留三五人，厚加館穀，令其指引道路，庶幾不墮賊計。

一、激鄉兵。臣等議得，義勇一事，不惟大同西衛可行，隨在可行。但往時得功，遠在數百里之外，報驗反致勞擾，以故鄉兵不肯向前截殺。合無今次遇賊入境，聽宣、大、山西三鎮巡撫官各刻簡明小票，用印鈐記，但遇鄉夫得功者，所在官司驗明，給票一張，以爲執照。賊退之日，不必議升，徑自照例每顆賞銀三十兩，激勵之下，人人勇氣自倍。

一、廣招降。臣等議得，虜營之兵多半俱係漢人，豈無父母、妻子之念，止緣畏彼聲勢，不得自便。觀之近日一插招降之牌，有一家十四五口同歸者，有焚父屍而帶歸者，有子婦負垂老之姑而歸者。但恐處之無要，以致人絶歸望，虜氣益增。合無今次賊果入境，聽宣、大、山西三鎮巡撫官先於各堡大書招降紅旗，令一人冠帶立於堡上，多方招諭，有能滾馬投降者，即時開門收納。若使百人、千人一時俱肯歸正，賊勢自孤，不得不退。

一、截歸路。臣等議得，歸師勿遏，雖兵家所忌，但虜之歸也，與中原之寇不同，喝趕牛羊者，俱係老弱之賊，强壯之賊左右護持，其心惟恐有失，全不戀戰，而我兵若先處戰地，誠爲得策。合無今次遇賊入境，聽宣、大、山西三鎮總兵官各設伏兵於賊歸之路，或據山險，或依林木，相機絶剿。賊回之日，各另回奏，要見某處截賊曾有某功。不得仍襲舊套，其來如迎，其去如送。

一、守堡寨。臣等議得，軍民堡寨，被賊攻毁者十之七八，無壁可完。先已題奉欽依，嚴行宣大守巡官親詣督修，每堡四角，各修四墩，無力者或二墩、一墩。近據各道報稱，以十分爲率，築完八分以上。臣巡歷所至，逐一親閲，如果堅完高厚，比之往歲不同，賊若入搶，斷不能肆然得利。但自古用兵，有守中之戰，有戰中之守，若不添兵防御，未免坐困。合無聽宣、大、山西三鎮鎮巡官，查賊果於某處入犯，即將步軍分發墩堡，與鄉夫相兼在内，遇有零賊來攻，相機擒斬，大約追逐不可過半里、一里之外。蓋分搶之賊勢不能多，我墩堡之兵多，而彼賊甚少，似可成功。

一、多方略。臣等議得，兵法所謂"多方以誤之"者，蓋言方略雖多，未必皆中，但中一方，即爲對病。已經遍行三鎮副參、守操等官，各照所管地方，畫一水墨小圖，或可以依憑山險，或可以占據水頭，或可以建立營盤，或可以設置毒物，或可以安頓炮火，或可以挑乞賺窖，種種備之，見今俱已報到，正在整頓。臣等每一念及，誓不與賊共戴天日，真有"匈奴未滅，何以家爲"之意。

校勘記

〔一〕"或"，疑當作"咸"。

〔二〕“裨”，疑當作“裨”。

〔三〕“堡”，明陳子龍等《明經世文編》卷之二百七十五楊博《右衛路通乘時以圖後效疏》作“臺”。

〔四〕“應”，底本漶漫不清，據舊抄本補。

〔五〕“繁”，底本漶漫不清，據舊抄本補。

〔六〕“圍”，底本漶漫不清，據舊抄本補。

太師楊襄毅公宣大奏疏卷二

恭謝天恩疏

欽差總督宣大山西等處軍務、太子太保、兵部尚書兼都察院左副都御史臣楊博謹題：爲恭謝天恩事。臣原任太子少保、兵部尚書、總督宣大山西等處軍務。嘉靖三十七年十月二十五日，准吏部咨，爲乞議處本兵大臣以定安攘重計事，該本部題，奉聖旨："楊博盡心邊務，方在理中，着加太子太保，兼都察院左副都御史，尚書如舊，仍總督軍務，待來冬回部。"欽此。欽遵，備咨到臣。隨該臣具奏辭免，伏奉聖旨："加秩已有成命了，不允辭。吏部知道。"欽此。欽遵。臣不勝激切，不勝戰慄，謹稽首頓首稱謝者。伏以控辭弗獲，重蒙日月之光臨；循省增慚，祇〔一〕覺乾坤之浩蕩。榮逾晋錫，感切豫鳴。恭惟皇上德合重玄，道參大始。惟神惟聖，惠流九有之中；乃武乃文，明見萬里之外。貔虎同心，大舒中華之氣；犬羊落膽，立開右衛之圍。命守臣以培埤，初理繼理，悉屬無遺；遣御史以督儲，今年明年，盡爲有備。上谷雲中，驚睹豐穰之慶；窮邊絶塞，不聞刁斗之聲。糞土微臣，幸厠韜鈐之末；遭逢聖主，愧乏尺寸之功。待罪弗遑，鴻恩遽及。宫保崇階，真千載一時之遇；蓬茅下品，誓一生九死之忠。儻有裨於高深，當效涓埃之力；期不渝乎終始，少紓狗馬之心。伏願内順外嚴，東漸西被。四夷咸賓，茂衍無疆之曆；八荒同壽，益隆有道之長。臣無任受恩感激屏營欣戴之至。

奉聖旨："覽卿奏謝，知道了。禮部知道。"欽此。

經略宣大邊務疏

題：爲經略宣大邊務事。據山西等處提刑按察司整飭朔州等處兵備副使王之誥呈，該臣案驗，照得宣、大二鎮邊墻既已傾頽，邊堡盡皆殘破，以故驕虜猖獗，時來侵軼，甚至圍困右衛，半年方退，所據各該墩堡，相應及時修飭。案仰本道，查照所管地方，會同副參、遊守等官，趁今虜馬未壯，各將境内墩堡逐一查勘、修復，一勞永逸，等因。蒙此，依蒙行准分守大同東路參將、都指揮僉事劉繼先手本，據天城城守備許忠、陽和城守備崔應奇各呈稱，親詣沿邊查勘得，天城地名永嘉堡最爲衝要，該堡周圍墻垣高厚，但堡大人稀，有警不敷擺守，軍餘逃散，遺地荒蕪，似應倚地召軍五百名，選舉操守、把總等官統領防禦。又查得地名瓦窑口亦係通賊要路，原有舊堡一座，委因窄小，墻垣低薄，相應展修，募軍二百名，設立把總官提調防守。又查得通賊衝口，如地名馬圈墻、白羊口北坡、細把溝、三岔嶮崖、土地烟谷、岩堡、馬鞍山、水頭兒、寧朔、新華、皮廟、乾溝梁、乾溝門、沙窪、望烟箭、豁梁、小佛寺、對舊溝、孫家窑、龍王堂溝口、榆林溝口、夏家溝口、牛心山、小石山，共二十四處，各應添墩一座，以明耳目。又如鎮朔二大尖山二處，雖有舊墩，歲久坍廢，查係遠瞭烽堠緊要墩臺，亦應修復。并將募軍數目及合用工費、錢糧等項估計前來。該本道議照，陽和、天城一帶邊隘均屬衝緊，而天城去宣府懷安城八十餘里，中隔枳兒嶺，爲宣、大兩鎮之界。賊至西陽河之桃博溝等口入，或自平遠堡之小尖山溝、雙山兒溝，新平堡之蘆葦溝、水泉兒溝，保平堡之梨兒梁、小青山，天城城之瓦窑口、白羊口等處而入，俱係通賊要路，往往潛伏山溝，突出搶掠，蹂踐田禾，殺虜人民，爲害匪細。所以先年於適中處創立永嘉堡，正欲扼喉拊吭，使賊不得侵犯腹裏耳。但比時未及議添兵馬駐守，故堡爲徒設，而虜患滋甚。且沿邊之墩雖設而瞭守之兵甚寡，邊内之山雖險而瞭望之墩甚稀，所以烽火不明，脉落欠通，賊騎突入，倉卒無備。今據各官查議，要於永嘉堡設操守官一員，募軍五百名，展修瓦窑口堡，募軍二百名，設把總官一員，各統領防禦，及衝要去處應添設復墩臺等項，委於事體穩妥，理合開呈，等因。臣會同巡撫大同地方、贊理軍務、都察院右僉都御史李文進看得，陽和、天城二城，設在大同鎮城之東，逼鄰虜境，而天城與宣府地方唇齒相連，尤爲要害，零寇之出没無常，居民之被害爲甚。副使王之誥謂沿途之墩雖設而瞭守之兵甚寡，邊内之山雖險而瞭望之墩甚稀，烽火不明，脉絡欠通，誠爲確論。所據永嘉、瓦窑二堡募兵給餉，一切應行事宜并應添應修墩臺二十六座，審時度勢，均非得已。但合用銀兩慮恐内帑給發之難，臣等近日議將河南、山西備禦大同班軍改徵銀兩，若就於此中查照取給，公私似爲均便。如蒙乞敕該部再加計議，將臣等款議事理早爲覆請，行下遵行，地方幸甚。

兵部覆奉聖旨："准議。"欽此。

經略宣府以防虜患疏

題：爲經略宣府以防虜患以保地方事，據山西等處承宣布政使司分守口北道右參議許用中呈，等因，到臣。臣看得，宣府地方千瘡〔二〕百孔，狼藉至極。城堡殘破，虜既壞我之腹心；墩臺傾圮，虜又壞我之耳目。譬之一人之身，百病交侵，僅餘殘喘，而治標之法，理當先其所急。所據分守參議許用中議呈前因，大率各路添墩三百二十座，西陽河至渡口堡止挑壕三十餘里，口糧、鹽菜，共該銀二萬九千有奇，除見在庫貯銀一萬五千四百九十二兩外，尚欠銀一萬三千九百餘兩。若又給仰〔三〕内帑，其勢誠難。臣再三圖維，皇上近遣御史李秋預發三十八年年例銀兩收買糧料，比之往歲價值，所省幾倍，是價銀一兩得銀二兩之餘矣。若取給於此以補口糧之需，於軍儲未嘗有損，於邊計甚有爲益〔四〕。如蒙乞敕兵部再加查議，容臣坐委參議許用中專理其事，合用錢糧，除見在官銀外，其餘許於三十八年年例糧料動支，輳補口糧之用。工完之日，備造文册，錢糧果無冒破，工程委爲堅固，聽臣奏薦旌賞，以示激勸。其一應防護、經理并西陽河、渡口堡挑壕等項事宜，悉如本官原議施行。

兵部覆奉聖旨："是。"欽此。

邊備損壞虜患日深懇乞聖明早賜經略疏

題：爲邊備積壞，虜患日深，懇乞聖明早賜經略以圖萬世治安事。據山西等處布、按二司兵備、守巡冀北道副使王之誥、楊師震，右參議史闕疑，僉事王彙征呈，等因，到臣。臣會同巡撫大同地方、贊理軍務、都察院右僉都御史李文進，巡按直隸監察御史欒尚約議得，大同一鎮，川原平曠，逼鄰强虜，勢本孤懸，兵又單弱。先以山西併守之議，合拳共擊，墻垣概有次第；後以邊堡攻毁之故，因噎廢食，墻垣漸就陵夷。馴至近日，益復蕩無隔限，山、馬、應、朔盡爲草萊之區，左、右、威、平半成豺虎之穴。向非聖明在上，多方捄救，合鎮之人幾於無噍類矣。臣博奉命總督，涖事之初，即嘗條畫上聞，大意謂立百年之巨防，畫萬全之至計，非修復邊墻不可。給事中鄭茂適以公至，與臣面相酌議，所見甚同。既而鄭茂恭睹皇上"有可行的急奏繼理"明旨，喜躍如狂，以爲幸遇堯舜在上，不宜補塞滲漏，當建萬世治安之業，遂抗疏力言，帑銀不當吝惜，邊墻决當修復，志本忠勤，言復懇到。荷蒙敕下臣等會議酌處，臣等時方經營左衛，右衛之役勢不暇及。未幾，秋防告嚴，奔馳戎馬之間者又復三月。即今前工已竣，後警未聞，隆冬閑暇，正桑工未雨之時。所據守巡、兵備副使王之誥等會呈前因，大率合用修邊錢糧總計四條，合用修理邊工分計八條。中間如天時之陰晴，虜情之急緩，口糧、鹽菜、犒賞之調停，日下山西采木之事屬之總兵張承勳，本鎮與關南召買本色之事屬之副使楊師震，下至醫藥之微，委曲計處，無不詳盡，臣等難以别議。其所難者，止是錢糧一事耳。鄭茂原議費銀數十餘萬，臣等再三撙節，僅及二十九萬而止。又念内帑區畫之難，連日悉心搜括，共得四項：其一則山西、河南班軍拖欠，三年折銀四萬四千二百七十兩，除永嘉堡題准用銀一萬兩，仍有三萬四千有奇。其二則三十八年班軍折銀，仍該二萬六千五百有奇。其三則節年修邊剩銀五萬六百有奇。其四則吏部原開本鎮省祭二百名，無人告納，合無改開超選監生三百名，大約可得銀四萬八千有奇。通計得銀一十五萬九千有奇，計數已有中半，尚欠銀一十四萬，無從區處。如蒙敕下吏部，將超選監生如擬開納，户、兵二部照依修邊則例發銀一十四萬兩聽候支用，或有前項開納事例，亦就一併計議。合用盔甲、器械一千五百副并火藥、火器等項，工部酌量給發。稍待春融凍解，刻期興工。總兵官張承勛專理其事，副使王之誥等四道分投協理，務期一勞永逸，以爲邊民永久之計。事完造册奏繳，聽候閲視。至於邊内應修墩堡，如馬道頭、大峪口、祈家河，碌础坪、四老溝、許家莊、臘河口、寶峰山、大小金莊等處，通候此工完日另行議處具奏。

兵部覆奉聖旨："是。"欽此。

乞敕鎮巡官員及時練兵疏

題：爲乞敕鎮巡官員及時練兵以備虜患事。臣惟兵不貴多而貴於精，政當以實不當以文。如臣所屬宣、大、山西三鎮，見在官軍不爲不多，止緣教練無方，姑息太甚，積成怯懦之風，全無敵愾之氣。臣自奉命以來，即置格眼文册，清查冒濫。每隊除管隊官照舊外，仍於軍内選取武藝閑熟者二人，一人爲隊長，一人爲隊副，每日引領本隊軍士於空閑去處隨便操練。火器、弓矢，各執其役；大風大雨，方行暫免。士氣漸見奮揚，人心頗知警省。但地方廣遠，非臣一人所能獨理。即今總兵官張承勛、李賢、王懷邦，都御史李文進、何思、葛縉，俱一時文武之才，操練兵馬正其職掌，原奉敕諭開載甚明。若使同心協力，共成其事，一人教十，十人教百，自無不振之理。伏望皇上特命諸臣，將本鎮選兵練兵、養馬補馬、簡黜老弱、修補器械、整辦火藥一切軍中事宜，趁今冬閑，與臣逐一計議，加意舉行，通限明年五月以裏，各將整飭過緣由列款回奏。如或因循玩愒，容臣從實查參，請旨定奪。其守巡、兵備於境内兵馬每月閲視一次，副參、遊守等官中有怠緩誤事者，徑呈臣軍門與巡撫官處，提拿究問，先以軍法從事。庶幾提綱挈領，各得其人；興廢舉墜，自當就緒。臣無任懸切祈望之至。

兵部覆奉聖旨："是。"欽此。

舉刺防秋將領疏

題：爲舉刺防秋將領以勵人心事。照得往年防秋既畢，概將大小將領通行舉刺，殊爲無謂。以臣愚見，防秋之事莫重於禦虜，禦虜之事莫先於敢戰。若不據實甄別，則忠勇者反致不録，怯懦者得以倖免。臣今防秋，專以戰與不戰爲主。除山西一鎮虜蹤未到，各官無功可列，無罪可書，并各鎮守操等官兵馬不多，難以責其獨戰，另行戒飭外。即以大同一鎮言之，如大同遊擊將軍、署都指揮僉事王孟夏，梁家山之力戰，頭顱血刃而勇氣益增。朔州兵備道中軍、指揮同知戴恩，孫家窑之對敵，親任殞歿而擊賊愈厲。分守大同西路右參將、署都指揮僉事趙岢，曹家窪、布家店屢成斬獲之功。軍門標下千總、指揮僉事補兒害葛奈，亂石灘、狗兒村茂著俘獲之績。分守大同東路左參將、都指揮僉事劉繼先，發蹤指示而節有生擒。軍門標下把總、指揮僉事黄詔，東路援兵營千總、指揮僉事周資文，戮力同心而共收戰略。以宣府一鎮言之，如宣府東路遊擊將軍、署都指揮僉事董一奎，親冒矢石，奪馬九十餘匹，斬首十二，大落旃裘之膽。軍門標下坐營指揮僉事馮大威，身先士卒，賈勇不滿百人，轉戰數合，足伸華夏之威。正兵營坐營都指揮僉事徐麟，同成狗兒村之功。正兵營立功指揮使劉喬，竟收柴溝堡之捷。以上諸臣均堪優録者也。又如宣府鎮遊擊將軍、都指揮僉事楊璋，遊擊、署都指揮僉事郝英，平時兵馬全無教練之方，臨警倉皇即爲退縮之計。不聞與賊一戰，專稱伏堡；不見獲虜一矢，空費邊儲。大同鎮威遠城守備、指揮同知蔡國奇，忍心害理，坐視王遊擊被圍之苦。分守大同中路右參將、都指揮同知施霖，輕率寡謀，立致張千總輿尸之凶。以上四臣均當究治。内施霖聞警出兵，情似有間，相應姑留，以責後效者也。如蒙乞敕兵部，再加查議，將王孟夏、趙岢、董一奎、戴恩重加賞賚，戴恩仍遇缺推用。劉繼先、馮大威、徐麟、黄詔、周資文、劉喬、補兒害葛奈量加賞賚。施霖重加罰治。楊璋、郝英、蔡國奇先行革任，員缺推補，仍容臣提至軍門，究問不戰之罪，另行議奏。庶幾以後諸將知所勸懲，其於邊計不爲小補。

覆奉聖旨："是。王孟夏等各賞銀十兩，劉繼先等各五兩，施霖罰俸三個月，楊璋等革了任，提問具奏。"欽此。

覆功實更賞格疏

題：爲覆功實、更賞格以塞邊軍弊源以開奔民歸路事。據宣、大、山西三鎮鎮守總兵官、都督僉事李賢、張承勛、王懷邦各呈前因，臣查得，宣府鎮招徠男婦二百九十四名口，騎來馬、牛一百五十五匹隻；大同鎮招徠男婦一千二百七十五名口，騎來馬、騾四百五十九匹頭；山西鎮招徠男婦七十一名口，騎來馬一十二匹。三鎮總計男婦一千六百四十名口，馬、騾、牛六百二十六匹頭隻，較諸往年，委多數倍。是皆我皇上汪濊之澤達於絶徼，好生之德治於人心，以故被虜人氏嚮義來歸，摩肩接踵。中間如陳宗堯之身負父屍，李自剛之携家同至，尤爲自來所無之事。臣愚待罪地方，不勝欣慶。所據一時效勞官員，除收送四十名以下者不敢概及外，如鎮守大同總兵官張承勛招至一千二百名以上，分守大同中路參將施霖招至七百名以上，例應升級，仍當加賞。鎮守宣府總兵官李賢招至二百名以上，相應賞賚。宣府西路參將郭震，大同北東路參將王臣，原任西路參將、今升副總兵趙岢，原任大同右衛城守備周廷輔、委守王臣，俱招至一百名以上，相應量賞。原任宣府北路參將、今升副總兵劉漢，洗馬林堡守備都夢麒，大同東路參將劉繼先，北西路參將李坤，鎮羌堡守備張奉，迎恩堡守備李世忠，大同左衛城守備楊縉，原任大同右衛城守備、今升遊擊將軍王孟夏，殺胡堡守備李志韓，原任威遠城守備蔡國奇，殘胡堡操守張翀，山西西路參將潘縉，偏頭關守備趙漢，俱招至四十名以上，相應通行犒賞。如蒙乞敕兵部，查例上請，將張承勛、施霖各升職級，仍加賞賚，李賢厚加賞賚，郭震等五員量加賞賚，劉漢等一十三員聽臣動支官銀分別犒賞，以示激勸。

兵部覆奉聖旨："是。張承勛、施霖各升一級，并李賢各賞銀二十兩，郭震等各十兩，劉漢等，總督軍門分別犒賞。"欽此。

查處兵備官員疏

題：爲查處兵備官員以修邊政事。照得大同一鎮，仰仗聖皇在上，神武布昭，粤自右衛圍解以來，漸就平寧，百萬生靈不勝幸慶。但久壞之餘，千瘡百孔，譬之七年之病，殊非三年之艾所能救藥。即如西、中二路，墻塹、墩堡工程浩大，事體頗難，臣等不自揣量，妄議修復。荷蒙宸衷獨斷，俯賜俞允，即今春暖土融，正在經始。巡撫都御史李文進方當采辦木植，經紀錢糧，計算夫匠，早夜遑遑，至忘食寢。且自本官抵鎮以來，弛張得體，寬猛適中，群情翕然，以爲得人。但巡撫大臣不過總其大綱，中間節目全在兵備。所據副使楊師震既已去任，代之者即使果得名賢，相去隔遠，亦恐不能卒至，必須就近選補，方爲有濟。及查得各處兵備與提學事例大略相同，或用副使，或用僉事，原非拘於一定。臣會同巡按直隸監察御史樂尚約看得，山西按察司分巡冀北道僉事王彙征，生長秦中，宦遊雲朔。先任大同同知，雅有循良之望；載遷冀北僉事，茂騰清幹之聲。若使改補前缺，不煩設施而上順下安，不費驅〔五〕馳而朝發夕至，度勢審時，似爲相應。如蒙乞敕吏部再加查訪，如果臣等所言不妄，將王彙征仍以僉事改調大同左衛兵備，查照原擬責任，請給敕書，聽都御史李文進節制調度，不止修邊一事，彼中一切邊務趁時整飭。候其年資漸深，另容臣等奏薦，徑升本道副使，久任責成，庶幾人才、地方兩爲允便。

吏部覆奉聖旨："是。"欽此。

早易撫臣以安重鎮疏

題：爲早易撫臣以安重鎮事。照得宣府爲九邊之重地，巡撫乃一鎮之重臣。責在安攘，則貴有忠貞之節；事關軍旅，則貴有運籌之智；職司錢穀，則貴有心計之精。三者雖備，若使衰病侵尋，折衝禦侮，終不能勝。即使强留任事，人材、地方兩爲無益。臣見得見任巡撫宣府、都察院右僉都御史何思，久歷邊方，才望素著，近因言官論薦，蒙恩起用，復自南贛改用宣府。入鎮以來，忠勤公正，大易前轍，群情翕然，以爲得人。但素有風濕之疾，近加奔走之苦，病勢日亟，殊不能支，應對則語言失真，起拜則手足未便。日將午，痰壅不能任事；日將暮，目昏不能識人。原思之心，雖欲肅清沙漠，以報皇上之知遇，其如力之不逮何哉！臣惟宣府之事廢墜已深，邊墻未築，兵馬未練，百瘡千孔，所賴以刷洗振作者，全在撫臣。即日春暖，塞草漸青，萬一卒有烽火之警，思以病體，望其調度於内，决勝於外，其勢固有不能也。臣與巡按御史欒尚約連日酌議，以爲必當速處無疑。如蒙敕下吏部再加查訪，如果臣言不妄，將何思准令回籍調理，原缺即爲推補，庶幾近而春搜，遠而秋防，均有攸賴。

奉聖旨："何思既有疾，准回籍調治，員缺吏部便會官推補。"欽此。

官軍出邊擒斬達賊疏

題：爲官軍出邊擒斬達賊，奪獲馬騾事。據山西按察司整飭朔州等處兵備副使王之誥呈，據家丁張天爵等供稱，嘉靖三十七年八月内，節報零賊在邊撲捉墩軍，阻絶道路。蒙總督、撫鎮等衙門差天爵等二十五名，朔州兵備道差中軍官、原任陝西鎮番衛指揮、今充軍戴恩，帶領家丁戴奉益等一十五名，東路參將劉繼先差家丁吴昆等一十五名，各出邊哨探。至九月二十八日，到靖虜堡，該大邊闞兒溝墩軍孫庫瞭見達賊一十五騎來墩潛伏，要捉墩軍，走報。戴恩統天爵等并本墩軍許名等各前去伏剿，前賊知覺迎敵。戴恩督同天爵等，各用槍刀等器奮勇撲砍，一處就陣，張天爵等生擒達賊二名，斬獲首級二顆，奪獲達馬四匹、騾二頭，得獲夷器三十七件，重傷家丁二名。餘賊見得官軍勇猛難敵，往北去訖。當蒙劉參將通行呈解總督楊尚書、巡撫李都御史、巡按欒御史，審發本道驗勘明白。隨令通事譯審，生擒達賊一名黄鵝兒，係黄台吉部下收靈哥脱脱兀長男，一名襖包。覆審無異，呈解到臣。臣會同巡撫大同都御史李文進看得，前項賊虜潛伏山溝，專一撲捉墩軍，窺探道路，其數不多，其害甚大，先該臣等屢次會行相機雕剿。各官乃能發蹤指示，選委得人，奮勇出邊，竟成擒斬，既非小敵之怯，足寒大敵之膽，允可嘉尚。除兵備、參將歲終另議，家丁張天爵不願升級，已行該道照例給賞，夷器貯庫，馬騾充賞原獲人役外。所據中軍官戴恩，身先士卒，勞實居首。雖今次所部之功，例難升級；而頻年斬首之多，似應併叙。生擒達賊二名黄鵝兒、襖包例應解京，誠恐中途疏失，事體不便。如蒙乞敕兵部再加擬議，將戴恩前後功次通行查勘，一功准贖軍罪，餘功甄録。生擒黄鵝兒、襖包轉行宣大巡按御史，徑自處决，首級梟掛沿邊地方，以示懲戒。

兵部覆奉聖旨："是。黄鵝兒等依擬處决。"欽此。

議處將官駐札要害疏

題：爲議處將官駐札要害以省按伏以拒虜患事。准巡撫宣府等處地方、贊理軍務、都察院右僉都御史何思咨，據山西按察司兵備副使郭邦光、分巡口北道僉事張時會呈，宣鎮西、北二路極爲要衝，委係虜所嘗犯之處。向因新舊遊兵二枝，無事在城駐札，有警隨賊向往，以致軍馬尫疲，錢糧糜費，巡按御史欒尚約要將新舊遊兵二營，一營移駐赤城，以防北、東二路，一營移駐左衛，以防西、中二路，既省按伏，且便追剿，是誠長顧却慮之計。職等議得，人多懷土而重遷，事當慎終而謀始。新舊遊兵家在鎮城，若使移駐遠邊，以主爲客，樂從者少；入衛遊兵家在各路，使若復還故地，以客爲主，義自相安。及查入衛之兵，見有西路軍士一千，一半有馬，一半無馬，北路軍士九百，有馬五百，無馬四百，合無俱改充新舊遊兵。其新舊遊兵，原在鎮城者却補入衛遊兵之缺，再於西、北二路精壯舍餘内按丁各抽取一千，查照舊例，每名給銀五兩，兵馬各止湊足二千。至於營房等項，行令該路參將，公同遊擊，隨便采木，及時營造，不支官錢。缺少馬匹、募軍銀兩并月糧、布花、草料、盔甲、弓矢等項，仍乞早爲具奏運發，等因。會呈到職。案查先准兵部咨，該巡按直隸監察御史欒尚約題，該本部覆議，看得御史欒尚約題稱，宣府北路赤城、雕鶚等堡，胡馬必經之處；西路張家、新開等口，虜人必犯之先。欲將遊擊一員移駐赤城以防北路，東路有警，可以應援；遊擊一員移守左衛以防西路，中路有警，便於調度。其原營人馬，願隨者聽其隨住，不願者仍留鎮城，以補正奇缺伍之數，其餘俱於本路召募，務足一營。及營房、馬匹之費，乞行督撫衙門議處一節。爲照宣府西、北二路委爲要路，今將新舊遊兵二枝移駐赤城、左衛二處以便於戰守、應援，似爲長慮永圖之計。但事干邊防重務，相應勘處。合候命下，移咨總督尚書楊博，公同鎮巡官，將前項所奏事情再行計議，要見新舊遊擊兵馬移駐赤城、左衛果於地方有無便益，其原營人馬不願隨去者若干，應當召募者若干，或另行抽補，并募兵錢糧作何處給，及營房、馬匹之費，逐一會勘停妥，作速具奏。覆奉欽依，備咨前來，已經行勘去後，今據前因。會同鎮守總兵官、都督僉事李賢議照相同，合咨前去，煩爲查處，等因。到臣。臣惟宣府一鎮，内拱神京，外連强虜，鎖鑰攸司，極爲重地。鎮城原設新舊遊兵，不止本鎮有警例當應援，鄰境有警亦有策應之責。即今西、北二路委屬衝險，烽燧之傳，歲無虚月。虜未至而先行按伏，曠日持久，勞費竟爲虚文；虜既至而方行調發，相去隔遠，逐剿全無實效。巡按御史欒尚約目擊其弊，有此建白，誠爲防邊切要之計。既經兵備、分巡會呈前來，鎮巡官又復計議相同，人情、事體委爲穩妥。但抽選一節未免重有募軍之費，公私匱竭，何從取辦，似當隨宜酌處。如蒙乞敕兵部再加查議，將前入衛遊兵，北路見在九百餘名改爲舊遊兵，先發赤城駐札，專防北路，兼援東路；西路見在一千餘名，改爲新遊兵，先發左衛駐札，專防西路，兼援中路。有馬者帶去騎征，兩營共缺馬一千匹，於太僕寺寄養馬内照數查發。所少之軍，容臣督同鎮巡官，於山西一省并大同所屬州縣逃故軍内嚴行清勾，務選精壯之人陸續挨補，每營止足二千，不必拘於三千之數。候軍有次第，合用馬匹、月糧、料草、布花、軍器等項另行請討。營房既稱不支官錢，行令該路參將公同遊擊隨便營造。其新舊遊兵，除補足入衛遊兵外，其餘分入正奇兩營，聽總兵與副總兵相兼統領，似爲允便。

兵部覆奉聖旨："是。"欽此。

生擒酋首斬獲首級疏

題：爲生擒酋首，斬獲首級，奪獲達馬、夷器等事。據山西布、按二司兵備、分守冀北道副使王之誥，右參議楊守愚，僉事王彙征呈，等因，到臣。臣會同巡撫大同都御史李文進議照，生擒酋首哱素、從賊火力赤，本以華人，搶入虜地，不思歸正效順，乃敢勾結醜類，攻圍城堡，挾開馬市，殺虜生靈，罪惡滔天，神人共憤。家丁張天伏等遵照臣等方略，一鼓擒之，且斬獲虜首二顆，其功委可嘉尚。陣亡軍人陳斌死於鋒鏑，忠亦難泯。既經各道會議前來，相應題請。如蒙乞敕兵部再加擬議，將哱素、火力赤二名解至京師，會官覆審，早爲處決。有功張天伏等與陣亡陳斌通行巡按御史覈勘明實，超格升賞、優恤，以示激勸。

兵部覆奉聖旨："是。這逆犯着巡按御史處决梟示。楊博廕一子入監讀書，李文進賞銀二十兩、紵絲二表裏。"欽此。

分理屯田糧草以安人心疏

題：爲分理屯田糧草以逐加增，以致民逃地荒，懇乞照舊折徵以安人心事。據山西等處提刑按察司整飭朔州等處兵備副使王之誥呈，等因，到臣。臣會同巡撫大同地方、贊理軍務、都察院右僉都御史李文進，巡按直隸監察御史欒尚約，備查前後徵納之詳。弘治十一年，户部員外郎何文縉題准，左衛、雲川、右衛、玉林、威遠、平虜、陽和、高山、天城、鎮虜十衛，地土沙薄，共糧四萬六千五百有奇，并後衛籽粒糧，俱每石折銀三錢。新增井坪所糧三千六百有奇，每石折銀二錢。官軍王鑵等糧一千一百有奇，每石折銀七錢。通共原額、新增折色糧五萬三千五百有奇，共折銀一萬六千七百有奇，相沿六十餘年，未嘗改易。嘉靖三十五年，侍郎陳儒具題，明稱除何員外題准折徵三錢糧四萬六千餘石，其餘始照今次所踏則例上、中、下起派，分析甚明，計處甚當。不知彼時憑何加增。若以爲地本肥美，先列下下，今復勘爲上上，舉正欺隱，猶之可也。今陳儒之言與何文縉後先相望，如出一口，十衛之地，沙薄荒蕪，比之六十年前尤甚十倍，顧乃朝增暮益，日異月殊。在公家僅多一萬四千之銀，在民間則竟成十室九空之灾，處之無據，言之可傷。既經兵備副使王之誥勘報前來，明白痛切，臣等難以別議。如蒙乞敕户部再加看詳，如果何文縉、陳儒原題事理相應，將前本、折二色屯糧、料草并籽粒及新增屯田糧石自嘉靖三十九年爲始，悉照先年舊規徵納，其節次加增銀兩盡行除豁。新增牛具、地畝草三萬六千五百五十一束，每束止於折銀一分，該銀三百六十五兩五錢一分，會入主兵項下。所少主兵銀一萬四千九百九十三兩五錢九分，以後每年與同年例銀兩一體處發。臣等待罪地方，目擊民艱，真切恫瘝，况雲中之地反側方寧，一旦加以無名之徵，人情、事體萬分杌隉。即今計部大臣屢嘗節鎮各邊，洞諳邊情，必能同心戮力，釐正前人之誤。臣等無任懇切祈望之至。

户部覆奉聖旨："是。"欽此。

懇乞天恩請給恤典疏

題：爲懇乞天恩，請給恤典，容令臣男回籍遷葬事。臣山西平陽府蒲州人。嘉靖三十五年十二月十三日，臣待罪本兵，臣父原任四川按察司僉事、誥封兵部左侍郎楊瞻不幸身故。臣遵例守制，後將臣父權葬别域，至今魂體未妥，臣之私衷殊不自安。臣今仰荷皇上重委，整理邊務，不敢暫離，欲遣臣男舉人楊州民前去蒲州，將臣父與臣母誥贈淑人田氏合葬。查得禮部題准事例，在京三品文官，父母曾授本等封者，照例祭葬。其先已造壙者，准開壙與祭。又查得先年工部尚書張潤因伊母韓氏病故奏討祭葬，并叙邊功，乞賜祭伊父張鏞，節奉聖旨：“韓氏照例祭葬。張潤既有邊功，伊父鏞還准祭一壇。”欽此。竊念臣父早登仕版，晚荷褒封。臣母先因臣巡撫甘肅，節有斬獲邊功，蒙賜祭葬。彼時並爲臣父造有墳壙，且臣父生前受封，委與前例相同。張潤因母及父，臣今因父及母，事體似亦無異。伏望皇上念臣烏鳥至情，憫臣犬馬微勞，敕下禮部，將臣父楊瞻准其開壙，給賜祭典，併將臣母田氏查照張潤事例一體賜祭，容令臣男回籍代臣遷葬。臣不勝感戴天恩懇切祈望之至。

奉聖旨：“楊博守邊，效有勤勞，伊父恤典，着查例給與。禮部知道。”欽此。

禮部覆奉聖旨：“是。楊瞻准照例開壙與祭，田氏還與祭一壇。”欽此。

感激天恩恭報起程日期疏

題：爲感激天恩，恭報起程日期事。嘉靖三十八年五月十六日，准吏部咨，爲缺官事，該本部等衙門會題，奉聖旨：“你每推的是楊博，着改總督薊遼保定等處軍務兼理糧餉，寫敕與他。

防秋畢日，照前旨回部。宣大員缺即便推補。”欽此。欽遵，備咨到臣。伏念微臣疏淺庸劣，最出諸臣之下，誤蒙君父特達之知，屢授兵戎之寄。宣雲封守，曠廢方深；郊圻申畫，委任益重。不勝戴[六]激，不勝欣戴。臣因防秋期近，惟恐遲緩，即日自大同陽和城起程，本月十九日已至宣府鎮城住候，除馬上差人節催新任總督張松前來，交代明白，星馳入關任事外，伏望皇上少紓東顧之懷。臣下情無任懇切祈望之至。

奉聖旨：“覽奏，知道了。卿宜益竭忠猷，以副簡任。該部知道。”欽此。

開陳經略宣大事宜疏

題：爲開陳經略宣大事宜，懇乞聖旨申敕邊臣及時繼理事。臣以庸劣誤蒙皇上知遇厚恩，付以總督宣大、山西軍務重寄。受命以來，蚤夜驚惶，深惟邊方大計，安内爲本，一切增設、更置，因事條畫，悉荷俞允，臣與鎮巡諸臣得以畢力從事。除已經就緒者不敢塵瀆外，其見修未完、見勘未報者，總括二鎮，計有十事，臣雖改任東陲，中心懸切，不能自已，敬用删其繁文，節其要語，開坐奏請。如蒙敕下該部再加議擬，責成新總督都御史張松并各該鎮巡、兵備、守巡等官，將款内事宜查照原行逐一繼理，完日各另回奏，庶幾不廢前功，足收後效，臣愚犬馬之忠，亦得少紓萬分之一。臣無任惓惓懇切之至。

奉聖旨：“該部看議來説。”欽此。

兵部覆奉聖旨：“依議。”欽此。

户部覆奉聖旨：“是。”欽此。

一、爲開墾荒田兼修水利事。臣看得，宣大地方荒田數多，近田河水、泉水儘可灌溉，案行兵備、守巡各道，委官勘處。節據朔州兵備副使王之誥呈，開浚完陽和衛開山渠；懷隆兵備副使郭邦光呈，開浚完保安州雞鳴、孤山、花園三渠，隆慶州黑山一渠；宣府南路參將王玉呈，開浚完洪州第一渠；萬全都司呈，開浚完鎮城利民渠。大約每渠灌田五六十頃，少亦不下三四十頃，爲利甚薄。但小民無知，惟恐將來照依水田則例加增糧石。合無聽户部恭請明旨，以後止照旱田徵糧，免其加增，少示勞徠勸相之意。一面行移總督張松并各該巡撫、兵備等官，通查堪可修渠處所，委〔七〕趁時修浚。不堪修渠處所，用臣製完水車依式成造，引水澆灌。工完之日，具數題知。水利既興，荒田自闢，足食之政，此其首務。

一、爲經略邊隘，拱衛畿輔事。該臣題稱，宣府懷隆、永寧南山一帶，西自合河口起，東至横嶺止，計長一百四十三里，内與京陵僅隔一山。先年雖經設有聯墩，兩墩空内，寬者三十丈，甚至四五十丈。若使推廣其制，築爲大墻，則一勞永逸，爲利不淺。況防秋之日，人力取之見軍，工食取之行糧，别無勞費，等因。已該兵部覆奉俞旨，見今修完三百一十五丈。合無仍行總督張松，督同總兵官李賢、巡撫都御史遲鳳翔，自七月以後，就令擺邊軍士先儘衝險去處分工修築。今年不完，明年接修；明年不完，後年接修。通完之日，將有功人員奏請旌賞，以示激勸。

一、爲邊備積壞，虜患日深，懇乞聖明早賜經略以圖萬世治安事。該臣題稱，議修大同鎮西、中二路寧虜堡起至樺林兒墩上邊，長一百二十餘里，并沿邊墩臺、敵臺，及改復雲石、鐵山二堡等項工程。已該兵部覆奉俞旨，見今修完雲石、鐵山二堡及邊墻六十九里，墩臺、敵臺一百八十餘座，挑完拒虜壕塹一百三十餘里。防秋伊邇，合無備行總督張松，督同總兵官張承勛、巡撫都御史李文進、兵備僉事王彙征，刻期修理，務在秋前通行完報。工完之日，查照原議，將有功人員分别奏請旌賞，以示激勸。

一、爲經略宣府以防虜患以保地方事。該臣題稱，宣鎮地方墩臺疏寫，以致炮火不明，議於中、西、南等路并鎮城外衝要去處添築墩臺，共三百二十座。西陽河渡口堡挑壕一道，沿長三十餘里。已該兵部覆奉俞旨，見今修完墩臺一百一十八座，挑完壕三十三里。行據參議楊巍呈稱，原議修墩口糧、鹽菜共銀二萬九千四百四十兩，内除庫貯銀一萬五千四百九十餘兩外，不足之數許於御史李秋所買米内湊支。查得前米近因動調客兵，支用盡絶，權於調到客兵銀内借支五千兩，尚少銀一萬四百九十二兩四錢七分有奇。合無聽户部於别項銀内如數補發，惟復仍於客兵銀内支給。一面備行總督張松，督同總兵官李賢、都御史遲鳳翔，嚴催委官分工修理。工完之日，一併具奏，效勞人員量加旌賞，以示激勸。

一、爲經略宣大邊務事。該臣題一款“修築堡寨”，議於宣大地方修築民堡，添設火路墩臺。該兵部覆奉欽依，已經案行守巡、兵備等官，畫地督修。續據副使郭邦光等呈稱，嘉靖三十七年五月起，至十二月終止，半年之間，修完堡寨、墩臺、懸樓共二千八百七十餘座，中間尚有未完之數。合無備行總督張松，巡撫都御史李文進、遲鳳翔，嚴督該道刻期督修。工完之日，通查前後工程，將有功官員分别奏請，量加旌賞。

一、爲議添墩臺、兵馬以嚴防禦事。據整飭懷隆兵備副使郭邦光呈稱，東路地方咫尺京陵，議於上花園等處添築墩臺三十座，合用軍夫鹽菜銀六百六十兩。該臣批允，權於客兵銀内借支。即今工程已完，所據前銀例應題請補還。合無聽户部於别項銀内動支六百六十兩，解送新任總督張松，轉發郭邦光，照數補還客兵項下支用，惟復徑自開銷。

一、爲議處班軍事。據宣府管糧郎中冀鍊揭帖，查得宣鎮河南班軍兩班輪流，共該八千一百二十二員名，計支行糧二萬四千三百六十六石、布花銀二千七百四十一兩一錢七分五釐。先年曾經題免，止解班銀二萬一千四百四十二兩八分，爲主兵征哨加添之用。今班軍既令赴邊，班銀亦已免解，又支行糧、布花并征哨加添之數，一年該銀糧四萬八千餘兩。除已前通融支放外，其三十九年以後仍乞議發，等因。又據宣府總兵官李賢呈，據河南都司領秋班指揮王江開稱，該班未到河南等衛所官軍九百八十一員名，逃回五十一名，本職欲行提取，況已臨滿期。合無行文彼處都司，將前項未到、逃回官軍月糧照名折價，解赴修邊應用，等因。臣看得，宣鎮班軍擺守南山，勢難輕掣，所據應給行糧、布花并主兵加添征哨銀兩，合無聽户部查照冀鍊所議，自明年爲始照數給發。其秋班未到、逃回官軍共一千三十餘員名，若照常提取，則期限已滿；若置之不問，則無以示戒。亦乞敕下兵部，照依李賢所議，責成河南巡撫都御史，將糧銀如數扣除在官，解赴軍門，專備修邊支用。以後敢有效尤者，一體扣解，仍重加懲治。

一、爲議處軍站以便走遞事。該臣看得，宣府順聖東、西二城原未設有軍站，深井堡雖設軍站，騾驢甚少，遇有經過使客，守備遍派村堡，指一科十，弊端如蝟。案行分守口北道勘議，隨據參議楊巍呈，議於順聖東西二城、深井堡各設軍站一所，鑄給印記，均派軍餘，量出銀兩，并查出無礙官錢及荒蕪屯地，召人佃種，凑補應用。及於大同許家堡添設守備。議論甚詳，區處甚當，係干民瘼，急當舉行。合無備行總督張松，督同都御史遲鳳翔等再勘停妥，徑自具奏，務使血脉流通，閭閻寧謐，以爲地方無窮之利。

一、爲嚴禁按伏以省芻費事。臣惟邊方錢糧，轉輸惟艱，大約數鍾方致一鍾。宣大地方每遇警報，動輒發兵按伏，及致虜入，又復觀望不戰，甚者虚張聲勢，耗損軍儲。臣受命之初，首先禁革，即如宣府遊擊楊璋、郝英，該臣參提，仰蒙聖明各褫祖職三級，已足示戒。合無聽兵部備行總督、巡撫等官，務要節省芻糧，不得輕信將官，指名按伏。如果故違，就將將官從重究問，仍追陪費過糧草，以示懲戒。

一、爲寬恤全晋民力以固根本事。臣惟山西地方，内供宗藩，外餉邊鎮，諸凡徭役，較諸他省，極爲繁重。近因警報頻仍，仍召軍買馬，選募民壯，打造器械，額外之徵不可縷數。即如民壯一名，工食多至一二十兩；戰馬一匹，價銀多至四五十金。連歲灾沴，民困已極，若不亟爲蘇息，皮已盡矣，毛將安附？合無聽户、兵二部轉行巡撫都御史葛縉及布、按二司，府州縣掌印等官，諸凡差徭務從節省，不急之務盡皆停罷。都御史葛縉備將寬恤過事宜逐一開奏，以臻實效。

校勘記

〔一〕“柢”，疑當作“祇”。

〔二〕“瘡”，底本漶漫不清，據舊抄本補。

〔三〕“給仰”，疑當作“仰給”。

〔四〕“甚有爲益”，疑當作“甚爲有益”。

〔五〕“費驅”，底本漶漫不清，據舊抄本補。

〔六〕“戴”，疑當作“感”。

〔七〕“委”後，據文意似當有一“官”字。

楊襄毅公薊遼奏疏

〔明〕楊　博　撰

張志江　點校

點校説明

《楊襄毅公薊遼奏疏》一卷，明楊博撰。

楊博戎馬一生，所至之處頗有建樹，建白、覆議頗多，相關奏疏大多整理刊刻成書。《薊遼奏疏》即其兩任薊遼總督時的奏疏彙編，凡召民販粟、易置將官、議處要害、乞發賑濟、減免差役、揭發時弊、改浚河道、嚴明職守、旌表忠烈，等等，無不涉及，是研究當時薊州、遼東、保定三鎮政務、邊防和軍務的珍貴史料。

《薊遼奏疏》，據楊博次子楊俊士《恭請先襄毅公〈本兵疏議〉序狀》記載，原名《兩督奏議》，當時即由楊博門人高大化刊刻於江陰。該本不傳。現存《薊遼奏疏》一卷本，收於今人劉明陽所藏明刊本《楊襄毅公奏疏》中。據同收於該書中的《經略奏疏》一卷本、《本兵奏疏》十二卷本與現存《經略疏稿》二卷本、《本兵疏議》二十四卷本分別對比的情況來看，《薊遼奏疏》也當爲《兩督奏議》的節本，篇目、文字均當有所刪減。此外，北京大學圖書館所藏舊抄本《楊襄毅公奏疏》中又有《薊遼奏疏》四卷，和一卷本内容完全一樣，僅僅是分卷不同罷了。此次點校，即以劉明陽所藏明刊本《楊襄毅公奏疏》中的《薊遼奏疏》一卷本爲底本，參校以北京大學圖書館所藏舊抄本《薊遼奏疏》四卷本（簡稱“舊抄本”），以及明陳子龍等《明經世文編》等書所選載的楊博的部分奏疏。

暫借官銀召買民粟以濟荒政疏

欽差總督薊遼保定等處軍務兼理糧餉、兵部左侍郎兼都察院右僉都御史臣楊博謹題：爲暫借官銀召民買粟以濟荒政事。據整飭薊州等處兵備、山西按察司副使趙文燿等呈稱，薊州等州，密雲等縣，古北口、燕河營等區，米價貴賤不等，貴者每石二兩以上，賤者亦不下一兩七八錢，小民嗷嗷待哺，狼藉至極。雖經奉旨賑濟，人多米少，不能周給。除勸借種糧、緩徵逋負，一切可以優恤事宜次第施行外，再乞多方議處，長活殘民，先修内安之績，徐圖外攘之效，等因。到臣。臣會同整飭薊州等處邊備兼巡撫順天等府地方、都察院右副都御史吴嘉會議得，順、永二府地方委因去歲淫雨爲灾，秋禾盡皆淹没，春田多未佈種，以致閭里蕭條，米價騰貴。幸而遼東一帶頗見收成，備詢公使人役，咸謂計銀一錢可得雜糧四斗五升。若使就彼收買，併算脚價之費，比之關内，其利尚爲倍蓰。但民窮財盡，苦無餘力可以營辦。臣等反覆熟計，本鎮修邊并營房等項銀兩見在貯庫頗多，時方寒冽，動工尚早，若使召民往來販鬻，一轉移之間，米價自當漸減。如蒙乞敕户部計議，容臣等於前項銀内借支數萬兩，坐委兵備副使趙文燿等，督同永平府府、州、縣正官，查選殷實有力之人，每人給銀二三百兩，聽其於遼東地方買米入關，自行販賣，麥熟之時，止以原價還官，所獲之利，聽其自便。一面行移巡撫遼東都御史江東，嚴行所屬，毋令遏糴，同心戮力，共濟時艱。其守山海關兵部主事王獻圖亦要設法驗放，禁革奸弊。臣與吴嘉會仍當躬親綜理，務臻實效。臣等無任懸切覬望之至，謹題請旨。

易置將領保安重鎮疏

題：爲易置將領，專責成以圖保安重鎮事。據鎮守薊州永平山海等處地方總兵官、署都督僉事周益昌具呈，等因，到臣。臣會同巡撫都御史吴嘉會議得，設官分職，體國經野，二者相爲經緯，均不可廢。各邊副總兵與總兵同處一城者謂之協守，無地方之專責，大要與遊擊相類；不與總兵同處一城者謂之分守，有地方之專責，大要與參將相類。密雲雖設副總兵一員，以協守爲名，所統之兵不滿數百，乃使之控制千里之遠，其勢本自不能。建昌雖設遊擊一員，在燕河參將境内，自以地方無干，相聚坐食，參將不得而制，其理殊爲不通。所據總兵官周益昌議呈前因，大意欲將密雲副總兵改爲分守副總兵，建昌營遊擊改爲建昌副總兵。總兵官仍駐三屯營，居中調度，勢成鼎足，且有長山蛇勢首動尾應之意。臣等再三量度，官不增設，事自振舉，委屬穩便。如蒙乞敕兵部再加議擬，如果臣等所言有據，將密雲副總兵龔業革去"協守"名色，止稱"分守"，專管墻子嶺以西地方，至開連口、黄花鎮接界而止，石塘嶺、古北口、墻子嶺、石匣營等處參遊等官悉聽節制。建昌營遊擊改爲分守建昌副總兵，會推謀勇慣戰將官前來任事，專管墻子嶺以東地方，至山海關遼東接界而止，燕河、太平、馬蘭谷、石門寨等處參遊等官悉聽節制。副總兵仍聽總督、鎮巡節制，查照今擬責任，各另請給敕書、符驗、旗牌，欽遵行事。居常則聽各參遊各自整飭兵馬，不許干擾；遇警則統領各參遊兵馬，相機戰守。總兵仍駐三屯營，居中調度，防秋移駐古北口，與二副總兵共成犄角，以圖萬全。其建昌遊擊劉淮起送赴部，另行推用。伏乞聖裁。

兵部覆奉聖旨："是。"欽此。

議處兵備參將疏

題：爲議處兵備、參將責任以圖實效事。准巡撫保定等府地方兼提督紫荆等關、都察院右副都御史艾希淳咨，准臣咨，照得井陘兵備住札獲鹿縣，故關參將住札真定府，似未穩妥。易州兵備兼管倒馬關，顧理難周。即如去歲大虜窺關，易州兵備提兵浮圖峪，而插箭嶺以西反爲虜隔。以本部之意，莫若易州兵備止管保定一府并紫荆關地方，井陘兵備移駐倒馬關相近縣分，專管真定一府并倒馬、龍泉、故關地方，故關參將移住龍泉關相近地方，其順德府割屬大名兵備兼管。合咨前去，煩爲虛心酌議，兼采輿情，備細款報。如有别礙，亦希回示，等因。準此，爲照防守莫先於知要，而綜理尤貴乎任人。得其要則用力少而成功多，得其人則責成專而集事易。惟兹西關，延袤千有餘里，體國經野本有急緩之别，置吏張官當知輕重之辨[一]，况驕虜憑陵既已日異月殊，而關塞經營自難因陋就簡。所據易州、井陘、大名三兵備分管關府，及井陘兵備與故關參將移住地方，貴部區畫，大意已詳，本院逐一覆加酌議，揆與今日事勢、人情，似爲穩協，擬合咨報，煩爲從長裁酌，題請施行，等因。到臣，案查前事已經移咨查議去後，今準前因。臣會同巡撫保定都御史艾希淳議得，先年大虜雖涉浮圖之境，于時水凍草枯，原無深入之志。去秋擁衆數萬，由靈丘、廣昌突至浮圖，分犯寧静庵、葫荽口等處，勢已危急，幸而天兵大集，人心思奮，進無所掠，失意空歸。今秋窺伺諸關，理所必至。臣等以一切邊計全在兵備，竊欲從宜更置以效一得之愚。已而檢閲故牘，始知巡關御史黄洪毗亦常建議及此。但洪毗之意欲有警之時憲臣暫行分管，無事之日憲臣職守如舊，不惟官無固志，玩愒因循，且諸屬素非統轄，卒然臨之，人心自不相孚，必須專任責成，方可經久。謹將應行事宜條爲三款，極知疏謬，無能弘濟時艱，與有地方之責，有所見聞，不敢緘默。如蒙敕下吏、兵二部，再加議擬，早賜施行，地方幸甚。謹題請旨。

計開：

一、定擬兵備責任。臣等議得，易州兵備道見管紫荆、倒馬二關，保定府所屬易州等州、清苑等縣共二十州縣，真定府所屬定州、曲陽、新樂、行唐四州縣，保定五衛，茂山、定州二衛。該道住札易州。井陘兵備道見管龍泉、故關二關，順德府所轄邊山一帶各隘口，真定府所屬趙州等州、真定等縣共二十八州縣，順德府所屬邢臺等九縣，真、神二衛，平定、順德守禦二千百户所。該道住札獲鹿縣。大名兵備道見管大名府所屬開州、元城等一十一州縣，廣平府所屬永平等九縣。該道住札大名府。凡邊防、兵馬、錢糧、詞訟、禁革奸弊，禦侮安民，皆其職任。但各道所轄地方煩簡夷險不同，卒遇警急，多致顧此失彼。臣等再三熟計，合無將紫荆一關并該關所轄隘口，東起沿河口總西至白石口總止，及保定一府所屬二十州縣、保定五衛、茂山衛并山西廣昌、靈丘等州縣軍衛有司，俱聽易州道管理。倒馬、龍、故三關并各關隘口，東起插箭嶺總，西南至故關所轄石榴嘴等口止，及真定一府所屬三十二州縣，與真、神、定三衛，平定守禦千户所并山西平定州樂平、五臺、繁峙、盂縣等縣，俱聽井陘道管理。順德府所轄邊隘，北起馬嶺口、錦綉堂等口，南至黄背岩、數道岩等口止，并順、廣二府各九縣，大名府所屬十一州縣，順德守禦百户所，俱聽大名道管理。及查易州道住札易州，係在適中，無容别議。井陘道移住曲陽縣，大名道移住順德府，似亦允便。但公館、衙門，或創建，或改設，未免重爲勞賀〔二〕。况禦虜在夏秋，弭盗在春冬，大名地方與山東、河南接壤，盗賊淵藪，不可不慮。二道止合照舊住札獲鹿、大名二處。凡地方一切事務，責令往來巡行，每歲六月中旬，井陘道暫住曲陽，大名道暫住順德，偵探虜警緩急，悉心調度，仍會行各該將官相機戰守。掣兵之日，方許各回原處住札。若邊關有非時警報，地方有别項重務，四時不拘，馳赴料理。仍照今擬責任，各另换給敕書一道。

其易州道原奉敕書未開“軍衛有司官員有貪殘不職、玩寇殃民，應提問者徑自提問，應參奏者參來處治”一節，似與井陘、天津二道事權不同，亦須一體增入新敕，以便行事。

一、定擬參將住守。臣等議得，故關參將管理龍泉、故關并順德府所屬錦綉堂等隘口，先年虜賊屢犯山西，以故關爲急，參將原住井陘。嘉靖二十五年，因故關地勢狹窄，井泉枯涸，井陘僻在一隅，山地險阻，且相去龍泉、錦綉堂寫遠，策應不便，議改真定住札。今擬相近龍泉住札，北距倒馬，南接故關，無事聲勢聯絡，有警調援便利，委屬相應。但相近龍泉，止阜平一縣，此外有靈壽、行唐、平山三縣，至真定各僅五六十里，至關反有百五十里。若移住此三縣，必須改設衙門，建造營房，殊爲勞費。臣等再三熟計，合無行令故關參將，平居仍舊住札真定，以便隨軍團練。每歲秋月，或移住阜平，或移住行唐、靈壽，或移住平山、井陘，隨賊向往，督兵防禦，不許株守自便。掣兵之日，仍回真定住練。若有非時警報，四時不拘，馳赴堵截。儻誤機宜，聽臣等參究。

一、議留兵備官員。臣等議得，事當謀始，人惟求舊。諸凡邊政既屬兵備整飭，果有效忠宣力之人，理當稍加旌擢，以示激勸。竊見易州兵備副使畢竟容嘉靖三十年三月初一日到任，扣至今年二月，歷俸已及三年。本官才猷練達，識見宏深，連年防虜治兵，勤勞懋著。井陘兵備副使朱徵嘉靖三十年六月初三日到任，扣至今年五月，歷俸將及三年。本官膚敏之識，果毅之才，弭盗安民，卓有成績。吏部計其年資，二臣例當遷轉。但今防秋在近，誠恐舊者既去，新者未來，且新任官員諸務卒難周知，緩急無所憑藉，似爲未便。臣等再三熟計，合無將畢竟容、朱徵再加查議，如果應升，照依密雲兵備副使王輪事例，量加參政職銜，照舊管理兵備，以濟時艱，惟復暫停遷轉，候防秋畢日一併録敘。

議修要害嚴防守以固邊疆疏

題：爲議修要害，嚴防守以固邊疆事。准巡撫保定都御史艾希淳咨，據易州兵備副使畢竟容呈，據保定府管關通判劉遷〔三〕、真定府管關通判李應霑各呈，等因，到臣。臣會同巡撫保定都御史艾希淳議得，籌邊者貴審乎時，設險者當因其勢。假使宣、大之間兵馬精强，力能拒虜，紫荆、倒馬真爲堂奥，何足深慮？今則非其時矣。所幸天險具在，人力可爲，振迅之頃，自當改觀易聽。若仍復因循玩愒，虜得擁衆入關，關南之人不免魚肉，臣等杞人之憂無任惓惓。蓋嘗通論四關之險，則龍泉爲上，倒馬次之，紫荆、故關又次之；通論四關之勢，則紫荆爲急，倒馬次之，故關、龍泉又次之。獨論紫荆、倒馬之勢，紫荆雖負山臨河，不足以據，一關之樞，西則白石口，極爲平漫，堪馳十輛，東則馬水口，外臨廣谷，内無完城，且相去紫荆三四百里，倉卒有警，參將應援不及；倒馬則落路、吴王二口均當要害，又切近茨溝等村。臣等所憂者，不在紫荆正關，而在馬水、白石；不在倒馬正關，而在落路、吴王。以故參酌副使畢竟容之議，於馬水谷則議添參將，白石〔四〕、茨溝則議添守備。非敢故爲多事之擾，念惟虜患孔棘，苟不大爲整飭，害已剥膚，必貽後時之悔。至于修築之工、召募之役，揆之人情、事勢，又皆决不容已。但内帑之積貯有限，畿甸之膏脂已竭，通計各項所費，殊爲不貲，反覆籌度，計無所出，轉盼秋深，憂惶特甚。如蒙敕下户、兵二部，會同計議，速發銀五萬兩，專備募軍等項支用。再容臣等於薊州營房銀内借支三萬兩，或發通倉米三萬石，專備修邊等項支用。用過薊銀，候秋成之日照數補還。一應工程坐委副使畢竟容、朱徵各照分管地方督理。其餘款内事宜，仍乞聖明早賜裁允，地方幸甚。謹題請旨。

計開：

一、議馬水參將。臣等議得，紫荆關沿河口地極孤懸，而馬水、金水等口接連保安、懷來、蔚州大川，尤爲衝斥，倏遇警急，紫荆參將相去隔遠，勢自不能應援。萬一虜騎分道南侵，未免顧此失彼。由紫荆之西止犯完、唐，由紫荆之東徑犯涿、易，密邇京師，事體尤重。臣希淳先嘗議設參將，未蒙准允。今據祝福具呈勤懇，是蓋利害切身，不得不言。合無於馬水口添設參將一員，東起沿河口總西抵金水口總一帶邊隘屬之管轄。烏龍口總起至白石口總止仍屬紫荆參將管轄。馬水口既設參將，該口守備官移置〔五〕沿河口，名曰沿河口守備，把總官移置〔六〕金水口，名曰金水口把總，俱聽馬水參將節制。參將仍聽總督、鎮巡官節制。各另定擬責任，參將請給敕書、旗牌，守備、把總换給部札，以便行事。

一、議白石守備。臣等議得，浮圖峪與白石口俱爲紫荆要害，以地勢言之，白石尤爲可慮。浮圖峪離關九十里，尚藉重關爲之限隔。白石東南至黄土嶺四十里，即易州大川，南至周家堡三十五里，即完、唐二縣地方。以故二十三年虜賊越過白石，搶掠完、唐，去年攻衝獨石，欲犯畿内，專擾白石，必然之勢爾。先年於黄土嶺戍兵築城，後復還置外口。然兩山雄峙，適在溝澗之中，出口則爲廣昌平川，無所屏蔽，守亦難於制勝。見設把總，名位似輕。合無將把總改爲守備，比照浮圖峪守備事例，請給敕書，重其事權，令其操練人馬，修理城垣，遇有虜警，嚴督葫荽等口管總、守口等官併力防禦。其浮圖峪把總下黄土嶺、烟薰崖、常家溝三處與白石口一路相通，俱改以屬之，聶門關等口照舊屬浮圖峪把總。白石把總裁革回衛，另行改用。

一、議茨溝守備。臣等議得，倒馬關之吴王、落路二總均爲要害。蓋二總外接靈丘、繁峙等縣，僅百餘里，内抵阜平縣，不過百里，商販經行，久成坦途。又切近茨溝等村産礦處所，加以五臺遊僧往來不絶，奸僞莫辯。蠢兹醜虜，每每垂涎臨清，若使越過吴王等口，徑達臨清，別無妨阻。合無於茨溝村添設守備一員，將狼牙口把總所轄落路、吴王口一帶龍窩溝、暖窟兒、羊馬樓、高石堂、艾葉、上下竿嶺、楊洪口，龍泉關把總所轄陡撞兒、坑〔七〕兒溝、胡家莊、寨溝兒，但可通虜及奸細往來之處俱聽守把盤詰。又地名銀河、扒背石、大小柳樹溝、黄土梁、黄石堂、天橋兒、蓮子崖，但有礦洞地方俱聽禁治管理。狼牙、龍泉二把總俱聽提調。守備仍聽倒馬、故關兩參將節制，定擬責任，給付部札，以便行事。

一、議添置兵馬。

一、議增加墻垣。

一、議增修墻垣。

一、議增修墩臺。

一、議剷削偏坡。

一、議增添器具。

一、議留守兩關。臣等議得，先年將中千户所正軍隸入紫荆參將營内，餘丁防秋之時亦發守口。去秋賊由寧静庵進入，零騎已至塔崖以西，若使舉衆扣關，城中虚空，誠爲失計。况其地當諸隘之中，積貯糧草頗多，參將出外，本城理當留兵，不止守護城池、倉場，相度急緩，東西可以策應。况迎送使客及一應差遣與看守倉場、庫獄，采燒柴炭、灰磚等項，俱係參將營之軍，平時則有妨操練，出征則失誤接遞，疲憊日甚，咨怨頗多，甚非長計。合無將保定五衛班軍八百五十五員名、茂山衛官軍一千三百六十一員名，同該所軍八百名，各挑選精鋭，聽參將操練，專備出征之用，一應守城守門，防護倉場、庫獄，接遞等項俱不干涉。本所餘剩正軍四百三十六名，與取回并在所充發見在新軍二百四十名，及食糧餘丁六百名，共一千二百二十六名，於本所千户内選委一員，管理操練，名爲城操，凡係雜差役使，聽其輪撥應用。防秋之月，量留五百二十六名守城，餘仍摘撥相近隘口防守。倒馬關、浮圖峪、馬水口等處騎征、馱槍馬匹俱冬春全給草料，惟紫荆關營止給料豆，草束取之餘丁采納。餘丁分撥防秋，采納不能如數，支給未敷，馬軍亦每受累。餘丁既改作城操，馬軍草束亦應照依倒馬關事例，户部一體支給，則戰守既有所分，勞憊可無偏累。又倒馬關參將所領馬、步官軍二千四十五名，參將一出，本關空虚，與紫荆關相同。其相近柳角安口并柳角口軍一百二十一名，聞係先年守備内臣役於其處，治種園圃，因循未革，而各軍住宿本關，虚冒糧餉。合將各軍併入參將營，操管口千户羅坤裁革别用。防秋之時，聽參將量留一百名，與同軍城輪操軍八十名并上城軍一百三十三名會合守關。上城管總照舊仍用指揮，重加責成。

議移督撫駐札以便防禦疏

題：爲議移督撫駐札以便防禦事。准兵部咨，該本部題，職方清吏司案呈，奉本部送，兵科抄出，巡按直隸監察御史蔡揚金題，奉聖旨："兵部知道。"欽此。欽遵，抄出送司。卷查先爲追往失、責來效以預定安攘至計事，該兵科都給事中王國禎等題，節奉欽依："准議行。"欽此。已經通行欽遵去後，今該前因查呈到部。看得巡按御史蔡揚金題稱，欲要移軍門於密雲，移巡撫於薊州一節。爲照督撫當邊方重任，駐札必當其地，始得伐謀制勝之策，故自調度而言則貴處適中，自鎮壓而言則欲據要害。總督駐札薊州，雖係適中，而密雲實爲虜衝，防守當無所不至，本官論奏前因，誠爲有見。但關係重大，遥度爲難，必得彼中衆論僉同，庶爲長便。况該科近議移駐鎮城以當虜衝，已經本部議行督撫等官會議具奏，相應併行查勘。合候命下，本部備行該鎮總督、鎮巡等官，及咨都察院，轉行巡按、巡關御史，各查照先今事理，併加詳議，從長計處，移駐各該地方有無穩妥便利，及一應合行事宜，明白具奏，以憑覆議上請，等因。奉聖旨："是。"欽此。欽遵，備咨到臣。臣會同巡撫順天都御史吴嘉會議得，邊政當論大體，不當泥於小節；邊臣當爲國謀，不當自爲身計。惟兹總督、巡撫開府一事，臣等再三籌度，密雲地稱左輔，勢居上游。咫尺陵寢、京師，緩急易於驅馳；接連黄花、渤海，調度均屬便利。且相去石塘嶺、古北口、墻子嶺各不滿百里，是雖冬春無事之時，亦可以訓練經營，修明軍政。其言不便者：一則爲薊州頗大，密雲極小，一應供備苦於不給。臣自到薊州，諸凡縻費悉從裁省，絶於州驛無相干涉，即使移鎮密雲，自是無所騷擾。一則爲薊州適中，便於調度三鎮，不知密雲去薊州止二百里，於保定反便於三屯營，遼東亦未爲不便。臣等以爲，總督軍門决該駐札密雲無疑。至於巡撫向駐遵化，原爲驗放三衛夷人，既今虜患孔棘，改駐薊州，似亦相應。所據兵科都給事中王國禎、巡按御史蔡揚金先後敷陳極其詳明，誠爲地方深長之計。如蒙乞敕兵部再加計議，將臣博改駐密雲，臣嘉會改駐薊州，防秋之日，臣嘉會遵奉明旨，仍移駐昌平防守，以後著爲定規，不宜輕易更張。未盡事宜，可以自處者，容臣等徑自處置。

兵部覆奉聖旨："是。"欽此。

懇乞再發賑濟以安重地疏

題：爲祗承德意，懇乞天恩再發賑濟以安畿甸重地事。准整飭薊州等處邊備兼巡撫順天等府地方、都察院右副都御史吴嘉會會稿，准兵部咨，該司禮監太監王利傳奉聖旨："朕惟連年灾歉，自庚戌逆賊悖天後凶荒四歲，百姓饑窘已甚，良用惻焉。今救灾惟恤民、養軍爲要，二件得人，雖患亦不害。吏部便行與各該被灾地方撫按官，嚴督所屬有司，加意賑恤，務使軍民各沾實惠。若能惠養有方，勞迹彰著的，指實具奏擢用。貪殘殃民的，處以重典。兵部行各邊鎮巡將官等，撫愛軍士，整飭兵政，嚴謹隄備，都要着實遵奉。如或誤事，罪必不宥。”欽此。欽遵，恭捧到部，合咨前去，煩爲欽遵施行，等因。到職。行據整飭霸州等處兵備、山東按察司副使許天倫呈，蒙職批，據漷縣申稱，原報饑民蒙發通倉粟米，口給二斗五升，尚不足用，刮削樹皮，插和度日。即今樹皮已盡，饑荒尤甚，壯者逃於四方，老稚轉於溝壑，盜賊紛紜，餓殍盈野。及查本縣庫藏，原無收貯事例等銀，六里貧民又無頗過之家，實難區畫，惟恐饑民嘯聚爲非，乞爲接濟，等因。蒙批本道議報。蒙此，案照先蒙撫按衙門案驗，備仰分撥京、通二倉粳粟米石到道，已經行令所屬州縣查照船運給賑去後，今蒙前因。爲照所屬州縣饑口本多，發糧數少，僅可拯救旬日之饑。本道親歷涿州、良鄉、房山、固安、永清、東安、武清、霸州、文安、大城、保定、昌平等處，并武清、涿鹿、興州、隆慶等衛地方，在在爲然，不獨漷縣而已。室廬田地，荒棄無人，草根木皮，掘剥已盡，餓殍枕藉於道路，少壯流移於四方，若不早爲接濟，將來逃亡不知紀極。雖經丁寧面諭各該掌印官員多方勸借設處，緣地無出產，兼土多下濕，難以積蓄，雖勸借些須，未能濟事。節據各州縣申問，捉獲盜賊不勝起數，饑寒迫切，竊發爲非，畿輔重地，尤宜急處。但公私之力俱已竭盡無遺，再無別處。查得户部原議，候青黄不接，再議發接濟，即今正維其時，呈乞早爲題請，以安地方，等因。到臣。臣會同巡撫順天都御史吴嘉會議照，順、永二府地方寔維根本重地，無名之徵，千縷萬種，孑遺之民，十室九空，兼之連年虜患孔棘，邊工未息，去歲霪雨爲灾，粒米無成，以故冬春以不〔八〕强者聚爲盜賊，弱者轉於溝壑，誠數十年所未有之變。幸賴聖明在上，天覆地載，大發倉糧以賑恤，屢勤敕旨以宣諭，皇恩浩蕩，全活之民曷啻數萬。但惟銀米之數有限，困疲之民無窮。公積私蓄，搜刮無遺；樹皮草根，剥掘殆盡。邊地暖遲，麥熟尚遠，人情一日不再食則饑，豈能忍死以待？欲議勸借，則富室稱詘；欲議開納，則無人應命。老稚填門哭告，哀悲之聲，耳不堪聞；有司連牘申呈，顛連之狀，目不忍見。近該臣博、臣嘉會題奉俞允，暫借官銀，召民於遼東糴買，價已漸減，民頗稱便。然止能及於有銀之家，極貧之民，其理自不能及；止能及於薊州之東，薊州之西，其勢自不到。至於鎮朔等衛軍舍、餘丁均係朝廷赤子，存恤之典，委當一視同仁，難以互異。除薊州迤東州縣衛所，臣等儘力措處，不敢煩瀆聖聽外，其薊州迤西地方情委迫切，户部原題奉有欽依"候青黄不接再議請發"，臣等待罪地方，目擊民艱，審時度勢，似不容緩。伏望皇上軫念郊圻之民窮苦至極，敕下該部早爲查議，再發京、通兩倉糧米四五萬石，聽臣等督率該道及府州縣、衛所等官，不分軍民，一體設法般運接濟，庶幾垂死之民得蒙更生之賜，地方幸甚，臣等幸甚。

户部覆〔九〕，聖旨："是。"欽此。

議處防秋事宜疏

題：爲議處防秋事宜以備戰守事。據征虜前將軍、鎮守遼東地方總兵官、左軍都督府都督僉事趙國忠呈，蒙臣鈞帖，前事，依蒙會同巡撫遼東都御史江東議，將防秋緊要事宜開立前件，呈乞施行，等因，到臣。臣惟遼東、薊州，以地形言之，相爲脣齒；以兵馬言之，相爲依輔。今之所以重遼東者，非爲遼東，寔爲薊州；所以重薊州者，非爲薊州，寔爲京師。是故遼兵精强，則薊鎮恃以無恐；遼兵削弱，則薊鎮無從攸賴。利害急緩，較然甚明。但自二十九年虜患以來，動調遼兵，每歲不下萬餘，正餘馱馬多至萬五十[一〇]匹。彼處馬匹與别鎮不同，皆係各軍自行置買。往年餘丁富庶，量爲補助，猶可支持。乃今徵調頻仍，倒死繁多，兼之屢遭虜患，閭里消索，餘丁自顧不暇，奚暇及於幫軍？遼陽副總兵岳懋近日見臣，首言此事，以爲各軍無力置馬，節因比併嚴急，鬻妻易子，伐樹撤屋，悲怨之聲塞衢盈路。夫兵在附民，悦以使之，猶恐不堪，况可强以難繼之事乎？所據總兵官趙國忠呈乞官價一節，既與巡撫都御史江東會議允合，且參諸岳懋之言，不約而同，防秋在近，似當急爲議處。如蒙乞敕兵部再加計議，如果臣言不妄，量於太僕寺馬價銀内動支數萬兩，運送遼東巡撫衙門，定擬數目，專一貼補軍士買馬，不許别項支用，庶幾馬得蕃息，軍自歡慶，以之調援薊鎮，必當士嘻馬騰，争先禦虜，薊人、遼人均切幸甚。

兵部覆題，奉聖旨："是。"欽此。

陳時弊度虜情以保萬世治安疏

題：爲陳時弊，度虜情，慮貽將來大患，懇乞聖明申飭臣工，務懷永圖、責實效以保萬世治安事。准巡撫順天等府地方、都察院右副都御史吴嘉會等咨，據鎮守薊州等處地方總兵官、前軍都督府署都督僉事周益昌等呈，各將會議過防秋事宜開報到臣。卷查先准兵部咨，前事，該兵科都給事中王國禎題，該本部覆議，將總督、鎮巡等官，不必拘以文法，使得隨宜展布，各官每歲預將防秋事宜，通限三月以裏條列具奏。又准本部咨，爲追往失、責來效以預定安攘至計事，亦該兵科都給事中王國禎等題，内肆[一一]形勢，該本部覆議，虜不全利不深入，銼之數年，自當悔禍。若夫力拒外邊，俾不深入，該科所議誠爲上策。然先議其所以足食足兵之方，兵食足而後士卒附，士卒附而後戰守可圖。合行總督、鎮巡等官，圖上方略，等因。各題奉欽依備咨前來，已經移咨三鎮巡撫官，會同總兵官，督同副參、遊守等官，將本鎮一應防秋事宜及早計議，要見虜至何以爲守，何以爲戰，軍馬是否精强，錢糧是否充盈，邊隘是否修飭，器械是否鋒利，本鎮兵馬如不足用應調何處兵馬，逐一列款開報去後，今該前因。臣惟御虜之要惟守與戰，計戰不如議守；籌邊之略惟名與實，循名不若責實。薊鎮自二十九年虜患以來，修邊積餉，選將增兵，靡思不到，較而論之，以十分爲率，其名十九，其實止十一耳。在武弁則動稱血戰，及其見虜，退縮於前，觀望於後，以保全部曲爲得計。若使上明天時，下知地利，中得人和，阻其所必由，攻其所必救，自無坐致銼衂之理。在文職則動言收保，及虜既入，無壁可堅，無野可清，以掩蔽搶虜爲長策。若使先務守墻，次務守墩，次務守堡，以逸待勞，以飽待饑，自當聿收保障之功。至於防守之兵馬，多係紙上之詭名；度支之錢糧，半入將官之私橐。罪之不勝，言之可慟。即今狂虜之奸計叵測，邊防之圖〔一二〕維貴早，况二月草枯之時，已嘗窺伺河坊，夏末秋臨，理當大舉。一應防秋事宜，雖該三鎮鎮巡官開報前來，在薊州者惟欲多調臨鎮之兵，在遼、保者惟恐調及本鎮之兵。臣以大義所在，首當拱衛京師，範護陵寢，而拱護之要，東西諸隘俱當一體爲備。若果力拒於外，使賊不能突入，比之角戰畿輔之間，縱有成功，所損不貲者，萬分不侔。用是參之輿情，附之淺見，條列上陳。但事體重大，委非臣愚所敢擅議，如蒙敕下兵部，再加參酌，早爲覆請，行臣遵守。至於時陳下原調遼兵一枝，臣下原調遼兵二枝，除冷口分去一枝，見在止有一枝。伏望皇上俯念古北爲重，將時陳所調遼兵亦聽臣徑自徵調，庶幾强弱相兼，戰守允便，門庭既安，堂室自固。臣無任惓惓懇祈之至。

兵部覆題，奉聖旨："准議。"欽此。

計開：

一、守要害。臣惟十指之更彈，不如合拳之一擊，故備東則西寡，備西則東寡，無所不備，則無所不寡。比年以來，率以兵馬預分邊境，晝夜食宿俱在墻上，不惟人力疲勞，誠爲守株待兔。今歲防秋，必須擇其總括之地各屯重兵，使有常山蛇勢首動尾應之義，方爲得策。合無將冷口作一處，自山海關起至太平寨止，以副總兵李賢主之，住札建昌，領本營兵一枝，石門寨遊兵一枝，太平寨、燕河營參兵二枝，再加三屯營遺下正兵并遼兵一枝、山東民兵一枝。古北口作一處，自馬蘭谷起至石塘嶺止，以總兵官周益昌主之，住札密雲，領本營兵一枝，臣標下兵一枝，振武營奇兵一枝，馬蘭谷、古北口、墻子嶺、石塘嶺參兵四枝，石匣營、曹家寨、大水谷遊兵三枝，再加遼兵二枝、河間遊兵一枝、保鎮民兵一枝。昌平作一處，自渤海所起至鎮邊城止，以副總兵張琮主之，住札昌平，領本營兵一枝，黄花鎮、鎮邊城參兵二枝，居庸關、鞏華城守兵二枝，白羊口遊兵一枝，再加時陳下陝西邊兵四枝、河南民兵一枝、定州遊兵一枝。紫荆、倒馬關爲一處，自沿河口起至故關止，以總兵官歐陽安主之，住札易州，領本營兵一枝，馬水、紫荆、倒馬、龍故參兵四枝，并保定、定州、河間調剩達兵，及各處土兵、民壯、快手，再加保定正、奇兵二枝，本鎮民兵一枝，巡撫下武勇兵一枝。各聽周益昌、歐陽安、張琮、李賢，無事隨宜操練，有警分布戰守。臣與時陳、吴嘉會、艾希淳往來督視，副使趙文燿、李蓁、張敦仁、畢竟容、朱徵、茅坤協同各將，共圖保障。萬一賊虜止犯一處，臨期斟量急緩，發兵策應，不許自分彼此。其曹家寨、大水谷遊兵二枝，宜守不宜戰，宜步不宜馬，原兑民馬二千，徒爲勞費，合無革去一千，每營各止用五百匹。

一、覘虜情。臣惟知彼知己，兵家之要。遼東與京師相去隔遠，且秋深泥淖，虜馬難馳，保定耳目寄於宣大，俱無庸别議。惟薊州一山之外即爲屬夷，東則朵顔部落，西則李家莊巢穴，是雖陽順陰逆，其在今日，譬之紙帳竹籬，留之無益，去之可惜。况每歲北虜大舉，或東或西，此輩大略先知，若撫之有道，處之有法，必能預得其情。合無容臣嚴行薊州鎮巡官，將三衛并李家莊夷人從宜撫賞，選差素有膽氣、慣知道路夜不收人役，分番其營，覘探醜虜向往。各夷果知效順，哨報的實，防秋畢日，從重賞勞。况辛愛近日將阿羅豆兒、色鎮兒妻女淫騙〔一三〕，離心離德，結之以恩，自是以夷攻夷之法。

一、選兵馬。臣惟“兵無選鋒曰北”。薊兵削弱，不惟全失操練，至於簡閲之法，向來通未舉行。臣近日略加簡選，大約合鎮可得壯健者萬五千人，顧惟教練之初，不可全恃爲用。至於薊、保二鎮參守之兵，一枝僅數百人，或千餘人，馬不過三五百匹，或六七百匹，有名無實，多屬文具。其調到客兵，雖稱精健，中間亦有不可用者，且來路既遠，疲弱爲多。合無聽臣等不分遼、陝、保定及山東、河南之兵，逐一簡選，分爲上、中、下三等，上等者用爲衝鋒破敵，中等者隨營截殺，下等者守墻守城，及分布軍民堡寨，遇有零寇分掠，兼土兵相機剿殺。兵不貴多，而貴於精。

一、明戰地。臣惟“先處戰地而待敵者逸，後處戰地而待敵者勞”。東自冷口起，西至倒馬關止，一山限隔，其中多有可以據險阨塞之處，不惟客兵初至，不解東西南北，雖本鎮之人亦俱茫然不知。即以古北口言之，虜若自黄榆溝而來，必由潮河川；自鞑垛子而來，必由黄家寨；自黑谷關而來，必由三個嶺。臣嘗往來周視，此三處者兩山夾峙，真我兵之戰地也。過此則爲石匣，爲密雲，平原曠野，萬馬可馳，欲戰不能，欲守不得矣。臣已各設置木栅，横以方板，於中多留箭眼，可以用使火器。栅外開明壕二道、暗壕二道，又用竹竿布於地上，多設地雷、火炮，如或可用火攻，或水攻，臨期徑自酌處，所謂“多方誤之”。所據冷口、鎮邊、馬水、白石、吴王、次[一四]溝諸口，俱當仿此舉行。合無容臣等不分主、客，嚴督各該參遊等官，先期令其於分定地方，上下山坂，躬親踏勘，務得可戰之地，畫圖貼説，回報臣等，訂其可否。即如去歲浮圖谷之戰，陳鳳偶據山坡而大勝，朱玉不知據山而稍挫，是其明驗。若使平日講求習熟，決無倉皇失措之理。

一、張疑兵。臣惟冷口一帶雖已屯兵，誠恐虜情重大，總兵官周益昌相去隔遠，倉卒勢不能及。查得每當秋月，遼東寧前一帶頗有警報，事在彼中，亦當防範。合無行令總兵官趙國忠帶領本營兵馬，七月以後專在寧前住札，以爲薊鎮聲援。一面多差人役於冷口探聽，但有入犯消息，不必等候明文，即便星馳入關，會同副總兵李賢，相機剿殺。仍於撫賞屬夷之時，先以此意傳播其營，使其知我處處有備，似應伐謀致勝之端。

一、急收保。臣惟御虜之要，固守爲上。臣去歲經略之時，已嘗題准修築簡便墩城，但時值荒歉，小民救死不贍，何暇及此。臣近至薊鎮，見近山人家亦有因山爲寨者，據高設險，大略如城垣之制，不甚費工，亦可收效。合無備行各該兵備并沿邊有司官員，預將民村勘定，要見何處平衍可以築墩，何處近山可以設寨，稍候麥熟之時，次第舉行。萬一時日迫近，難以遽完，且將見在城堡作何歸併，人畜作何收斂，務要計處周詳，共保萬全。若能悉心幹理，卓有成績，薦揚擢用。坐視民患，致有疏失者，查參重治。

一、調兵食。臣惟足食、足兵雖交相爲用，而足食尤爲先務，是故兵馬、錢糧當作一家計算。往年不分虜情緩急，故將兵馬聚於全無積貯之地。即如古北口，兵嘗不下萬人，馬不下一二萬匹。彼處糧既寡少，度支艱於輸運；地又窄狹，兵馬苦其鬱蒸；豪横客兵，又往往肆其殘暴，以致居人怨詈，無所控訴：可謂一舉三失之矣。合無今歲將各處客兵，如遼、保之兵則分於薊州一帶，由平谷漸入密雲；陝西、河南之兵則分於通州、三河一帶，由順義、懷柔漸入昌平。哨有虜警，一日一夜可以馳至。各該主將如欲簡閲，或暫行調集，或就彼巡視，無所不可。

一、使罪過。臣惟選兵不如選將，使過優於使功。各處廢棄將官，節經兵部題奉明旨，不分充軍、爲民、閑住、降級等項，俱許隨軍立功。除非臣所屬者不議外，合無容臣將薊、遼、保定三鎮廢將，不拘總兵、參遊、守備通行查出，取赴軍門，令其各帶家丁，自備戰馬，官給廪糧、料草，儘其見在之數，合爲一營，仍以素有威望者一人主之，隨臣往來截殺。果有奇功，具奏升賞。無功者，照舊發還原衛。略其文史之虚名，責以韜〔一五〕鈐之實效，將材、邊計，兩爲有益。

達虜寇邊挫衄退遁疏

題：爲大舉達虜擁衆寇邊，仰仗天威，痛遭挫衄退遁事。本年九月二十七日，虜酋打來孫、把都兒等七個大頭兒帶領達賊十萬餘騎，擁至古北口邊外龍王谷等處，晝夜攻墻。臣等節准兵部咨文，督勵官兵，奮勇敵打，死傷賊人、賊馬無數，未得入境。賊於地名三岔口、古城川、虎頭山接連下營，乍退乍進，復欲西犯白馬關。隨該提督趙卿奉命統領寧、固遊兵二枝前來，臣等當又分布該關及石塘嶺、大水谷一帶，相兼彼處官兵及保、河民兵併守間。伏蒙聖諭宣示臣等，嚴督將兵，奮勇敵戰，且蒙欽賞臣等大紅衣一襲、犒軍銀一萬兩，一時人心感奮，咸思食虜之肉，飲虜之血，軍容、士氣，百倍往昔。虜知决不能犯，方始迤邐北行。十月初四日，據夜不收路恕等哨得，前賊分爲二股，由十八盤、小興州等處退遁去訖，具報到臣。臣會同巡撫都御史吴嘉會議得，東西二虜糾〔一六〕衆遠來，實欲大肆侵軼，乃今痛遭挫衄，狼狽而歸，是皆仰仗我皇上聖武布昭，玄威默相。風霆迅掃，立寒群醜之心；雨露沾濡，坐收萬全之勝。地方幸甚，臣等幸甚。除虜情始末并效勞有功人員另行會奏外。

奉聖旨："兵部知道。"欽此。

大虜寇邊大致克捷疏

題：爲大虜擁衆寇邊，勢甚猖獗，仰仗天威，官軍奮勇鏖戰，功收萬全，大致克捷事。據鎮守薊州永平山海等處地方總兵官、前軍都督府署都督僉事周益昌呈，爲捷音事，案照先爲防秋事，奉總督軍門楊侍郎鈞帖，備行本職，會同巡撫吴都御史議，將密雲副總兵龔業分布古北口，磚垛子起，東至將軍臺止；石匣營遊擊張承勛，吊馬谷迤西起，至鼉房谷止；本區參將楊照，龍王谷迤西起，至潮河第七寨止。又將墻子嶺參將吕淵、曹家寨遊擊劉守分於土墻、漢兒嶺、黑谷關一帶，各統所部官軍，依墻擺守。本職隨差百户陸永催督張承勛，千户繆禮催督龔業，百户張剛催督楊照，各照信地，刷修偏坡，增挑品窖。及差百户薛鳳鳴前去曹家寨，催督提調指揮張昆，公同劉守，將未完土墻立限築打。節奉兵部并楊總督明文，及准吴巡撫手本，通行各區副參、遊守等官，一面選差夜不收分番遠哨，一面各嚴加隄備。本年九月二十一日未時，據洪山口提調指揮詹承恩稟，據原差哨探通事紀旺報稱，本月十六日哨到夷人哈哈赤營，説稱西虜把都兒等已與東虜打來孫等會合，在地名白廟兒聚兵，衆頭兒約在本月二十七八日，決由古北口進搶。備稟到職，轉報軍門。隨該楊總督行移兵部，添調延綏遊兵二枝前來應援。比有吴巡撫正在昌平，親督遊擊楊璘、丁碧兼程起行。兵部因見聲息緊急，節次移文楊總督、吴巡撫，整搠兵馬，擐甲以待，毋致疏虞，責有攸歸。本月二十四日巳時，有古北口管夜不收指揮邵勇稟稱，夷人把總差達子通漢報稱，本營達子往虜營偷馬，到地名黑霧山，撞遇大虜陸續南行。本月二十五日二更時分，據邵勇稟，據原差尖哨夜不收王仲良、吴敖報稱，哨到地方孛河車，離邊二百五十餘里，撞遇哨馬達賊二百餘騎往南行走，後有灰塵不斷。二十六日辰時，復差夜不收郝恕、吴真官，相兼住夷狗退等，騎馬四匹，哨至未時分，止有狗退回還，報稱郝恕、吴真官并馬俱被達賊捉虜，又説今夜大虜决要攻墻。即時差人報知兵部并楊總督、吴巡撫、巡按劉御史、巡關龐御史、兵備李副使。二十六等日，楊總督、吴巡撫、李兵備相繼至古北口，公同計議，分委原任參將張勳、張元勛、毛紹忠、張世武、陸楨，領班都指揮華富、曹勳，收斂懷柔、順義、三河、通州、平谷、薊州、遵化等州縣人畜。參將唐桂、武舉官張鎬等八員同守密雲。仍恐擺墻兵馬單薄，會行遼東遊擊李官帶領官軍一千四百八十員名，千總指揮張雲帶領官軍一千員名，在龍王谷迤東貼守；遼東遊擊孫易、原任參將吴尚賢帶領中軍指揮鄒孟臣、千總指揮王朝臣、王敕等官軍一千七百員名，兼同本區千總千户李仲節、管操百户黄浩、管墩百户劉東等，在紅門兒迤西至鵨子洞一帶貼守；遼東遊擊李官營千總指揮葉鳳儀，把總指揮陸勳、姚輔帶領官軍一千員名，兼同本區守備楊舟、管操指揮劉忠等，在紅門兒迤東峇子谷一帶貼守；石匣營千總倪淳、署千總百户劉道帶領官軍一千員名，中軍百户閻儒帶領官軍五百員名，延綏把總陶愷帶領官軍二百員名，兼同本區管操指揮李蓁、隊長馬昌帶領軍士五十名，在黄崖子、黄榆溝、桃園兒、透洞兒等處貼守；本區隊長武士元帶領夜不收二十名，專在箭桿嶺拒守。仍令張承勛往來提調。李兵備慮恐土墻難守，必須多調勁兵方保無虞，稟蒙楊總管〔一七〕、吴巡撫，將楊璘兵馬二千九百員名徑發曹家寨，與同武定所把總千户鄧武、吉家莊營管操指揮劉懷遠、曹家營管操千户蘇爵、遊兵千總指揮湯輔、把總千户劉志相兼防守。本職又摘撥李官營兵馬五百付原任遼東遊擊王言併守土墻，又摘孫易營兵馬五百付原任遼東參將徐府併守漢兒嶺、黑谷關一帶。楊總督、吴巡撫又以潮河川口極爲衝要，且與二十九年賊入黄榆溝舊路相連，坐委軍門中軍、原任副總兵劉通貼管。中軍、吏部聽選官張倫督領原任遼東參將武勛，帶領千把總倪宗堯、李吉時等官軍五百八十員名，軍門標下守備尹秉衡帶領千户莫卿并延綏千總李贇下官軍共九百五十員名，兼同旗牌官戴詔、謝國昌、張書紳、楊天極、張實、錢棟、劉垣、盧棟、陶經、劉繼、秦尚勇、薛經、月有明、龐孟春、馬璋、闞文道等，兵備道下官軍朱維藩、胡章、李蓁、劉應麒、王愷、劉孟林、李計先、周大舉、許世榮等，列營拒守。三屯營隊長許六六、李受各領尖兒手五十名，架持槍炮，分拒潮河兩岸。又蒙軍門差委占候官牛元隨軍占候。本職帶領標下中軍千户盧柟、中哨千總指揮徐惠、左哨千總指揮孫承爵、右哨千總指揮白爵、原任遼東遊擊王允中、守備李尚文，聽候往來應援。

二十七日卯時，大虜十萬餘騎自虎頭山起營，執打坐纛旗號，披戴明盔明甲，擁至墻下。因見潮河川口兵馬嚴密，分兵突至龍王谷攻墻。本職率領王允中、李尚文、盧柟、徐惠、孫承爵、白爵，旗牌官楊叢、劉昇等馳馬到彼，嚴督楊照、李官并楊照下中軍指揮周乾、管操指揮周勇、百户王楊、旗軍曹義等，李官下中軍千户孟璽，千總張雲，把總陳朝卿、霍忠等，申明號令，各用槍炮、矢石齊力敵打。自卯至午，攻衝百十餘陣，打死賊人賊馬不計其數。楊照下被傷軍人傅頑頭等二名，李官下被傷軍人趙受廣等七名。楊總督當將被傷人役量賞銀米，人心益奮。楊總督因見賊勢重大，又差旗牌千户張昂督催原任遼東遊擊許棠，帶領把總徐臣、康貢等官軍五百員名前來策應。賊見添兵，方始敗退。本日未時，前賊擁衆復攻磚垛子，本職統兵馳至，嚴督龔業并振武營千總周良相、丁添福，把總指揮楊夢熊，千户馬永，臣旗軍崔章、張信、趙公達、陶清等，齊用槍炮、矢石打死賊人賊馬，比之龍王谷更多數倍。大戰良久，賊復退却。本職慮恐磚垛子兵少，將標下軍士存留二百名，差旗牌官朱金在彼督率。本時，前賊又攻沙嶺兒，本職仍督龔業、王允中、李尚文、盧柟、徐惠，并領尖哨千户王大重、翟玉、劉富，百户薛鳳鳴、雷春、章壽、劉閏、李淮，旗牌官劉昇、楊叢，管領家丁隊長文棟，并管前鋒手隊長劉松等，各率精兵，捨命鏖戰。又蒙軍門差旗牌官秦昇、李昇、王鋭節次前來傳諭，務要用命殺賊，不許退縮。官軍勇氣益奮，賊鋒大挫，退回川外札營。本職又恐沙嶺兒兵少，當差旗牌官劉昇、楊叢監督千總徐惠率兵貼守。本時，前賊又攻了〔一八〕吉山、廟兒嶺。本職隨督龔業等，又用槍炮、矢石打退，存留旗牌官張剛監督千總白爵領兵貼守。本職又恐曹家寨、柏嶺安、土墻等處致有疏虞，添撥旗牌官陳相、盧以蘭監督千總孫承爵，將本哨官軍分派〔一九〕三百，責付旗牌官張懿德、江川管領，前去柏嶺安貼守，餘軍盡發土墻防禦。又蒙楊總督差委李尚文前去土墻督軍戰守。本日戌時，瞭見口外賊營火光徧滿山川，楊總督責令邵勇選差夜不收王洪等，各帶火炮，潛去賊營四面按伏，半夜時分一齊點放，賊衆驚亂，攘至天明，方始寧息。

二十八日卯時，吴巡撫見賊攻衝不已，恐致突入，將本院標下兵馬責委中軍指揮吕興、原任遊擊孫昂，帶領把總指揮姚鎮强、戴翰、張開、周舉，執旗官詹鋭、孫世爵、江鸞、宋儒、孟世英、袁勳、孫堂，武舉官李介明、朱承芳等官軍七百五十餘員名併守潮河川口；差執旗官袁世實、許應時監督把總指揮姚允中，帶領官軍五百員名併守紅門兒；執旗官孫光祖、甄定監督原任守備凃永貴，指揮徐勳、羅端，隊長楊維藩，帶領家丁、民兵二百餘員名策應龍王谷；執旗官張爵、王漢，指揮褚文明監督遊擊張承勛等，防守黄榆溝、桃園兒等處。本日辰時，賊分二股，一股仍攻龍王谷，一股仍攻磚垛子、沙嶺兒。本職隨賊向往，督同楊照、李官、龔業等往來敵戰。有龔業營軍人吴阿受爲首，湯佑爲從，斬獲首級一顆；沙嶺兒百户鍾鸞下軍人胡士敬爲首，孟成爲從，斬獲首級一顆，得獲夷器俱全。楊總督、吴巡撫、李兵備議得，賊既臨邊，必須招徠降人，始得虜營情狀，當即大書白牌，示諭官軍，不許將投降人口殺害，希圖功賞，違者先行綑打，然後依律問罪。招引之人，定行重賞。本日有投降男子二名管住、小蠻子，俱係廣寧衛人，供稱："跟打來孫、那林台吉、把都兒、王文、打頼、哈喇鎮等七個大頭兒來搶，因攻墻進不去，衆頭兒悔説，今春來一遭搶不得，這一遭又搶不得。裏邊兵馬多了，人狠了，墻高了，坡滑了，怎麽進得去。一半西邊達子説馬瘦了要回去，一半東邊達子説這些人馬來一遭，怎空回去，要將引路的達子殺了。那引路的説，往東再走三四日，就是平道，好搶。商量要往東搶，不知去不去。"本日巳時，賊約三四千騎，復到松嶺兒攻圍土墻。陳相、盧以蘭督併孫承爵與賊敵戰[二〇]間，李尚文隨督王言帶領遼東千總指揮王臣，把總指揮周文、王大章等并吕淵亦到墻上。比賊必欲潰墻，攻衝愈急。一賊攀墻而上，遼軍張馬馬用刀砍落下墻。賊衆忿恨，當將本軍攢箭射死。又射傷官軍周文等七員名，吕淵下射死軍人韓伏受、馬雲二名，被傷軍人劉敖等三十名，又殺死境外哨探夜不收張寧等二十五名。楊璘聞報，統領中軍指揮王淵，千總指揮時淶、王謨，把總高尚經、李應時、王鐸、烏馬勛、劉振武、王繼、呼麒、吴國、郭子秀等馳至接戰，死傷賊人數多。至午時分，又添達賊五千餘騎，吹打喇叭、坐纛，與兵對敵。楊璘、王言等督勵各兵捨命死戰，槍炮打死穿紅一賊、穿緑一賊，賊衆號哭，且哭且攻。

本職統兵到彼策應。申時，賊方退散。本日二更時分，又賊一百餘騎到漢兒嶺、孤山兒攻墻。楊總督差委旗牌官陳奎催督丁碧、劉守并丁碧下中軍指揮安甫名、管司，千户經來保，劉守下中軍千户湯時中、千總指揮羅璋，并原任遼東參將徐府，及本區官軍，各用槍炮、矢石即時打退。吕淵、王言慮恐黎兒窪通賊，吕淵摘撥選鋒宋大林等，楊璘選差家丁楊恂等，各二十五名，赴彼防守。

十月初一日天明，賊果前來攻衝，因見有備，回至墻外二十餘里，地名三岔口，結營不動。本日辰時，精兵達賊三百餘騎仍至孤山兒墻下。丁碧、劉守、徐府極力鏖戰，賊與我兵互有損傷。丁碧下被傷官軍王孜等二十八員名，劉守下被傷官軍陳垣八員名，徐府下被傷軍八〔二一〕范朝用等七名。隨有投降達子一名丘四兒，係廣寧人，供稱："跟隨大虜攻墻，被裏邊人馬將打來孫下大頭兒射中二箭，又打死頭兒把户，衆達子扶屍哭回，説稱春間來搶一遭，不曾得進去。今又將我頭兒折了，裏邊兵馬是漢子，我們達子是老婆一般。我們從來進搶，不曾攔阻得住。這一遭傷損達子衆多，務要報讎。"又一名張秀，係義州人，供稱："在虜營時聽得衆達子説，二十九年搶來時，如走堂屋一般，牛羊、段子、老婆、孩子搶得飽飽回去。今年二月裏來搶一遭，不得進，空手回去。打來孫、把都兒七個大頭兒領着達子十萬，自七月裏商量，到如今一定要如二十九年的一般進來。不料墻高了，人馬狠了，又會射箭了，站着不肯動。我既不得進去，又將我好漢達子腦戴打破了。商量都説，無喫的，每日殺馬喫用。打來孫説，來了一場，東邊還有一個口子，再去試一試，若進不得，回去罷。"又二名李受一、李朝用，俱係遼陽人，供稱："衆達子四散，將城攻了三四日，不得手，商量説既來了一遭，且將倭角達了圍了，搶些回去罷。"本日戌時，據原差通事陳銘等報稱，古城川達賊分股起營，一股奔狼堂山後葦子谷，一股由高軍屯俱往北行走。其日，巡關龐御史至古北口，親詣軍營糾察。

初二日子時，據古北口夜不收周元等報稱，哨至古城川，迎見達賊復回虎頭山下營。楊總督、吴巡撫見賊乍退乍進，顯是緩我邊備，會差軍門聽用原任參將郭世勛、原任守備薛良弼，武舉官段崇文、徐紳、鄒縉，原任總兵、今充軍周徹，執旗官張恒信、冀永昌、崔昂、徐朝用、王許勛、王昇、尤承恩、陳廷祥、李朝用，撫院執旗官李錦、李世臣、柳梅、高遷、王軫、劉經、李茂、孫登、劉璋、張仁、趙鑾、王鋭等，悉聽劉通、張倫、吕興統領，於潮河川及黄榆溝、紅門兒中、東、西三路往來巡視，但有疏虞，定以軍法從事。各官晝夜擐甲，不敢休息。

初三日卯時，據石塘嶺參將吴珮稟，據原哨夜不收張也先報稱，口外遇見夷人伯彦打賴，説稱大虜搶古北口不得手，要往迤西白馬關進搶。楊總督、吴巡撫議發寧夏遊擊戴經兵馬駐白馬關，固原遊擊劉堂兵馬駐石塘嶺、大水峪，與同原發河、保民兵三千，并本區官軍相兼防守。提督趙卿駐石塘嶺，居中調度。隨該兵部差官宣布聖諭，責令總督、鎮巡等官，嚴督將兵，奮勇敵戰，并齎發襖衣、犒銀到鎮，人心感奮，勇氣倍增。虜知决不能犯，方始迤邐北行。本日申時，據邵勇收送投降男子常三漢，供係界嶺口人，嘉靖十三年失記月日被東邊夷人搶去，作爲通事，在古北口師坡谷邊墻下住牧一十三年，配夷女安台漢爲妻，生有二女。今有大舉黄毛達子十萬來搶裏邊，被天[二二]兵打死無數。衆夷人都害怕了，三漢情願同妻女投降。本日酉時，據夜不收路恕等哨得，前賊分爲二股，俱由十八盤、小興州等處退遁去訖。楊總督、吴巡撫、李兵備差人取回被殺夜不收身屍，會驗得，郝恕剜一目，心坎一刀；石剛剖腹；劉保剜二目；張孜剜一目，身中七箭；吴真官剖腹，仍剜二目；羅士輕剜一目，身中三箭，頭砍一刀；張英、張文、張恕、鄭鎖兒，爪無下落。續據沙嶺兒夜不收胡士敬等將斬獲首級具告軍門，蒙批，官軍倚墻拒堵，炮火、矢石死傷賊虜人馬無算，青天白日，衆目所見，坐收保障之略，乃全功也，原不在一二斬獲之間，仰鎮守周總兵審實呈報。其餘割取死虜首級者，攘合營之功以爲己功，俱不准收録。依蒙，查明遵依外。

初七日，據提調詹承恩稟，節差通事、夜不收紀旺等哨探大虜，迎遇哈哈赤差的達子扯秃幹，説稱："黄毛達子到古北口，連攻了幾日，被你裏邊人馬當住，槍炮、弓箭、石頭傷死了許多，又把他的大頭兒塞即里狐弟兄們也被你裏邊殺了。衆達子看見你裏邊隄備謹了，没處下手，都已回去了。有把都兒使達子來怪責，俺眼他皮，我與你會下攻邊，同殺同搶，你哄的我先來，着他裏邊殺的也是我的人馬，傷的也是我的人馬，你在後邊幹的甚麽勾當，就不來了。我使人叫你丈人哈哈赤的兒子們來，也没一個來，想是你們先都有了話了。我如今且回家去，再收拾些人馬來，先搶你兩家。"等因。備報到職。緣係捷音事理，擬合具呈，乞爲會題施行，等因。到臣。

臣案照，先爲陳時弊，度虜情，慮貽將來大患，懇乞聖明申敕臣工，務懷永圖、責實效以保萬世治安事，該臣條陳防秋事宜，該兵部覆題，奉聖旨："准議。"欽此。又爲聲息事，准兵部咨，該本部題，奉聖旨："這虜賊非時入犯，着各該總督、鎮巡官嚴加堵戰，不許誤事。"欽此。又爲大虜擁衆攻邊，官軍鏖戰，不能内犯事，准兵部咨，該本部題，奉聖旨："這虜賊尚未遠退，便行與楊博等，督率各兵，用力逐殺，不許有怠。"欽此。又爲欽奉聖諭事，准兵部咨，該司禮監太監王利於迎和門傳奉聖旨："兵部便差司官一員，即日前去宣諭薊鎮總督、鎮巡等官，着嚴督將兵，奮勇敵戰，務大挫虜賊，不許怠忽。聞昨各兵堵賊效勞，楊博、周益昌、吴嘉會、龔業、楊照、楊璘，各賞大紅紵絲本等服色一襲。仍即發馬價銀一萬兩，齎去軍門，先行犒賞有功軍士。工部速發火器，差官送彼添用。”欽此。欽遵。節該臣遵奉敕旨，嚴飭兵將，相機戰守，不許怠忽，及將各區參將原奉敕諭“如遇防秋之時，醜虜攻墻，爾能分布兵馬，拒遏賊退，有功聽總督官據實聞奏，比照近題斬級例叙論升賞。如或守禦欠嚴，致賊潰墻深入，查照宣大邊城近日題准事例，拿解來京，問擬重罪”緣由再三申明去後，今據前因。臣惟夷狄之患，自昔所不能免，其見於經，如《采薇》、《六月》、《出車》之詩。其曰“天子命我，城彼朔方”，言以守禦爲本，不以攻戰爲先也。其曰“薄伐玁狁，至於大原”，言逐之而已，不窮追也。其曰“靡室靡家，玁狁之故”，言以道使民，體其情而恤其私也。試觀今日薊鎮之事，我皇上文武聖神，聰明睿智，遠繼唐堯、虞舜二帝之盛，近追太祖、成祖二祖之烈，糞土愚臣，何所揄揚？爰自庚戌虜患以來，嘉納守臣之議，屢勤敕旨，繕治邊防，金城湯池，延亘千里。審據降人首言，墻高坡滑，决不得進。此我皇上設險之略也。薊鎮兵馬削弱，虜所輕視，黄榆溝一潰之後，士氣消沮。乃今貪將擯斥，廉將登庸，干城腹心之士彬彬在列。審據降人皆言，人狠弓强，力不能敵。此我皇上選將之略也。往時與虜接戰，衝營不動，即稱精健。乃今依墻血戰，凡五晝夜，我乘高以擊，虜仰面以攻，攀援蟻附，死傷無算，哭聲振野，狼狽而歸。此我皇上滅虜之略也。往時賊一入境，任意擄掠。乃今百萬生靈安堵如故，不惟畿輔之間絶無驚擾，雖沿邊關塞秋毫未犯，歡呼之聲塞衢盈路。此我皇上安内之略也。往時三衛屬夷動稱勾虜，要挾功賞。乃今見虜挫衄，心悸神奪，轉相告戒。即如常三漢者，向爲彼中通事，一旦携家來降，問其所以，自謂天威嚴重，卧不貼席。此我皇上制禦屬夷之略也。惟兹五略，告之郊廟，百神歆格；書之史册，萬代仰瞻；播之海宇，八蠻振讋。誠二百年來所未有之事，自非聖敬格天，玄威丕振，何以有此？猶復俯念將兵敵戰之苦，特以襲衣頒賜諸臣，犒銀慰勞軍士。風行雷動，虜知決不可犯，方始遠遁，地方幸甚，臣等幸甚。所有地方效勞之臣，係干激勸，臣實不敢隱蔽。如鎮守薊州永平山海等處地方總兵官、前軍都督府署都督僉事周益昌，文能附衆，武果威敵。一廉自信，復官常於久壞之餘；百廢咸興，振兵威於積弱之後。身提虎旅，妖氛掃蕩於邊陲；氣奮鷹揚，歌頌喧傳乎塞上。整飭薊州等處邊備兼巡撫順天等府地方、都察院右副都御史吴嘉會，精密嚴恕，清介剛方。一官五年，雅抱平胡之志；千勞萬瘁，常懷許國之忠。經畫垣塹，金湯收保障之功；調度兵糧，士馬見歡騰之盛。真成萬全，曷止三捷。以上二臣春首河坊之績未經查録，相應併論者也。整飭密雲等處兵備、山東按察司副使李蓁，諸將素憚其嚴明，三軍久孚乎威信。與臣擐甲而守水口，足知敵愾之心；同臣執簡而理兵糧，殊見從容之略。楊璘調守土墻，雖由於臣，實蓁之意。向使璘兵不行，土墻必潰，土墻既潰，別墻盡屬無用。徙薪曲突之功，真在焦頭爛額之上，所當優論者也。分委密雲管糧户部主事劉魯生，心本淳誠，才長料理，方羽書之告急，敢單騎以臨邊。古北之多方節省，緩急有需；密雲之極力轉輸，倉皇多濟。功亦當論者也。通論一時敵戰之功，其初攻龍王谷也，虜勢方張，人心危疑，參將楊照、遊擊李官則能首嬰其鋒。再攻磚垛子、沙嶺兒也，虜勢益横，不勝其忿，副總兵龔業則能力挫其鋒。及攻松嶺兒、土墻也，虜計窘迫，勢成孤注，萬騎馳突，矢發如雨，相持半日，幾於不守。原任遊擊王言、遊擊楊璘、參將吕淵、原任守備李尚文、千總孫承爵則能大挫其鋒。以上諸臣俱應首論者也。其分兵攻孤山兒也，雖虜萬不得已、苟求一勝之計，若非遊擊丁碧、劉守，原任參將徐府併力堵戰，其勢恐亦不測。以上諸臣俱應次論者也。軍門管理中軍、原任副總兵劉通，貼管中軍、吏部聽選官張倫，守備尹秉衡，原任遊擊孫昂，原任參將武勛，隨臣俱在水口嚴兵待戰，虜之不敢直犯潮河川、黄榆溝者，是皆諸臣之功。原任遊擊王允中，中軍盧柟，千總徐惠、白爵，隨同周益昌往來援應，襲虜之蹤，奪虜之氣，功亦難泯。把總周文，土墻之戰，身被重傷，當先可嘉。至於督哨明的，則有指揮邵勇；修邊效勞，則有原任遊擊毛紹忠、永平府通判李宋、經歷康思道，千户張守爵、李景時。以上諸臣亦當次論者也。原任遊擊許棠，遊擊孫易、張承勳，原任參將吴尚賢，守備楊舟，指揮吕興，畫地分守，竟保無虞。以上諸臣亦當叙論者也。管餉河間府通判田甸，原任參將張元勛、張世武、張勳、陸楨、郭世勳、唐桂、薛良弼，都指揮華富、曹勳等，武舉官段崇文、徐紳、鄒縉、張鎬等，千把總管操、管隊等官倪宗堯、牛元、涂永貴、褚文明、姚允中、周勇、張璽、陳朝卿、霍忠、周良相、丁添福、莫卿、王臣、王大章、李贇、時洓、王謨、羅璋等，中軍官周乾、孟璽、王淵、安甫名、湯時中等，旗牌官秦昇、陳奎、月有明、張昂、王鋭、李景、詹鋭、江鸞、宋儒、陳相、盧以蘭等，或督餉不乏，或隨營接戰，或防守效勞，或收保有方，或督軍無怠，以上諸臣俱應甄論者也。伏望皇上俯念醜虜猖獗之甚，邊臣征戰之難，敕下兵部，再加議擬，將周益昌、吴嘉會超格升賞，特爲廕叙。李蓁、龔業、楊照、王言、楊璘、李官、吕淵、李尚文、孫承爵各厚加升賞。丁碧、徐府、劉守量加升賞。劉通、張倫、尹秉衡、孫昂、武勳、王允中、盧柟、徐惠、白爵、周文、邵勇、毛紹中、李宋、康思道、張守爵、李景時各加升級。劉魯生重加賞賚。許棠、孫易、張承勳、吴尚賢、楊舟、吕興同加賞賚。通判田甸、原任參游張元勳等，聽臣分别等第，動支官錢，各加犒賞。内王言係充軍，武勛係爲民，合無俯賜末減。劉通係聽調將官，王允中、許棠、徐府、孫昂、李尚文俱革任將官，合無遇有相應員缺，酌量推用。臣下當該令典劉大綬、葉佐，吴嘉會下當該令典葉朝紫、陳廷舉，周益昌下掾史杜景美，當烽火驚心之時，隨軍書辦，蚤夜弗遑，勞亦可憫，合無查照何彦清等事例，候當該滿日，各照本等資格選用。其獲功首從、哨探有功夜不收并陣亡、被傷官軍及境外殺虜夜不收，通行巡按御史查勘明白，另行造册，具奏升賞。及照提督軍務、後軍都督府署都督僉事趙卿，提兵入境，雖在虜衄之後，軍聲遥振，實在虜遁之先，亦應厚賞。遊擊劉堂、戴經似應量賞。但恩典出自朝廷，均乞聖明裁定。

兵部覆題，并叙河坊口及宣大諸鎮捷音，節奉聖旨："是。今歲仰荷天地、廟社垂祐，逐虜不能入犯，又斬獲功多，内外文武諸臣效勞宣力。楊博升右都御史兼兵部右侍郎，廕一子與做錦衣衛千户。周益昌升都督同知，廕一子與做本衛所副千户。吴嘉會升兵部右侍郎兼右僉都御史，廕一子送監讀書。各照舊總督、鎮巡地方。李蓁升右參政兼副使，照舊兵備。楊照等各升二級。張愉〔二三〕等各賞銀二十兩。劉守、徐府各升一級。劉通等十五員各升一級，内周文還賞銀十五兩，趙卿等各十五兩。王禄等，總督軍門分别犒賞。軍人張馬馬等，伊男准做試百户世襲。各報捷人員，准照例升賞。"欽此。

議設兵備官員疏

題：爲議設兵備官員以重陵寢、畿甸事。據整飭霸州等處兵備、山東按察司副使張敦仁呈，等因，到臣。臣會同整飭薊州等處邊備兼巡撫順天等府地方、兵部右侍郎兼都察院右僉都御史吴嘉會議得，昌平、古北雖均稱重地，在古北則既有總督軍門駐札，密雲又有兵備副使與分守副總兵同駐一城，以故一切戰守事宜整飭略備；在昌平則雖設巡撫都御史，止是在彼防秋，雖設鎮守副總兵及提督大將，勢分主客，彼此不相關涉，以故一切戰守事宜廢缺爲多。萬一虜酋狂悖，或由懷來川入犯鎮邊，或由四海冶入犯渤海，既無可戰之兵馬，又無可恃之垣塹，陵寢在上，爲害不輕。况近日奸細往往以窺伺横嶺爲詞，正是庚戌虜出高崖故道，不得於此，必之於彼，理勢自然，恐非虚謬。所據兵備副使張敦仁議呈前因，除添設巡撫、改設總兵，事體重大，臣等不敢輕議外，至於昌平專設兵備一節，審時度勢，似不容緩。即今霸州一帶盜已漸斥，兵備常駐霸州，止可責以安内之功；遥制昌平，終難望其攘外之效。臣等再三量度，轉盼之間，秋防又至，徹桑之計委當早圖。如蒙乞敕兵部，再加詳議，查照延綏東、中、西三路事例，添設兵備僉事一員，專駐昌平，東至渤海所起，西至鎮邊城止，一切修理邊隘、操練人馬、查處錢糧等項俱屬管理。遇有虜報，公同主客副參、遊擊，督同分守、守備、把總等官，相機戰守。附近軍衛有司悉聽節制，本官仍聽總督、巡撫官節制。合用敕書、關防、書吏照例請給。應該興革事宜，聽其以次勘議，具呈督撫衙門會奏處置。庶幾兵事既有責成，邊務自當振舉，地方幸甚。

兵部覆題，奉聖旨：“是。”欽此。

邊方寒苦議處以蘇貧困疏

題：爲邊方寒苦，乞賜議處以蘇貧困事。准兵部咨，職方清吏司案呈，奉本部送，據分守鎮邊城參將張堅揭帖，等因，到臣。臣會同整飭薊州等處邊備、兵部右侍郎吴嘉會議得，各鎮兵馬，舊例上半年支本色，下半年支折色，時和歲豐，似亦不甚相遠。近歲水旱頻仍，斗米值銀二錢之上，極爲騰貴。計算每月折銀易米，不及二斗。况鎮邊、横嶺、長谷三城，地尤瘠薄，頃因洪水衝决，一望平沙，已爲不毛之所。泉枯井渫，晝則枵腹；城圮屋撤，夜則露宿。以致人心洶洶，流移殆盡。參將張堅備言其苦楚之狀，副使張敦仁謂本色之議，欲要一請再請三請，必行其言而後已，誠有見於人情、事體，决當調停無疑。臣等再三參酌，若將昌平一鎮通改本色，其勢誠難；若止改鎮邊、長谷、横嶺三城，費苦不多。蓋三城軍士不滿二千，上半年應該本色，無容别處，止是下半年改給本色，大約不過一萬四千餘石。臣博去歲經略之時，固嘗首言此事。以今日事勢言之，比之去歲，尤爲不同。天下之事，有經有權。本折相兼，撙節國儲者，度支經費之常也；改折爲本，聯屬人心者，邊臣通變之略也。若惜此有數之費，以致城堡丘墟，人烟荒落，萬一猾虜覘知，乘隙而入，于時未免震驚畿輔，臣等隱忍不言之罪，萬死無以自贖矣。如蒙敕下户部，將鎮邊、横嶺、長谷三城下半年月糧并馬匹料草早爲查議，全給本色，以消隱憂，以慰疲民，臣等幸甚。

户部覆奉聖旨："是。"欽此。

改河道濟糧運疏

題：爲改河道、濟糧運以圖經久以省勞費事。據整飭密雲等處兵備、山東布政司右參政兼按察司副使李蓁呈，行准密雲副總兵龔業手本，督同衛縣掌印官，將河道一應工程親詣該修處所覆加詳勘，估計明白，備將工程丈尺并合用錢糧、人夫等項數目逐一列款造册開送到道，等因，到臣。臣會同整飭薊州等處邊備兼巡撫順天等府地方、兵部右侍郎兼都察院右僉都御史吴嘉會，巡按直隸監察御史劉侖議照，密雲古稱檀州，號爲重地。北六十里爲石匣營，又北四十里爲古北口，實殘元避暑故道。自庚戌虜變之後，分區列戍，軍馬之增置爲多；灾沴傷殘，閭里之蕭條特甚。軍門移鎮，建牙開府，體制與固原漸同；漕糧改撥，舟輓陸輸，氣勢與通州稍類。屬夷之患，既已日異月殊；經制之方，似難舉一廢百。所據該道參政李蓁謂，自牛欄山而下，白河、潮河二水交會，水勢深廣，舟行無阻。自牛欄山而上，白河、潮河水源既分，支流自弱。查得密雲城西原有白河故道，欲要於楊家莊地方築塞新口，疏通舊道，使白河仍於密雲城西經流，直與潮河交會，則水勢自大，牛欄山至密雲亦可舟運。又謂城垣坍塌，由於隄岸未備，不係於河道改與不改。并將工程丈尺、錢糧、人工先後通議明白，節呈前來。論説詳明，籌畫周悉，殊非一人之私謀，實爲一方之大計。臣等再三集議，其利有四，其害有一。白、潮二河合而爲一，牛欄山以上，無論春夏，舟楫通行，漕糧可以水運，歲省脚價，不止萬金，一也。懷柔、順義、三河之民，苦於車騎之累，日漸逃移，河工一成，三縣免於驛騷，二也。密雲石塘嶺、古北口、石匣營一帶，絶漠窮荒，生理鮮少，河運若通，江南諸貨可以漸至，地方殷富，跂足可待，三也。牛欄山近議建立號房，原爲舍舟從陸，以備積貯。糧儲不煩盤剥，號房可以不設，所省財力，又爲不貲，四也。至於所謂害者，不過恐爲密雲城西之患耳。若使修築泊岸，下用石砌，上壘腰墻，并將坍塌城工整飭完備，一勞永逸，自無遺慮。即如通州至京五六十里，原係陸運，我皇上斷自聖衷，修成通惠一河，實爲萬世無疆之利。惟兹密雲河道，因其故迹，加以新功，比之通惠，其利雖同，其費且省。況人力取諸軍夫，材木取諸山林，銀米取之修邊之餘及無礙贓罰，規畫布置，似已曲盡。臣等與有地方之責，但可少濟時艱，不敢畏難遠怨，以負任使。如蒙敕下工部，會同户部再加議擬，如果無礙，查發後開款内事理，速聽臣等早爲舉行。一應綜理，責之副總兵龔業、參政李蓁、主事劉魯生，其餘分管官員，聽臣等徑自選委。工完之日，閲視明白，造册奏繳，效勞人員分别旌賞，以示激勸。仍乞開載通州管河郎中敕内，以後遇有塞淤，與通州運河一體修浚，庶幾國儲軍餉、邊計民情無不攸便。

工部覆奉聖旨："是。"欽此。

議處宣大入衛兵馬疏

欽差總督薊遼保定等處軍務兼理糧餉、太子太保、兵部尚書兼都察院左副都御史臣楊博謹題：爲議處宣大入衛兵馬事。查得宣、大兩鎮原選遊兵二營，大同後又增選邊兵一營，俱係入衛之數，一遇薊鎮有警，入關策應。頃因征調頻仍，以致軍丁、馬匹逃亡、倒死各居其半，空有虚名，無裨實用。臣惟薊鎮防秋與各鎮事體不同，宣大遊兵與陝西遊兵亦異。蓋薊鎮以守爲主，多該用步，少該用馬。宣大地方與薊鎮相去不遠，若將前項遊兵減騎用步，在彼既省補馬之煩，在此又省芻糧之費，以之守墻，較諸主兵，勇氣百倍，一舉三得，似爲有益。如蒙敕下兵部，再加議擬，轉行宣大總督張松，巡撫都御史李文進、遲鳳翔，今歲將入衛遊兵每營止用馬軍五百員名，專備往來追逐，其餘二千五百名盡用步兵。在大同行分守冀北道參議楊守愚，在天城行朔州兵備副使王之誥，在宣府行分守口北道參議楊巍，嚴選驍健之人，每營務足三千，盔甲、器械逐一完備，開造花名文册，先送臣處。總兵官李賢、張承勛仍要嚴督遊擊，如法操練，遇臣徵調，即便星馳入關，聽候分布。如有多餘馬匹，暫收别營，候班師之日仍歸原伍。

兵部覆題，奉聖旨："是。"欽此。

兵備憲臣分地畫守以濟秋防疏

題：爲兵備憲臣分地畫守以濟秋防事。照得薊鎮防秋止是密雲、薊州、昌平兵備三道往來督理，地方廣遠，顧理不周。即今墻垣傾圮，士馬凋殘，關營破壞，閭里蕭條，比之往歲，萬倍不同，制禦之方，更當詳密。臣看得，霸州兵備副使温景葵、天津兵備副使雷夢麟，并臣議取山西分巡冀北道僉事董邦政，俱係邊才，相應預爲定擬，以便責成。合無將天津兵備副使雷夢麟駐札石塘嶺，提調本區；密雲兵備副使李尚智駐札古北口，提調本區；山西冀北道僉事董邦政駐札墻子嶺，提調本區；薊州兵備僉事尹介夫駐札太平寨，提調太平、馬蘭谷二區；霸州兵備副使温景葵駐札燕河營，提調燕河、石門二區；昌平兵備副使栗永禄仍駐昌平，往來提調鎮邊、黄花鎮二區。通候聖明裁允之日，各令前去分定地方，親詣查勘，要見墻垣、關營堅完可守若干，損壞應修若干，一面督同參將等官計工修理，一面呈報。其餘教練軍士，整點火器，嚴明哨探，區處芻糧，收斂人畜，但係軍中事宜，逐一整理停妥，防秋之日，就同各將晝夜拒守。果能處置有方，使賊匹馬不能入邊，容臣具奏甄録。如或因循誤事，一體參治。蓋今日之兵備即他日督撫之儲，一得其人，則諸務振舉。巡撫都御史提綱挈領，自收成算，防邊要務，無先於此。如蒙敕下兵部，再加查議，早爲覆請，刻期施行，地方幸甚。

奉聖旨："這所議各該兵備官員防守事宜都准行，兵部知道。"欽此。

表揚節義以勵風化疏

題：爲懇乞聖明表揚節義以勵風化事。據整飭薊州等處兵備、山西按察司僉事伊介夫呈，據遵化縣申，蒙本道憲牌，依蒙，關行署印縣丞王揚，公同境内衛所各官，查得本縣地方北寨莊附學生員徐來儀，素性剛烈。比因達賊將妻盧氏虜掠，當地奸辱，本婦不從，極口駡賊，惟求一死。來儀不勝憤激，急發一矢，將賊首射傷。群賊發怒，即時將來儀用刀劈倒，抽腸碎屍。盧氏見夫身死慘刻，屢向柳樹撞頭。賊將本婦頭髮拴繫馬尾，策馬馳驟，髮盡脱落。自知不免，投入大寨河内，賊復拉上河岸，亂刀砍死。至今言之，猶爲酸鼻。是誠一方正氣，申乞早爲旌别，等因。到道。案照先蒙臣紙牌，備仰本道即行被虜衛所、州縣掌印官，用心體訪，果有節義之人，開具實迹，作速呈報。蒙此，已行查訪去後。今據前因，本道核實相同，呈乞施行，等因。到臣。臣惟今春大虜深入遵、薊一帶，老稚罹其毒荼，婦女被其淫污，行道之人，無不切齒。所據生員徐來儀，章句書生，彎弓射虜而挺身以赴難；伊妻盧氏，閨閣少婦，觸樹抗賊而甘心以就戮。夫爲妻死，妻爲夫死，節義成雙，是誠一時罕見之事。既經兵備僉事伊介夫查勘明實，係干激勸，不容輕泯。如蒙敕下禮部，再加議擬，將徐來儀、盧氏備行順天巡撫都御史，並建一坊，表其宅里，以慰既死之靈，以昭方來之勸。

奉聖旨："禮部知道。"欽此。

旌勇烈勵人心以禦虜患疏

題：爲旌勇烈、勵人心以禦虜患事。據整飭薊州等處兵備、山西按察司僉事伊介夫呈，等因，到臣。臣看得近年大虜每遇入寇，動稱數萬。各該官兵藉口衆寡不敵，未見有大挫其鋒者。至於村疃壯夫，事關身命，心一力齊，往往建奇功，利害不同，勇怯自異，固在於上之人鼓倡之耳。臣昔待罪本兵，屢嘗建議，欲要選練土兵，使之家自爲守，人自爲戰，意誠有見於此。即觀今春之虜侵軼遵化，該縣吏民張應相等七人，艱關赴鬥，慷慨臨戎，不幸四無援兵，横遭屠戮，其身雖死，其氣猶生。七人之中，惟麻鑑僅遺一子，餘皆家門蕩覆，宗祀湮滅。行道之人悉能言其忠烈，具見公評，原非私阿，若不重加甄録，方來何以示勸？如蒙敕下兵部，再加計議，將張應相、張冲霆、張德、李朝舉、李梅、麻鑑、竇汝楫，查臣款内所議，各贈一官，其麻鑑遺子麻世臣仍量授以冠帶總旗，令其隨軍截殺，以報聖皇浩蕩之恩，以復伊父荼毒之痛。酬功之典雖止及於七人，礪鈍之機自當行乎九塞，豈止燕趙感慨之士居然興起而已哉！

兵部覆奉聖旨："這奮勇殺賊的死事可憫，張應相贈指揮僉事，李朝舉等贈千户，著有司總立一坊，以示褒勸。麻世臣與做百户。"欽此。

一、張應相係吏，張冲霆係張應相弟，陰陽官，張德係張應相家人，俱東新莊人。彼時達賊八騎突入應相屋上，應相一矢立斃一賊。餘賊回營，糾衆攻圍。應相同冲霆與德争與賊敵。應相立高卓上，隔墻穿死達賊六十餘人。德攔門，用槍札死達賊六人。冲霆射傷達賊二人。賊將冲霆與德殺死。應相獨守前門，暗令家口二百餘人越墻奔逸。賊將應相妻楊氏、男張青哥及各家妻子盡行虜去。應相忿恨，用刀亂劈二十餘賊。因天黑暗，越過西墻，忽遇三賊在彼燒肉，應相復劈二賊。其一賊將應相左眼射傷，急聚衆賊，當將應相支解。臣惟東新莊之戰，張德殺賊六人，張冲霆殺賊二人，旋即死於賊手。至於張應相者，前後殺賊八十三人，使非賊射中其目，幾於全生而收功矣，豈非英英之烈丈夫哉！張應相合當厚贈一官，張冲霆、張德俱當量贈一官。

一、李朝舉、李梅俱係馬相營莊人。彼時達賊力攻本堡，朝舉與梅分城拒守。日晡，虜奪門而入。梅持鉞斧，朝舉持長鎗，將堡門半掩，遇單人達賊，鎗斧交擊，戳死四十餘賊。後堡竟陷，堡人盡被屠戮。臣惟李朝舉、李梅共殺死四十餘賊，計一人之功，蓋二十級也，使堡人盡如二人之勇，堡何至於陷哉？似當各贈一官，以慰忠魂。

一、麻鑑，係麻家莊人。彼時大舉達賊在於本莊札營，二虜入莊搜劫，鑑彎弓射之，一賊立斃。一賊回營糾衆，舉火焚燒莊房，隨將鑑之妻子盡行虜掠。鑑不勝忿恨，手執鐵鞭，打入賊營，打傷達賊無數，身中二百餘矢，死於河邊，止存一子麻世臣。臣惟麻鑑執鐵鞭而入虜營也，有死之心，無生之氣，縱横狼虎之穴，豈不壯哉！若使人人如此，知虜不足滅矣。似當量贈一官，仍録其遺孤以奬忠魂。

一、竇汝楫，係龍虎谷莊人，約年七十歲。見達賊將伊兒婦、孫女縛執而行，不覺愧忿，手執鍘刀一口，立劈二賊，被賊支解。臣惟竇汝楫者七十之老翁耳，一鼓其氣，而手刃二賊，何壯何衰，實存乎其人耳！似應量贈一官，以慰忠魂。

分布防秋兵馬疏

題：爲分布防秋兵馬事。照得臣督屬各鎮雖俱稱要地，遼東一鎮遇秋泥淖，虜騎難馳，秋防稍緩；保定一鎮重關疊嶂，外倚宣大，以爲藩籬，先該彼處撫臣分布明白，徑自具奏，臣愚無庸别議；惟是薊州、昌平二鎮，虜所垂涎，戰守機宜，時不容緩。臣以庸劣待罪地方，仰蒙聖皇在上，軫念郊圻，每廑東顧，諸凡建白悉荷裁允，分憲臣以監督各區，責大將以應援鄰境，調遼左之軍，徵山東之戍，臂使之義既成，腹心之地自固。即目秋氣漸深，理當預備。除分行鎮守總兵官李廣、巡撫都御史張玭、鎮守副總兵祝福，督同副參、遊守等官，查照後開主、客兵馬數目，酌量各區衝緩，隨宜分布，以守以援，各有攸司。在守兵則照依信地，蚤夜惟嚴；在援兵則偵探多方，擐甲待戰。共紓忠勇，以報國恩。兵備副使李尚智、温景葵、雷夢麟、栗永禄，僉事伊介夫、董邦政，仍各遵奉明旨，往來監督。合用軍餉、器械早爲廣備，共圖保障。再照前項兵馬雖經分布，但虜情叵測，兵難遥度，即如一區有警，各區無事，自當隨宜調度，難以執泥，容臣統領標兵，臨時相機施行。

奉聖旨："兵部知道。"欽此。

古北口區監督副使李尚智

一、主兵，本區參將魯聰并守備、提調各營。

一、客兵，宣府入衛遊擊孫輔營馬兵五百名、步兵二千五百名，石匣營遊擊申維岳兵一營，曹家寨遊擊白琮兵一營，通州新募遊擊崔經營馬兵一千名、步兵二千名，密雲副總兵袁正下振武營兵一營，寧山衛班軍三千名。

一、延綏入衛遊擊常齡營馬兵三千名，駐札石匣營，應援古北口區。

石塘嶺區監督副使雷夢麟

一、主兵，本區參將李意并各提調營。

一、客兵，大同邊兵遊擊許忠營馬兵五百名、步兵一千五百名，大水谷遊擊曹綱兵一營，河間等衛班軍一千七百名。

一、提督軍務署都督僉事雲冒統領標下家丁、通事五百名，延綏入衛遊擊任勇營馬兵三千名，駐札石塘嶺，應援本區。如遇古北、墻子各區及昌平、紫荊等處有警，往來一體策應。

墻子嶺區監督僉事董邦政

一、主兵，本區參將黄龍并各提調營。

一、客兵，大同邊兵遊擊許忠營步兵一千名，大同入衛遊擊周邦營馬兵五百名、步兵五百兵〔二四〕，密雲新募遊擊胡鎮營步兵二千名，通州左等衛班軍一千名。

一、固原入衛署遊擊事、都指揮葉蘭營馬兵三千名，駐札石匣營，應援墻子嶺區。

馬蘭谷區監督僉事伊介夫

一、主兵，本區參將黄演并各提調營。

一、客兵，大同入衛遊擊周邦營步兵二千名，山東民兵三千名，遵化新募遊擊邵勇營馬兵一千名、步兵二千名，河間遊擊仇巳兵一營，天津左等衛班軍一千五百名。

一、寧夏入衛遊擊萬國營馬兵三千名，提督軍務署都督僉事雲冒下保、河達軍一千五百名，駐札熊兒谷，應援馬蘭谷區。

太平寨區監督僉事伊介夫

一、主兵，本區參將李珍并各守備、提調營。

一、客兵，山西民兵三千名，定州遊擊高汝泰兵一營，三屯營軍六百名，天津衛班軍一千六百名，建昌副總兵馬芳營馬兵一營。

一、延綏入衛遊擊劉珮營馬兵三千名，駐札遵化縣，應援太平寨區。

燕河營監督副使温景葵

一、主兵，本區參將時鑾并各提調營。

一、客兵，遼東遊擊營馬兵一千五百名，遼東步兵二千名，永平新募遊擊盧國讓營馬兵一千名、步兵二千名，建昌營步兵一營。

一、遼東總兵官楊照統領所部兵馬駐札前屯衛，如遇燕河營有警，星馳入關應援。

石門寨區監督副使温景葵

一、主兵，本區參將佟登并各提調營。

一、客兵，遼東遊擊營馬兵一千五百名，遼東步兵二千名。

一、遼東總兵官楊照統領所部兵馬駐札前屯衛，如遇石門寨有警，星馳入關應援。

鎮守總兵官李廣統領三屯營標下馬兵三千名駐札適中地方，遇有東西警報，會同巡撫都御史張玭相機策應。

昌平鎮監督副使栗永禄

一、主兵，鎮守副總兵祝福下永安、鞏華二營，黄花鎮參將李洲營、鎮邊城參將張欽營，居庸關分守福時營，并各守備、把總營。

一、客兵，昌平新募遊擊方振營馬兵一千名、步兵二千名，白羊口遊擊吳銓營上三千兵三千名、下三千兵三千名，河間守備劉乾營保、河民兵二千名，德州等衛班軍四千一百名。

東夷悔過入貢疏

題：爲東夷悔過入貢事。准巡撫遼東地方兼贊理軍務、都察院右僉都御史侯汝諒咨，據原委千總指揮郭承恩稟稱，依蒙，前來撫順招撫貢夷，隨據通事梁勛、金文佐譯審得，建州賊首草場、叫場等差部落王胡子、小麻子等四名到關報說："外邊大頭兒因被楊太師人馬先幾番殺了頭兒趙堵郎、哈阿速卜花等，今又將頭兒擺因卜花殺了，如今衆達子都怕了。今聽得太師馬法差了一個馬法來招撫我們入貢，既然是實，乞討鈞牌，將我們衆頭兒姓名都寫在上，我拿去傳説。"職當會同委官薛良弼、撫順備禦官李尚元，隨令梁勛宣諭朝廷恩威、軍門號令，各夷俱皆悔過。自二月初八日起，陸續撫驗過毛憐、建州等衛夷人木力哈等一百七十六員名、馬一百七十六匹，隨給文朝京。惟夷人李端、董剛、吳堂等稔惡不悛，職等又差夜不收帶領草場、叫場并付羊古等沿邊招撫。至四月初四日，有夷人掛剌到市報説："李端已遵宣諭，不敢入搶，董剛、吳堂還不依聽。"職等又差梁勛、金文佐前往清河等處宣諭，候有續到夷人再行撫驗，等因。具稟到職。會同鎮守總兵官、署都督僉事楊照議照，建州諸夷屢次犯順，漸肆猖獗，不惟故違貢期，且敢侵擾疆界。仰仗皇上神化旁孚，玄威昭播，地方守臣肅將天命，恪奉廟謨，隨時相機，剿撫並用，既復其犯順之鋒，復開其自新之路。是以畏感交至，改舊圖新，始自今春陸續入貢，遠夷革心，邊圉稍靖。除候驗放完日，備將撫剿情由、用過錢糧及效勞員役遵例另行具題外，合咨前去，煩爲查照施行，等因。到臣。看得建州諸夷悖恩忘義，屢肆猖獗，迹其狂悖，不在北虜之下。乃今一旦革心，相率入貢，是皆我皇上一德格天，聖武布昭所致，一二邊臣有何與焉。臣初至地方，目擊其事，不勝欣慶，除驗放完日，聽撫鎮官徑自照例具題外。

奉聖旨："兵部知道。"欽此。

灾傷重大議處差役疏

題：爲灾傷重大，懇乞天恩議處差役事。節據整飭密雲兵備副使李尚智、昌平兵備副使栗永禄、薊州兵備僉事伊介夫呈稱，昌平等州、密雲等縣俱被水灾，薊州、遵化、玉田、豐潤四處兼遭虜患，民困至極。目下鞏華修城、通州運木二事督併不前，不免遲誤，乞爲議處。隨據永平府及霸州等州、懷柔等縣各申重大水灾，大略相同，等因。到臣。臣會同巡撫順天都御史張玭議得，順天、永平二府同罹水灾，薊州、遵化、玉田、豐潤四處先遭虜患，一時屠戮之慘，四野蕭條之狀，先該臣等連疏具陳。仰蒙聖皇在上，明照兼聽，洞悉無遺，臣等更復何言。惟兹修城、撥車二事，審時度勢，理難卒辦。在鞏華則名雖派夫，實則雇夫，每名不下七、八、九兩；在通州則名雖撥車，實則雇車，每輛不下三四十金。孑遺之民，室廬蕩覆，烟火斷絶，方幸賑銀至日以構一厦之棲，賑米至日以充一飽之需，而又使之出銀，臣等固知其不能也。但事關營繕，鳩材當爲亟圖；時值秋深，設險貴乎夙備。公計民碞，兩切愚衷，每一念及，不遑食寢，偶有所見，不敢不爲陳奏。如蒙敕下工部，將順天、永平二府修城并未被虜患各該撥車州縣暫行停免。修城之事，通行派於真定、保定、大名、河間、廣平、順德六府，如有不敷，部司量爲補助。

撥車一事，權於先年發到修理營房銀内照依車輛數目儘其動支，相兼官給脚價，雇車應用，順天府仍委佐貳一員專一經管。查得前銀，保定鎮奉有欽依，借去三萬餘兩修理邊隘，見今催解，尚未見到，權以密雲庫貯别銀先行那借，日後查照補還。在公所費似爲不多，在私所省殊爲無量。稍候來歲地方豐稔，閭閻蘇息，照舊徵派。臣等無任懇切祈望之至。

奉聖旨："該部知道。"欽此。

恭陳謝悃疏

題：爲感激天恩，恭陳謝悃事。嘉靖三十八年十一月初一日，准吏部咨，爲乞議處本兵大臣以定安攘重計事，該兵科都給事中王文炳等具題，奉聖旨："博回部，有成命。朕欲仍用許論，爾六科共議來説。"欽此。隨該兵科等科都給事中王文炳等會題，奉聖旨："是。許論復原職兼左副都御史，總督薊遼保定等處軍務兼理糧餉，寫敕與他，著速赴任代博。吏部知道。"欽此。欽遵，備咨到臣。伏念微臣，本以書生，未閑軍旅，仰蒙聖皇在上，屢授邊閫之寄。去歲宣雲一切邊務，初理繼理，盡出淵衷；今秋薊遼百爾兵防，無鉅無細，悉由宸斷。狂胡驚遁，烽燧無聞；黎庶樂生，閭閻有慶。臣方與大小將兵咏歌休德，頌戴神功，不意聖慈軫念，召臣回部。聞命自天，措身無地，雖乾坤之大，何所不容，而犬馬之誠，自當知報。除候總督尚書許論至日交代明白，恭趨任事外，臣無任感激嗚咽屏營欣戴之至。

奉聖旨："卿久勞邊寄，防秋事畢，回部管事，以副眷任。覽奏謝，知道了。該部知道。"欽此。

校勘記

〔一〕"辦"，疑當作"辨"。

〔二〕“賀”，疑當作“費”。

〔三〕“遷”，底本漶漫不清，據舊抄本補。

〔四〕“石”，底本誤作“馬”。明萬曆刻本明劉效祖《四鎮三關志》卷七《制疏考》“巡撫都御史艾希淳議處要害疏略”：“以故參酌副使畢竟容之議，於馬水口則議添參將，白石、茨溝則議添守備。”

〔五〕“置”，疑當作“至”。同上書：“馬水口既設參將，該口守備官移至沿河，名曰沿河口守備，把總官移至金水口，名曰金水口把總，俱聽馬水參將節制。”

〔六〕同上。

〔七〕“坑”，同上文作“炕”。

〔八〕“不”，疑當作“來”。

〔九〕“覆”下，據文意似當有一“奉”字或“題奉”二字。

〔一〇〕“十”，據（明）劉效祖《四鎮三關志》卷七《制疏考》“總督侍郎楊博議處秋防疏略”當作“千”。

〔一一〕“肆”，據明崇禎刻本明陳子龍等《皇明經世文編》卷二百七十五楊博《陳時弊度虜情以保萬世治安疏》當作“外”。

〔一二〕“圖”，底本漶漫不清，據舊抄本補。

〔一三〕“騙”，底本漶漫不清，據舊抄本補。

〔一四〕“次”，當作“茨”。

〔一五〕“鞱”，疑當作“韜”。

〔一六〕“糾”，底本訛作“糾”。以下徑改，不再一一出校。

〔一七〕“管”，疑當作“督”。

〔一八〕“了”，疑當作“丫”。明崇禎刻本明何喬遠《名山藏》卷八十一《臣林記·楊博》：“虜大挫，轉攻丫吉山、廟兒嶺，副總兵業展轉迎擊之，遂退。”

〔一九〕“派”，底本訛作“泒”。以下徑改，不再一一出校。

〔二〇〕“敵戰”，底本漶漫不清，據舊抄本補。

〔二一〕“八”，疑當作“人”。

〔二二〕“天”，舊抄本作“大”。

〔二三〕“張愉”，上文作“張倫”。

〔二四〕“兵”，疑當作“名”。

蒲坂楊太宰獻納稿

〔明〕楊　博　撰

張志江　點校

點校説明

《蒲坂楊太宰獻納稿》十卷，明楊博撰。

《蒲坂楊太宰獻納稿》，最早在萬曆元年，即由王世貞作序，應天巡撫張佳胤刻於姑蘇。該書前八卷輯録楊博從嘉靖四十五年閏十月到隆慶三年十二月初任吏部尚書期間所上奏疏，後兩卷輯録楊博從隆慶六年六月到隆慶六年十一月再任吏部尚書期間所上奏疏，跨越明嘉靖、隆慶兩朝的歷史，既是研究楊博生平和思想的第一手資料，也是研究明代吏治的珍貴史料。

《蒲坂楊太宰獻納稿》現存明萬曆十年端揆堂刻本。國家圖書館所藏本只有八卷，爲卷一至卷四、卷七至卷十，缺中間的卷五、卷六。經查，日本國立公文書館藏有該刻本的全本。正好點校者的同事周芳玲研究員赴日訪學，點校者便托她在百忙中將此書原本掃描回來，遂成全璧。此次點校，即以明萬曆十年端揆堂刻本爲底本，參校以明陳子龍等《明經世文編》等書所選載的楊博的部分奏疏。

《太宰楊公獻納稿》序

此少師蒲坂楊公前後領吏部所獻納疏也。蓋肅皇帝時方北急虜，則公一帥宣大，再帥薊遼，有《制府奏議》；尋又南急倭，則公再入大司馬，有《本兵奏議》。天子方徽纆而惟公是聽，公所條畫朝上夕報可，以故虜數徙王庭大漠北，倭酋先後授首。而會故相子網吏賄，吏以賄成俗，天子與後相徐公謀得忠公清亮之臣表率之，公始輟兵部爲吏部。公一入吏部，而燕中士大夫晨兢兢之曹署，奉職無害，歸而闔門養靖，苞苴逆折，數百里外，天下之臺府、監司惴焉，唯三尺之是畏，專精其志意於民而亡内顧。公大指在於登進天下之賢士大夫以共理天下。肅皇帝時，操切之柄在上，公故婉以通其意；莊皇帝時，人主共己而靡可否，公故直以信其志。不佞不能爲公役，竊窺疏中所論説人才，揚搉潛德，津津乎其言之也；其有所擿斥，懔乎若霜雪之寒也；然其意恒不使所奪者勝乎所予者。夫有所予，斯人樂爲縣官用；有所奪，斯人自愛而懾公議。奪不勝予，斯天下之用不見乏而才恒至有餘。故事，給事、御史封事有所彈射，則多唯阿，靡敢争見，以爲不唯阿彈射，則必受中指。公亡所受指，第微騭其人志行，與國家大體有不合則堅持之，給事、御史不敢以故事必公聽，退而未嘗不服公之裁也。即給事、御史言不當而上有所譙訶，公必爲宛轉力解。不聽，而給事、御史以罪罷去，公非久輒入啓事中。又不聽，而公又執如初，久而未嘗不行公之薦也。天子注國用則舍户部而問公，注邊計則舍兵部而問公。公竭赤盡以應之，不自疑非職，即二卿亦不敢以職疑公迫，而未嘗不受公之算也。撫臣越在萬里外，又生平所未接，一旦待罪引罷，公有所獎留，的的中窾，或微辭以見風，或托事以申規，未嘗不若耳提而面誨之也。乃至公所列上兩輔、十三部郡國員闕，因而條示要害，臚利便，土風民俗，燦如指掌矣。公既用積直忤新貴人，謝政去。天子思其效，復起公田間，以太宰治大司馬。今上初，還領吏部，奏最，進少師。當公之再爲吏部，距其初未幾，猥勁進而事已少變矣，國典亦有所出入。公力持之，所剗培第各取其尤者，而人人自砥改。公三爲大司馬，再爲太宰，弼亮三帝，海内以公進退爲輕重，即四夷覘公安，輒逡巡避引，無所發其桀驁之氣，公真柱石哉！撫吴張中丞肖甫得公疏稿，謀梓行之，以儆百有位而教夫嗣公之志者，屬序於世貞。世貞謝不敏，則又私自念，以諸葛武侯之忠勤，姚文獻之開濟，裴晋公、韓魏公之宏重，千載而下讀其書，猶思爲之執鞭而不可得，況可以當吾世而自外公嫌於援上輒有避也。天子今益嚮公，所以格心於密勿之地，稱不言而喻者，殆又進於是哉！不佞固跂予望之矣。

後學吴郡王世貞頓首譔

蒲坂楊太宰獻納稿卷一

覆長蘆巡鹽御史王乾章劾僉事王文翰留用疏

少保兼太子太保、吏部尚書臣楊博等謹題：爲循例舉劾方面官員，以昭勸懲，以裨國計事。考功清吏司案呈，奉本部送，吏科抄出，巡按直隸等處監察御史王乾章題，奉聖旨："該部知道。"欽此。欽遵，抄出送司。

查得本部見行事例，凡官員素行不謹者，冠帶閑住；才力不及者，酌量調用。又查得近該户科都給事中何煃等條陳一款，内開，劾非其罪，則量爲申救，毋得概爲查訪相同，一無可否等因。該本部覆題，奉聖旨："這所議，你部院務着實舉行。該科記着。"欽此。通查案呈到部。

看得巡按直隸等處監察御史王乾章，論劾分巡海右道山東僉事王文翰、整飭徐州兵備山東副使徐節、長蘆都轉運鹽使司運使紀鳳鳴、山東濟寧州知州胡尚志、直隸高邑縣知縣王傅、河南彰德府通判陳葵、山東兖州府通判段子魯、鉅野縣知縣陳光世、直隸盧龍縣知縣趙敬簡各不職，乞要罷斥致仕、降調别職、改降教職各一節。除副使徐節另行議覆外，爲照各官被劾事情，與本部查訪大略相同。内僉事王文翰，近該山東巡按御史韓君恩保稱才守俱優，聲實并茂，時方閲月，不應舉刺頓殊。蓋巡按得之目擊，巡鹽得之耳聞，似當以巡按之言爲據。且文翰先任河南，力制伊庶人之變，風裁凛凛。于時御史李守仁冒昧論之，河南數百餘人赴闕奏留，公論稱屈。考其大節，實爲可取。通判陳葵果有酣淫實迹，當不止于降調；但履任方及一年，司府考語俱優，遽難終棄。知縣趙敬簡既稱未能齊家，師範之職亦難輕授。合無將運使紀鳳鳴、知州胡尚志、知縣王傅俱照不謹例冠帶閑住，通判陳葵、段子魯，知縣陳光世、趙敬簡俱照不及例起送赴部。陳葵改調簡僻，段子魯、趙敬簡降調閑散，陳光世改降教職。各員缺另行銓補。王文翰仍令照舊策勵供職。恭候命下，移咨都察院，轉行各該撫按衙門遵照施行。

嘉靖四十五年閏十月十六日題，奉聖旨："紀鳳鳴等着閑住，其餘依擬。"欽此。

覆應天巡按御史宋纁辯明知府何東序誣枉疏

題：爲辯殊枉、扶公道以杜刁風事。考功清吏司案呈，奉本部送，吏科抄出，巡按直隸監察御史宋纁題，奉聖旨："吏部知道。"欽此。欽遵，抄出送司，案呈到部。

看得巡按直隸監察御史宋纁題稱，原任徽州府知府、今被劾赴部别用何東序賢能被誣，仍當重用一節。爲照原任徽州府知府何東序，長才勁節，本部久知其賢；但徽州素著刁風，既經論列，恐難展布，以故題奉欽依，以原職别用。乃今御史宋纁不平其事，爲之反覆辯析，至不容口，則本官之賢益可知矣。合無斟酌所擬，將何東序不必起送赴部，遇有相應員缺，徑行銓補。果能不易初心，克成後效，即當不次擢用，以爲任事任怨者之勸。再照言官舉刺，乃激勸之大機，稍有不明，則是非失真，勸懲弗當，士風因之披靡，關係不輕。合無今後言官論列，照依御史宋纁所擬，不得止憑飛語暗揭，以長刁風。本部議覆，不得委曲遷就，以妨公論。恭候命下，移咨兩京都察院并各該衙門，一體遵照施行。

嘉靖四十五年閏十月十六日題，奉聖旨："是。"欽此。

覆給事中張鹵論劾侍郎鮑象賢等留用疏

題：爲懇乞聖明核名實，慎委任，以飭臣工，以隆聖治事。考功清吏司案呈，奉本部送，吏科抄出，禮科給事中張鹵題，奉聖旨："吏部知道。"欽此。欽遵，抄出送司，案呈到部。

看得禮科給事中張鹵論劾兵部左侍郎鮑象賢名實未孚，巡撫湖廣等處地方、都察院右僉都御史楊豫孫視事違慢，乞要將鮑象賢容令致仕，楊豫孫大加懲戒，仍久任以責後效各一節。爲照兵部左侍郎鮑象賢，性資高朗，操履端嚴，在江西則任而未久，在雲南則去而見思，揚歷中外三十餘年，所至俱有聲績。去歲引年乞休，已蒙聖明留用。即今精力未衰，足稱耆舊，遽令休致，不無可惜。巡撫湖廣右僉都御史楊豫孫，賢聲獨茂，輿論咸孚，中途偶因母病，赴任委屬稽遲。但近已入境接管，地方水灾十分重大，正賴本官安輯之時。相應通行議擬，合候命下，將鮑象賢容其策勵供職，楊豫孫行令久任，以責後效，惟復别有定奪。

嘉靖四十五年閏十月二十三日題，奉聖旨："鮑象賢著策勵供職，楊豫孫既到了任，免究。"欽此。

覆都給事中胡應嘉參長蘆巡鹽御史王乾章誤劾徐州兵備副使徐節疏

題：爲憲臣查例不明，越境論劾，乞賜議罰，以一事權事。考功清吏司案呈，奉本部送，吏科抄出，吏科都給事中胡應嘉等題，奉聖旨："吏部知道。"欽此。欽遵。行准都察院咨稱，看得御史係風憲官員，爲朝廷耳目，所至之處，凡官吏臧否、軍民利病，許直言無隱，載在《憲綱》，欽遵至今。今該道呈稱，徐、宿二州原係山東行鹽地方，各設有巡鹽官兵，禁緝私鹽，故長蘆御史事完之日，查取考語填送，既有舊例相因，又稱先巡鹽御史馬斯臧等曾經舉劾副使于德昌、知縣胡乂心等，亦有故事可考，則御史王乾章今次所論，止是遵循舊規，期盡職業，不敢輒廢。至於該科參駁，不過恐啓越境參謁之端，重增地方之擾，亦爲有見。合行申明，今後各巡鹽御史所管河道，俱照原分地方管理。其鹽法一節，查得徐、宿二州巡鹽官兵，兩淮御史既非已所轄，例不比較考覈。今長蘆御史又不舉劾，即兩無查考，未免私鹽盛行，官鹽阻滯。欲割徐、宿二州于兩淮，又恐于户部原額有礙。今後二州鹽政，止宜行令長蘆御史督理，事完照舊查取考語填送，若有阻壞鹽法重情，亦聽查實參奏，庶于鹽政、事體兩無所妨等因。回咨前來，通送到司，案呈到部。

看得吏科都給事中胡應嘉等，查參劾巡按直隸等處監察御史王乾章越境舉劾，及稱所論副使徐節劾非其罪，乞要將王乾章量行罰治。徐節被劾事情，亦要明別是非，以定去留。又御史王乾章辯論該科查考不詳，輕發無稽之論，并乞量罰各一節。爲照御史乃朝廷耳目之官，凡有見聞，皆得論奏。若出差在外，循例舉劾，自難例外加添。節據該科查參，該院咨報，并御史王乾章奏辯，臣等逐一參詳，徐州河道，委非長蘆巡鹽所轄之地。運河壅淤，實在兵備徐節未任之先。先年御史馬斯臧雖嘗帶薦于德昌，御史馮善雖嘗論劾胡乂心，原非定例。蓋兩淮巡鹽御史歷年舉劾俱有徐州，至於長蘆舉劾，僅此兩見，其非定例可知矣。據王乾章所論之事，先後相沿，猶爲小節；據王乾章所論之人，日月全差，殊傷大體。但本官職司言路，風聞之誤，似難深究。合無俯從寬宥，惟復量行罰治。以後徐州兵備等官仍聽兩淮巡鹽御史舉劾，其長蘆巡鹽御史止許照舊開送考語，不必舉劾。徐節既不相干，容令照舊供職。臣等未敢擅便，均乞聖裁。

嘉靖四十五年閏十月二十四日題，奉聖旨："是。王乾章姑免究，徐節著照舊供職。"欽此。

會議都給事中趙格等參應天巡按御史宋纁不當罰治疏

題：爲憲臣懷私庇奸，懇乞聖明洞察以廣耳目事。吏科抄出，刑科都給事中趙格等題，奉聖旨："吏部、都察院看了來說。"欽此。欽遵，抄出到部。

卷查先該巡按直隸監察御史宋纁奏稱，徽州府知府何東序正已執法，政務方新，築城練兵，保障有賴，乞要將本官重用，仍乞申諭言官，論列當考覈精當，毋得止據飛語暗揭，遂爲臧否。該本部議，將何東序不必起送赴部，遇有相應員缺，徑行銓補等因。覆奉聖旨："是。"欽此。查有浙江衢州府知府員缺，該本部題奉欽依填注，通行欽遵外。今該前因。

臣等會同都察院左都御史臣王廷等看得，刑科都給事中趙格等題稱，御史宋纁所論知府何東序先後異同，要將何東序重加黜降，宋纁量行罰治一節。爲照科道官但有建白，明旨必下部院詳議，所以核可否之實，訂是非之公。若使臣等依違遷就，以致國是不定，人心不服，殊非秉公持正之義。即如近日徐州兵備道徐節之事，吏科都給事中胡應嘉等稽諸故實，歷歷有據，比之巡鹽風聞者不同，臣等固不敢徇臺臣以廢科臣之公議；正如徽州府知府何東序之事，直隸巡按御史宋纁得之目擊，的的可憑，比之刑科風聞者不同，臣等亦不敢徇科臣以廢臺臣之公議。蓋宋纁之于何東序，先所論疏防失事之罪，適當乎礦寇方至之時，已經議罰；今所叙修城練兵之功，皆成于礦寇既退之後，不容相掩。原無異同，似難指摘。大抵臺諫論事，以天下公議爲主，若不審事理，發言盈庭，誰執其咎？聖明在上，恐不宜有此。所據該科所論何東序酷刻顯著，欲要重加黜降，宋纁懷私庇奸，欲要量行罰治，均于輿論未協，臣等俱難輕議。合無將何東序行令依今所調衢州府作速到任管事，宋纁照舊巡按地方，不許再辯，重傷大體。伏乞聖裁。

嘉靖四十五年閏十月二十六日會題，奉聖旨："是。"欽此。

議原任刑部尚書鄭曉復職疏

題：爲比例陳情，懇乞天恩俯録軍功，准復父職，以圖補報事。驗封清吏司案呈，奉本部送，吏科抄出，吏部稽勛清吏司辦事進士、今丁憂鄭履淳奏，奉聖旨："吏部知道。"欽此。欽遵，抄出到部送司。

查得嘉靖三十九年五月内，該刑部尚書鄭曉奏，爲申明律例，辯明欺罔，及認罪回話等事，節奉聖旨："鄭曉姑從寬，革了職閑住，不許再用。"欽此。又查得嘉靖十二年十月内，該中書舍人楊元奏稱，伊父楊一清原任少師兼太子太師、吏部尚書、華蓋殿大學士，冠帶閑住，病故，遇蒙恩詔，乞要復職等因。該本部覆題，奉聖旨："楊一清准復原職，不爲例。"欽此。又查得嘉靖三十年十月内，該翰林院修撰唐汝楫奏稱，伊父唐龍原任太子太保、吏部尚書，奉旨爲民，乞要復父原職等因。該本部覆題，節奉聖旨："准復原職。"欽此。又查得嘉靖三十八年十一月内，該原任少傅兼太子太傅、禮部尚書、謹身殿大學士，爲民已故翟鑾男翟汝忠奏稱，乞要復父原職等因。該本部覆題，奉聖旨："翟鑾念他直贊效勞，准復與尚書、大學士職。"欽此。俱欽遵外。今該前因，通查案呈到部。

看得原任刑部尚書、閑住病故鄭曉男今丁憂進士鄭履淳奏，要比例復父原職一節。爲照本官清標勁節，博學弘才。文武司銓，持一時之冰鑑；南北揚歷，勵萬仞之風裁。督兵淮上，屢奏捷音；歸老浙中，惟勤著述。上受聖明知眷之隆，下係寰宇瞻依之望。雖曾以事閑住，實於行誼無瑕。檢查尚書唐龍等前例，委果相同。合無俯念舊勞，復其原職。臣等未敢擅便。

嘉靖四十五年十一月二十二日題，奉聖旨："鄭曉既有軍功，准復原職。"欽此。

議原任吏部尚書胡松贈官疏

題：爲比例陳情，懇乞天恩俯賜恤典，以光泉壤事。驗封清吏司案呈，奉本部送，准禮部咨送，原任吏部尚書、今已故胡松男官生胡世耀奏贈官緣由，到部送司。

查得弘治四年五月内，爲乞恩比例贈謚事，節[一]孝宗皇帝聖旨："今後有乞恩贈謚的，你部裏還要斟酌可否來説，務合公論，不許一概徇情，比例濫請。該科記着。"欽此。及檢照《諸司職掌》，内開文職官一品至五品，照依生前散官，果有功迹合加封者，例與加贈。又查得嘉靖二十六年三月内，准禮部咨，該原任太子少保、吏部尚書周用男周國南奏，父在任病故，乞要比例贈官等因。該本部覆題，奉聖旨："周用贈太子太保。"欽此。又查得嘉靖四十五年二月内，准禮部咨，該原任總督宣大山西等處軍務、太子太保、兵部尚書江東男江至順奏，父在任病故，乞要比例贈官等因。該本部覆題，奉聖旨："江東准贈少保。"欽此。又查得四十五年正月内，准吏部咨，該原任南京吏部尚書王崇慶男王田奏，父致仕在家病故，乞要比例贈官等因。該本部覆題，奉聖旨："王崇慶准贈太子少保。"欽此。俱欽遵外。今該前因，通查案呈到部。

看得原任吏部尚書胡松男胡世耀奏稱，伊父歷官前職，在任病故，乞要比例贈官一節。爲照本官問學淵源，操持皎潔。在臬司則一疏籌邊，已覘文武之猷；在撫臺則多方平寇，更著修攘之績。銓衡未久，注措方殷。力疾執簡，猶汲汲於掄才；盡瘁鞠躬，真惓惓於報國。所據贈官，查與尚書王崇慶事體相同，似應題請。但恩典出自朝廷，臣等未敢擅擬。

嘉靖四十五年十一月二十二日題，奉聖旨："胡松准贈太子少保。"欽此。

奉詔録用建言得罪通政使樊深等疏

題：爲開讀事。文選清吏司案呈，伏睹大行皇帝遺詔内開一款："建言得罪諸臣，存者召用，殁者恤録，見監者即先釋放復職。"欽此。又睹詔書内一款："自正德十六年四月以後，至嘉靖四十五年十二月以前，建言得罪諸臣，遵奉遺詔，存者召用，殁者恤録。吏、禮、兵部作速查開職名，議擬具奏。"欽此。欽遵。除主事海瑞、司務何以尚已經釋放銓補，應恤録官員移付驗封清吏司另行題請外。查得原任通政使樊深，都給事中丘橓、楊思忠、尹相、魏良弼、李用敬，給事中吴時來、周怡、陳瓚、沈束、顧存仁、趙軏、張選、袁世榮，御史何維柏、趙錦、張登高、黄正色、方新、張檟、凌儒、申仲、王時舉、馮恩，郎中徐學詩、周冕，主事張翀、董傳策、劉世龍、唐樞，大理寺寺正毋德純，俱以建言獲罪，雖年力不同，今各見存，相應召用。案呈到部。

看得通政使等官樊深等，分職雖異，效忠則同。或争論國是，不避斧鉞之誅；或力刻權奸，致觸雷霆之怒。剛方之氣，百折不回；才略之長，一時鮮儷。棲遲歲久，而衡困益深；諳練日增，而緩急可濟。既經先帝赦罪録用，枯槁回春；又蒙聖皇天語叮嚀，燼灰復熾。合無將各官俱復原職，查其年力精强、竟保終譽者，遇缺填注，仍即酌量升用；望雖素著、年力衰遲者，容臣等另行議處。或有遺漏，聽兩京科道官并各處撫按官以次具奏。庶忠赤感奮，益堅砥礪之節；林壑生輝，均沾浩蕩之恩。世道幸甚，臣等幸甚。

隆慶元年正月初四日題，奉聖旨："是。"欽此。

計開：

樊深，年五十歲，大同中屯衛人。嘉靖十一年進士，歷升通政使。二十九年四月，爲參仇鸞包藏禍心、終爲後患等事，爲民。

丘橓，年五十二歲，山東諸城縣人。嘉靖二十九年進士，歷升兵科都給事中。四十二年，爲剿虜收功，乞賜申飭邊臣等事，杖發爲民。

楊思忠，年五十八歲，山西平定州人。嘉靖二十年進士，歷升禮科都給事中。三十二年正月，爲慶賀事，杖發爲民。

魏良弼，年七十歲，江西新建縣人。嘉靖二年進士，歷升禮科都給事中。十二年，爲科道互相糾舉事，冠帶閑住。

李用敬，年五十五歲，山東益都縣人。嘉靖二十年進士，歷升兵科都給事中。三十四年五月，爲剿獲倭寇捷報方至，懇乞天恩俯從便益等事，杖發爲民。

尹相，年七十歲，湖廣嘉魚縣人。嘉靖十一年進士，歷升吏科都給事中。二十四年七月，錦衣衛爲緝訪事，爲民。

吴時來，年四十八歲，浙江仙居縣人。嘉靖三十二年進士，歷升刑科給事中。三十七年三月，爲乞察奸邪，以清政體，以光安攘大業事，杖發充軍。

周怡，年六十三歲，直隸太平縣人。嘉靖十七年進士，歷升吏科給事中。二十四年八月，爲内外大臣不和，乞賜天語嚴責，以敦國體，以共濟時艱事，爲民。

陳瓚，年四十五歲，直隸常熟縣人。嘉靖三十五年進士，歷升刑科左給事中。四十二年五月，爲斥遺奸以重銓司，采遺賢以重器使事，杖發爲民。

沈束，年五十四歲，浙江會稽縣人。嘉靖二十三年進士，歷升禮科給事中。二十八年五月，爲旌忠勇以昭激勸事，奉欽依監候。四十五年，奉欽依放回爲民。

顧存仁，年六十六歲，直隸太倉州人。嘉靖十一年進士，歷升禮科給事中。十七年，爲陳愚悃，以廣天聽，以昭聖化，以保天休事，杖發口外爲民。

趙軏，年五十九歲，山西高平縣人。嘉靖二十三年進士，歷升工科給事中。二十八年十月，爲糾舉監守内臣侵盜官物、私鑄器皿，乞賜究治，以懲奸欺事，降河南封丘縣縣丞，尋發原籍爲民。

張選，年七十歲，直隸無錫縣人。嘉靖八年進士，歷升户科給事中。十三年四月，爲建言不親太廟事，杖發爲民。

袁世榮，年三十六歲，直隸華亭縣人。嘉靖二十九年進士，歷升兵科給事中。三十四年五月，爲剿獲倭寇捷報方至等事，杖發爲民。

何維柏，年五十六歲，廣東南海縣人。嘉靖十四年進士，歷升浙江道御史。二十四年二月，爲獻愚衷、陳時務以備采擇事，劾輔臣嚴嵩，杖發爲民。

趙錦，年五十歲，浙江餘姚縣人。嘉靖二十三年進士，歷升南京江西道御史。三十二年，爲因變陳言以謹天戒事，劾輔臣嚴嵩，杖發爲民。

張登高，年六十一歲，山東濮州人。嘉靖二十年進士，歷升廣西道御史。二十八年，爲訪據事，杖發爲民。

黄正色，年六十七歲，直隸江陰縣人。嘉靖八年進士，歷升南京浙江道御史。十八年十一月，爲論扈從勛戚大臣内臣事，發邊遠充軍。

方新，年四十九歲，直隸青陽縣人。嘉靖三十五年進士，歷升江西道御史。四十五年閏十月，爲飭臣工、修聖政以弭灾變事，爲民。

凌儒，年四十八歲，直隸泰州人。嘉靖三十二年進士，歷升河南道御史。四十一年正月，爲陳愚見以裨聖治事，杖發爲民。

張櫍，年三十八歲，江西新城縣人。嘉靖三十八年進士，歷升湖廣道御史。四十五年二月，爲懇乞聖慈大宥言官，以敷仁恩，以培國脉事，杖發爲民。

申仲，年五十七歲，直隸任丘縣人。嘉靖二十三年進士，歷升陝西道御史。二十八年十月，爲糾舉監守内臣侵盗官物、私鑄器皿等事，降直隸廣德州判官，尋發原籍爲民。

王時舉，年三十三歲，順天府通州人。嘉靖四十一年進士，歷升浙江道御史。四十五年十月，爲庸劣大臣不諳律例，出入罪名，懇乞聖明容令休致，以慎刑憲事，發口外爲民。

馮恩，年七十三歲，直隸華亭縣人。嘉靖五年進士，歷升浙江道御史。十二年八月，爲劾吏部尚書汪鋐，問擬斬罪，辯發充軍，遇赦回籍。

徐學詩，年五十一歲，浙江上虞縣人。嘉靖二十三年進士，歷升刑部江西司郎中。二十九年，爲奸貪輔臣欺君誤國，懇乞宸斷，特賜罷斥，以清治體事，杖發爲民。

周冕，年五十八歲，四川資縣人。嘉靖二十年進士，歷升兵部武選司郎中。三十二年十月，爲懇乞聖斷，究正冒濫軍功，以肅朝綱，以清選法事，杖發爲民。

張翀，年四十二歲，廣西柳州衛人。嘉靖三十二年進士，除刑部雲南司主事。三十七年三月，爲懇乞聖明亟處大奸巨惡輔臣，以謝天下，以靖虜患事，杖發充軍。

董傳策，年四十八歲，直隸上海縣人。嘉靖二十九年進士，除刑部四川司主事。三十七年三月，爲奸貪輔臣主持邊帥，欺君誤國，黷貨巨萬，大負聖恩，懇乞宸斷，早除凶惡，以圖安攘實效事，杖發充軍。

劉世龍，年六十八歲，浙江慈溪縣人。正德十六年進士，歷升南京兵部職方司主事。嘉靖十三年十二月，爲務實政，以答天戒，以隆聖德事，爲民。

唐樞，年七十歲，湖廣歸州人。嘉靖五年進士，歷升刑部陝西司主事。嘉靖六年四月，爲正國法以光聖治事，爲民。

母德純，年八十歲，四川南充縣人。正德十二年進士，歷升大理寺右寺正。嘉靖六年十月，爲禮儀事，充軍。

奉詔起用致仕尚書葛守禮等疏

題：爲開讀事。文選清吏司案呈，伏睹詔書内一款："凡致仕、閑住、爲民、充軍官員，不係考察及犯私罪者，不拘自陳、被論，吏部逐一查開奏請，充軍者放回原籍爲民，爲民者與冠帶閑住，閑住者與致仕。中間如有才望過人、年力尚壯、曾經薦舉者，許一體遇缺推用。"欽此。欽遵。查得原任南京禮部尚書葛守禮，原任户部右侍郎趙貞吉，原任兵部右侍郎郭宗皋，原任都察院右副都御史林雲同、右僉都御史曹邦輔，原任左布政使鍾卿，原任按察司副使曹金、金立敬、殷邁，僉事謝廷茝，俱年力尚强，才識可用，且屢經户、兵二部并各該撫按官奏薦到部，乞爲題請，案呈到部。

看得人才雖稱難得，舍短取長，自足一世之用。即如見在廢閑諸臣，均係先帝數十年間所作養者，譬之楝梁榱桷，其材可勝廊廟之用，雖有寸朽，終難盡棄；况經風霜摧剥之餘，直心勁節，益復堅貞。臣等不能爲國收采，致令朝乏耆舊，野有遺賢，銓衡之任，實有愧焉。兹者仰荷皇上新政之初，首録建言之賢，次搜廢棄之雋，即古帝王求賢如不及、與人不求備之盛心也。臣等愚昧，敢不仰承。查得原任南京禮部尚書等官葛守禮等，職雖不同，俱係因事詿誤，并自陳休致，比之私罪罷斥者不同。考其才識，或清嚴孤介，不逐流俗；或慷慨激烈，可濟急緩；或政事精練，可堪煩劇之司；或文學優贍，可備督學之選。且屢經户、兵二部及各該撫按官交章奏薦，正與恩詔事體相合。伏望聖明俯賜裁允，容臣等遇有相應員缺，酌量疏名，奏請簡用。此外尚有遺漏，本部再加查訪，以次開陳，仍聽兩京科道官與各處撫按官，不拘聽調、致仕、閑住、爲民、充軍，查係公論攸歸者，各另奏薦，庶幾一才一藝，皆得自獻于昌時，臣等推舉之際，不至乏人，亦可以少逭罪狀於萬一矣。

隆慶元年正月初九日題，奉聖旨："是。"欽此。

計開：

葛守禮，山東德平縣人，原任南京禮部尚書，致仕。

趙貞吉，四川内江縣人，原任户部右侍郎，冠帶閑住。

郭宗皋，山東福山衛人，原任兵部右侍郎，充軍。

林雲同，福建莆田縣人，原任右副都御史，回籍聽勘。

曹邦輔，山東定陶縣人，原任右僉都御史，充軍。

鍾卿，廣東東莞縣人，原任福建左布政使，致仕。

曹金，河南祥符縣人，原任浙江按察司副使，閑住。

金立敬，浙江臨海縣人，原任福建按察司副使，致仕。

殷邁，南京留守右衛人，原任貴州按察司副使，致仕。

謝廷莅，四川富順縣人，原任浙江按察司僉事，致仕。

奉詔恤録建言得罪諸臣楊繼盛等疏

題：爲開讀事。驗封清吏司案呈，伏睹大行皇帝遺詔内開："建言得罪諸臣，存者召用，殁者恤録，見監者即先釋放復職。"欽此。又伏睹詔書内一款："自正德十六年四月以後，至嘉靖四十五年十二月以前，建言得罪諸臣，遵奉遺詔，存者召用，殁者恤録。吏、禮、兵部作速查開職名，議擬具奏。"欽此。查得太子太保、吏部尚書，例該于原官上量贈一階，仍與祭葬，廕一子做中書舍人；侍郎，該贈都察院右都御史；右副都御史，該贈户部右侍郎；學士，該贈禮部右侍郎；太僕寺卿，該贈都察院右副都御史；大理寺少卿，該贈都察院右僉都御史；都給事中、郎中、員外郎，該贈太常寺少卿；中允、贊善、修撰、編修、檢討、左給事中、給事中、御史、主事、經歷、僉事，該贈光禄寺少卿。應與祭者仍與祭一壇，應廕子者仍廕子一人，入監讀書。通查案呈到部。

看得建言得罪諸臣，蒙先帝録恤之恩，遺詔開載甚明；際聖主亨嘉之會，新詔申諭更切。雖身先朝露，不幸殞歿，九原有知，均當結草。但其死不同，大略有三：典刑者上也，合當復其原職，特贈一官，厚加諭祭，仍廕一子；廷杖而死者次也，合當復其原職，量贈一官，亦廕一子；或久縶囹圄，或遠戍邊徼，或永棄草澤，終得死於牖下者又其次也，合當復其原職，仍贈一官。内尚書熊浹，正言正色，古道古心。諫止仙亭，侃侃得大臣之體；優游林壑，揚揚有達士之風。御史楊爵，敷陳一疏，義膽忠肝，前後奏議自當稱首；繫獄十年，困心衡慮，始終氣節原無與雙。以上二臣，又應與杖死者一體録恤，以示優異。通乞聖明俯賜裁定，敕下遵行。此外如有遺漏，聽兩京科道官并各處撫按官查理明白，各另議奏。

隆慶元年正月初九日題，奉聖旨："是。熊浹准贈少保，還與他謚。其餘依擬行。"欽此。

計開：

一等，應該復職贈廕，仍加諭祭官四員：

楊繼盛，直隸容城縣人，任兵部署員外郎。嘉靖三十二年，爲感激天恩，舍身圖報，乞賜聖斷，早除奸險巧佞權賊，以清朝政，以絶虜患事，建言，下獄典刑。

郭希顔，江西豐城縣人，任春坊左中允。嘉靖三十九年，爲天恩未報，處君父骨肉之間，願獻微忠事，建言，典刑。

沈鍊，浙江會稽縣人，任錦衣衛經歷。嘉靖三十年，爲早決征虜大策等事，建言，先爲民，後典刑。

楊允繩，直隸華亭縣人，任户科左給事中。嘉靖二十四年，爲光禄寺，建言，典刑。

二等，應該復職贈廕（内熊浹仍該祭葬，應否與謚，禮部奏請）官一十五員：

熊浹，江西南昌縣人，任太子太保、吏部尚書。嘉靖二十三年，爲停建仙亭事，建言，爲民。

楊爵，陝西富平縣人，任山東道監察御史。嘉靖二十年，爲慰人心以隆治道事，建言二次，下獄爲民。

楊最，四川射洪縣人，任太僕寺卿。嘉靖十九年，以直陳時事，杖死。

王思，江西泰和縣人，任翰林院編修。嘉靖三年，以議禮，杖死。

浦鋐，山東登州衛人，任巡按陝西監察御史。嘉靖二十年，爲捄御史楊爵，杖死錦衣衛獄中。

周天佐，福建晋江縣人，任户部主事。嘉靖二十年，爲捄御史楊爵，杖死錦衣衛獄中。

薛宗鎧，廣東揭陽縣人，任户科左給事中。嘉靖十四年，爲劾吏部尚書汪鋐，杖死。

曾翀，直隸霍丘縣人，任河南道監察御史。嘉靖十四年，爲劾吏部尚書汪鋐，杖死。

何光裕，四川梓潼縣人，任兵科都給事中。嘉靖三十年，爲禁奸宄〔二〕以嚴邊防，斥邪妄以振兵威事，建言，杖死。

葉經，浙江上虞縣人，任江西道監察御史。爲劾輔臣嚴嵩，以進呈山東鄉試録坐罪，杖死。

裴紹宗，陝西渭南縣人，任兵科給事中。嘉靖三年，以議禮杖死。

張原，陜西三原縣人，任兵科給事中。嘉靖三年，以議禮杖死。

仵瑜，湖廣蒲圻縣人，任禮部主事。嘉靖三年，以議禮杖死。

臧應奎，浙江長興縣人，任禮部主事。嘉靖三年，以議禮杖死。

殷承叙，陜西蘭州衛人，任刑部主事。嘉靖三年，以議禮杖死。

三等，應該復職，仍贈官官二十六員：

唐胄，廣東瓊山縣人，任户部左侍郎。論劾武定侯郭勛始祖郭英不當配饗太廟，又論明堂事，爲民。

李璋，錦衣衛人，任都察院右副都御史。嘉靖六年，以議獄充軍。

豐熙，浙江鄞縣人，任翰林院學士。嘉靖三年，以議禮充軍。

徐文華，四川嘉定州人，任大理寺左少卿。嘉靖六年，以議獄充軍。

楊慎，四川新都縣人，任翰林院修撰。嘉靖三年，以議禮充軍。

王元正，陜西盩厔縣人，任翰林院檢討。嘉靖三年，以議禮充軍。

羅洪先，江西吉水縣人，任左春坊贊善。嘉靖十九年，爲乞舉東宫朝儀事，建言，爲民。

楊名，四川遂寧縣人，任翰林院編修。嘉靖十一年，論劾吏部尚書汪鋐，充軍。

張翀，四川潼川州人，任禮科都給事中。嘉靖三年，以議禮充軍。

張侃，直隸大河衛人，任刑科都給事中。嘉靖二十九年，爲處决重囚事，杖發爲民。

劉琦，陝西洛川縣人，任兵科給事中。嘉靖六年，以議獄充軍。

劉濟，騰驤右衛人，任刑科都給事中。嘉靖六年，以議獄充軍。

馬録，河南信陽州人，任山東道監察御史。嘉靖六年，以議獄充軍。

程啓充，四川嘉定州人，任浙江道監察御史。嘉靖六年，以議獄充軍。

盧瓊，江西浮梁縣人，任浙江道監察御史。嘉靖六年，以議獄充軍。

陳讓，福建晋江縣人，任福建道監察御史。嘉靖十八年，諫阻顯陵合葬，爲民。

桑喬，直隸江都縣人，任河南道監察御史。以論劾輔臣嚴嵩，發〔三〕充軍。

包節，直隸華亭縣人，任湖廣道監察御史。嘉靖二十五年，巡按湖廣，論劾守備廖斌，杖發充軍。

王宗茂，湖廣京山縣人，任南京廣東道監察御史。嘉靖三十一年，爲糾劾誤國輔臣等事，謫縣丞。

余翱，直隸定遠縣人，任四川道監察御史。嘉靖三年，以議禮充軍。

方一桂，福建莆田縣人，任廣東道監察御史。嘉靖十四年，以建言杖發爲民。

劉魁，江西泰和縣人，任工部員外郎。嘉靖二十二年，爲停建雷壇事，建言，下獄爲民。

余寬，浙江臨海縣人，任吏部郎中。嘉靖三年，以議禮充軍。

黄待顯，福建莆田縣人，任户部郎中。嘉靖三年，以議禮充軍。

陶滋，山西絳州人，任兵部郎中。嘉靖三年，以議禮充軍。

相世芳，山西安邑縣人，任刑部郎中。嘉靖三年，以議禮充軍。

王與齡，山西鄉寧縣人，任吏部郎中。嘉靖二十二年，爲輔臣嚴嵩囑托公事，將原來私帖劾奏，爲民。

章綸，錦衣衛人，任山西按察司僉事。嘉靖六年，以議獄充軍。

覆議匠官徐杲褫職疏

題：爲自陳衰老庸材，懇乞天恩容令休致，以公考察事。考功清吏司案呈，奉本部送，吏科抄出，工部帶俸尚書徐杲奏，奉聖旨：“該部知道。”欽此。欽遵，通抄送司，案呈到部。

看得工部帶俸尚書徐杲自陳不職，及該工科都給事中王元春等論劾本官加添冒濫，欲要量准别項雜職，冠帶閑住，并伊男徐文燦俱革職爲民，牌坊停止各一節。爲照工作人等縱有勤勞，止當優以金帛，不宜錫以官爵。所據徐杲身任工書，明躋六卿之列；腰懸玉帶，廕承一品之階。乃我朝自來所無之事，不惟人言嘖嘖，亦恐心不自安。合無將本官尚書職銜并所廕伊男徐文燦武職盡行削除，奏建坊牌即爲停止。若念其效勞日久，且年已衰遲，姑以營繕所所正致仕。其所管下，但係因工升授少卿、郎中、主事等項作官，容臣等通行查明，開坐議革。

隆慶元年正月十七日題，奉聖旨：“徐杲著冠帶閑住。”欽此。

覆議侍講學士王大任姜儆褫職疏

題：爲自陳不職，乞賜罷黜，以光新政事。考功清吏司案呈，奉本部送，吏科抄出，翰林院侍講學士王大任奏，奉聖旨："王大任著吏部查議來説。"欽此。又該刑科都給事中徐公遴題，爲追論首惡，乞賜併究，以重刑章事，奉聖旨："法司知道。"欽此。欽遵，通抄送司，案呈到部。

看得翰林院侍講學士王大任自陳不職，及該刑科都給事中徐文遴等參稱王大任并原任侍講學士、今丁憂姜儆，欲要併究，以正刑章各一節。除事干刑名者，聽法司徑自議覆外。爲照王大任、姜儆官列臺端，職當言路。依違訪道，已非憲紀之常；引用匪人，更失貞肅之體。且姜儆巡按湖廣，頗著酷聲；王大任巡按雲南，大招物議。合無照依不謹事例，俱令冠帶閑住，惟復褫奪爲民，以示懲戒。伏乞聖裁。

隆慶元年正月十七日題，奉聖旨："姜儆、王大任既於巡按時有議，著冠帶閑住。"欽此。

議通判許嶽不當降級疏

題：爲明職掌以辯註誤事。文選清吏司案呈，奉本部送，准都察院咨，據巡按湖廣監察御史陳省呈前事，咨部送司。卷查先准户部咨，稱嘉靖四十二年分南糧岳州府管糧通判許嶽違限一年之上，照例起送，降級别用。隨該通政使司連狀送，據許嶽告前事，未委虚的，已經移咨都察院，轉行巡按湖廣監察御史查勘去後。今該前因，案呈到部。

看得催科固爲急務，分管各有攸司，必須罪當其情，庶幾人知警戒。今查通判許嶽原管軍糧，通判許遷原管南糧。四十二年南糧違限，明是許遷，若彼罪此承，人情委有不堪。且許遷專管三年，未完升合；許嶽帶管四月，即完過一萬三千六百餘石。既泯其功，又加以罪，於法亦爲未當。所據巡按御史陳省查勘明白，呈院咨部，臣等既知虧枉，豈敢依違？合無將許嶽免其降級，仍以原升同知調用，庶理財、用人兩不相背。伏乞聖裁。

隆慶元年正月十八日題，奉聖旨："是。"欽此。

覆巡撫順天都御史耿隨卿自陳留用疏

題：爲自陳不職，乞賜罷斥，以新聖治事。考功清吏司案呈，奉本部送，吏科抄出，整飭薊州等處邊備兼巡撫順天等府地方、都察院右僉都御史耿隨卿奏，奉聖旨："吏部知道。"欽此。欽遵，抄出送司，案呈到部。

看得整飭薊州等處邊備兼巡撫順天等府地方、都察院右僉都御史耿隨卿自陳不職，乞要罷斥一節。爲照本官自任撫循以來，操持無議，經略有方，雖經自陳，仍應留用。合候命下，令其照舊供職。務要與總督薊遼右都御史劉燾同心共濟，益竭忠猷。無以邊烽稍息，少疏十路之防；常如夷虜在前，首嚴三衛之備。上紓宸衷，下慰民望，方稱委任。

隆慶元年二月初三日題，奉聖旨："耿隨卿著照舊供職。"欽此。

覆巡撫山東都御史洪朝選自陳留用疏

題：爲自陳不職，乞賜罷斥，以隆新政事。考功清吏司案呈，奉本部送，吏科抄出，巡撫山東等處地方兼督理營田、都察院右副都御史洪朝選奏，奉聖旨："吏部知道。"欽此。欽遵，抄出送司，案呈到部。

看得巡撫山東等處地方兼督理營田、都察院右副都御史洪朝選自陳不職，乞要罷斥一節。爲照本官才識精明，操持廉慎，東土士民咸以得人爲慶，雖經自陳，仍應留用。合候命下，令其照舊供職。務要大展忠猷，益加保釐。潛消奸宄，成買牛賣劍之風；興舉營田，致家給人足之效。登萊海波雖稱不揚，備倭之方仍宜講究；濟寧河道雖非專理，修浚之事亦當共圖。永保三齊之治安，方稱九重之簡命。

隆慶元年二月初四日題，奉聖旨："洪朝選著照舊供職。"欽此。

覆監察御史王廷瞻劾侍郎劉畿留用疏

題：爲糾拾遺奸，乞賜罷黜，以警官邪事。考功清吏司案呈，奉本部送，吏科抄出，巡按直隸監察御史王廷瞻題，奉聖旨："吏部知道。"欽此。欽遵，抄出送司，案呈到部。

看得巡按直隸監察御史王廷瞻論劾南京兵部右侍郎劉畿不職，乞要罷黜一節。爲照本官管理工程，固是科中挨次奏差，然不及三年，因工連升三次，委屬太驟。于後巡撫浙江，乃能安輯州縣，震讋倭奴，不止平靖礦寇一事，巡按御史龐尚鵬極口薦揚，謂其風猷素著，文武兼資，則其才略亦可概見。况南兵侍郎專管振武營務，與有留都安危之寄，艱大盤錯，似當委任責成，所據御史王廷瞻參劾前因，係干公論，相應參互酌處。合候命下，將劉畿原升俸内量降二級，令其前去南京到任，策勵供職，必須積有年勞，資稱其官，方許别轉。

隆慶元年二月初七日題，奉聖旨："是。劉畿著策勵供職。"欽此。

覆巡撫保定都御史曹亨自陳留用疏

題：爲懇祈天恩矜憫病臣，俯賜致仕事。考功清吏司案呈，奉本部送，吏科抄出，新升巡撫保定等府地方兼提督紫荆等關、都察院右僉都御史曹亨奏，奉聖旨："吏部知道。"欽此。欽遵，抄出送司，案呈到部。

看得新升巡撫保定等府地方兼提督紫荆等關、都察院右僉都御史曹亨自陳衰病，乞要休致一節。爲照本官所奏，情既真切，詞復懇到，具見難進易退之義。但考其歷履，在官之望既隆，居鄉之行尤著，雖經自陳，仍應留用。合候命下，令其作速到任管事，務要大展忠猷，鋭情經略。内輯六府，收畿南保障之功；外飭三關，嚴北門鎖鑰之備。以副人望，以報國恩。

隆慶元年二月初十日題，奉聖旨："是。曹亨著用心巡撫地方。"欽此。

覆巡撫大同都御史張志孝自陳留用疏

題：爲自陳不職，乞賜罷黜，以新聖治事。考功清吏司案呈，奉本部送，吏科抄出，巡撫大同地方、贊理軍務、都察院右僉都御史張志孝奏，奉聖旨："吏部知道。"欽此。欽遵，抄出送司，案呈到部。

看得巡撫大同地方、贊理軍務、都察院右僉都御史張志孝自陳不職，乞要罷黜一節。爲照本官操履精嚴，規模闊大。先出使於雲中，備嘗夷險；今持節於塞上，洞悉機宜。雖經自陳，仍應留用。合候命下，行令照舊供職。務要一弛一張，有倫有要。摧强梁之虜，不在於戰，惟在於謀；馭頑鈍之卒，欲振以威，先撫以恩。至於城内宗藩，關係更大，尤須申明聖祖明訓，使之毋驕毋淫，各保禄位。果有仍前恣肆者，會同巡按御史從實查參，庶幾處置得宜，嚚棼自息。

隆慶元年二月十二日題，奉聖旨："張志孝著照舊供職。"欽此。

覆巡撫遼東都御史魏學曾自陳留用疏

題：爲自陳不職，乞賜罷斥，以新用舍事。考功清吏司案呈，奉本部送，吏科抄出，巡撫遼東地方兼贊理軍務、都察院右僉都御史魏學曾奏，奉聖旨："吏部知道。"欽此。欽遵，抄出送司，案呈到部。

看得巡撫遼東地方兼贊理軍務、都察院右僉都御史魏學曾自陳不職，乞要罷斥一節。爲照本官自撫東遼以來，悉心籌畫，極力經營。積弱之餘，雖未著攘外之效；振飭之後，已漸成安内之功。地方有賴，仍應留用。合候命下，行令照舊供職。務要積穀課農以備荒，增埤練士以禦虜。哨探嚴於馬市，謹開原門户之防；威惠達於屬夷，通寧前咽喉之利。至於拱護薊鎮，以重腹心，尤爲體要。

隆慶元年二月十四日題，奉聖旨："魏學曾著照舊供職。"欽此。

覆巡撫河南都御史孟養性自陳留用疏

題：爲自陳不職，乞賜罷黜，以應明詔事。考功清吏司案呈，奉本部送，吏科抄出，巡撫河南等處地方、都察院右副都御史孟養性奏，奉聖旨："吏部知道。"欽此。欽遵，抄出送司，案呈到部。

看得巡撫河南等處地方、都察院右副都御史孟養性自陳不職，乞要罷黜一節。爲照本官自撫中州以來，操持無議，鎮静有常，雖經自陳，仍應留用。合候命下，令其照舊供職。務要崇節儉以銷奢靡之風，嚴考覈以杜奸玩之弊。四通八達，嵩洛之礦徒，徐沛之鹽徒，加意隄防，日切前車之戒；十室九空，宗藩之禄米，班軍之月米，悉心計處，時勤後事之防。明作有功，方稱委任。

隆慶元年二月十五日題，奉聖旨："孟養性著照舊供職。"欽此。

校勘記

〔一〕"節"後，疑當有一"奉"字。

〔二〕"宄"，原作"究"，據文意改。

〔三〕"發"前，疑當有一"杖"字。

蒲坂楊太宰獻納稿卷二

議原任巡撫順天都御史朱方復職疏

少保兼太子太保、吏部尚書臣楊博等謹題：爲挾讎誣陷，懇乞天恩廣恩詔以伸極冤事。驗封清吏司案呈，奉本部送，吏科抄出，禮科右給事中朱繪奏，奉聖旨："吏部知道。"欽此。欽遵。

看得前項事情，原係兵部議覆，合咨前去，即查都御史朱方原題掣兵本内是否止要掣回薊鎮兵馬，或曾併議掣回宣府兵馬，以致宣府失事；其薊鎮掣兵之後，本鎮有無失事；彼時該科都給事中戴夢桂參論是否挾讎誣陷備由，并將始末文卷封送過部，以憑施行。隨准兵部咨，送原題堂稿前來。

查得先該都御史朱方題稱，哨探回報，大兵達賊及小王子等前往地名威寧海子等處住牧，相離宣府五百餘里，水草枯涸，道里寫遠，地方可保無虞。且京、遼官軍及山東長鎗手共近三萬四千餘員名，各防守邊關，分戍日久，勞瘁可憫，其合用錢糧日計千兩。況順、永二府所屬軍民近遭異常水患，窮苦無聊，加兹久供軍役，未免驚疑逃竄。要將前項防禦兵馬暫且掣回等因。奉世宗皇帝聖旨："兵部知道。"欽此。該本部議得，前項駐邊大虜既已畏威遠遁，地方無虞，原調各項兵馬委應掣回。既該巡撫都御史朱方具奏前來，相應依擬。合候命下，移咨都御史朱方、鄭重，總、副、參、遊等官戴廉等，將前項防禦兵馬，及行都司張儒，將長鎗手通行掣回。其宣大客兵并長鎗手，仍行總督尚書翟鵬會同撫鎮衙門再行遠探，如果達賊遠遁，徑自發回，具由回奏等因。奉世宗皇帝聖旨："是。大虜既已遠遁，依擬掣回防守官軍。"欽此。

又查得山西道監察御史舒汀等題參原任兵部尚書毛伯温、該司郎中韓勛漫無參酌，朦朧議覆，責不容辭。况朱方之議止于請掣薊州客兵，而該部該司一概題覆，并將宣大等鎮客兵一體盡行掣散，以致虜寇乘虚直逼三關，本兵之罪，所當首論等因。節奉世宗皇帝聖旨："毛伯温革職爲民，韓勛發邊衛充軍。"欽此。

又查得禮科等科都給事中辛自修等、河南等道監察御史王好問等各題，爲開讀事，内稱文臣中如曾銑、楊守謙、商大節、翟鵬、朱方、張漢、王杲、孫繼魯等八員，或志在立功，身遭重辟，或事存體國，罪累流亡，至今無問知與不知，咸爲痛惜，所當一併詳議題請。奉有明旨見在，禮部議覆。通查案呈到部。

看得原任整飭薊州等處邊備兼巡撫順天等府地方、都察院右僉都御史，後充軍已故朱方，廉潔無私，剛方有斷。先以御史巡按河南，風裁凛凛，戴夢桂時任杞縣知縣，方嘗欲按其罪，夢桂固深銜之，于後入科，遂以掣兵之事挾私害方。參詳調到兵部堂稿，方之所議掣者，止是本管薊鎮之兵，兵部因而併掣宣大之兵，以致宣大失事，于方何與？御史舒汀等參究本兵之原疏，已嘗辯析于當時；科道官辛自修、王好問等遵奉聖明之新詔，又復開陳于今日。公論甚明，委當申雪。合無將朱方先復原職，仍行禮部議給恤典。臣等未敢定擬。

隆慶元年二月十八日題，奉聖旨："是。朱方准復原職。"欽此。

議原任户部尚書王杲復職疏

題：爲控籲極冤至情，乞廣恩詔，俯賜矜恤，以勵臣節事。驗封清吏司案呈，奉本部送，吏科抄出，原任太子太保、户部尚書，充軍已故王杲男監生王世泰奏，奉聖旨："吏部知道。"欽此。欽遵。

行准户部咨稱，查得先該本部尚書王杲題參管庫員外郎余善繼等收納兩淮解到餘鹽等項銀兩，内將驗退銀一千兩誤報收訖，并經收庫役人等通行參究等因，奉世宗皇帝聖旨："余善繼等，法司提了問。"欽此。又該刑部等衙門尚書等官屠僑等具題，節奉世宗皇帝聖旨："是。既是張禄通同作弊侵銀，依擬，着彼處巡按御史通行提究追捕。"欽此。又該禮科給事中馬錫題，爲乞賜究詰餘奸，盡國法以杜弊源事，奉世宗皇帝聖旨："插和官銀，賄屬秤收，奸弊重大。王杲、艾朴、黄正大并奏内有名人犯，錦衣衛便着逐一拿送鎮撫司究問來説，不許徇畏回護。"欽此。又該户科都給事中厲汝進等題，節奉世宗皇帝聖旨："這厮每既知張禄罪惡，如何不行早劾？此時不過與王杲解。"欽此。續將王杲謫發廣東充軍訖。

又查得近該禮科等科都給事中辛自修等、河南等道監察御史王好問等各題，爲開讀事，内稱文臣如曾銑、楊守謙、商大節、翟鵬、朱方、張漢、王杲、孫繼魯等八員，或志在立功，身遭重辟，或事存體國，罪累流亡，至今無問知與不知，咸爲痛惜，所當一併詳議題請。奉有明旨見在，禮部議覆。通查案呈到部。

看得原任太子少保、户部尚書，後充軍已故王杲男監生王世泰奏，父無辜被陷，死于戍所，乞要湔除罪名恤録一節。爲照本官自縣令以至尚書，兢兢翼翼，冰蘗之操，可對神明。仰蒙先帝深知其賢，特加簡用，海内之人無論識與不識，亦咸以清慎稱之。雖該給事中馬錫一時誤聽浮言，輕爲論列，今觀都給事中厲汝進等論辨之章，六科十三道官辛自修、王好問等議恤之疏，先後相去二十餘年，不約而同，具見公論所在。既經户部查明，移咨前來，臣等無容别議。合無將王杲先行復其原職，仍行禮部議給恤典。臣等未敢定擬。

隆慶元年二月二十三日題，奉聖旨："是。王杲准復原職。"欽此。

會議右給事中王諫劾郎中武金等留用疏

題：爲糾劾漏網貪官，以慰人心，以清吏治事。吏科抄出，工科右給事中王諫題，奉聖旨："吏部、都察院知道。"欽此。欽遵，抄出到部。

臣等會同都察院左都御史臣王廷，看得工科右給事中王諫題參户部主事邵元哲肆貪饕以玷官箴，所當亟行罷斥，考功司郎中武金私桃李以傷公道，所當量行降調各一節。爲照主事邵元哲，以嘉靖四十四年進士歷任方餘一年，先在通州管倉，查革斗級書皂過於嚴急，遂致匿名文帖遍布通衢。臣等會考之時，以爲匿名文帖，法例所禁，輕易聽信，不惟遂小人中傷之計，抑恐阻部官任事之心，以故將邵元哲擬注存留項下。郎中武金雖係元哲會試座主，實無一言回護。且考察之後，科道官會本拾遺，部屬中止有郎中劉孝，亦未及於元哲。乃今已經閲月，該科有此論奏，中間事情，大率出自風聞，實由通州流言所致，似難别議。况武金平日廉直任怨，輿論共知，若止以門生形迹之嫌併議降調，尤爲可惜。合無將武金行令照舊供職，邵元哲姑令策勵供職，容臣等部院再加體訪，以俟論定，惟復别有定奪，均乞聖裁。

隆慶元年二月二十四日會題，奉聖旨："武金、邵元哲都着照舊供職。"欽此。

覆巡撫陝西都御史楊巍自陳留用疏

題：爲自陳不職，乞賜罷黜，以隆聖治事。考功清吏司案呈，奉本部送，吏科抄出，巡撫陝西等處地方、都察院右僉都御史楊巍奏，奉聖旨："吏部知道。"欽此。欽遵，抄出送司，案呈到部。

看得巡撫陝西等處地方、都察院右僉都御史楊巍自陳不職，乞要罷斥一節。爲照本官華實并茂，文武兼資。頃以上谷之望，起撫三秦，彼中人士方歌來暮，雖經自陳，仍應留用。合候命下，令其照舊供職。務要益勤經略，大展忠猷。調度三邊之兵食，外攘醜虜；保釐八郡之黎庶，内靖封疆。

隆慶元年三月初三日題，奉聖旨："楊巍着照舊供職。"欽此。

覆都給事中馮成能追贈前母疏

題：爲懇乞推情追贈前母，以廣天恩事。驗封清吏司案呈，奉本部送，吏科抄出，工科都給事中馮成能奏，奉聖旨："該部知道。"欽此。欽遵，抄出送司。

案查正統年間吏部左侍郎曹鼐奏乞追贈前母孟氏，成化年間户部尚書楊鼎乞贈前母魏氏，景泰年間山西右參政葉盛乞贈前母湯氏，俱蒙特允。又查得嘉靖十五年七月内，翰林院侍講學士蔡昂奏稱，乞要追贈前母楊氏等因，該本部覆題，奉世宗皇帝聖旨："准他。"欽此。欽遵。今該前因，通查案呈到部。

看得工科都給事中馮成能奏稱，乞要將前母羅氏照例一體追贈一節。爲照前母之封，令甲未載，如先年吏部左侍郎曹鼐等，近年侍講學士蔡昂，俱蒙准贈，皆係特恩。臣等竊惟，禮緣人情，恩以類錫。前母之於子，雖無撫育之恩，然自父視之，其爲母一也。今馮成能之父母皆有封贈，而前母獨不得霑一命之榮，歲時奉祀，稱謂懸殊，宜其心不自安，有此陳奏。既經該司查有前例，所據本官前母羅氏似應一體加贈。但恩典出自朝廷，臣等未敢擅便。

隆慶元年三月初五日題，奉聖旨："准他。"欽此。

會議給事中周世選不當論救僉事萬廷言及劾尚書雷禮疏

題：爲奸憸大臣漏網肆讒，致乖政體，懇乞聖明速賜罷黜，以昭公議，以儆臣工，以光隆新政事。吏科抄出，禮科給事中周世選題，奉聖旨："萬廷言升遷是否雷禮指授，吏部、都察院從公看了來説。"欽此。又該少傅兼太子太傅、工部尚書雷禮奏，奉聖旨："吏部、都察院一併看了來説。"欽此。欽遵，通抄到部。

臣等會同都察院左都御史臣王廷，看得禮科給事中周世選論劾少傅兼太子太傅、工部尚書雷禮，内稱光禄寺寺丞萬廷言推升雲南僉事，皆由禮厚自結納於銓卿，公行指授於司屬，竊柄凌人，由來者久。及該雷禮奏辯，推升出自吏部，非臣敢與。尚書楊博剛正難干，臣豈敢出口爲其所薄？文選郎中胡汝桂與廷言素善，何能使之承行？蓋由周世選不欲萬廷言外補，連挽朋謀，嫁禍於臣各一節。爲照寺丞萬廷言以嘉靖四十一年進士，初授刑部主事，一調兵部，再升禮部，三改光禄，俱在臣博未任之先。及臣入部，又謀禮部儀制郎中。舊例，寺丞有望者徑升本寺少卿。臣既惡其輕躁，又復惜其文學，以故題升雲南提學僉事，使之練習外事，以示裁成之意，其事實臣博一人主之。雷禮與臣同列九卿，有何相壓，能主臣吏部之事？若果禮能指授臣之司屬，則廷言一官數調，又皆誰指授之？臣等竊惟，六品寺丞得升五品僉事，五年進士得拜風紀儒臣，計資掄望，固已處非其據，今猶云亟亟補之於外，不知必以何官升之、何地處之方快其壟斷之私哉？舉動乖剌，誠非清朝宜有之事。所據萬廷言仍當重加降罰，以爲庶官奔競者之戒。至於周世選所劾雷禮别事，及禮逐條辯析，查與科道官拾遺大略相同，已經奉旨發落，俱難再議。況今山陵在近，事體隆重，正屬工部經理之時，伏望皇上特降天語，將雷禮令其即出任事。但大臣去留出自朝廷，臣等未敢定擬。

隆慶元年三月初四日會題，奉聖旨："雷禮着照舊供職，萬廷言姑以原職降二級調外任。"欽此。

覆巡撫延綏都御史王遴自陳留用疏

題：爲自陳不職，懇乞天恩，容令休致事。考功清吏司案呈，奉本部送，吏科抄出，巡撫延綏等處地方、都察院右僉都御史王遴奏，奉聖旨："吏部知道。"欽此。欽遵，抄出送司，案呈到部。

看得巡撫延綏等處地方、都察院右僉都御史王遴自陳不職，乞要休致一節。爲照本官自任撫循以來，才既優長，志復精鋭。積弱之餘，雖嘗失之東隅；振飭之久，自當收之桑榆。地方允賴，仍應留用。合候命下，令其照舊供職。務要益加撫輯，大展忠猷。無事則内安疲民，以先保釐之政；有警則外攘套虜，以成掃蕩之功。至於防魚河之陸運，通府谷之水運，足食長策，尤當講究。

隆慶元年三月初六日題，奉聖旨："王遴着照舊供職。"欽此。

會議巡撫南贛都御史吴百朋加銜留鎮疏

題：爲據報巢賊搆黨復出，懇乞責成升任撫臣併加剿絶，以靖地方事。吏科抄出，兵科都給事中歐陽一敬等題，奉聖旨："吏、兵二部看了來説。"欽此。欽遵，抄出到部。

臣等會同太子少保、兵部尚書臣趙炳然，看得兵科都給事中歐陽一敬等具題前因，大率謂南贛岑岡、高砂、下歷三巢之賊燒屋携家，由龍南等處屯札擄掠，有激而出，有因而合，不容尋常易視。要將近升大理卿吴百朋改授兵部侍郎職銜，仍留南贛巡撫，用兵殺賊。若謂不當復留，亦乞速推撫臣代任各一節。爲照提督巡撫吴百朋自任南贛以來，已經五年。臣等念其久在兵間，以故稍遷大理寺卿，無非均平内外勞逸之義。乃今三巢之賊又復發作，即其焚居携家之形，誠爲沉舟破釜之計。該科計料賊情，欲留百朋復任南贛，知彼知己，深中機宜，相應依擬。伏乞聖明將吴百朋量改兵部職銜，仍兼憲職，照舊提督巡撫南贛地方。容臣等馬上差人齎文交與本官，會同廣東巡撫李佑協力同心，足兵足食。賊果棄巢遠出，則當盡數剿滅，以成百戰之功；賊若負險不出，則當多方防禦，以收萬全之效。事寧之日，通聽巡按御史查勘功罪，具奏定奪。遺下寺卿員缺，先行會官推補。

隆慶元年三月十四日題，奉聖旨：“是。吴百朋升兵部右侍郎兼都察院右僉都御史，照舊提督軍務，巡撫南贛地方。着用心剿賊，務期滅息。”欽此。

覆巡撫應天都御史謝登之自陳留用疏

題：爲自陳不職，懇乞天恩，俯賜罷黜，以新聖政事。考功清吏司案呈，奉本部送，吏科抄出，總理糧儲、提督軍務兼巡撫應天等府地方、都察院右副都御史謝登之奏，奉聖旨：“吏部知道。”欽此。欽遵，抄出送司，案呈到部。

看得總理糧儲、提督軍務兼巡撫應天等府地方、都察院右副都御史謝登之自陳不職，乞要罷黜一節。爲照本官德性温淳，操持嚴正，地方多事，方賴保釐，雖經自陳，仍應留用。合候命下，行令照舊供職。務要内防徽寧之礦寇，與衢嚴共爲掎角；外禦江海之倭奴，與淮浙相爲唇齒。至於禁革投靠以抑豪右，調停糧差以安貧民，尤爲首務。

隆慶元年三月十八日題，奉聖旨：“謝登之着照舊供職。”

欽此。

覆浙江巡按御史王得春論太常寺卿宜用科目出身疏

題：爲應明詔、罄愚衷以裨聖治事。文選清吏司案呈，奉本部送，吏科抄出，巡按浙江監察御史王得春題，奉聖旨："該部看了來説。"欽此。欽遵，抄出送司。

查得"惜名器"一款，先爲遵奉明詔，查革加添冒濫大臣，以重名器，以光新政事，該工科都給事中王元春等題，該本部議，將尚書徐杲姑以營繕所所正致仕，其所管下但係工升少卿、郎中、主事等項作官，俱奉欽依查革訖。又爲貪污匠官大肆違法事，節奉欽依，將徐杲問罪，仍充匠役。今該前因，通查案呈到部。

看得巡按浙江監察御史王得春題稱"重祀典""慎名器"二事，欲將師宗記退還本宫，別選任用，徐杲削奪職級，仍編匠役各一節。除徐杲節奉欽依問罪，革充匠役，無容别議外。爲照太常卿少卿與聞三禮，職在清華，祖宗舊例，俱於進士内選其才望兼隆者方得充任。所據見任禮部侍郎師宗記發身道流，委屬冒濫。念其聲音洪亮，行止謹飭，遽令廢閑，不無可惜。合無將師宗記革去今職，降作少卿，專管祝贊。少卿魏承詔、袁好禮亦俱降作寺丞，與同寺丞楊自和、王承業俱隨堂辦事。魏承詔、袁好禮以後事故，不必作缺。遺下正卿、少卿二缺，容臣等於科目中另行查選，題請簡用，庶幾舊章既復，新政允賴。伏乞聖裁。

隆慶元年三月二十一日題，奉聖旨："是。"欽此。

覆巡撫寧夏都御史王崇古自陳留用疏

題：爲遵詔自陳，乞賜罷歸，以光新政事。考功清吏司案呈，奉本部送，吏科抄出，巡撫寧夏等處地方、都察院右僉都御史王崇古奏，奉聖旨："吏部知道。"欽此。欽遵，抄出送司，案呈到部。

看得巡撫寧夏等處地方、都察院右僉都御史王崇古乞要罷免一節。爲照本官有洪濟之才，有擔當之力，撫夏三年，一塵不染，雖經自陳，仍應留用。合候命下，行令照舊供職。務要内撫殘民，外防驕虜。修筑赤木等口以通西凉之屏蔽，開拓黑山等營以復西勝之輿圖。河西廣武小邊雖已完固，河東花馬大邊仍須經營。

隆慶元年三月二十六日題，奉聖旨："王崇古着照舊供職。"欽此。

議原任南京兵部尚書李遂贈官疏

題：爲比例陳情，懇乞天恩，俯賜恤典，以光泉壤事。驗封清吏司案呈，奉本部送，准禮部咨送，原任南京兵部尚書、今已故李遂男主事李材奏贈官緣由到部。查得嘉靖四十五年十一月内，准禮部咨，該原任吏部尚書胡松男胡世耀奏，父在任病故，乞要比例贈官等因。該本部覆題，奉聖旨："胡松贈太子少保。"欽此。欽遵。今該前因，通查案呈到部。

看得已故原任南京兵部尚書李遂男李材奏稱，伊父歷官前職，在家病故，乞要比例贈官一節。爲照本官負敢爲之氣，具不羈之才。力掃倭奴，奇功屢奏於淮上；計擒叛卒，國威大振於南中。雖經言官論列，已蒙先帝慰留。所據贈官，查與尚書胡松事體相同，似應題請。但恩典出自朝廷，臣等未敢擅擬。

隆慶元年三月二十六日題，奉聖旨："李遂准贈太子少保。"欽此。

議原任刑部侍郎劉玉復職疏

題：爲祗奉恩詔，比例陳情，懇乞俯賜恤典，以光泉壤，以圖補報事。驗封清吏司案呈，奉本部送，吏科抄出，順天府通判劉慤奏，奉聖旨："該部知道。"欽此。欽遵，抄送到司。查得本官父劉玉先年以大獄等事冠帶閑住，在家病故，遵奉恩詔，正與都御史李珏、少卿徐文華等事體相同，應復原職。案呈到部。

看得已故原任刑部左侍郎劉玉行誼端方，學識醇正。始抗疏而得罪逆瑾，萬死一生；中倡義而力挫宸濠，孤忠獨立。至於大獄之事，尤爲無妄之灾。合無將本官先行復其原職，仍行禮部議給恤典。臣等未敢定擬。

隆慶元年三月二十八日題，奉聖旨："劉玉准復原職。"欽此。

覆六科十三道會薦尚書劉采等起用疏

題：爲遵詔旨，舉遺逸，以備甄收，以光新政事。文選清吏司案呈，奉本部送，吏科抄出，吏科等科署科事禮科給事中等官張鹵等題，又該河南等道監察御史陳聯芳等題同前事，俱奉聖旨："吏部知道。"欽此。欽遵，通抄到部送司。

查得尚書劉采、侍郎曾鈞、副使李攀龍、知府黄華俱致仕，内劉采，該巡撫徐南金、曾鈞，該巡按成守節、李攀龍、黄華，該巡撫霍冀、黄光昇等各題薦到部。尚書吴山、都御史方廉、少卿陸光祖、知縣霍與瑕俱閑住，内吴山，該巡按成守節題薦。尚書趙大佑、侍郎王國光、都御史胡堯臣俱養病。布政靳學顔患病行勘，行人魯邦彦係養親，内胡堯臣、靳學顔，該巡撫劉自强、鮑象賢題薦，魯邦彦，該巡按顔鯨等題薦。都御史趙孔昭係聽調，張鑑聽候别用，裴紳調南京，其張鑑、裴紳，該巡撫劉自强、楊宗氣等題薦。左侍郎吴嘉會、郎中劉爾牧、中書舍人劉芬俱爲民，内吴嘉會、劉爾牧，該巡撫楊宗氣、鮑象賢等題薦。都給事中厲汝進爲乞賜究治餘奸，以昭國法，以正欺弊事，内論劾嚴嵩，奉欽依降典史，未曾到任，隨經考察閑住訖。通查案呈到部。

看得六科十三道官張鹵、陳聯芳等會薦趙大佑等二十一人，始而各舉所知，終而輿論攸同，無非體先帝使過之心，承聖皇求舊之詔，廣搜博采，欲使野無遺賢之意。内除中書舍人劉芬近已病故，駙馬都尉鄔景和移咨禮部徑自議覆，養病官尚書趙大佑、侍郎王國光、都御史胡堯臣、副使李攀龍應該查其病痊，酌量起用，聽調官都御史趙孔昭、裴紳、張鑑應該查其才力，酌量擬用，終養官行人魯邦彦應該親終之日赴部，俱無容别議外。爲照尚書劉采、吴山，侍郎吴嘉會，都御史方廉，郎中劉爾牧，知府黄華，或德望老成，或才識明練，沉淪既久，不無可惜。原任都給事中、後降典史厲汝進，勁氣直節，明罹考察之誣陷；知縣霍與瑕，清操雅志，陰中彈劾之傾排。舊例若爲有礙，公論均切不平。侍郎曾鈞素行雖美，但年過七旬，精力衰減；少卿陸光祖操持無議，但性氣稍偏，輿論未一；布政使靳學顔才華可觀，但王親一事，尚未勘明。相應通行酌議，合候命下，將劉采、吴山、吴嘉會、方廉、劉爾牧、黄華、霍與瑕遇缺酌量推用。厲汝進准復原職，曾鈞量進一階，仍各令致仕。靳學顔速行山東撫按衙門勘報明白，與陸光祖少俟歲月，另行議處。伏乞聖裁。

隆慶元年三月二十九日題，奉聖旨："是。劉采、吴山、方廉、黄華、霍與瑕准起用，吴嘉會、劉爾牧罷。"欽此。

覆撫治鄖陽都御史劉秉仁自陳留用疏

題：爲自陳不職，乞賜罷黜，以新聖政事。考功清吏司案呈，奉本部送，吏科抄出，提督撫治鄖陽等處地方、都察院右僉都御史劉秉仁奏，奉聖旨："吏部知道。"欽此。欽遵，抄出送司，案呈到部。

看得提督撫治鄖陽等處地方、都察院右僉都御史劉秉仁自陳不職，乞要罷黜一節。爲照本官自任撫循以來，操持無議，恂謹有常，雖經自陳，仍應留用。合候命下，令其照舊供職。務要崇節儉以息供應之煩，勵明作以革玩愒之習。勸農緝盜，使軍民雜處之地咸保安全；清賦均徭，使楚蜀接壤之田不得影射。庶三省之保障有功，而五府之黔黎有賴。

隆慶元年三月二十九日題，奉聖旨："劉秉仁着照舊供職。"欽此。

覆考功司主事郭諫臣條陳疏

題：爲酌處銓曹未盡事宜，以隆新政事。文選清吏司案呈，奉本部送，吏科抄出，本部考功清吏司主事郭諫臣題，奉聖旨："吏部知道。"欽此。欽遵，抄出送司，案呈到部。

看得考功司主事郭諫臣奉詔條陳前因，就事論事，不出乎本部職守之外。中間闢邪崇正，救弊補偏，多于邦治有益，合就開立前件，議擬上請定奪。

隆慶元年三月二十九日題，奉聖旨："是。"欽此。

計開：

一曰闢異端之教。臣等看得，正一真人據今荒淫不檢，仍令世襲，誠爲無謂。但國初至今，歲月既久，文牒鮮存，本部不知其故，無從定擬。合無備行江西撫按官，即查張氏何年月日果因何事誥授正一真人，正枝張永緒既已故絶，應否永爲革除，或容其旁枝以提點主持奉祀。文書到日，限一月以裏回奏。

二曰節外戚之封。臣等看得，非軍功不侯，豈惟我朝特重其典，寔自古聖王之善政。先該本部會官議題，節奉世宗皇帝聖旨："外戚封爵自古未有，我皇祖亦未有制典。已封者姑與終身，子孫不許承襲。"事在嘉靖八年。玉田伯承襲父爵，事在嘉靖五年，則是蔣榮亦係姑與終身之數，非世襲也。安平伯告襲，事在嘉靖二十五年，奉有世宗皇帝聖旨："准襲伯爵一輩。"則是方承裕姑與終身，與蔣榮同也。蔣、方二外戚原無世襲之事，至於准襲一輩，出自特恩，亦非定制。若使得以世襲，不惟開國、靖難之子孫不服，雖同一外戚，如泰和伯之孫陳書者已自不服，近日陳書兩疏陳乞，蓋爲此也。合無將蔣榮、方承裕伯爵照舊止終本身，以後伊男照依陳書事例，量授錦衣衛指揮等職。仍乞明著令甲，但係外戚封伯者，身後不許再襲。

三曰正通喪之禮。臣等看得，衍聖公居喪之禮，雖未載諸典章，即觀近年孔聞韶病故，其子孔真〔一〕幹題請印信疏内則稱遵例守制，其族長孔謹等合保孔貞幹之詞則稱見在丁憂。至於制終襲爵及奉累朝特旨，差人行取，非其自請，事體俱明，無容别議。但其承襲之始，冒吉服而謝恩；承襲之後，遇聖節而入賀。以武弁之事，處聖人之裔，禮既有礙，情自不安。合無本部移文山東撫按衙門，轉行衍聖公知會，以後凡遇親喪，照舊守制二十七個月。其襲封事，撫按官代爲具奏，令其守護印信，暫管府事。服滿之日，仍行起送承襲。服内不分已襲未襲，俱免入賀，表文差人捧進。

四曰正冒濫之官。臣等看得，太常寺、鴻臚寺職在清華，委與通政司事同一體。至於尚書、侍郎、正卿、少卿，名器至重，尤非雜流可以忝竊。除徐杲、師宗記、王槐、高復春節該本部題奉欽依釐正外，其鴻臚寺卿、少卿自來俱於進士内選用，即如近年王道中、魏境則嘗任卿，鄭紳、胡侍則嘗任少卿。通政司缺多於鴻臚寺卿升用，其用禮儒生、納銀監生，始於承天從龍陳璋，非舊制也。合無斟酌議擬，鴻臚寺卿仍用進士，令其專管參酌禮儀，封進表章，約束官屬，免其奏事。見任蕭瀾仍以卿管左少卿事，專管入朝侍呼等項。以後事故，止以左少卿作缺，以右少卿補；右少卿作缺，以寺丞補。太常寺别途出身者，官至少卿而止。鴻臚寺别途出身，官至左少卿而止。遇三、六、九年考滿，止許加俸，不許升卿。其制敕二房中書官，照依近奉欽依，亦不許升列九卿，以紊舊制。其鴻臚寺員缺，容臣等即行推補。

五曰均内外之補。臣等看得，設官分職，凡以爲民，官無内外，惟求稱職。祖宗時原無重内輕外之説，不知始自何年，京堂有缺，止於翰林、吏部、六科十三道内推用，部寺官不得而與，方面等官更不得與焉。雖該臣等加意整飭，相沿日久，聞見駭異。合無今後京堂有缺，聽臣等不論資格，惟采其賢，不論疏逖，惟取其望，以見不次擢用之意。其翰林、吏部、科道見多外轉，原非其人，人皆以京堂處之。至於翰林、科道，若果恐其乏人，翰林則當每科精選入館，散館必留十數，科道則當於推官、知縣、中書、博士、行人内照例行取，一體精選，惟公惟明，其責在於部院，行之有常，自當足用。

六曰精考覈之典。臣等看得，京官考滿，向來雖有堂官考語，詞多溢美，難以盡憑。亦有全無考語者。若令每歲開注，又恐嫌怨易生，是非反謬。合無今後每遇京考之年，先期三月，本部并南京吏部咨札各衙門堂上掌印官，將所屬但在應考數内者查取考語，務要或賢或否，明注實迹，不許含糊兩可。固封停當，類送部院，以憑面議酌處。如掌印官原非科目出身，照依主事郭諫臣今擬，責成該管衙門堂上官。至於六科給事中，係近侍封駁之官，例無考語。兩京部院，止照舊規從公考覈，不必分擾。

七曰行就近之轉。臣等看得，就近遷轉，官民兩便，誠爲良法。已該臣等刻意舉行，不止右布政升左布政，縣丞有升本縣知縣者，訓導有升本學教諭者。近者止在本府，遠者不出本省，極遠者不過鄰省，一時人情頗覺稱便。但惟文憑一節，往復稽延，以致各官到任多至遲滯。合無今後不拘大選、揀選、急選、推升，命下之後，本部給憑，吏科定限，都察院轉行，兵部轉發，大率不許出於半年之外，庶幾就近遷轉之中，又得就近遷轉之實。

八曰重久任之法。臣等看得，久任之法，節經言官敷陳，本部議覆，其勢終難盡行。即如科道有缺，必取推官、知縣之賢者，若使概從久任，則科道乏人而中才者返得以倖進；方面副使有缺，必取於知府之賢者，若使概從久任，則方面乏人而資望淺者返得以超升。且賢能既獨淹留，事體自爲窒礙。必須先之薦舉以揚確其賢，繼之優獎以鼓舞其氣，人知向往，法方可行。近該本部移文各處撫按官，備訪所屬官員真爲地方倚賴者，不時會薦，題請加升服色俸級，再候政績有成，不次推用。見今陸續奏到，以次議覆，正與本官所見相同。合無申行撫按用心查訪，郡守、縣令果有治行卓異者，查照原奉欽依内事理，開具事績，作速會題，聽本部照例先行旌異，久任責成。知府二考者徑升參政，三考者徑升按察使、左右布政使。知州二考徑升僉事、知府，三考者徑升副使。知縣二考者徑升左右給事中、實授御史，三考者徑升都給事中、實授御史，仍點差巡按，遇有京缺，不次推用。庶幾久任不爲虚文，序遷亦不致乏人矣。

議原任都御史王儀復職疏

題：爲懇乞天恩，追録久仰忠勞，以光泉壤事。驗封清吏司案呈，奉本部送，吏科抄出，原任駐札通州、都察院右僉都御史王儀男兵部歷事舉人王緘奏，奉聖旨："該部知道。"欽此。欽遵，抄送到司。

行准錦衣衛鎮撫司手本，開稱嘉靖二十九年八月内，該巡按直隸監察御史姜廷頤等參論都御史王儀，大略謂懲治搶掠軍士過於嚴刻等因。節奉世宗皇帝聖旨："王儀革了職，着爲民。"欽此。今該前因，案呈到部。

看得都察院右僉都御史、爲民已故王儀，先以御史巡按河南，風裁茂著；後以都御史巡撫宣府，經略殫勞。嘉靖二十九年，虜寇近郊，先帝知其才名，特命通州防守。于時逆鸞方自大同提兵入衛，氣焰赫然，縱容悍卒盧江等搶掠財物，戮傷良民。本官不勝奮激，擒置於法。御史姜廷頤等慮恐逆鸞生變，因加論劾，以消其怒。今觀廷頤原疏，明開邊軍乘機搶奪，難保必無，則儀之處悍卒者，正所以折跋扈將軍之勢，爲朝廷紀綱，非爲私也。乃使削藉終身，未究而卒，公論甚惜。合無將本官復其原職，仍行禮部量議恤典。臣等未敢擅便。

隆慶元年四月初一日題，奉聖旨："王儀准復原職。"欽此。

覆南京科道官糾劾尚書黄光昇等酌議去留疏

題：爲遵奉明詔，糾劾京堂，以隆新政事。考功清吏司案呈，奉本部送，吏科抄出，南京吏科署科事南京户科給事中岑用賓等奏，俱奉聖旨："其餘的吏部看了來説。"欽此。欽遵，通抄送司，案呈到部。

看得南京吏科署科事户科給事中岑用賓、南京湖廣等道監察御史尹校等，交章糾劾原任兵部左侍郎巡撫山西、今丁憂萬恭，南京工部尚書吕光洵，刑部尚書黄光昇，提督四夷館太常寺少卿羅良，乞要罷斥，工部尚書雷禮、南京刑部尚書錢邦彦，乞要致仕各一節。爲照刑部尚書黄光昇，持廉秉公，允協明弼之望。工部尚書雷禮，節財省費，足稱强幹之才，雖有風聞，難逃日鑒。南京刑部尚書錢邦彦、南京工部尚書吕光洵，官常人品，舉無瑕疪，衰質暮齡，均當引退。侍郎萬恭，性氣偏急，屢不理於人口，經略詳密，特有裨於邊防。少卿羅良，在銓數年，極嚴操守；争禮一事，委涉輕疏。既該南京科道官交刺前來，相應通行議擬。合候命下，將黄光昇、雷禮照舊供職，錢邦彦、吕光洵行令致仕，萬恭候服制滿日，止以副都御史巡撫極邊地方，羅良改調南京相應衙門。但去留出自朝廷，臣等未敢定擬。

隆慶元年四月初二日題，奉聖旨："黄光昇、雷禮准留用，錢邦彦、吕光洵着致仕，萬恭閑住，羅良依擬調用。"欽此。

覆給事中岑用賓參南京尚寶司卿郭立彦曠職疏

題：爲糾論瘝曠，懇乞聖明亟賜罰治，以警有位事。考功清吏司案呈，奉本部送，吏科抄出，南京吏科署科事南京户科給事中岑用賓奏，奉聖旨："吏部知道。"欽此。欽遵，抄出送司。

查得本部見行事例，凡南京給由官員，以南京吏部領文之日爲始，除原定水程四十日外，扣違四個月者參問。又查得嘉靖四十五年閏十月，該南京浙江道監察御史艾可久條陳，要將南京給由京堂嚴定限期等因。該本部議得，今後南京各堂上官考滿復職之後，務要檢照《諸司職掌》内原定限期，作速赴任，如有過違限期者，聽本部與該科查參究處，覆奉欽依外。今該前因，通查案呈到部。

看得南京吏科署科事南京户科給事中岑用賓，參論南京尚寶司卿郭立彦考滿事完，枉道回籍，有誤哭臨大禮、慶賀大典，乞要量行罰治，仍嚴定堂官給由程限各一節。除南京堂官給由期限，節經本部覆奉欽依，無容再議外。爲照郭立彦始任給事中，以失儀謫降，原非建言，有補於朝廷；後任推官、主事、寺丞，以循資轉遷，不聞建立，有裨於公務。數年科第，超拜京堂，士論藉藉，久切不平。乃今延住原籍，以家爲官，甚至先帝大喪弗與哭臨，聖上登極弗與慶賀，據其情罪，不止罰治。合無將本官改調外任，以示懲戒。

隆慶元年四月初二日題，奉聖旨："是。郭立彦着調外任用。"欽此。

覆巡撫甘肅都御史石茂華自陳留用疏

題：爲遵詔自陳不職事。考功清吏司案呈，奉本部送，吏科抄出，巡撫甘肅等處地方、都察院右僉都御史石茂華奏，奉聖旨："吏部知道。"欽此。欽遵，抄出送司，案呈到部。

看得巡撫甘肅等處地方、都察院右僉都御史石茂華自劾求罷一節。爲照本官沉毅之資，縝密之才，撫循河右，五郡之人甚依賴之，雖經自陳，仍應留用。合候命下，行令照舊供職。務要興水利，開荒田，先收足食之效；繕墩堡，謹烽燧，以成不戰之功。南番坐守之夷，止當治以不治；北虜必争之寇，會須嚴而又嚴。至於西域諸夷，尤貴處置得宜，不必勤哈密之遠略，惟求壯嘉峪之雄圖。

隆慶元年四月初九日題，奉聖旨："石茂華着照舊供職。"欽此。

覆巡撫福建都御史塗澤民自陳留用疏

題：爲自陳不職，懇乞天恩，俯賜罷斥，以新聖治事。考功清吏司案呈，奉本部送，吏科抄出，提督軍務兼巡撫福建地方、都察院右僉都御史塗澤民奏，奉聖旨："吏部知道。"欽此。欽遵，抄出送司，案呈到部。

看得提督軍務兼巡撫福建地方、都察院右僉都御史塗澤民自陳求罷一節。爲照本官年力强壯，才識優長，八閩之人方切愛戴，雖經自陳，仍應留用。合候命下，行令照舊供職。務要與本省總兵官彼此同心，以盡和調之義；與鄰鎮提督官緩急共濟，以成唇齒之安。外而海寇，固當加意隄防；内而山寇，尤當多方平静。

隆慶元年四月十六日題，奉聖旨："塗澤民着照舊供職。"欽此。

覆侍郎王槐自陳致仕疏

題：爲自陳衰病，冒濫崇階，乞恩放歸，以謝人言事。考功清吏司案呈，奉本部送，吏科抄出，制敕房辦事、工部右侍郎王槐奏，奉聖旨："吏部知道。"欽此。欽遵，抄出送司，案呈到部。

看得制敕房辦事、工部右侍郎王槐，止以一節之長，冒列六卿之貳，據其所奏，歷引侍郎張電等事例，反覆辯析，全無恬退之心，益彰貪戀之態。若復容其在閣供事，揆以設官分職之義，則體統未安；律以難進易退之節，則名器可惜。但本官向在先帝之時，蚤夜繕寫，頗效勤勞；且原係順天府學生員，比之雜流不同。合無勒令致仕，不必再用。以後制誥二房中書官遇該升遷，若有相應官銜，許其填注；若無相應官銜，止許加俸。至於九卿重職，雖通政、參議、大理寺丞，亦不得輕易擬升，以紊舊制。

隆慶元年四月十九日題，奉聖旨："是。王槐着致仕。"欽此。

覆巡撫廣東都御史李佑自陳留用疏

題：爲自陳不職，乞賜罷黜，以新聖治事。考功清吏司案呈，奉本部送，吏科抄出，巡撫廣東地方兼贊理軍務、都察院右僉都御史李佑奏，奉聖旨："吏部知道。"欽此。欽遵，抄出送司，案呈到部。

看得巡撫廣東地方兼贊理軍務、都察院右僉都御史李佑自陳求罷一節。爲照本官先在南贛，才略著聞；頃因廣東新設巡撫，以故籍其經始。雖經自陳，仍應留用。合候命下，行令用心供職。務要與兩廣提督事事關白，切舟航共濟之心；與南贛提督種種商確，篤脣齒相須之義。三巢之寇，日在戒嚴；諸島之倭，時勤隄備：方稱委任。

隆慶元年四月二十二日題，奉聖旨："李佑着照舊供職。"欽此。

覆浙江巡按御史王得春劾同知薛應元聽勘疏

題：爲貪肆官員冒升京職，懇乞聖明速賜罷斥，以清吏治事。考功清吏司案呈，奉本部送，吏科抄出，巡按浙江監察御史王得春題，奉聖旨："吏部知道。"欽此。欽遵，抄出送司，案呈到部。

看得同知薛應元在任八年，曾經御史楊鈐等三薦其賢。巡按御史龐尚鵬與御史王得春近相交代，又稱其不吐剛，不茹柔，有定見，有定力。躬校簿書，久播精明之譽；身親臨陣，聿收全勝之功。故臣等查照年資，擬升員外郎，一以昭三途並用之公，一以勵庶職相觀之勸。乃今王得春又復論其貪肆，俱有指證，時日未久，臧否懸絶，必須從實體勘，以服其心。合候命下，將薛應元令其回籍聽勘。員缺先行推補，一面移咨都察院，轉行浙江巡按御史，會同巡撫都御史，將奏内有名人犯逐一行提究問。如果罪狀有據，作速會參，以憑遵奉新詔提問，革職爲民，仍嚴加追贓，以爲欺世盜名之戒。如或出自風聞，别無實迹，亦要明白回奏定奪。

隆慶元年四月二十七日題，奉聖旨："是。薛應元着回籍聽勘。"欽此。

覆巡撫貴州都御史杜拯自陳留用疏

題：爲自陳不職，懇乞天恩，亟賜罷黜，以昭新政事。考功清吏司案呈，奉本部送，吏科抄出，巡撫貴州兼督湖北川東等處地方、提督軍務、都察院右副都御史杜拯奏，奉聖旨："吏部知道。"欽此。欽遵，抄出到部送司，案呈到部。

看得巡撫貴州兼督湖北川東等處地方、提督軍務、都察院右副都御史杜拯自陳求罷一節。爲照本官持一廉而始終如一，經三黜而耿介無雙，荒服之地，方賴保釐，雖經自陳，仍應留用。合候命下，行令照舊供職。務要料理川湖之糧餉以足食，簡練貴陽之驍果以足兵。至與總兵官文武和調，以使士心豫附，尤爲首務。

隆慶元年四月二十七日題，奉聖旨："杜拯着照舊供職。"欽此。

校勘記

〔一〕"真"，從下文當作"貞"。

蒲坂楊太宰獻納稿卷三

覆提督四夷館少卿林潤自陳留用疏

少保兼太子太保、吏部尚書臣楊博等謹題：爲自陳不職，乞賜罷黜，以光新政事。考功清吏司案呈，奉本部送，吏科抄出，提督四夷館太常寺少卿林潤奏，奉聖旨："吏部知道。"欽此。欽遵，抄出送司，案呈到部。

看得提督四夷館太常寺少卿林潤自陳求罷一節。爲照本官作縣令則一意撫字，久稱江右之循良；爲御史則屢上封章，動關天下之大計。方當不次擢用，難以聽其休閑。合候命下，行令照舊供職，以報國恩，以慰人望。

隆慶元年五月初一日題，奉聖旨："林潤着照舊供職。"欽此。

議原任刑部尚書吴山復職疏

題：爲比例陳情，懇天新恩，俯録軍功，復父原職，以便請乞恤典事。驗封清吏司案呈，奉本部送，准刑部咨，稱查勘過原任本部尚書吴山，先年在任，據法問擬郭勛交結朋黨、紊亂朝政斬罪，妻子爲奴，財産入官。郭勛未及處決，監禁身故，緣此將本官謫發爲民等因，備咨前來。案查先奉本部送，吏科抄出，原任鴻臚寺司儀署署丞、今丁憂吴邦寀奏，奉聖旨："吏部知道。"欽此。欽遵，抄送到司。

查得嘉靖三十年十月内，該翰林院修撰唐汝楫奏稱，伊父唐龍原任太子太保、吏部尚書，奉旨爲民，乞要復父原職等因。該本部覆題，奉世宗皇帝聖旨："唐龍既真病不欺，准復原職。"欽此。又查得嘉靖四十五年十一月内，該本部稽勛清吏司辦事進士鄭履淳奏稱，伊父鄭曉原任刑部尚書，奉旨閑住，乞要復父原職等因。該本部覆題，奉世宗皇帝聖旨："鄭曉既有軍功，准復原職。"欽此。欽遵外。今該前因，通查案呈到部。

看得原任刑部尚書、爲民病故吴山男署丞吴邦寀奏，要比例復父原職一節。爲照本官臨機有斷，執法無私。巡撫四川，則開縣治以扼至險，真禦侮之良圖；提督南贛，則除戎器以戒不虞，得安民之上策。至於擬議武定刑章，輕重適中，尤稱明允。平生大節，委與尚書唐龍、鄭曉大略相同。合無復其刑部職銜，以示清朝優恤舊臣之意。但係干恩命，臣等未敢定擬。

隆慶元年五月初七日題，奉聖旨："吴山既有軍功，准復原職。"欽此。

議原任大學士楊廷和等復職疏

題：爲開讀事。驗封清吏司案呈，奉本部送，准禮部咨，該本部題，先該禮科等科都給事中等官辛自修等、河南等道監察御史王好問等各題，奉聖旨："禮部看議來説。"欽此。欽遵。

爲照大學士蔣冕，新建伯、兵部尚書王守仁，尚書汪俊、喬宇，左都督周尚文諸臣，論其職任才猷，不無差等之别；要其官常人品，均爲賢碩之儔。所當厚加恤典，以示優異。尚書喻茂堅、王杲二臣，所當照例給與祭葬。少詹事黄佐、僉都御史朱方二臣，四品未經考滿，于例原無祭葬，既該科道官會奏前來，所當量爲議處。大學士石珤、侍郎吕柟二臣，所當改謚、補謚。臣等参稽公論，俱各明白，相應題請。及照爲民閑住，如楊廷和、王廷相、梁材、劉訒、聶豹、江曉、程文德、鄒守益，及先曾被罪，如曾銑、楊守謙、商大節、翟鵬、張漢、孫繼魯，雖經舉奏，未復原官，於例有礙，所據恤典，遽難議給。合無咨行吏部，議請復職，仍咨回本部，另議恤典，題請施行等因。該本部尚書兼翰林院學士高儀等具題，奉聖旨："蔣冕、喬宇、周尚文、王守仁、汪俊各照例與祭葬，還同吕柟，俱與他謚。石珤准改謚。其餘都依擬行。"欽此。欽遵，咨部送司。查得原任南京國子監祭酒鄒守益，先該伊男刑部河南司主事鄒善三年考滿，比例奏請，已復原職。今將原任少師兼太子太師、吏部尚書、華蓋殿大學士等官楊廷和等原任履歷及罷閑罪廢緣由，通查案呈到部。

看得原任大學士楊廷和等一十四員，或翊天扶日，功在社稷；或宣猷亮采，澤被生民；或經濟邊徼，而忠悃可嘉；或挫抑權奸，而勁節足尚。雖落職、謫戍，戮辱不同，其爲正人，爲良臣，大率無異。除南京國子監祭酒鄒守益純心篤學，懿行洪猷，誠爲士類所推，先經奉旨復職，無容概及外。臣等稽之簿牒，采諸輿情，謹將各官履歷開立前件，議擬上請。合無俱先復其原職，應得恤典，仍行禮部照例請給，臣等未敢定擬。

隆慶元年五月初八日題，奉聖旨："是。楊廷和等各准復原職。"欽此。

計開：

楊廷和，原任少師兼太子太師、吏部尚書、華蓋殿大學士，因給事中史道論劾致仕，後爲民。前件明達有謀，忠貞任事。處危疑而首鋤内賊，徐收定策之功；值改革而力引善良，大著匡時之效。雅有休容之度，足稱社稷之臣。

王廷相，原任太子太保、兵部尚書兼都察院左都御史，掌院事，爲郭勛事奉欽依爲民。前件經濟長才，忠誠勁節。執持憲紀，毅然前哲之風裁；博極丘墳，卓爾當時之文獻。川中督學，大新西鄙之生徒；洛下投閑，雅繫東山之重望。

梁材，原任太子少保、户部尚書，爲論劾郭勛，奉欽依冠帶閑住。前件操持嚴正，資性剛方。日忤龍顔，侃侃得大臣之體；時存豹變，揚揚有國士之風。先帝晚年，深知其賢；後進今日，當以爲範。

劉訒，原任刑部尚書，爲議王聯等獄情，奉欽依着爲民，不許又起。前件嚴凝有守，剛直無阿。風裁早著于南臺，耿介更推於秋省。閑廢由乎公事，恬静絶無私干。

聶豹，原任太子太保、兵部尚書，因兵科都給事中王國禎等論劾自陳，奉旨閑住。前件襟懷豁達，才識恢宏。九塞雲屯，人傳司馬之略；八閩風采，民歌御史之才。正學益深於獄繫，高名更重於林居。

江曉，原任工部右侍郎，嘉靖十八年三月，爲懇乞天恩，認罪回話事，奉聖旨："江曉稽誤公事，又回話遲延，好生慢命，着爲民。"欽此。二十四年七月，奉詔閑住。前件性資淳謹，操履清嚴。歷官外服，卓有賢聲；晚貳内卿，雅稱完節。至其瀟灑出塵之度，尤爲汪洋拔萃之才。

程文德，原任南京工部左侍郎，爲謝恩事，奉欽依爲民。前件問學淵邃，操履端方。一麾作令，均田勸學，安福之口碑猶存；三仕爲郎，掄將談兵，車駕之心迹尚在。古道古心，正言正色。

曾銑，原任兵部右侍郎兼都察院右副都御史、總督陝西三邊軍務，爲復河套事，奉欽依拿問棄市。前件有籌邊之才，有滅虜之志。值遼左叛軍之變，不動聲色，而疆圉立寧；發河西逆帥之奸，横遭污衊，而冤苦特甚。

楊守謙，原任兵部右侍郎兼都察院右副都御史、提督團營軍務，奉欽依拿問棄市。前件問學得於家乘，諳練起自職方。提虎旅而入衛，足昭徇國之忠；忤權逆以被刑，尤見持身之正。

商大節，原任兵部右侍郎兼都察院右僉都御史、協理京營戎政，奉欽依拿問獄死。前件性資慷慨，調度嚴明。督練民兵，倉皇之際，京城倚以爲重；裁抑權貴，詔獄之死，寰海咸以爲冤。

翟鵬，原任兵部尚書兼都察院右副都御史、總督宣大偏保等處地方軍務兼理糧餉，爲虜患事，奉聖諭拿問充軍獄死。前件撫靈夏而矢心任事，督宣雲而鋭意籌邊。止以報賊之小節，遂致犴獄之大故。

張漢，原任兵部左侍郎，爲條陳邊務等事，該吏科都給事中盧勛等糾劾，奉欽依拿問充軍。前件清貞不苟，悃愊無華。守劇郡而循良允稱，佐計部而出納惟明。雲朔提兵，才猷克壯；旹嵐謫戍，輿論稱寃。

孫繼魯，原任都察院右副都御史、提督雁門等關兼巡撫山西地方，該宣大總督都御史翁萬達題，奉欽依拿問獄死。前件才識通明，見聞博洽。歷郡藩而法無曲意，司文教而士每傾心。力争擺邊之議，耻於雷同，撫臣果有何罪？竟成繫逮之冤，敢於貝錦，督府難免徇私。

覆巡撫四川都御史陳炌自陳留用疏

題：爲遵詔自陳不職，乞賜罷斥，以清仕路，以隆新政事。考功清吏司案呈，奉本部送，吏科抄出，巡撫四川等處地方、都察院右僉都御史陳炌奏，奉聖旨："吏部知道。"欽此。欽遵，抄出送司，案呈到部。

看得巡撫四川等處地方、都察院右僉都御史陳炌自陳不職，乞要罷斥一節。爲照本官才猷敏練，問學精純，巴蜀之地方賴保釐，雖經自陳，仍應留用。合候命下，行令照舊供職。務要柔遠能邇，使番夷雜處之地咸遂戢寧；課農練兵，使要荒接壤之民同歸安堵。支羅之寇雖平，所以撫餘黨者仍當加意；伯貫之亂雖息，所以安反側者更須得宜。

隆慶元年五月十五日題，奉聖旨："陳炌着照舊供職。"欽此。

覆文選司郎中胡汝桂自劾留用疏

題：爲自陳不職，乞賜罷斥，以清仕路事。考功清吏司案呈，奉本部送，吏科抄出，吏部文選清吏司郎中胡汝桂奏，奉聖旨："吏部知道。"欽此。欽遵，抄出送司，案呈到部。

看得本部文選清吏司郎中胡汝桂自劾不職，乞要罷斥一節。爲照推升銓選，皆臣等堂官之事，豈有司官不相關白，徑自聽囑之理？臣等入部以來，凡可以飭吏治、正士風、杜請托、抑僥倖者，不敢毫髮假借。郎中胡汝桂亦能不吐不茹，極力奉行，臣等方喜其青年雅志，無忝官常。不意御史齊康指名誣衊，非惟不知本官之心，亦且不知本部之體矣。據御史所論之言，事無影響，先已辯明；據郎中自陳之詞，事關統均，非其專職。既非專職，又何罪焉？合候命下，行令胡汝桂照舊供事。務要坦然自安，毅然自信，益修乎分内之職，無阻於意外之謗。

隆慶元年五月二十三日題，奉聖旨："胡汝桂着照舊供職。"欽此。

覆員外郎林喬相乞贈生母疏

題：爲比例陳情，懇乞天恩，賜贈生母，以圖補報事。驗封清吏司案呈，奉本部送，吏科抄出，户部廣東清吏司署員外郎事主事林喬相奏，奉聖旨："吏部知道。"欽此。欽遵，抄送到司。

案查本年三月内，該大理寺左寺左評事沈聞奏稱，乞要比例追贈生母，該本部覆題，奉聖旨："准給與。"欽此。欽遵。今該前因，通查案呈到部。

看得户部廣東清吏司署員外郎事主事林喬相奏稱，三年考滿，已蒙准給父林澄、見在嫡母鄭氏并本身敕命訖，所有已故生母張氏，乞要比例追贈一節，查與大理寺左寺左評事沈聞事例相同，似應題請追贈。再照嫡母在，生母不得并封，嫌於以庶匹嫡，所以正分也。若生母故於嫡母之先，則幽明懸隔，無嫌可別。合無以後如遇生母先故者，一體給與贈典，不必各另陳乞，煩瀆天聽。

隆慶元年五月二十八日題，奉聖旨："准給與，仍着爲例。"欽此。

覆南京科道官會薦都御史倪嵩等起用疏

題：爲遵詔旨，舉遺逸，以充任使，以隆聖化事。文選清吏司案呈，奉本部送，吏科抄出，南京吏科等科署科事南京户科給事中岑用賓等奏，又該南京湖廣等道監察御史尹校等題，俱奉聖旨："該部知道。"欽此。欽遵，抄出送司，案呈到部。

看得南京吏科等科給事中岑用賓等、南京湖廣等道監察御史尹校等，會薦原任南京都察院右都御史等官倪嵩等二十二員，乞要録用一節，無非仰承新詔搜羅賢才以備任使之意。内除養病官都御史倪嵩，主事李棠、藺子充應該查其病痊，酌量起用；進士王世懋應該起送赴部，照常選用；聽調官趙釴、趙時春應該查其才力，酌量推用，俱無容别議外。爲照原任僉都御史游震得，參政梅守德，副使顧問、趙伊，知縣金燕，志行、才識均有可取。副使陳善、王世貞，一則爲仇陷捏，而御史特爲奏辯；一則爲父辭官，而臬司久著能聲。員外郎邵畯明遭誣枉，公論稱屈。知府周希哲事雖未明，才尚可用。都給事中曾忭、員外郎錢德洪、主事柯維騏均爲有望，但例該引年，似當别爲優處。都御史汪尚寧、副使饒相、僉事齊遇、知府畢竟夔，質諸輿論，多有未協，似當再加查訪。合無將游震得、梅守德、顧問、趙伊、陳善、王世貞、邵畯、金燕，遇有相應員缺，酌量擬用。周希哲催行勘報。曾忭、錢德洪、柯維騏照依侍郎曾鈞事例各進一階，令其致仕。伏乞聖裁。

隆慶元年六月初四日題，奉聖旨："是。"欽此。

覆應天撫按官參知府李幼滋等不當究治疏

題：爲乞正法紀，以重官守，以安地方事。考功清吏司案呈，奉本部送，吏科抄出，總理糧儲、提督軍務兼巡撫應天等府地方、都察院右副都御史謝登之，巡按直隸監察御史董堯封各題，奉聖旨："吏部知道。"欽此。欽遵，通抄送司，案呈到部。

看得總理糧儲、提督軍務兼巡撫應天等府地方、都察院右副都御史謝登之，巡按直隸監察御史董堯封會題，稱童生毆打知府緣由，及要將常州府知府李幼滋、松江府知府朱茹通行究治，又稱其資望素孚，士民保留，或容照舊供職，一面將前項童生立限嚴拿，查照律例，從重究問各一節。爲照童生雖習舉業，未入膠庠，即係編民之數，乃敢於白晝大都之中，公然聚衆毆傷知府。撫按官既稱稱釁亂於市朝，毀冠裳於塗炭，此誠從來未有之變，若不亟行究處，又先歸罪知府，士風世道，關係不輕。臣等聞知其詳，以李幼滋擬升山東副使，朱茹擬調寧國知府，無非曲全大體之意。荷蒙聖明在上，悉賜俞允，再難别議外。合候命下，移咨都察院，轉行應天巡撫都御史林潤、巡按御史董堯封，會同提學御史耿定向，即將前項童生不拘常州、松江，查其真正爲首者數人嚴拿到官，查照律例，從重問擬。其餘姑不盡究，仍出給告示，通行各府州縣知之，以示懲戒。

隆慶元年六月初四日題，奉聖旨："是。"欽此。

議給兩京文官應得誥敕疏

題：爲兩京官員事體相同，懇乞聖明均給封典，以光新政事。驗封清吏司案呈，節奉本部送，吏科抄出，爲懇乞天恩，比例俯賜誥命，以光存歿等事。該户部左侍郎徐養正、通政使司通政使樊深、原任太常寺少卿林潤、禮科給事中趙軏、浙江道監察御史張登高各奏稱，授官在恩詔之内，欲要請給誥命。又該户部尚書葛守禮、刑部右侍郎郭宗臯、都察院左副都御史曹邦輔等各揭稱，與前相同。及查得南京各衙門文職與在京文職事體相同，每遇列聖登極、東宫初立，俱蒙一體給授誥敕，今次似難獨缺，呈乞一併議處，案呈到部。

看得兩京文職事體委果相同，伏睹節年詔書，或聖主登極，或東宫初立，所有誥敕悉蒙一體准給。今次原因賞賚之事從宜改給，事與往時不同，以故南京不與，非略之也。但惟皇上嗣登大寶，萬宇一新，昆蟲草木無不得所。若使南京文職獨缺榮親之典，分雖有限，心實無窮。臣等職司所在，不得不爲陳奏，伏望聖明特賜俞允，將南京各官并在京侍郎徐養正等，但係隆慶元年二月十七日以前升授者，誥敕俱准請給，進階、實授、移封等項，悉如在京之例。天恩廣被，聖澤均霑，實惟臣工莫大之慶。或與或奪，出自上裁，固非臣等所敢必也。臣等無任惓惓俟命之至。

隆慶元年六月初五日題，奉聖旨："是。"欽此。

覆都給事中王治條陳朝覲考察事宜疏

題：爲遵明詔查舉急務，以彰聖治事。考功清吏司案呈，奉本部送，吏科抄出，吏科都給事中王治等題，奉聖旨："吏部看了來説。"欽此。欽遵，抄出送司，案呈到部。

看得吏科都給事中王治等題稱"預禁科擾""查催考覈""修復舊制"三事，雖爲朝覲考察而發，無非祗承新詔之意。蓋我皇上登極一詔，吏治民情，無不曲盡。在該科則當力言之，以廣明目達聰之義；在臣等則當力行之，以求知人安民之方。合就開立前件，逐一議擬明白，以便聖覽。伏乞俯賜采允，敕下遵行。

隆慶元年六月十五日題，奉聖旨："依擬行。"欽此。

計開：

一、預禁科擾。看得考察黜幽，本爲安民，若使任其科擾，反以厲民，新政之初，豈容有此厲民之事？即今在内諸臣清修之節雖已可觀，在外諸司貪濁之弊終難盡洗。蓋州縣之官，胥監吏胥，未必人人皆君子之行；閭閻之下，深山窮谷，未必處處體聖主之心。以故該科將節次題准事理反覆申明，必欲風清弊绝，其意甚善。然臣等所切慮者，尤在於驛傳一節。往歲朝覲，推官、知府、知縣但由進士出身者，水陸皆由驛路，甚至一日之間接到起馬白牌四五十面，館夫、馬夫動至蕩産，誠可痛心。今年合無備咨都察院，馬上差人齎文通行各處撫按官，轉行司府州縣官員，不分掌印、首領，除正經盤費之外，一錢一夫不許科派里甲，府州縣官俱不許經由驛遞。如敢故違，聽臣等部院及該科詢訪的實，雖素稱賢能，定以不謹黜退。其被擾有司申報撫按，受害百姓呈告上司，并撫按参奏，科道拾遺等項事宜，該科所言鑿鑿有據，悉如所擬施行。

一、查催考覈。看得明詔考察方面，磨世礪鈍，乃激勸臣工之大典。除南直隸江南江北、北直隸保定并浙江、湖廣、山西、陝西劾奏到部，已經議覆，薊州、遼東、宣府、大同四鎮奏稱并無應劾人員，查照附卷外。止有河南、山東、江西、福建、廣東、廣西、雲南、貴州、四川至今未到，大抵多因撫按缺官，必欲會同，以致動相耽誤。今據該科所言，殊得大體。合無依其所擬，備咨都察院，馬上差人齎文通行各該撫按官，文書到日，各將所屬方面官逐一品題。如有應劾者，即以開讀事從實具奏；如無應劾者，亦以開讀事明白奏銷。不許以開讀、朝覲兩事混作一處，朦朧回奏。不惟大信渙頒，不致反汗，而該科拾遺亦得以奉行德意，通融劑量矣。

一、修復舊制。看得地方有繁簡衝僻，治之難易因之。若不論難易，概爲治行之等，原非中道。本部遵奉明詔，已行各處撫按官查議，止據一二回咨前來。又經出示，不拘舉監官吏，見在京者，每州每縣俱許開揭送部。近日布、按二司官入賀到京，臣等又與之面相商確，見今大有次第。但此事既與考察銓除相關，事體爲重，不宜草略。容臣等督率司屬，參以撫按官送到揭帖，編撰完日，恭呈御覽。至于朝覲賢否文册，先年原該送科，以彼中目見之真，爲此間風聞之據，參互考訂，始無訛漏，不知緣何廢閣，誠爲缺典。合無備咨都察院，馬上差人齎文通行各該撫按官，今後務要查照舊例，另開一本，專送吏科。以後果有違誤者，聽該科參究。

請申飭邊臣嚴慎秋防疏

題：爲天變異常，懇乞聖明申飭各邊督撫等官嚴慎秋防事。文選清吏司案呈。照得京城霪雨經月不止，山西地震，大同冰雹，均爲兵象。秋防在近，誠恐督撫、兵備等官懈弛邊務，致有疏虞。除將官事在兵部，不敢概議外，所有沿邊文職，呈乞申飭。案呈到部。

看得霪雨、地震、冰雹不止，損傷禾稼，傾倒廬舍，大率皆爲陰勝於陽。中國陽而夷狄陰，的爲兵革之象。所據遼東、薊鎮、宣大、山西、延寧、甘肅八〔一〕鎮，去虜爲近，第一當爲門户之防。陝西、保定二鎮，去虜稍遠，第二當爲堂室之備。總邊務之綱領者則爲總督、巡撫，分邊務之節目者則爲守巡、兵備、府州縣官。若使事不責成，人無固志，或時欲引退，以遂閑散之私；或日望叙遷，以爲便安之計。精神既倦於鼓舞，號令必至於廢弛，諸將緣之生心，三軍因而解體。蠢玆驕虜，一旦擁衆而至，人心不和，地利何恃？雖有高垣深塹，自將瓦解。臣等職在大臣，義關休戚，早夜思之，至忘食寢。伏望皇上特降天語，嚴飭總督官劉燾、王之誥、霍冀，巡撫官耿隨卿、魏學曾、冀鍊、張志孝、王繼洛、王遴、王崇古、石茂華、楊巍、曹亨，督率兵備、守巡、有司諸臣，務要畏天變之異常，思虜情之叵測，一切兵食戰守機宜悉心整理。虜未來則伐其謀，虜已來則挫其鋭，以報先帝知遇之恩，以光聖主維新之政。切不宜少懷去志，以誤國家大計。中間雖有年資已深者，必待十月以後，邊防解嚴，本部方議遷轉。此實振勵邊防之大機也。臣等無任惓惓之至。

隆慶元年六月十九日題，奉聖旨："你每説的是。各邊兵食戰守機宜，着劉燾、王之誥、霍冀嚴督撫鎮、兵備、守巡等官，各務竭忠爲國，協力整理。防秋畢日，有功有罪的，必重行賞罰。便行文與他每知悉。"欽此。

覆監察御史凌儒甄别教職疏

題：爲敷陳末議，以備采擇，以裨新政事。考功清吏司案呈，奉本部送，吏科抄出，浙江道監察御史凌儒題，奉聖旨："該部看了來説。"欽此。欽遵，抄出送司。

查得近該禮科給事中周世選條陳重師儒以責教化之實，該本部議覆，移咨禮部，轉行各處提學官，備將所屬教官逐一分别賢否，具揭送部，以憑查考黜陟。内有年力才識堪爲有司者，另具一揭，以憑擢用。題奉欽依，移咨去後。今該前因，通查案呈到部。

爲照師道立則善人多，教化行則風俗美，教職之任亦甚重矣。御史龐尚鵬始欲遴選于初貢之際，給事中周世選繼欲精别于在任之時，即今御史凌儒又欲歲黜乎衰庸之輩，無非慎重風教之意。但歲貢教職，日暮途窮者固是十居八九，而志行端方、家貧親老、爲禄而仕者不無一二參於其間，相應通行酌處。合候命下，移咨禮部、都察院，轉行各該撫按并提學官，備將所屬教官體訪。巡按候復命之日，巡撫與提學官每至年終，各將極不肖者、極賢者開揭送部。不肖者要見某人年力十分衰遲，應該致仕；某人行止十分乖方，應該閑住。極賢者要見某人文學優長，堪任六館之師；某人政學通明，堪任有司之長。聽臣等於次年二月通行議覆，應罷黜者罷黜，應升擢者升擢。庶幾去其甚焉，而惡者知懲；拔其尤焉，而善者知勸。其於學政，不無小補。

隆慶元年六月二十三日題，奉聖旨："是。"欽此。

覆左給事中陳瓚等條陳旌奬卓異覲臣疏

題：爲獻愚忠以裨新政等事。考功清吏司案呈，奉本部送，吏科抄出，吏科左給事中陳瓚、巡按直隸監察御史李惟觀題，俱奉聖旨："該部知道。"欽此。通抄送司。

查得《大明會典》事例，洪武十一年，令官員來朝，察其言行功能，第爲三等，稱職而無過者爲上，賜坐而宴；有過稱職者爲中，宴而不坐；有過而不稱職者爲下，不預宴，叙立于門，宴者出，然後退。又查得正統十年正月，該刑科給事中鮑輝題稱，天下各官來朝，乞敕吏、禮二部公詢廉訪，拔其尤者，引赴御前，親加奬諭勸賞，待其考滿擢用。該吏部議得，來朝運使等官丁鎡等十員，係會官訪察，廉能治行，比衆爲優，宜加奬勸賞勞等因。奉英宗皇帝聖旨："已與敕諭了，每人賞衣一套、鈔一百錠。禮部宴他，着回去幹事。吏部記着，待後有缺時來説，升用。"欽此。天順四年正月朝覲，該吏部訪得布政使等官賈銓、蕭暄等十員才行超卓，政績顯著，欽蒙英宗皇帝各賞衣服一套、鈔一千貫，仍賜宴禮部，命吏部尚書兼翰林院學士李賢、吏部尚書王翱等待宴。隨升蕭晅爲禮部尚書，賈銓爲右副都御史。正德九年正月朝覲，該給事中吕經、御史曹鏱等題，該吏部訪得布政使等官陳恪等十六員政行卓異，合行各該撫按官支給官錢，買辦綵段、羊酒，仍於公堂設宴相待，以示奬勵等因，奉武宗皇帝聖旨："是。"欽此。通查案呈到部。

看得吏科左給事中陳瓚、巡按直隸監察御史李惟觀各題前因，大率謂朝覲迫期，淑慝宜别，欲行撫按官各察所屬守令，果有政績，指實薦舉，或聽部院大臣及吏科河南道從公體訪，凡來朝布、按兩司并知府、知州、知縣等官，果有政績顯著，不拘定數，疏名進呈。或如先朝賜幣賜宴，以示殊遇；或年資既深，留京顯陟；或宣召御前，諭以温旨。仍錫以服色，賜以馳驛，以彰有德各一節。

爲照朝覲述職，國家大典，即古敷奏以言、明試以功之意。虞廷有車服以庸之錫，成周有鐘鼓燕享之詩，逮及兩漢，或璽書勞勉，或增秩賜金，以故循吏相望，光映史册。洪惟我太祖高皇帝，總計群吏，分爲三等，上者宴而賜坐，中者立而賜宴，下者立之于門，不使與宴。于後列聖臨御，間一舉行，旋復中止。豈以天下之大，獨無一人堪預此選乎？實恐考核不的，反滋矯僞之弊。皇上新登大寶，正海内喁喁望治之時。明年正月，適逢覲典，聖人當龍飛之期，諸臣際豹變之會，事如有待於今日，政自重光乎先烈。所據左給事中陳瓚、監察御史李惟觀具題前因，言雖不同，無非彰善旌淑至意。但耳聞不及目擊，詢名不若責實，必須撫按官公舉于先，部院科道官覈實于後，矯情干譽之徒庶不參互其間，敦本務實之人始得脱穎而出。合候命下，本部與都察院備行各該巡撫都御史、巡按御史，通將所屬官員，上自布、按二司，下至府、州、縣，悉心體訪。中間果有政績卓異者，查開實迹，另具一疏，與舊例劾疏一同恭進，務要據事直書，不許牽連，四六對偶。如果得人，雖舉數員亦不爲多；如果無人，即舉一人亦不爲少。萬一通無一人，亦要明白回奏，容臣等通行參酌。如果衆論稱服，法先朝丁鎡、賈銓等，于黜汰不肖之後，大班糾劾之前，據實題請，伏望皇上俯降綸音，宣召慰勞，仍賚以幣鈔，賜宴禮部。資望相應者即爲超格升轉，資叙稍淺者許其乘傳榮歸。禮成次日，方許將不預宴賚、存留官員照例大班糾劾，請旨定奪。其佐貳雜職，政雖卓異，不與入覲者，亦聽撫按官另款開報，臨期别議恩賚。此係勸激人心之大機，各該撫按官務要虚心評騭，不得徇私偏聽，濫舉匪人，違者聽臣等指名劾奏，庶賞罰并行，賢否攸判，吏治民情，均有所賴矣。

隆慶元年六月二十三日題，奉聖旨："是。"欽此。

覆都給事中王治劾總督都御史劉燾等酌議去留疏

題：爲糾論不堪重任之臣，以崇實政，以礪士風事。考功清吏司案呈，奉本部送，吏科抄出，吏科都給事中王治題，奉聖旨："吏部知道。"欽此。欽遵，抄出送司，案呈到部。

看得吏科都給事中王治論劾總督薊遼保定等處軍務兼理糧餉、都察院右都御史兼兵部左侍郎劉燾，總督南京糧儲、都察院右副都御史曾于拱各不職，乞要將劉燾降奪、曾于拱罷斥各一節。爲照薊、遼二鎮内拱京師，外鄰虜穴，乃各邊第一衝險之地，總督官責任比之宣大、陝西尤爲艱大。所據右都御史劉燾即如該科所言，殊非閫外大臣之體。但本官自任總督以來，防春防秋，已經數年，未嘗失事，修設調度之勞，似難輕泯。即今正在防秋，若遽議降奪，誠恐威望漸輕，難以展布。副都御史曾于拱早負才名，晚失雅操，據今劾論事情，悉有指實，難以留用。合候命下，將劉燾行令策勵供職，不許輒以被論爲由力求退避，以誤邊計；曾于拱冠帶閑住。但大臣去留，出自朝廷，臣等未敢定擬。

隆慶元年六月二十四日題，奉聖旨："是。劉燾策勵供職，曾于拱閑住。"欽此。

覆監察御史艾可久劾提督侍郎吴百朋留用疏

題：爲庸鄙儒臣不堪館秩，貪詐督臣有負兵寄，懇乞宸斷亟賜罷黜，以清仕路，以隆聖治事。考功清吏司案呈，奉本部送，吏科抄出，巡按直隸監察御史艾可久奏，奉聖旨："吏部知道。"欽此。欽遵，抄出送司，案呈到部。

看得巡按直隸監察御史艾可久參稱禮部左侍郎潘晟、南贛提督兵部右侍郎吴百朋各不職，欲要將潘晟致仕、吴百朋罷黜各一節。除潘晟近以自陳奉旨處分，無容别議外。爲照南贛地方咽喉三省，盤據三巢，提督侍郎，軍民兵馬均係攸司，責任爲重。乃今御史艾可久因見巢寇反側，惟恐吴百朋不勝其任，欲行罷斥，固是爲官擇人之意。但前功雖涉張大，亦難盡泯；後效正在經畫，不容中輟。萬一新者未得其人，終不若舊者之諳練。及查本官先嘗巡按湖廣、江北，歷歲既久，未聞别議，似難輕棄。合無將吴百朋行令策勵供職，不得指以被論爲由力求引退，以妨大計。

隆慶元年六月二十九日題，奉聖旨："是。吴百朋着照舊策勵供職。"欽此。

議原任吏部尚書李默復職疏

題：爲開讀事。驗封清吏司案呈，奉本部送，准禮部咨，該南京户科給事中岑用賓題，奉聖旨："該部知道。"欽此。欽遵。

該本部查得，原任太子少保、吏部尚書兼翰林院學士李默剛果自用，不無氣性之偏；清介獨持，夙抱有爲之志。秉銓衡而不阿權貴，生前之勁節足嘉；蒙萋菲而竟死囹圄，身後之冤聲可惻。所當量給恤典，以申幽憤者也。雖經奏舉，但未復原官，遽難議給。合無咨行吏部，題復原官，仍咨回本部，另議恤典等因。題奉欽依，備咨到部送司。查得原任吏部尚書李默，嘉靖三十五年二月因工部右侍郎趙文華裝誣參劾，奉欽依拿問，繫獄身死。案呈到部。

看得原任太子少保、吏部尚書兼翰林院學士李默行誼宦履之詳，近該禮部考覈已明，無容别議。但生爲均統之臣，名位不輕；死罹權奸之謗，冤沉可憫。適逢亨嘉之時，委屬昭雪之會。合無將本官先行復其原職，仍行該部議給恤典。臣等未敢定擬。

隆慶元年七月初四日題，奉聖旨："是。李默准復原職。"欽此。

覆給事中管大勛劾少卿師宗記褫職提問疏

題：爲貪穢道官久玷清秩，乞賜重治，以警官邪事。考功清吏司案呈，奉本部送，吏科抄出，禮科給事中管大勛題，奉聖旨："吏部參看了來説。"欽此。欽遵，抄出送司，案呈到部。

看得禮科給事中管大勛劾稱太常寺少卿師宗記貪穢不職，欲要重治，以警官邪一節。臣等遵奉明旨，參看得師宗記本以庸瑣之流，叨厠清華之選。貪婪之迹，久沸騰於上下；淫穢之狀，難和協於神人。屬吏之攻訐，固爲有激；言官之彈劾，實出至公。若不重加究治，無以示戒方來。合候命下，將師宗記先行革職爲民。遺下員缺，依擬即於進士内推補。以後道官止於寺丞，少卿以上悉以科目出身者爲之。一面移咨刑部，將師宗記并合干人犯通行查提到官，追究贓私下落，依律問擬，具奏定奪。

隆慶元年七月初八日題，奉聖旨："是。"欽此。

議原任大學士楊廷和等廕叙疏

題：爲開讀事。驗封清吏司案呈，奉本部送，准禮部咨，送原任少師兼太子太師、吏部尚書、華蓋殿大學士楊廷和等贈廕緣由到部，該本部將各官贈官開坐具題，奉聖旨：“楊廷和等贈官依擬，翟鵬原以失事被逮罷。”欽此。欽遵，抄出到部送司。

查得尚書王廷相、林俊、吴廷舉、梁材、聶豹、劉訒，侍郎江曉、程文德、張漢，俱以考滿，并軍功先已廕叙。鄒守益查係四品，例不該廕。翟鵬以失事被逮，難以概議。及查得先任大學士謝遷身故之後，該本部覆奉世宗皇帝聖旨“准廕一子尚寶司丞”，與楊廷和事體相同。又查得近爲恤録得罪諸臣棄市、獄死者，俱蒙准廕一子入監，正與曾銑、楊守謙、商大節、孫繼魯事體相同，内曾銑、楊守謙明被典刑，尤爲可憫。通查案呈到部。

看得大學士楊廷和大節豐功，天下咸頌其美；尚書曾銑等四臣效忠宣力，天下咸愍其冤。揆之典制，均應録廕。内曾銑、楊守謙比之商大節、孫繼魯，尤宜優厚以慰忠魂。合無將楊廷和准廕一子，與做尚寶司司丞；曾銑、楊守謙各廕一子，照依贈官尚書二品事例選用；商大節、孫繼魯亦各廕一子，照依原任侍郎、副都御史三品事例選用。通候命下，本部移文各官原籍，查取應廕子孫到部，應選除者即與選除，應送監者轉咨禮部送監讀書，以示朝廷褒録忠良之盛典。

隆慶元年七月初八日題，奉聖旨：“是。楊廷和、曾銑、楊守謙、商大節、孫繼魯各廕叙俱依擬。”欽此。

議大學士李春芳一品初考優加廕叙疏

題：爲給由事。驗封清吏司案呈，奉本部送，准少傅兼太子太傅、吏部尚書、武英殿大學士李春芳咨，稱歷從一品俸，三年考滿，該本部查明具題，奉聖旨："着復職。"欽此。欽遵。

查得本官應得誥命，先蒙恩詔，已經請給外。又查得見行事例，凡京堂官三品考滿者，即得録廕一子，送監讀書。及查大學士李春芳嘉靖三十九年八月升禮部右侍郎，四十年三月升本部左侍郎，四十一年正月改吏部左侍郎，歷至四十二年三月升禮部尚書，四十三年八月加升太子太保，皆因品級不同，未經考滿。見今從一品歷俸三年，通前共計六年有餘，例當録廕。且内閣重臣翊贊廟謨，似與部院考滿者不同。通查案呈到部。

看得大學士李春芳忠誠廉介，温雅端方。久侍先帝，寅清密勿，已見貳公之化；近荷皇恩，絲綸黼黻，尤昭一德之徵。既經從一品三年考滿復職，應該廕子一人入監讀書。但本官自任禮部侍郎以來，迄今已餘六年，止以兩遇升遷，有碍通理，資望隆重，委難拘於常格。應否特加異數，以示褒崇，係干恩命，臣等不敢擅擬。

隆慶元年七月初十日題，奉聖旨："是。李春芳着廕一子，與做中書舍人。"欽此。

覆監察御史方新劾祭酒胡傑留用疏

題：爲貪冒儒臣不堪師範，懇乞聖明罷斥，以警官邪，以端士習事。考功清吏司案呈，奉本部送，吏科抄出，江西道監察御史方新題，奉聖旨："吏部知道。"欽此。欽遵，抄出送司。

查得先爲欺肆考官深負簡用，乞賜罷斥，以昭國法，以警人心事。准禮部咨，稱該禮部尚書袁煒等看得，南京禮科給事中周京所奏考官吴情、胡傑一節，爲照二臣既被論劾，難居清秩等因。奉世宗皇帝聖旨："吴情等試録更易，舉措周章，難居翰職，都着調外任用。"欽此。又查得爲破姑息以飭紀綱，戒私徇以明臣義，懇乞聖明盡法處斷，以尊國體事。准禮部咨，稱該本部尚書李春芳會同吏部尚書嚴訥、都察院左都御史張永明，看得兵科給事中曹棟論劾尚寶司司丞胡傑一節。查得胡傑先年考試應天被論，已經禮部尚書袁煒等覆奉明旨，止罪其試録數易，舉動周章，改調外任，歷任今官。且本官奏稱，原出棍徒金芳等指稱誆騙，南京法司緝獲，問明無干，似難别議等因。節奉世宗皇帝聖旨："這事情你每既會看明白，胡傑着照舊供職。"欽此。今該前因，案呈到部。

看得江西道監察御史方新劾稱國子監祭酒胡傑不堪師儒，欲要罷斥，大率多爲應天科場一事。查得前事雖經言官交章指摘，彼時禮部尚書袁煒等覆議，止爲試録數易，舉動周章，降調外任。隨該南京刑部招問明白，棍徒金芳等所假借者皆是修撰唐汝楫之名，實與本官無預。于後禮部尚書李春芳等會同吏部、都察院，又嘗因事辯明，原稿具在，歲月既深，道路又遠，疑以傳疑，以故至今未已。所據御史方新論奏前因，無非慎選師儒，以重賢關之意。但惟皇上視學在邇，監中一切事宜俱屬祭酒之責，合無行令照舊供職。

隆慶元年七月十四日題，奉聖旨："胡傑被論事情，既屢經部院議覆及法司招問無干，着照舊供職。"欽此。

覆給事中徐尚參侍郎吴桂芳降俸疏

題：爲欺悖督臣違例擅離職任，乞賜查究，以昭國法事。考功清吏司案呈，奉本部送，吏科抄出，南京兵科給事中徐尚奏，奉聖旨："吏部知道。"欽此。欽遵，抄出送司，案呈到部。

看得南京兵科給事中徐尚論劾總督兩廣都御史、今升兵部右侍郎吴桂芳不候交代，擅自出境，乞要罷斥一節。爲照本官年勞雖久，舉動實疏，既非病勢危亟，情與宋滄不同；乃敢違例出境，罪比宋滄爲甚。所據給事中徐尚欲要即行罷斥，明法敕罰，委不爲過。但今正在防秋，左侍郎遲鳳翔見差薊鎮查處邊務，遺下防守九門等項，俱是右侍郎之責，審時度勢，似當酌處。合無將吴桂芳重加降俸，姑令作速到任，用心供職。本部一面移咨都察院，轉行各處總督、巡撫官，以後升遷去任，遵照節奉欽依事理，必須新官面交明白，方許離任，違者聽所在巡按御史及該科指實查參，從重議黜。但京堂三品官員去留出自朝廷，臣等未敢定擬。

隆慶元年七月十七日題，奉聖旨："是。吴桂芳降俸二級，着上緊前來供職。"欽此。

會議給事中韓楫條陳疏

題：爲恭進君道三札，以仰裨聖明新政事。吏科抄出，刑科給事中韓楫題，奉聖旨："這所奏事關朕躬的，知道了。近來内外諸司奉行詔旨委爲違慢，查覈一節，吏部、都察院看議來説。"欽此。欽遵，抄送前來。

臣等會同都察院左都御史臣王廷等看議得，朝廷之上所以鼓動萬方者，全在詔令，中外臣工一奉綵綸，自當遵行惟謹，若使公然廢閣，難免方命之咎。大率此弊不止今歲，自嘉靖十八九年以後，相踵成風，或以事體窒碍，難於歸一；或以舉刺異同，難以兩可。雖奉明旨，十分嚴急，竟不回奏。中間撫按缺人，一時不能會同，猶爲有説。至於單行該院，可以自處不須會同者，乃亦多不完報，誠如給事中韓楫所論。今欲立法稽查，以覈聖政，委爲有補，相應議擬。合候命下，聽臣等吏部通行在京部院，自隆慶元年七月以前奉到欽依事理，摘其大且重者，各另開單，分行各處撫按官，文書到日，通限三月以裹完報，仍各具揭進呈御覽，恭候檢閲。自隆慶元年七月以後，一面按季具揭進呈，一面揭送該科。每年查考一次，撫按官如過限不完，聽部院先行查參；部院如違限不參，亦聽該科一併參究。若事勢有窒，急難完報，不分在京在外，俱許明白奏知，免其參罰。庶幾綜理周密，人心知警，百工惟時，百度咸熙，而聖政有光矣。

隆慶元年七月二十二日題，奉聖旨："是。"欽此。

校勘記

〔一〕"八"，疑當作"六"。

蒲坂楊太宰獻納稿卷四

議原任刑部尚書顏頤壽等贈官疏

少傅兼太子太傅、吏部尚書臣楊博等謹題：爲開讀事。驗封清吏司案呈，奉本部送，吏科抄出，巡撫湖廣等處地方兼贊理軍務、都察院右僉都御史楊豫孫題，奉聖旨："該部知道。"欽此。欽遵，抄送到司。

行准文選、考功二司各付稱，查得刑部尚書顏頤壽於嘉靖六年九月内以議大獄冠帶閑住；原任貴州按察司副使蔣信於嘉靖二十二年九月内爲患病回籍，革職爲民，近已病故；浙江道監察御史石金、福建道監察御史喻希禮，先年俱以建言充軍、爲民。通查案呈到部。

看得原任刑部尚書顏頤壽歷官端謹，持法嚴明，力辯諸冤而利害不辭，身親三木而詞色更厲。權奸因而消阻，紳佩得所師程。御史石金、喻希禮同切輸忠，均能敢諫，一以議大禮而謫戍遐方，一以止醮祠而編列氓庶，雖當擯斥之後，益敦廉靖之風。副使蔣信志存經濟，學有淵源。歷宦四方，士庶誦廉平之政；居家廿載，鄉閭賴型範之功。既經撫按官會舉前來，相應議擬。合無將顏頤壽、石金、喻希禮俱先復其原職，仍各量贈一官。蔣信固非建言，德望交孚，似應復其副使之職。臣等未敢擅便。

隆慶元年七月二十九日題，奉聖旨："是。顏頤壽、石金、喻希禮贈官俱依擬，蔣信准復原職。"欽此。

計開：

原任刑部尚書顏頤壽擬贈太子少保；

原任浙江道監察御史石金擬贈光禄寺少卿；

原任福建道監察御史喻希禮擬贈光禄寺少卿；

原任貴州按察司提學副使、爲民蔣信今復原職。

覆給事中張應治等論尚書朱衡降俸疏

題：爲漕渠壅決異常，乞賜究治欺誤大臣，亟圖善後，以濟國儲，以拯民患事。考功清吏司案呈，奉本部送，吏科抄出，南京工科等科署科事南京户科給事中張應治等奏，又該吏科左給事中陳瓚題，爲懇乞聖明申遣治水大臣，以重國命事，俱奉聖旨："吏部知道。"欽此。欽遵，通抄送司，案呈到部。

看得南京户科等科給事中張應治等論劾總理河道、工部尚書朱衡治河失宜，以致漂没船糧，乞要亟議黜罰，或降級管理，吏科左給事中陳瓚乞要將工部尚書雷禮代管河道，朱衡姑從降罰，佐禮共計各一節。臣等備查運道事宜，朱衡新河之開不爲失策，但其報完未幾，衝潰即至，總理疏略之罪，豈惟南北二科交章言之，即衡自分，亦自難辭。至於雷禮近日三疏乞休，温旨懇留，正爲都城諸工方在經營，且部政四方之事、河道一方之事令禮代管，臣等不敢輕議。合無將朱衡先行降俸，容令照舊供職。務要查照各官奏内事理，會同彼處撫按官虚心經理，毋爲目前草率之圖，務成日後永久之計。

隆慶元年七月二十九日題，奉聖旨："是。朱衡降俸一級，着用心經理河工，以圖後效。"欽此。

覆監察御史方新條陳寬考察疏

題：爲披瀝愚忠，敷陳時弊，懇乞聖明亟處，以正人心，以培國脉事。考功清吏司案呈，奉本部送，准禮部咨，禮科抄出，江西道監察御史方新題，奉聖旨："該部知道。"欽此。欽遵，咨部送司，案呈到部。

看得江西道監察御史方新條陳前因，大率謂三年考課，吏部有常例矣；復有年終考察之條，差完舉劾，御史有定規矣；復有不時論劾之令，綜核嚴急一節。爲照朝廷之飭吏治，固貴明作，尤先敦大。御史方新因事敷陳，無非欲求寬嚴適中之意。但歲終原無考察之事，止是近日御史淩儒欲要專考歲貢教職，蓋以此輩提問論劾，俱所不及，士風學政，均有關係。以故本部題奉欽依，止許論其甚者，拔其尤者，舉刺并行，原未概考乎庶官，計處已詳，難以別議。合無斟酌所擬，部院遇考察之期，撫按當回奏之日，各要秉心惟公，參訂以恕。三年考課，主于黜幽，不必取盈於舊數；差完論劾，務求實迹，不宜偏聽乎風聞。果有貪酷顯著、難以一日容留者，許撫按不時論劾，其餘止宜照常施行。至於械繫之辱，乃所待奸惡者，必須奉旨拿問、提問者，方可如法懲治，庶幾甄別之智、愛惜之仁兩得之矣。

隆慶元年七月二十九日題，奉聖旨："是。"欽此。

覆都給事中王治奏尚書趙大佑聽其終養疏

題：爲陳末議，酌去留，以愛惜鉅材、仰贊治化事。考功清吏司案呈，奉本部送，吏科抄出，吏科都給事中王治題，奉聖旨："吏部看了來説。"欽此。欽遵，抄出送司，案呈到部。

看得吏科都給事中王治具題前因，大率謂禮部尚書高儀、南京兵部尚書趙大佑當分別去留。在儀則慎乎其去，使及時以宣力；在大佑則善乎其去，使優閑以保終。仍諭諸大臣盡心職業，毋便身圖各一節。除高儀才富經綸，心懷忠亮，偶病乞休，情非得已，見已痊可供職，無容別議外。所據趙大佑近日推用，出自科道官張鹵等交章會薦。但本官向來家居，名雖養痾，實因親老。即今父母年俱八帙，絶裾而出，殊非人子之情。該科欲要深亮其心，曲全其孝，委於士風世教有益。合無依其所擬，將趙大佑准其終養，親終之日，另行録叙。及照兩京部院卿寺諸臣，或以考黜，或以劾罷，數月之間，不下二三十人，一時推補，資既多不相應，不得不取於望。然揆以循名責實之義，真有未盡。今後起廢之人，未到任者止許别轉一次；到任之後，立有成績，方議再擢。若有孤忠大節、才德出衆者，不次超遷，弗在此限。其見任各官，不拘大小，但以不職見刺者，亦容臣等無憚異同，無事依違。查其人品官常果無玷缺，雖被重劾，在所必留；查其人品官常果有玷缺，雖以微罪，在所必去。方如科議頻於賜環，不若慎於賜玦之意。且人才譬之材木，摧折甚易，長養甚難。不爲愛惜，一有緩急，難免乏才之患。臣等職司所在，不敢不深長慮也。均乞聖裁。

隆慶元年八月初二日題，奉聖旨："是。趙大佑准終養，員缺即推補。"欽此。

議原任總督薊遼右都御史王忬復職疏

題：爲懇乞天恩，俯念先臣微功極冤，特賜昭雪，以明德意，以伸公論事。驗封清吏司案呈，奉本部送，准都察院咨，據巡按直隸監察御史郝傑呈，查勘過原任總督薊遼保定等處軍務兼理糧餉、都察院右都御史兼兵部左侍郎，今處決王忬功罪緣由。及稱王忬被虜入犯，責固難辭；歷任邊方，勞亦難泯。刑部原擬充軍，顯戮驟加，不無可憫；權奸用事，諒必有由各一節。

爲照地方失守，總兵法該重典。總督官調度失宜，止該爲民，情極重者不過充軍。所據右都御史王忬既經巡按御史郝傑查勘明白，陰受權奸之害，明收倭虜之功，死非其罪，公論共惜。合無將本官復其原職，以示昭雪。係干恩命，臣等未敢定擬。

隆慶元年八月初二日題，奉聖旨："王忬准復原職。"欽此。

覆右給事中陸鳳儀條陳行久任慎考察疏

題：爲乞重遷轉、慎考察以裨吏治事。文選清吏司案呈，奉本部送，吏科抄出，吏科右給事中陸鳳儀題，奉聖旨："吏部知道。"欽此。欽遵，抄出送司，案呈到部。

臣等看得吏科右給事中陸鳳儀具題前因，大率二事，其一謂久任當行，其二謂考察當謹，論議剴切，深於吏治有益。查得先年諸臣悉皆久任，即如胡濙任禮部尚書二十餘年，周忱任應天巡撫一十八年，况鍾任蘇州府知府十年，在内則成寅亮之功，在外則著阜成之績，炳炳烺烺，真可觀采。蓋因彼時進者甚難，退者甚少，以故銓曹久任，若無窒碍。嘉靖四十五年以前姑未暇論，隆慶改元以來，方及數月，部院卿寺大臣或以考黜，或以論罷，不下二三十人。若非聖皇新政，廣搜巖穴，雖欲東遷西轉，南旋北移，亦不可得。臣等職司其事，蚤夜圖維，深切憂惶。大抵必欲行久任之法，先當定考察之制。譬之材木，斧斤不伐，牛羊不牧，然後可以收棟梁榱桷之用。合無斟酌本官所擬，今次外官考察，容臣等部院虚心評騭。如曰貪，必求其贓證之實；如曰酷，必求其暴虐之實；如曰不謹，必求其恣肆之實；如曰不及，必求其庸劣之實。撫按之言，得之目擊者，則以爲張本；藩臬之言，得之面質者，則以爲參考。或方岳一省全無，不必過於搜索；或庶官一省人少，不必取盈舊數。寧使不肖者遺之以俟後考，無寧使賢者黜之以枉前功。本部一面仍將各處撫按舉到地方人才，每三五省類本議覆，果有可用者，請自上裁，遇有員缺，與先經起用者酌量推補。少俟群才畢收之時，然後將久任之政斷然行之，以成雍熙之治。蓋天下之治忽係於人才，人才之盛衰關乎吏治，所以調停劑量，使之濟濟不乏者，全在我皇上一加之意而已。伏乞俯賜裁定，敕下遵行。

隆慶元年八月初九日題，奉聖旨："是。"欽此。

再議建言得罪少卿馬從謙等贈官疏

題：爲申明新詔，以廣聖恩，以昭大信事。驗封清吏司案呈，奉本部送，先該原任光禄寺少卿兼翰林院五經博士、充軍馬從謙男馬有驪，原任户部江西司員外郎、杖死申良男申去佞，原任右春坊右清紀郎兼翰林院侍書、爲民周鈇男周雲程，原任刑科右給事中、充軍張逵男張翊元，原任户科給事中、充軍常泰男常洲，各遵詔奏乞伊父恤録緣由到部。

該本部看得，馬從謙等各懷自獻之忠，咸負敢言之氣，建白雖有不同，被罪均爲可憫。查擬馬從謙、申良各贈太常寺少卿，周鈇、常泰、張逵各贈光禄寺少卿，題奉聖旨："這厮每無理，不准。"欽此。伏睹新詔内一款，自正德十六年四月以後、嘉靖四十五年十二月以前，建言得罪諸臣，遵奉遺詔，存者召用，殁者恤録。欽此。節該本部分别三等，第一等者復職贈廕，仍加諭祭，二等者復職贈廕，三等者復職贈官。其中如大理寺少卿徐文華，原以議獄得罪，擬贈僉都御史；翰林院修撰楊慎原以議禮得罪，左春坊贊善羅洪先、御史楊爵、員外郎楊繼盛，俱以建言時政得罪，各議贈光禄寺少卿。俱奉聖旨："依擬。"欽此。今少卿等官馬從謙等，建言之心，被罪之慘，與徐文華等大略相同，兹獨不蒙准贈，聖澤未周，似爲缺典等因。案呈到部。

看得自正德十六年四月以後，建言得罪諸臣，在先帝升遐遺詔既惓惓於解網之仁，在皇上登極新詔復切切於澤骨之政。即如少卿徐文華、修撰楊慎、贊善羅洪先、御史楊爵、員外郎楊繼盛等，或贈其官，或録其後，或賜謚以表其行，或給葬以安其魄，海内之人傳誦聖德，真如天覆地載，至不容口。乃今獨於少卿馬從謙，員外郎申良，給事中張逵、常泰，清紀郎周鈇五臣應得恩典不蒙准允，臣等反覆思之，不得其故。夫馬從謙以抗疏，申良以大禮，俱死於杖下。張逵、常泰以大獄，俱死於遐荒。周鈇以屢上封事，死於林壑。孤忠勁節，較之徐文華等事本相同，録恤之恩一旦懸絶至此，非惟改元新詔不信於天下，即先帝解網之仁有所及亦有所不及矣。自昔式閭表墓，非爲死者；激勸攸關，實爲生者。事有似緩而實於急者，臣等以爲此舉是也。伏望聖明特賜采覽，俯從臣等原議，仍將馬從謙等各贈一官，則汪濊之恩遍於枯朽，綸音之布堅如金石矣。臣等無任屏營懇切之至。

隆慶元年八月初九日題，奉聖旨："已有旨了罷。"欽此。

覆給事中莊國禎劾尚書郭宗皐等留用疏

題：爲憤[一]事罪臣不堪再用，懇乞軫念南都要地，速賜罷斥，以慎舉措，以重根本事。考功清吏司案呈，奉本部送，吏科抄出，户科給事中莊國禎題，奉聖旨："吏部知道。"欽此。欽遵，抄出送司，案呈到部。

看得户科給事中莊國禎論劾新推參贊機務、南京兵部尚書郭宗皐，總督南京糧儲、都察院右僉都御史游震得各衰庸不堪，乞要罷斥，别推才望，以充其任一節。爲照郭宗皐爲御史時抗疏直諫，爲總督時得罪權貴，兩次廷杖二百，死而復蘇，謫戍靖虜二十餘年，辛苦備嘗，機宜深諳。大同之事，止是零寇入境，原非大舉。巡按御史胡宗憲適在地方，立逼總兵官張達、副總兵林椿先帶家丁出城拒敵，大軍未至，爲賊掩襲。大同相去軍門二百餘里，比及報至，賊已回矣。宗憲自知罪狀，不敢參論督撫，惟爲總兵奏討恤典。雖經給事中唐禹風聞遥論，不過以其職任相關，固未嘗言及拿問廷杖謫戍也。歲月既深，知者甚少。頃者南京兵部尚書員缺，臣等會集三品以上官虚心評議，咸謂薊遼、宣大、陝西三邊總督見奉欽依，不許遷轉，南京軍情未定，必須就近推用，方不誤事。彼中雖有尚書劉采、吴嶽與郭宗皋，俱係新任，俱年六十之上，就中論之，諳練邊務，則宗皋爲最，且先該户、兵二部特薦，臣等故首推之。游震得久在諫垣，卓有風猷。巡撫福建，不幸繼王詢、阮鶚貪肆之後，兵食俱匱，人心解體，釀成興化之變。追論其罪，當在詢、鶚，不當在於震得。先以南京總督糧儲員缺，會議得震得雖有興化之失，乃甲兵之事，總督糧儲乃錢穀之事，才當器使，人難求備，且近該南京科道會舉，以故臣等亦首推之。今據該科論列前因，蓋以南都根本重地，兵、食二事并爲緊要，無非爲官擇人之意。但人惟求舊，新者不如舊者之練。昔人有言，使臣捕虎逐鹿，則誠老矣，使策國事，則尚少。參贊、總督之臣，均爲策國事者，即使七十之年，精力未衰，尚當留用，况二臣未至引年之時乎？伏望聖明特賜電察，將二臣仍令用心供職，以責後效。但大臣去留出自朝廷，臣等未敢定擬。

隆慶元年八月十五日題，奉聖旨："郭宗皋、游震得既精力未衰，都准留用。兵糧事重，着各上緊到任供職，不得因被論自沮，陳詞引避，以致誤事。"欽此。

議原任南京兵部尚書王軏復職疏

題：爲開讀事。驗封清吏司案呈，奉本部送，吏科抄出，總督漕運兼提督軍務、巡撫鳳陽等處地方、兵部左侍郎兼都察院右僉都御史張瀚，巡按直隸監察御史孫丕揚題，俱奉聖旨："吏部知道。"欽此。欽遵，抄出送司，案呈到部。

看得總督漕運兼提督軍務、巡撫鳳陽等處地方、兵部左侍郎兼都察院右僉都御史張瀚等會題，要將侍郎曾銑名下原坐贓銀免追，尚書王軏以禮贈葬各一節。爲照原任侍郎曾銑效忠被害，枉抑已明，節該本部題奉欽依，復職贈廕。原坐贓銀，相應備咨刑部，轉行原籍官司，免其追納，及將監併家屬盡行釋放，以恤無辜。其原任南京兵部尚書、後閑住王軏律己居官，不聞訾議，雖以小過獲罪，似無損其平生，相應復其原職，仍咨禮部議給恤典。臣等未敢定擬。

隆慶元年九月初八日題，奉聖旨："是。王軏准復原職。"欽此。

覆監察御史孫代劾少卿胡汝桂聽勘疏

題：爲奸憸銓郎冒升卿秩，懇乞聖明俯賜罷斥，以清仕路事。考功清吏司案呈，奉本部送，吏科抄出，江西道監察御史孫代題，奉聖旨："吏部知道。"欽此。欽遵，抄出送司，案呈到部。

看得江西道監察御史孫代論劾原任文選司郎中、今升提督四夷館太常寺少卿胡汝桂，險狠之心，貪邪之性，任頑父狡僕以納賄，趨聞人要津以延譽，密布籠絡之計，深藏陷穽之機，久濫銓曹，已竊名位，復叨卿寺，愈覺負乘，乞要特賜罷斥一節。爲照本部推升銓選，皆臣等堂官親爲裁決。郎中胡汝桂職任承行典選以來，不聞別議。頃者六選已完，例該叙遷。乃今御史孫代極口論列，大率言其心術奸回，計慮險詐，爲人則賣狗懸羊，陷人則八面埋伏，若果是實，委難容于堯舜之世。但中間所列事情，俱在原籍，臣等難以懸斷。合候命下，行令胡汝桂回籍聽勘，遺下少卿員缺，照例先行推補。

隆慶元年九月十四日題，奉聖旨："是。胡汝桂着回籍聽勘。"欽此。

議原任吏部尚書周用廕叙疏

題：爲懇乞天恩，比例録廕，以圖補報事。驗封清吏司案呈，奉本部送，吏科抄出，原任太子少保、吏部尚書周用嫡孫周賚奏，奉聖旨："吏部知道。"欽此。欽遵，抄出送司。

查得先年本部尚書耿裕、倪岳、馬文升身後俱嘗廕一子做中書舍人。近年本部尚書聞淵男聞思學奏稱伊父致仕在家病故，乞要比例録廕，該本部覆題，奉世宗皇帝聖旨："聞淵廕一子做中書舍人。"欽此。俱欽遵外。今該前因，通查案呈到部。

看得原任太子少保、吏部尚書周用嫡孫，聽用監生周賚奏稱，伊祖在任病故，乞要比例録廕中書舍人一節。爲照本官宅心謹畏，持己方嚴，總憲度而茂振風裁，掌銓曹而殫竭心力，真懷夙夜匪懈之誠，竟成鞠躬盡瘁之志。所據録廕，既經該司查有尚書耿裕、聞淵等事例，相應題請。但恩命出自朝廷，臣等未敢擅便。

隆慶元年九月三十日題，奉聖旨："是。周用着廕一子入監讀書。"欽此。

覆都給事中王治等劾尚書郭乾等去留疏

題：爲摘議有罪督撫大臣，以振中興紀綱，以厲防邊實政事。考功清吏司案呈，奉本部送，吏科抄出，吏科等科都給事中王治、歐陽一敬等題，奉聖旨："吏部知道。"欽此。欽遵，通抄送司，案呈到部。

看得吏、兵二科都給事中王治、歐陽一敬等交章論劾山西、薊鎮失事官員，疏内要將兵部尚書郭乾、左侍郎遲鳳翔致仕、調用。又浙江道御史凌儒等舉刺人才，亦劾尚書郭乾調用，并及巡撫江西等處地方、兵部右侍郎兼都察院右僉都御史任士憑，撫治鄖陽、都察院右僉都御史劉秉仁俱罷斥各一節。除總督等官劉燾等奉旨查勘，兵部右侍郎吴桂芳到任未久，難以議罰外。爲照尚書郭乾，守己清嚴，涖官縝密。邊關諸務雖由本兵調度，居中制外，遥度實難。但本官見以患病乞歸，臣等又親見其形容消瘦，精神衰減，似應令其回籍調理，痊可之日另行擬用。侍郎遲鳳翔久歷邊陲，素稱清謹，頃者奉命經略，不聞大有建明，委難辭責。即今駐札昌平，奉敕防禦，且年才六十以上，止聞其母有病，不聞本官有病。虜營未遠，南山喫緊，全在此月，臨敵易將，兵家所忌，似應降俸三級，令其用心幹理，以圖後效。巡撫江西右侍郎任士憑厚重端謹，而民情少諳，坐鎮江藩之大省，殊非所宜；撫治鄖陽右僉都御史劉秉仁年壯才優，而兵略未聞，立視南陽之巨寇，全無多算：似應俱調南京衙門，以全器使之義。遺下兵部尚書，江西、鄖陽二巡撫員缺，照例速行推補。但大臣去留出自朝廷，臣等未敢定擬。

隆慶元年十月初三日題，奉聖旨："是。郭乾既有疾，准回籍調理。遲鳳翔降俸三級，照舊供職。任士憑、劉秉仁依擬調用。"欽此。

覆監察御史凌儒等會薦都御史陳其學等起用疏

題：爲舉剌人才，以備邊防，以安内地，以紓聖懷事。文選清吏司案呈，奉本部送，吏科抄出，河南等道掌道事、浙江道監察御史凌儒等題，奉聖旨："吏部知道。"欽此。欽遵，抄出送司。

查得巡撫朱笈係充軍赦回，王輪係冠帶閑住，總督陳其學係回籍聽勘，巡撫戴才、汪道昆，侍郎喻時俱係聽候别用。其吴嘉會先係爲民，隆慶元年四月，該科道等官張鹵、陳聯芳等會薦，該本部覆題，奉欽依："吴嘉會罷。"欽此。通查案呈到部。

看得河南等道掌道事、浙江道監察御史凌儒等題稱，原任三邊總督等官陳其學等七員俱堪邊防録用一節，無非以邊陲多事，督撫乏人，廣搜博采，人惟求舊之意。除吴嘉會已經奉旨報罷，汪道昆、戴才、喻時俱原係聽用人員，難以再議外。所據總督陳其學，巡撫朱笈、王輪三員，既該十三道官會舉前來，相應起用。合候命下，將陳其學等遇有相應員缺，酌量推用。及照天生人才，自足一世之用。但才有短長，當取長而舍短；事有新舊，當舍舊而圖新。即今前項所舉諸臣，或身被重劾而未經湔除，或失事重大而未曾勘結。取其一生之概薦之，固爲無忝；摘其一時之失劾之，則亦無詞。此處方薦起而彼處即劾之，彼處方薦之而此處即劾之，以致未出者憂彈畏譏，不肯彈冠；已出者惜名保節，急欲掛冠：均非聖朝之所宜有。合無今後言官薦到起用者，必須到任一年之後，果無成效，或奉職無狀，在京者聽科道官糾正，在南京者聽南京科道官糾正，在外者聽各該撫按官糾正，不止褫奪其官，仍行治罪。庶幾目見比之耳聞更真，責實比之循名尤當，不惟國體、人才可以兩全，臣等不明之咎亦可以少逭矣。

隆慶元年十月初七日題，奉聖旨："是。陳其學、朱笈、王輪准起用。"欽此。

會議監察御史李叔和劾總督劉燾等留用疏

題：爲邊臣失策，虜患可憂，議處重鎮督帥及本兵司官，豫圖内外安攘事。吏科抄出，陝西道監察御史李叔和題，奉聖旨："吏、兵二部看了來説。"欽此。欽遵，抄出到部。

看得陝西道監察御史李叔和欲將譚綸代劉燾總督，戚繼光代李世忠總兵，申維岳等拿究，何源調用一節。除兵部侍郎譚綸近奉欽依專管練兵，總兵李世忠、申維岳又該兵科别本論劾，兵部徑自議覆外。臣等會同兵部右侍郎臣吴桂芳議得，總督都御史劉燾素負才名，頗閑兵略。頃者地方失事重大，言官論列，責實難辭。但總督、巡撫畫地分守，原有成議。虜入界嶺等口，係是巡撫原分地方，且督撫見奏捷音，奉有明旨，行巡按御史查勘，功罪未明，似難輕擬。合無將劉燾容令策勵經理，稍候勘回之日，另行議奏定奪。總兵戚繼光與侍郎譚綸本同一事，譚綸既已回京，合無將戚繼光一體取回，共修戎政。遺下福建總兵員缺，兵部先行推補。職方司郎中何源年力方壯，才識亦優，況部中推選將領，俱係臣等堂官定擬，難以盡責本官。合無將何源行令照舊供職，以圖後效。

隆慶元年十月十二日題，奉聖旨："是。劉燾着策勵供職，候勘明奏請。戚繼光着取回京，何源准留用。"欽此。

請撰述新建伯王守仁等贈謚誥命疏

題：爲開讀事。驗封清吏司案呈，節該本部題，准禮部咨，該禮科等科都給事中等官辛自修等，浙江等道掌道事、河南道監察御史王好問等題稱，原任新建伯、南京兵部尚書兼都察院左都御史王守仁，少傅兼太子太傅、户部尚書、謹身殿大學士蔣冕，太子太保、吏部尚書、武英殿大學士石珤，少保兼太子太保、吏部尚書喬宇，禮部尚書汪俊，刑部尚書喻茂堅，南京兵部尚書湛若水，南京禮部右侍郎吕柟，南京刑部右侍郎周廣，詹事府少詹事兼翰林院侍讀學士黄佐，都察院右僉都御史王雲鳳各贈官緣由。又該原任太子少保、户部尚書王杲男王世泰，原任都察院右僉都御史朱方男朱繪各奏，要復父原職，已經本部題奉欽依，俱准復職訖。及查得新建伯該贈新建侯，少傅該贈少師，少保該贈少傅，太子太保該贈少保，太子少保該贈太子太保，尚書該贈太子少保，禮部侍郎該贈禮部尚書，刑部侍郎該贈都察院右都御史，少詹事該贈禮部右侍郎，右僉都御史該贈右副都御史。通查案呈到部。

看得新建伯王守仁等，生著勛庸，殁垂令譽。或輸忠仗義以定危疑，或亮采分猷以贊治化，博雅者資其黼黻之光，剛正者賴其匡持之力，職守不同，人品則一，既經言官會舉前來，相應褒録。合無俯念舊臣，特從追贈，以示清朝旌賢勸善之典等因。隆慶元年五月二十日題，奉聖旨："王守仁准贈新建侯，蔣冕少師，喬宇少傅，石珤少保，王杲太子太保，汪俊、喻茂堅、湛若水俱太子少保，吕柟禮部尚書，周廣都察院右都御史，黄佐禮部右侍郎，王雲鳳、朱方俱右副都御史。"欽此。

又該本部題同前事。内開看得大學士等官楊廷和等，或懋德弘猷夙崇海宇，或豐功偉節雅重朝端，遡其履歷之詳，均爲方正之士。先該本部題請，得復原官，後該禮部同刑部尚書林俊、南京工部尚書吴廷舉查明題准，得與祭葬，所據贈官一節，相應題請。計開：原任少師兼太子太師、吏部尚書、華蓋殿大學士楊廷和擬贈太保；太子太保、兵部尚書兼都察院左都御史王廷相，太子太保、兵部尚書聶豹，俱擬贈少保；太子少保、户部尚書梁材擬贈太子太保；兵部尚書兼右副都御史翟鵬，刑部尚書劉訒、林俊，南京工部尚書吴廷舉，俱擬贈太子少保；兵部左侍郎張漢，兵部右侍郎兼右副都御史曾銑、楊守謙，兵部右侍郎兼右僉都御史商大節，俱擬贈兵部尚書；南京工部左侍郎程文德擬贈禮部尚書；工部右侍郎江曉擬贈工部尚書；都察院右副都御史孫繼魯擬贈兵部左侍郎；南京國子監祭酒鄒守益擬贈禮部右侍郎等因。隆慶元年七月初四日題，奉聖旨："楊廷和等贈官依擬，翟鵬原以失事被逮罷。"欽此。

又該本部題，爲獻愚忠以裨新政事。准禮部咨送，該吏科左給事中陳瓚題，該本部看得，原任太子太保、兵部尚書彭澤，南京工部左侍郎何孟春，官常人品，禮部揚確已明，在彭澤則天下稱爲名卿，在何孟春則天下稱爲名士，委當厚加褒録，以示優崇。所據贈官，相應題請。計開：原任太子太保、兵部尚書彭澤擬贈少保，南京工部左侍郎何孟春擬贈禮部尚書。隆慶元年七月二十九日題，奉聖旨：“彭澤准贈少保，何孟春禮部尚書。”欽此。

續准禮部咨，該翰林院遞出揭帖，賜原任新建伯王守仁諡文成，大學士楊廷和諡文忠，蔣冕諡文定，石珤諡文介，吏部尚書喬宇諡莊簡，熊浹諡恭肅，兵部尚書王廷相諡肅敏，聶豹諡貞襄，彭澤諡襄毅，户部尚書梁材諡端肅，禮部尚書汪俊諡文莊，刑部尚書林俊諡貞肅，南京工部尚書吴廷舉諡清惠，刑部左侍郎劉玉諡端毅，南京工部左侍郎何孟春諡文簡，南京禮部右侍郎吕柟諡文簡，兵部右侍郎曾銑諡襄愍，楊守謙諡恪愍，商大節諡端愍，右副都御史孫繼魯諡清愍，太僕寺卿楊最諡忠節，南京國子監祭酒鄒守益諡文莊，兵部員外郎楊繼盛諡忠愍，左春坊左贊善羅洪先諡文恭。各咨開前來，案呈到部。

看得尚書熊浹、卿楊最、員外郎楊繼盛、贊善羅洪先各贈官誥命，先該本部題請通行撰寫。所有今賜諡號，合行翰林院，查與贈官文軸一併撰寫。其新建侯王守仁等贈諡官員例應給與誥命，欲行翰林院撰文，中書舍人關軸書寫。臣等未敢擅便。

隆慶元年十月二十一日題，奉聖旨：“是。”欽此。

計開：

原任新建伯、南京兵部尚書兼都察院左都御史王守仁，今贈新建侯，諡文成；

原任少師兼太子太師、吏部尚書、華蓋殿大學士楊廷和，今贈太保，諡文忠；

原任少傅兼太子太傅、户部尚書、謹身殿大學士蔣冕，今贈少師，諡文定；

原任太子太保、吏部尚書兼武英殿大學士石珤，今贈少保，諡文介；

原任少保兼太子太保、吏部尚書喬宇，今贈少傅，謚莊簡；

原任太子太保、兵部尚書兼都察院左都御史王廷相，今贈少保，謚肅敏；

原任太子太保、兵部尚書聶豹，今贈少保，謚貞襄；

原任太子太保、兵部尚書彭澤，今贈少保，謚襄毅；

原任太子少保、户部尚書梁材，今贈太子太保，謚端肅；

原任太子少保、户部尚書王杲，今贈太子太保；

原任禮部尚書汪俊，今贈太子少保，謚文莊；

原任刑部尚書林俊，今贈太子少保，謚貞肅；

原任刑部尚書喻茂堅，今贈太子少保；

原任刑部尚書劉訒，今贈太子少保；

原任南京工部尚書吴廷舉，今贈太子少保，謚清惠；

原任南京兵部尚書湛若水，今贈太子少保；

原任兵部左侍郎張漢，今贈兵部尚書；

原任刑部左侍郎劉玉，今贈刑部尚書，謚端毅；

原任南京工部左侍郎程文德，今贈禮部尚書；

原任南京工部左侍郎何孟春，今贈禮部尚書，謚文簡；

原任南京禮部右侍郎吕柟，今贈禮部尚書，謚文簡；

原任兵部右侍郎兼都察院右副都御史曾銑，今贈兵部尚書，謚襄愍；

原任兵部右侍郎兼都察院右副都御史楊守謙，今贈兵部尚書，謚恪愍；

原任兵部右侍郎兼都察院右僉都御史商大節，今贈兵部尚書，謚端愍；

原任南京刑部右侍郎周廣，今贈都察院右都御史；

原任工部右侍郎江曉，今贈工部尚書；

原任都察院右副都御史孫繼魯，今贈兵部左侍郎，謚清愍；

原任詹事府少詹事兼翰林院侍讀學士黄佐，今贈禮部右侍郎；

原任都察院右僉都御史王雲鳳，今贈都察院右副都御史；

原任都察院右僉都御史朱方，今贈都察院右副都御史；

原任南京國子監祭酒鄒守益，今贈禮部右侍郎，謚文莊。

議原任吏部侍郎董玘等贈官復職疏

題：爲開讀事。驗封清吏司案呈，奉本部送，准禮部咨，該總督浙直江西軍務、巡撫浙江地方、兵部右侍郎兼都察院右僉都御史劉畿題，奉聖旨："該部知道。"欽此。欽遵。

該本部查得，吏部左侍郎兼翰林院學士董玘，學冠詞林，行孚士論，始觸權兇而甘心見斥，繼蒙收録而秉志益堅。同官故牘之焚，意在掩瑕，竟以抗言而得止；閹寺東郊之送，至傾朝市，復能獨立而不行。乃若修兩朝之實録，則編摩獨擅於當年；掌鄉會之文衡，則掄選尚稱於今日。祇因佐銓卿貳而不通請謁，乃致見擠同儕而巧搆謗誣，然于本官身心素履略不可訾。所當念其纂修國史及經筵日講之功，重加恤典，以示優厚者也。御史黎貫、員外郎張潨、行人薛侃、編修王相，或以抗言而危身，或以忤勢而被遣，均爲忠義之臣，應霑恤録之典。俱應咨行吏部，議復原官，各加優贈等因。覆奉欽依，備咨到部送司，查得吏部侍郎兼翰林院學士該贈禮部尚書，案呈到部。

看得原任吏部左侍郎兼翰林院學士董玘、原任陝西道監察御史黎貫、禮部員外郎張潨、行人司行人薛侃、翰林院編修王相，已經撫按官極口揚確，又經禮部虚心評騭，悉與臣等所見相同，相應題請。合無將董玘照例贈官，黎貫等先行各復原職，其贈官另行題請。臣等未敢定擬。

隆慶元年十月二十六日題，奉聖旨："是。"欽此。

奉詔條陳邊計疏

題：爲欽奉聖諭條陳邊計事。准兵部咨，該内閣傳奉聖諭："朕看得東西二鎮虜寇搶殺至甚，防虜之計如何預處？卿等會文武群臣着實詳議來看。"欽此。欽遵。節該本部覆議，合再通行大小官員，攄忠殫慮，破格講求，各令刻期具奏，容臣等酌量緩急，會同内閣并五府九卿科道各官逐一詳議，列款上請，取自聖裁等因。題奉欽依，備咨前來。

臣等竊惟，狂胡匪茹，分道憑陵，東犯薊鎮則九重震驚，西犯偏關則三晋騷動，搶殺至甚，誠如聖諭。荷蒙皇上軫念生靈，日勤宵旰，特諭輔臣公同臣等詳議預防之計。臣等雖至愚極陋，目擊時艱，敢不祇承？自昔防虜，不過戰、守二端，而各邊地勢不同，戰守亦自互異。即如薊州、昌平、保定三鎮，有墻可恃，虜雖保其不來，但當乘高據險，使之匹馬不入，即爲上策。山西、宣大、遼東四鎮，無墻可恃，虜難保其不入，但當堅壁清野，使之一毫不得，即爲中策。臣博、臣本固、臣士儋連日面相酌議，除重將權、明軍令、修城堡等項事宜已經各官條奏，不敢概及外，謹將東西六鎮戰守之機其大且要者列款上陳。伏望聖明特賜省覽，敕下該衙門會官詳議，裁定施行。

及照奉旨建白者，臣等之事也；詢謀參酌者，輔臣、本兵之任也；至于削去虚文、力求實效者，則總督、鎮巡、兵備、將領之責也。若使臣等言之，輔臣、本兵議之，邊臣不肯力任其事，或明肆異同，或陰行規避，紙上空談，譬之畫餅，竟何益于安攘之效？所據責成邊臣，同心寅恭，實心幹理，乃今日之第一務也。又念兵凶戰危，人情所難，朝廷所以驅策之者，惟在賞罰。有功不賞，人固弗勸；有罪不刑，人孰肯輕蹈白刃之禍哉？近歲薊鎮潘家口、磨刀谷失守，總督王忬、楊選相繼棄市，而總兵、參將、遊擊反從末減，是以今歲虜警屢稱敵戰，竟無一將請纓而死，可以見其情實矣。頃蒙宸斷，逮繫鎮巡，人心始知警惕。而副參等官田世威、劉寶、胥進忠、吴光裕等分有信地，不能固守，其罪尤重，亦當先行收問。合無將田世威等提拿到京，聽法司查照所犯一併擬罪，以爲邊臣縱寇殃民者之戒。臣等不勝懇切祈望之至。

隆慶元年十月二十九日題，奉聖旨："兵部集議來説。"欽此。

計開：

一、定薊昌守墻之議。薊、昌二鎮因山爲墻，延長幾二千里。自庚戌虜變以來，屢經修繕。河坊口、古北口、黑谷關、一片石等處拒回大虜，明有徵驗。近因猾虜潰墻，説者遂謂墻不可守，是誠因噎而廢食也。蓋前年墻子嶺失守，乃通州官軍，今歲界嶺口失守，乃河間官軍，守兵單弱，援兵不至。此調度之失宜，豈可歸罪于墻哉？合無聽總督侍郎曹邦輔督同鎮巡等官，趁此冬閑，躬履邊垣，逐一閲視，稍有不備，即爲修補。春秋兩防，將調到入衛邊兵分營配搭，每路各得一二千名，駐札適中地方，猝遇虜衆攻墻，令其併力戰守。彼仰面而攻，我乘高而擊，虜騎雖强，恐亦不能飛渡。

一、定宣府南山之議。宣府東路，咫尺昌平，其四海冶、岔道、八達嶺等處俱有通賊要路。總督軍門統領重兵拱護南山，實以陵京爲重；連年關外增設墩墻，深得重門待暴之義。近議紛紛，欲將兵馬列於張家口左右衛等處，俟其南下，方守南山，失策甚矣。合無備行總督都御史王之誥，督同鎮巡等官，今後春秋兩防仍照成議謹守南山，以慰君父宵旰之懷，不得藉口外防，致貽内患。

一、定山西擺列之議。雁門、寧武、偏頭三關，均爲山西門户。雁、寧二關，外有大同，猶稱屏障。偏頭一關，西連延綏，獨當虜衝。先年寧雁一帶添筑邊墻，增兵戍守，未爲無據。然邊長八百餘里，原守官兵民壯不滿數萬，名曰擺邊，實爲故事，固未見其倚墻拒守，如薊、昌二鎮真能遏虜之歸者也。蓋薊、昌合諸鎮之力，爲守頗易；山西止一鎮之力，爲守實難。今該給事中張齊議罷擺邊，得之目擊，非臆説者。但事在閫外，遽難遥斷。合無聽總督都御史王之誥督同鎮巡等官，虚心酌議，務求長便，具實奏聞。如果可罷，每歲秋防官軍民壯止宜屯駐適中地方，遇有虜警，相機戰守，以保萬全。

一、定保鎮防守之議。紫荆、倒馬、龍泉諸關，層峰疊嶂，頗稱天險，且籍宣大爲之屏蔽，虜若南犯諸關，勢必經由二鎮，即使介馬而馳，亦須數日可到。但當明其耳目，養其鋭氣。如果虜犯宣大，已入内邊，南窺洪蔚、保安、靈丘、廣昌等處，然後乘墻拒守，斯爲得策。近年以來，先期擺邊，不惟空勞士馬，亦且糜費芻餉。合無聽總督侍郎曹邦輔督同鎮巡等官，每遇春秋兩防，預將兵馬分定地方，照常操練，必須的有警報，方可登墻，以成以逸待勞之計。

一、定大同搗巢之議。大同地方外連朔漠，與虜爲鄰，虜犯山西、保定，勢必由之。先年總兵官梁震每遇虜入，輒率勁兵出邊搗巢，故終震之任，虜即入寇，不敢久駐，蓋牽于内顧耳。合無備行總督都御史王之誥，督同鎮巡等官，今後虜果深入，發兵搗巢。冬春虜賊馬弱之時，虜雖不犯我境，間亦搗之，亦不爲過。有功破格升賞，縱有敗衄，不當輒加開邊啓釁之罪。至于宣府，亦可倣而行之，蓋總兵官馬芳驍勇不減于震，戮力報國，此其時也。

一、定遼東積貯之議。遼東一鎮濱海鄰夷，中通一綫之路，一切兵食悉皆仰給本鎮之産。且地甚肥饒，收成常稔；但鎮人愚昧，不肯少爲積蓄之計，豐收之年，粒米狼戾，一遭凶荒，坐而待斃。如嘉靖三十八年、三十九年，人至相食。食既不足，兵自難振，何以責其敵愾之功？合無備行巡撫都御史魏學曾，督同守巡、兵備等官，多方設法，令其開墾荒蕪。每遇年豐穀賤，處發官銀，糴買收貯。仍教諭民間，照依江南規則，各自蓄積，務爲一年三年之備。惠而不費，事在可行。

覆都給事中歐陽一敬奏巡撫河南侍郎王國光催促赴任疏

題：爲仰遵聖諭，詳議督臣罪罰，均法紀，服輿情，以裨防虜大計事。考功清吏司案呈，奉本部送，吏科抄出，兵科都給事中歐陽一敬等題，奉聖旨："吏部知道。"欽此。欽遵，抄出送司，案呈到部。

看得兵科都給事中歐陽一敬等題稱，山西地方失事，要將總督王之誥分别功罪，定擬去留，及論新改巡撫河南、户部右侍郎兼都察院右僉都御史王國光病未痊可，别行推用，各一節。除王之誥已經奉旨回籍聽勘外。内王國光，先該六科十三道官張鹵、陳聯芳等交章薦其奇抱清才，沉疴就痊，已經本部題，奉欽依，酌量推用。頃因河南巡撫冀鍊員缺，不候交代，臣等以本官原籍去河南止二百里，且嘗任儀封知縣，熟知河南之事，以故疏名上請，荷蒙簡用。乃今兵科又論其衰病不堪，查與會薦不同，遽難輕擬。合無催行王國光作速前去，到任管事。如果病未痊痾，聽其徑自具奏，以憑覆請定奪。

隆慶元年十一月初三日題，奉聖旨："是。"欽此。

覆都給事中王治奏原任大學士夏言等復職疏

題：爲懇祈聖明廣謚宥，禁妄乞，以昭勸懲事。驗封清吏司案呈，奉本部送，吏科抄出，吏科都給事中王治等題，奏聖旨："該部知道。"欽此。欽遵，抄送到司。

行准本部考功清吏司付，開禮部右侍郎、原任大理寺卿朱廷立嘉靖二十八年爲糾劾奸濫卿貳，以肅官階，以愜公論事，奉世宗皇帝聖旨："閑住。"欽此。刑部左侍郎詹瀚爲奸污不職卿貳大臣乞賜罷黜，以肅官階，以端士習事，該本部覆，奉世宗皇帝聖旨："着致仕去。"欽此。欽遵，通查案呈到部。

看得吏科都給事中王治等題稱，欲將大學士夏言量爲雪宥，大理寺卿朱廷立、刑部侍郎詹瀚追奪閑住、致仕，各一節。除朱廷立已經閑住，無容别議外。爲照原任少師兼太子太師、吏部尚書、華蓋殿大學士夏言，遭遇先帝特達之知，舉動乖違，不能無罪。但總督曾銑議復河套，原係公事，逆臣嚴嵩誣以交結近侍，以致駢首并戮，中外咸憤其冤。即今曾銑既蒙昭雪，夏言之枉委當亟爲申理。原任刑部左侍郎詹瀚，久受夏言之卵翼，甘作嚴嵩之犬鷹，既冒致仕之榮於生前，宜加褫奪之罰於身後。合無將夏言量復原職，詹瀚追奪致仕，止與閑住。但恩威出自朝廷，臣等未敢定擬。

隆慶元年十二月十四日題，奉聖旨："夏言准復吏部尚書，詹瀚原職着追奪。"欽此。

欽奉聖諭嚴革覲臣私交疏

題：爲欽奉聖諭事。考功清吏司案呈，奉本部送，該内閣傳奉聖諭："朕見今年朝覲官員來京，祖宗時不許各處營求。"欽此。欽遵，恭捧到部送司，案呈到部。

臣等莊誦綸音，仰見陛下法祖圖治，慎重考課，甚盛心也。臣等職司其事，曷勝慶忭！竊見邇來時政清明，在内諸司靡不守典奉法，兢兢自持，即有營求之輩，亦自無所容力。先該臣等具題，今次部院考察，備查歷年考語，兼采輿論，從公去留。敢有央求囑托者，即係素無行檢之人，定以不謹黜退。已經奉有欽依，出榜禁約。茲載上廑宸衷，下頒明諭，臣等敬當嚴行申飭，以警人心。合候命下，通行五城巡城御史，多差兵番，密加緝訪。果有前項不肖官員仍肆營求，及假稱部院官吏、皂隸名色走空索財者，即便拿送部院，併究受囑指引打點各犯，參送法司，比照選法誆騙事例，枷號三個月，俱發烟瘴地面充軍。六科十三道官如有見聞真確者，各許指名參劾。庶幾舊章克率，新政維光，臣等膚淺固陋之罪亦可以少逭於萬一矣。

隆慶元年十二月十六日題，奉聖旨："是。考察重典，但有營求的，你每務要遵諭參治。科道官有所見聞，各即指名劾奏。"欽此。

覆都給事中王治條陳定等則以辨方面賢否疏

題：爲陳三等，以飭吏治，以廣德意事。文選清吏司案呈，奉本部送，吏科抄出，吏科都給事中王治等題，奉聖旨："吏部看了來説。"欽此。欽遵，抄出送司，案呈到部。

看得吏科都給事中王治等題稱"定等則以辨賢才"一事，欲要將方面有司定擬三等九則，填列進呈，仍發式撫按，以後照式填造，著爲定例，庶朝覲可據以拔尤優遇，激勸人心，向後可據以超升行取，久任叙升各一節。爲照人品不同，大略有是三等，誠如該科所論。但資禀本殊，學問各異。論其才，有先未諳而後練達者；論其守，有始克廉而終貪肆者。若止據一時考詞，即便填列等則，進呈御覽，欲改圖者恐無自新之路，後變節者反啓倖免之途。立法之初，必須詳慎，方免後艱。合無聽本部備將各處方面官，照依撫按奏薦到部者，不必分則，酌量分爲三等。仍行來朝兩司官，將所屬官員不分來朝與未來朝，亦酌量分爲三等，開送本部，置立堂印文簿，明白開寫，送發該司收貯。此後查訪，有先上而後中、下者，仍改上爲中、下；有先中、下而後上者，仍改中、下爲上：不以一時一事概其平生。凡遇升遷行取時，容臣等酌量前項等第，以次奏請。一面移咨都察院，轉行各該撫按衙門，今後造報賢否文册，務要明開等第，從實填注。不止方面，府正佐、州縣正官，雖首領、雜職，有則一體填入，無則缺之。如或任情徇私，含糊顛倒，悉聽臣等與該科指名參究。

隆慶元年十二月二十六日題，奉聖旨："是。"欽此。

覆左給事中孫枝等條陳久任協理文臣疏

題：爲摘陳營務，以飭戎政事。文選清吏司案呈，奉本部送，兵科抄出，巡視京營、刑科左給事中孫枝等題，奉聖旨："該部看了來說。"欽此。欽遵，抄出送司，案呈到部。

看得巡視京營、刑科等科左給事中等官孫枝等條陳，要將協理戎政大臣久任一節。爲照協理戎政大臣責任爲重，委當久任責成。但邊方多事，提兵之文臣甚多；將材難得，知兵之文臣甚少。東移西轉，其勢不得不然，要之，本非政體。合無今後遇有前缺，容臣等會同在京三品以上堂上官，悉心精選。果得其人，雖不能定以年限，亦須令其從容展布，不得數爲遷易，徒增煩擾。

隆慶二年正月十二日題，奉聖旨："是。"欽此。

議原任刑部尚書蔡雲程贈官疏

題：爲比例陳情，懇乞天恩，賜給贈謚祭葬，以光泉壤事。驗封清吏司案呈，奉本部送，准禮部咨送，原任刑部尚書、已故蔡雲程贈官緣由，到部送司。

查得嘉靖四十三年十二月内，該原任工部尚書劉麟妻王氏奏，夫致仕在家病故，乞要比例贈官等因。該本部覆，奉世宗皇帝聖旨："劉麟贈太子少保。"欽此。欽遵外。今該前因，通查案呈到部。

看得原任刑部尚書蔡雲程孫男蔡迎恩奏稱，伊祖歷官前職，丁憂服闋在家病故，乞要比例贈官一節。爲照本官性資閑雅，操履端嚴。長於文華，學憲有功於後進；明於法比，刑曹無愧於前修。所據贈官，既經查與尚書劉麟事體相同，似應題請。臣等未敢定擬。

隆慶二年正月十三日題，奉聖旨："蔡雲程准贈太子少保。"欽此。

覆監察御史王廷瞻論侍郎樊深致仕疏

題：爲衰庸大臣不堪法紀重任，懇乞聖明亟賜休致，以全晚節事。考功清吏司案呈，奉本部送，吏科抄出，巡按直隸監察御史王廷瞻題，奉聖旨："吏部知道。"欽此。欽遵，抄出到部送司，案呈到部。

看得巡按直隸監察御史王廷瞻論劾刑部左侍郎樊深年老，欲要致仕一節。爲照侍郎樊深，向在銀臺，茂著風裁，至於彈劾逆鸞一疏，尤爲人所傳誦。頃者蒙恩起用，擢貳秋卿，雖赤心尚在，報稱方殷，而皓首相侵，精力漸減，委當全其進退之義。合候命下，行令本官以禮致仕。

隆慶二年正月十九日題，奉聖旨："樊深准致仕。"欽此。

議原任通政司參議徐學詩贈官疏

題：爲懇乞聖明俯恤忠直，以勵臣工事。驗封清吏司案呈，奉本部送，准禮部咨送，原任刑部郎中徐學詩贈官緣由，到部送司。

查得隆慶元年正月内，該本部覆議得，應該恤典諸臣分别三等：典刑者上也，合當復其原職，特贈一官，厚加諭祭，仍廕一子。廷杖而死者次也，合當復其原職，量贈一官，亦廕一子。或久縶囹圄，或遠戍邊徼，或永棄草澤，終得死於牖下者，又其次也，合當復其原職，仍贈一官。又查得通政使司參議該贈中順大夫、大理寺少卿。今該前因，通查案呈到部。

看得提督軍務、巡撫浙江等處地方、都察院右僉都御史趙孔昭題稱，原任刑部郎中徐學詩，先以建言得罪，奉欽依起用，升南京通政使司右參議，在任病故，乞要贈官一節。爲照本官忠鯁之資，端嚴之行，遭際聖明御極，即蒙收用，比之身陷重辟、賫志以歿者不同，應在原擬三等之數。既經巡撫都御史趙孔昭具題前來，相應議擬。合候命下，將徐學詩追贈大理寺少卿，以慰忠魂。臣等未敢定擬。

隆慶二年正月二十七日題，奉聖旨："徐學詩准贈大理寺少卿。"欽此。

議原任巡撫大同都御史陳燿復職疏

題：爲比例懇乞天恩垂恤屈抑，以廣聖澤事。驗封清吏司案呈，奉本部送，准都察院咨，據巡按直隸監察御史周咏呈，會查得充軍已故原任巡撫大同、都察院右僉都御史陳燿復職緣由，到部送司。案查先該陳燿男生員陳莊奏，奉聖旨："吏部知道。"欽此。欽遵，已經查勘去後。今該前因，案呈到部。

看得巡按直隸監察御史周咏勘得，原任巡撫大同、都察院右僉都御史已故陳燿先年拿解充軍，與總督郭宗皋委係一事一節。爲照總兵官張達不候大軍，輕身出戰，實出巡按御史胡宗憲之主持，燿與總督侍郎郭宗皋原未與議。既〔二〕今宗皋既已復職，且以南京兵部尚書致仕，陳燿事同一體，相應准復原職。臣等未敢定擬。

隆慶二年正月二十七日題，奉聖旨："陳燿准復原職。"欽此。

議大學士徐階一品六考恩典疏

題：爲歷俸再滿九年，自劾奉職不稱，乞賜罷黜事。考功清吏司案呈，奉本部送，吏科抄出，少師兼太子太師、吏部尚書、建極殿大學士徐階奏，奉聖旨："卿輔佐先帝，久著忠誠；翊戴朕躬，勛猷益茂。兹九年再滿，朕心嘉悦，着照舊贊理，不允辭。應得恩典，吏部議擬來看。"欽此。欽遵，抄出到司。

查得嘉靖四十四年四月初五日，該司禮監官傳奉世宗皇帝聖諭："元輔階九年外又歷六年考滿，着照舊輔贊。卿等會議加恩來看。"欽此。吏、禮二部尚書嚴訥、李春芳會議，賜敕賜宴，加授特進，給與應得誥命，仍廕一子爲尚寶司丞，題奉聖旨："卿等所議恩加都可，仍加上柱國，以示朕特眷。"欽此。隨該本官具疏辭免，奉聖旨："卿忠誠公正，念切邦民，輔政多年，勛猷茂著，奏績加恩，彝典不逾。覽奏，情詞懇切，上柱國及部宴允辭，照例給與折宴銀四十兩、彩段四表裏。其餘宜悉承命，以副朕眷答忠勞至意。該部知道。"欽此。又查得嘉靖元年，先帝以大學士楊廷和有翊戴功，進封伯爵，仍廕一子爲錦衣衛指揮。後因本官辭免伯爵，又廕一子四品文職。嘉靖十八年，大學士翟鑾以巡歷九邊，廕一子做錦衣衛□〔三〕任千户。今該前因，通查案呈到部。

臣等竊惟三載考□〔四〕，三考黜陟，自唐虞至今未之有改。至於一品再歷九年，以十八年考滿者，尤爲累朝希見之事。今照少師兼太子太師、吏部尚書、建極殿大學士徐階，本以文武兼資之才，幸逢神聖迭興之會。登第以來，揚歷幾五十年；自入内閣，允稱咸有一德。中外之務沓至，襄贊之猷，悉皆立辦於一時；南北之警交馳，籌運之略，真能决勝於千里。輔佐先帝，已收求舊之功；翊戴聖皇，益闡維新之政。忠誠勛猷，誠如聖諭。嘉靖四十四年一品十五年考滿，荷蒙先帝賜敕賜宴，三代誥命，廕一子爲尚寶司司丞，又加特進，又加上柱國。于時本官過爲謙挹，多就辭免。即今再歷三年，勞績愈懋，官級既無可加，誥命亦難重給，所有恩典，似應酌□〔五〕。合無將徐階准支伯爵俸，仍廕一武職。其應廕文銜加於伊男太常寺少卿徐璠。賜敕賜宴，仍各照例舉行。但係干恩命，臣等未敢定擬。

隆慶二年二月初八日題，奉聖旨："是。輔臣階特加支伯爵俸，廕一子與做錦衣衛正千户。其應廕文銜，着以伊男徐璠升太常寺卿，仍管尚寶司事。還寫敕奬諭，賜宴禮部，以示朕眷禮至意。"欽此。

校勘記

〔一〕"憒"，疑當作"債"。

〔二〕"既"，疑當作"即"。

〔三〕□，底本漶漫不清，疑當作"實"。

〔四〕□，底本漶漫不清，疑當作"績"。

〔五〕□，底本漶漫不清，疑當作"處"。

蒲坂楊太宰獻納稿卷五

覆部院科道官會薦大理寺卿鄒應龍等酌用疏

少傅兼太子太傅、吏部尚書臣楊博等謹題：爲欽奉聖諭事。文選清吏司案呈，奉本部送，吏部抄出，户部等衙門尚書等官馬森等各題，奉聖旨："吏部知道。"欽此。欽遵，抄出送司。

查得先該兵部等衙門右侍郎等官吴桂芳等會題，該本部題，看得足兵足食，事本相須；用人理財，政當兼舉。兹者廷臣會議，欲添清理鹽法大臣，併令九卿、科道官各舉所知，誠得安攘大計。但知人甚難，求材貴廣。若止令在京九卿、科道掌印官推舉，猶非廣集衆思之意。合候命下，通行兩京九卿三品以上堂上官并各科道等官，務要矢誠秉公，廣詢博訪，果有才略過人、忠誠任事者，或堪各邊督撫之選，或堪各邊兵備之選，或堪各邊有司之選，或熟知屯鹽利弊，堪任清理屯鹽之選，無分已任去任，各另疏薦，悉聽臣等再加酌量，恭請簡用。日後所舉之人果有成績，併舉主一體升賞。如或徇私妄舉，以致僨事殃民，遵照近奉欽依事理，即將舉主重加罪罰，以示懲戒等因。題奉聖旨："是。"欽此。除通行欽遵外。今該前因，案呈到部。

看得户部等衙門尚書等官馬森等，各奏薦見任大理寺卿鄒應龍等共四十五員，臣等逐一評騭，分别邊腹、鹽屯，俱已允當。但五方之氣，雖當篤於因材；百中之能，自難拘於器使。即如先年輔臣楊一清，南人也，用之陝西，所至輒效。尚書王驥，北人也，用之雲南，隨在有功。即今舉到諸臣，揆之二臣，不宜多讓。合無將見任鄒應龍等，遇有相應員缺，容臣等不必拘定所擬資格，酌量推用，務當其才。原任順天巡撫、今聽用王輪，原任雲南參政、今聽用梅守德，原任陝西巡撫、今丁憂谷中虚，原任應天巡撫、今丁憂翁大立，原任河南布政、今丁憂朱大器，原任山東左參政、今丁憂胡涌，原任湖廣右參政、今丁憂阮文中，原任南京兵部右侍郎、今養病劉畿，原任户部右侍郎、今養病王國光，原任兩淮都轉運鹽使司運同、今不及羅拱辰，原任雲南廣南府知府、今致仕徐可久，原任宣府巡撫、今聽候别用李秋，原任南京兵部右侍郎、今聽勘陸穩，原任延綏巡撫、今聽勘王遴，原任應天巡撫、今閑住張景賢，原任浙江右參政、今不謹劉應箕，原任順天巡撫、今爲民徐紳，原任福建左參政、今爲民馮皋謨，或以事家居而例當待次，或因公落職而多出無辜，既抱登用之材，又非考察之數，亦容臣等以次起用。但進退出自朝廷，臣等未敢定擬。

隆慶二年二月初八日題，奉聖旨："是。這所舉各官，你每還要酌量任使，毋得但因曾有薦舉，一概濫用。有不稱職債事的，并舉主一體坐罪。"欽此。

覆左給事中張齊論薊鎮督撫不和疏

題：爲重鎮督撫不和，懇乞聖明早賜議處，以慎秋防事。考功清吏司案呈，奉本部送，吏科抄出，户科左給事中張齊題，奉聖旨："吏部知道。"欽此。欽遵，抄出送司，案呈到部。

看得户科左給事中張齊題稱前因，大率謂薊遼總督侍郎曹邦輔、順天巡撫都御史劉應節彼此不和，欲要酌議調用一節。爲照二臣生則同鄉，仕則同事，素無睚眦之嫌，雅有臭蘭之好。據今參商之迹，止是調處兵備一事。在巡撫則慮之弗周，失於會同；在總督則發之太暴，殊乏含渾。要之，原係公務，非爲私争。况薊鎮地方密邇京陵，重臣更置，關涉甚重。既經該科查參前來，相應議擬。合候命下，將總督曹邦輔、巡撫劉應節嚴加戒諭，以後務要一心一德，籌畫邊計。以同舟之義，休戚相關，自當共嚴内修；以同室之義，形影相吊，自當共禦外侮。如仍各持己見，故爲矛盾，以致邊政蠱壞，本部與該科從實參奏，請旨究治。

隆慶二年三月初六日題，奉聖旨："是。"欽此。

議原任吏部尚書萬鏜等贈官疏

題：爲開讀事。驗封清吏司案呈，奉本部送，先該本部題，據巡撫江西等處地方兼理軍務、兵部右侍郎兼都察院右僉都御史任士憑，會同巡按御史蘇朝宗題稱，原任太子少保、吏部尚書萬鏜，提督雁門等關兼巡撫山西地方、都察院右副都御史江潮各應恤録等因。該本部查議得，尚書萬鏜則爲趙文華之事見惡于嚴嵩，都御史江潮則爲張寅之獄見誣于郭勛，輿論相同，誠爲冤横，合准復其原職，另行加贈。題奉聖旨："是。"欽此。欽遵，抄捧送司。查得太子少保該贈太子太保，右副都御史該贈兵部左侍郎，案呈到部。

看得原任太子少保、吏部尚書萬鏜，提督雁門等關兼巡撫山西地方、都察院右副都御史江潮，贈官既奉有欽依，相應照例題請。臣等未敢擅便。

隆慶二年三月二十二日題，奉聖旨："贈官俱依擬。"欽此。

計開：

原任太子少保、吏部尚書萬鏜擬贈太子太保；

原任提督雁門等關兼巡撫山西地方、都察院右副都御史江潮擬贈兵部左侍郎。

議建言得罪御史郭弘化等贈官疏

題：爲開讀事。驗封清吏司案呈，奉本部送，吏科抄出，巡撫江西等處地方兼理軍務、兵部右侍郎兼都察院右僉都御史任士憑，會同巡按御史蘇朝宗題稱，原任貴州道監察御史郭弘化、河南道監察御史王時柯、刑部湖廣司郎中胡璉、兵部武庫司主事余禎各應恤録。該本部議得，各官既經撫按官查舉前來，臣等再三質訪，輿論悉與相同。又該原任浙江紹興府知府黄綰男黄祈奏稱，伊父建言下獄身死，乞要恤録。行准都察院咨，據巡按河南監察御史成守節呈勘前來，該本部議得，本官氣秉剛方，心懷靖獻。在官則抗言激發，百折不回；居鄉則守己清嚴，一貧如洗。合各復其原職，另議贈官，俱經奉有欽依。查得郎中、知府該贈太常寺少卿，御史、主事該贈光禄寺少卿。案呈到部。

看得各官贈官，既經奉有欽依，相應照例題請。臣等未敢擅便。

隆慶二年三月二十二日題，奉聖旨："贈官俱依擬。"欽此。

計開：

原任刑部湖廣司郎中胡璉擬贈太常寺少卿；

原任浙江紹興府知府黄綰擬贈太常寺少卿；

原任貴州道監察御史郭弘化擬贈光禄寺少卿；

原任河南道監察御史王時柯擬贈光禄寺少卿；

原任兵部武庫司主事余禎擬贈光禄寺少卿。

議原任右都御史何塘贈官疏

題：爲再議應加恤典諸臣，以完明詔事。驗封清吏司案呈，奉本部送，准禮部咨送，原任南京都察院右都御史何塘等贈官復職緣由，到部送司。查得右都御史該贈禮部尚書。通查案呈到部。

看得原任南京都察院右都御史何塘，清嚴純雅，允爲士類之儀刑；户科都給事中張漢卿、鄭一鵬忠愛讜直，并著諫垣之風采。既經該科會舉，禮部移咨前來，委出輿論之公，相應議擬。合候命下，將何塘照例贈官，張漢卿、鄭一鵬准復原職，另行加贈。臣等未敢擅便。

隆慶二年四月初四日題，奉聖旨："是。"欽此。

議原任刑部尚書林俊贈廕疏

題：爲感激天恩，申明贈廕，以昭盛典事。驗封清吏司案呈，奉本部送，准兵部咨開，已故原任刑部尚書林俊軍功緣由，到部送司。

查得隆慶元年，該南京户科給事中岑用賓等題稱已故尚書林俊等恤典，該禮部題，奉聖旨："林俊准照例與祭葬，還與他謚。"欽此。該本部具題贈官，奉聖旨："楊廷和等贈官依擬。"欽此。將林俊贈太子少保訖。續准禮部咨，該翰林院遞出揭帖，賜刑部尚書林俊謚貞肅。該本部具題應得誥命，奉聖旨："是。"欽此。又查得本官去任年遠，以故該科原題止開原任刑部尚書，贈太子少保。今既查明，應該以太子太保加贈少保。又准考功清吏司付開，本官歷任三品至二品，俱未及三年，未曾考滿受廕等因。及查得嘉靖四十年九月内，該已故原任户部左侍郎石永男石之玉奏稱，伊父先任都御史，雖未考滿，節有軍功，乞要贈廕等因。該本部覆題，奉世宗皇帝聖旨："石永准贈右都御史，還廕一子入監讀書。"欽此。欽遵外。通查案呈到部。

看得生員林及祖告稱，伊祖林俊原任太子太保、刑部尚書。近該南京科道官交章論薦本内偶遺太子太保職銜，以致止贈太子少保，乞要加贈并乞録廕一節。爲照太子太保、刑部尚書林俊，勛猷忠節，居然一代名臣，一品雖未考滿，在江西則力抗强藩，在四川則剿除巨寇，比之侍郎石永，不可同日而語，委當釐正官銜，且加優録。合無將林俊改贈少保，并廕一子入監讀書。臣等未敢定擬。

隆慶二年四月初九日題，奉聖旨："林俊准改贈，仍廕一子入監讀書。”欽此。

覆都給事中鄭大經劾行取知縣殷登瀛調用疏

題：爲狂悖縣官妄肆陳乞，懇乞聖明究處，以肅官常事。考功清吏司案呈，奉本部送，吏科抄出，吏科都給事中鄭大經等題，奉聖旨：“吏部知道。”欽此。欽遵，抄出送司，案呈到部。

看得吏科都給事中鄭大經等參論襄城縣知縣殷登瀛狂悖，妄肆陳乞，乞要降調一節。爲照知縣殷登瀛先任海寧，屢經薦揚；近補襄城，聲稱亦著。以故本部照例題請，行取以備臺諫之選。然必待到部之日驗其年力，考其才識，察其志行，方敢擬議上請，隨材授任，非謂遽以臺諫官輕畀之也。所據本官偶以患病之故，奏乞南部以便調理，不知留曹原非卧病之所，屬部又豈俯就之官。該科即事參論，詞嚴義正，甚於吏治有關，相應酌處。合候命下，將殷登瀛仍以知縣改調，以示懲創。至於兩京六科十三道官，爲朝廷耳目之司，受國家綱紀之任，苟非器識宏遠、志向醇正之士，鮮克勝之，臣等誠不敢不慎重其選也。

隆慶二年四月二十日題，奉聖旨：“是。”欽此。

議原任兵部侍郎鮑象賢贈官疏

題：爲比例懇乞天恩，俯賜恤典，以光泉壤事。驗封清吏司案呈，奉本部送，准禮部咨送，原任兵部左侍郎鮑象賢贈官緣由，到部送司。查得嘉靖四十年九月内，該原任兵部左侍郎張珩妻王氏奏稱，伊夫歷官前職，在家病故，乞要贈官。該本部覆，奉世宗皇帝聖旨：“張珩贈工部尚書。”欽此。欽遵外。今該前因，通查案呈到部。

看得禮部咨開原任兵部左侍郎鮑象賢孫男鮑獻旌奏稱，伊祖歷官前職，致仕在家病故，乞要贈官一節。爲照本官禔身廉謹，涖政精明。關内、山東雅著輯寧之效，滇南、廣右茂成撫剿之功，論列已經勘明，清議原無妨礙。所據贈官既經該司查有左侍郎張珩事例，似應題請。臣等未敢擅便。

隆慶二年五月初三日題，奉聖旨："鮑象賢准贈工部尚書。"欽此。

議犯贓官員不准封贈疏

題：爲比例陳情，懇乞天恩，俯容移贈，以隆恩命事。驗封清吏司案呈，奉本部送，吏科抄出，錦衣衛親軍指揮使司經歷司經歷牛應龍、鴻臚寺序班李國卿奏，俱奉聖旨："吏部知道。"欽此。欽遵，通抄到部送司。

查得《諸司職掌》内一款，凡封贈，父母曾犯十惡、奸盜、除名等項，并不許封贈。又一款，兩京官父母有犯除名等罪，不該受封者，子孫將本身誥敕比例奏乞移封，本部查例具題，取自上裁。又一款，欽奉敕諭："凡授誥敕的，其未授之先曾犯贓罪，已經赦宥，悉免追奪，若既授之後犯贓罪，雖赦宥亦該追奪，永爲定例。"欽此。欽遵。又宣德四年，節該欽奉宣宗皇帝聖旨："文官與敕誥，本是勸他爲善。舊例，犯贓的便追奪。恁吏部與三法司查，但有犯貪污罪的，將原授誥命追了，不曾給授的不與，今後只依這例。若有容隱不追的，該管官吏治罪不饒。"欽此。又行准考功清吏司付，稱原任直隸淮安府邳州睢寧縣縣丞牛孔昌，於嘉靖三十二年考察爲民；原任河南歸德府同知李應逵，於嘉靖二十五年以貪考察爲民。備付到司，通查案呈到部。

看得錦衣衛親軍指揮使司經歷司經歷牛應龍、鴻臚寺序班李國卿各奏稱，遇蒙恩詔，例應請給封典，緣伊父俱系爲民，難以題給，情願將各本身敕命移贈於父一節。爲照貪酷爲民，例不許贈，載在令甲，遵行已久。先年郎中李綁、劉雍等，主事周思久、楊芷等，各比例陳乞。該本部查得，各官所犯事情不同，權宜議覆，遂致以後奏比紛紜，貪酷爲民者往往冒濫恩典。即如近日帶俸鴻臚寺右寺丞吴自成，伊父原係爲民，近該本官具奏，雖奉欽依，尚未題請撰述。本官今升尚寶司少卿，又當加贈，尤非事體。竊惟條例所開除名等罪，不係貪酷，移封奏請者，所以廣錫類之恩；條例所開貪污等罪，即遇赦宥，仍行追奪者，所以嚴贓吏之禁。已授封者尚行追奪，未受封者豈容輕與？若俯從所請，則朝廷之名器太褻；若概從停寢，則人子之情事未伸，似應議處。合無今後内外官員應該封贈者，其父若係貪酷爲民，悉聽其子陳情，本部斟酌奏請，姑准以原職冠帶閑住，以後子官雖高，封贈止及其母，其父不得一體封贈。所據少卿吴自成、經歷牛應龍、序班李國卿之父，臣等且不敢輕擬，恭候命下之日，另行照例議覆。

隆慶二年五年初四日題，奉聖旨："是。貪酷爲民的，不拘考察、問革，都不准封贈。其有因别項爲民的，非遇大慶覃恩也不准。你部裏分别行。"欽此。

會議新建伯王守仁封爵疏

題：爲開讀事。先該吏部題，驗封清吏司案呈，奉本部送，吏科抄出，巡撫江西等處地方兼理軍務、兵部右侍郎兼都察院右僉都御史任士憑題，又該巡按浙江監察御史王得春題同前事，俱奉聖旨："吏部知道。"欽此。欽遵，抄出送司。

查得王守仁以正德十四年討平逆藩宸濠之亂，嘉靖元年該本部題，奉世宗皇帝聖旨："王守仁封新建伯，奉天翊衛推誠宣力守正文臣，特進、光禄大夫、柱國，還兼南京兵部尚書，照舊參贊機務，歲支禄米一千石，三代并妻一體追封。"欽此。嘉靖八年，爲推舉才望大臣以安地方事，該本部會題，節奉欽依，王守仁伯爵姑許終其本身。除通行欽遵外。今該前因，案呈到部。

看得爵人於朝，賞延於世，自昔聖王所不能廢。即如王守仁，削平宸濠之變，功在社稷，豈有僅封伯爵、止終其身之理？所據南北兩京科道官、江浙兩省撫按官交章論薦於四十年之後，實惟天下人心之公是。但事體重大，必須廣延衆論，本部難以獨擬。合候命下，容臣等會同五府九卿科道等官從公詳議。如果新建伯應該世襲，具實奏請，恭候宸斷等因。隆慶二年二月二十日具題，奉聖旨："是。"欽此。欽遵。臣等會同後軍都督府掌府事、太師兼太子太師、成國公臣朱希忠等，户部等衙門尚書等官臣馬森等議得，戡亂討逆者，雖人臣效忠之常；崇功懋賞者，寔國家激勸之典。已故新建伯王守仁，本以豪傑命世之才，雅負文武濟時之略。方逆濠稱兵南下也，正值武宗巡幸之時，虐焰薰灼，所至瓦解，天下之事蓋已岌矣。本爵聞變豐城，不以非其職守，急還吉安，倡義勤王。用敵間，張疑兵，得跋胡疐尾之算；攻南昌，擊樵舍，中批亢擣虛之機。未逾旬朔而元凶授首，立消東南尾大之憂；不動聲色而奸宄蕩平，坐貽宗社石磐之固。較之開國佐命，時雖不同；擬之靖遠威寧，其功尤偉。仰蒙先帝知眷，圭符剖錫之賞已榮于生前；不幸後被中傷，河山礪帶之盟尚靳于身後。此誠四十年未備之缺典，海内人心興滅繼絶，所望于皇上者誠不淺也。先該南北科道官交章騰薦，公論益明；近該江浙撫按官勘報相符，功次甚確。所據原封新建伯伯爵，臣等稽之令典，質之輿情，委應補給誥券，容其子孫承襲，以彰與國咸休、永世無窮之報。但封爵重大，係干特恩，臣等擅難定擬。

隆慶二年五月初七日題，奉聖旨："你每既説王守仁有擒逆之功，着遵先帝原封伯爵與世襲。"欽此。

議原任左都御史張永明贈官疏

題：爲比例陳情，懇乞天恩，賜給贈謚祭葬，以光泉壤事。驗封清吏司案呈，奉本部送，准禮部咨送，原任都察院左都御史、致仕今故張永明男舉人張天秩奏乞贈官緣由，到部送司。又奉本部送，吏科抄出，巡按浙江監察御史王得春題等因。奉聖旨："該部知道。"欽此。欽遵。又准禮部咨，准翰林院揭帖，賜已故左都御史張永明謚莊僖等因到司。

查得隆慶元年二月内，該已故原任刑部尚書鄭曉男鄭履淳奏稱，伊父歷官前職，奉旨閑住，後准復原職，乞要比例贈官。該本部覆奉聖旨："鄭曉准贈太子少保。"欽此。除欽遵外。今該前因，通查案呈到部。

看得原任都察院左都御史張永明男舉人張天秩奏稱，伊父歷官前職，致仕病故，乞要比例贈官一節。爲照本官，先該巡按追論其賢，欲從優厚之典；隨該禮部特覆其疏，已蒙賜謚之恩。所據贈官賜謚，事同一體，既經該司查與尚書鄭曉格例相同，似應題請。臣等未敢定擬。

隆慶二年五月二十七日題，奉聖旨："張永明准贈太子少保。"欽此。

覆兵部侍郎曹邦輔在任調理疏

題：爲患病急不能愈，恐玷清班要地，懇乞天恩放回原籍調理，儻得少愈，誓圖補報事。考功清吏司案呈，奉本部送，吏科抄出，兵部左侍郎曹邦輔奏，奉聖旨："吏部知道。"欽此。欽遵，抄出送司，案呈到部。

看得兵部左侍郎曹邦輔奏稱，患病急不能愈，恐玷清班，乞要回籍調理，儻得少愈，誓圖補報一節。爲照兵部侍郎與南北總督，律以艱大盤錯之任，雖内逸而外勞；揆以腹心掌股之分，則外輕而内重。更番出入，原係自來舊例。況本官素抱忠誠爲國之心，久負勇敢直前之氣。秋防孔棘，方望其與尚書霍冀等同心同德，以運萬全之籌，乃以微病，遽求静攝，臣等不敢輕擬。合候命下，行令曹邦輔調理痊可，即出供職，不得再四陳請，自失大義。

隆慶二年七月初十日題，奉聖旨："曹邦輔著暫調理，痊可即出供職。"欽此。

會議左給事中張齊請宣召閣部大臣面議邊政疏

題：爲灾變異常，秋防重大，懇乞聖明嚴覈當事大臣，早爲計處，以保安宗社事。吏科抄出，户科左給事中張齊題，奉聖旨："吏、兵二部看了來説。"欽此。欽遵，抄出到部。

臣等會同兵部尚書臣霍冀等，看得户科左給事中張齊具題前因，初開其端，則謂奉使大同，竊見北虜之患，莫甚於板升，石州被陷，皆此輩爲之嚮導。曾詳列其事，敕下該部，至今未見舉行。後竟其説，則欲皇上召見内閣九卿大臣，面試臧否，以爲去留。又欲吏部考覈各邊總督、巡撫，以修實政。查得板升一事，兵部去歲已經覆奉欽依，行令大同總督、鎮巡等官設法招降。見該總督陳其學題稱，欲將來降承差杜經、生員李春艷授官給賞，似已遵行，原未廢閣，無庸别議外。所據召見大臣一事，不止張齊言之，兩京科道官屢嘗建白。臣等竊惟，唐虞三代之時，聖君賢臣都喻吁咈于一堂之上，治隆化洽，至今侈爲美談。我朝二祖以及列聖，日接大臣，咨訪時政。孝宗皇帝屢召大學士劉健等、尚書劉大夏等於文華殿議事。世宗皇帝，平臺以謝遷等召見，西苑與徐階等同遊，明良之盛，千古莫及。竊詳諸臣之意，非以臣等真有嘉謀嘉猷仰裨聖治，寔欲借此以通上下闓隔之情，以訂人品邪正之略，祖述憲章，拳拳懇懇，忠藎可嘉。伏望皇上俯采群議，不時召見閣臣徐階、李春芳、陳以勤、張居正，問以保邊禦虜之計，面加裁正，亟賜施行。臣博、臣冀與臣馬森、臣高儀、臣毛愷、臣雷禮、臣王廷等，雖至愚極陋，倘蒙賜召，亦願各效一得之愚。中間材識短長，品格高下，自不能逃於天鑒，應留用者姑爲留用，應罷斥者不必聽其自陳，親定罷斥，以答天譴。至於各邊總督、巡撫，多由科道薦舉，廷臣會推，到鎮多者一年，少者僅及數月，施爲方舉，注措未周；且即目七月，正值防秋之期，若使驟爲更置，舊者百念俱灰，新者一時難至，殊犯臨敵易將之戒。合無聽兵部將日昨欽奉聖諭傳示譚綸、陳其學、王崇古等，各要著實防禦。如敢仍以虚言誤事，縱虜深入，定行重處。稍候十月初旬，秋事告畢，科道官通將諸臣逐一查訪，應留應去，指名具奏，以憑從公覆議，恭候宸斷。

隆慶二年七月初十日會題，奉聖旨："是。"欽此。

論監察御史李學道不當調任疏

題：爲門禁地方事。文選清吏司案呈，准兵部職方清吏司手本，該司禮監太監滕祥等題，節奉聖旨："李學道姑調外任，該衙門知道。"欽此。欽遵，抄送到司，案呈到部。

看得江西道試監察御史李學道被毆之時，臣等朝退，適至左掖門外，親見其公裳盡毁，身無完衣，鮮血滿顱，體無完膚，若非都督朱希孝多方營救，于時即就斃矣。數日以來，益復昏沉，不省人事，决非旬月可以完復。若使即從調處，既不能廷謝以答特異之恩，又不能赴官以效趨事之義，事體人情，似爲未便。合無將李學道暫令回籍，依親調養，平可之日另行調補，惟復念其任事之難，受禍之慘，仍以原職俯從寬宥。蓋雨露風霜皆上天之至教，升沉進退皆聖人之至仁，均非臣下所敢擅議。伏望皇上少垂省覽，早賜裁定。臣等職司所在，無任惶恐俟命之至。

隆慶二年七月十三日題，奉聖旨："已有旨了。"欽此。

覆吏部侍郎林樹聲力疾赴任疏

題：爲沉疴未痊，不能赴任，懇乞天恩，容令休致事。考功清吏司案呈，奉本部送，吏科抄出，吏部右侍郎林樹聲奏，奉聖旨："吏部知道。"欽此。欽遵。

隨該吏科參看得，侍郎林樹聲，文章學行，一世所宗；晋貳銓曹，士林推重。屢陳乞休，未爲無見；第念清朝簡畀方殷，遽爾高蹈，律以君臣之義，殊所未安。宜咨本官，速行應召，庶無乖大義，亦以答群望也。抄出行之等因。通抄送司，案呈到部。

看得右侍郎林樹聲奏稱沉疴未痊，不能赴任，乞要休致一節。爲照本官以疾請告，至再至三，具見恬退之節；但今朝政維新，銓衡事務方賴佐理。該科謂其學行文章，宜速應召，正與臣等所見相同。合候命下，行令本官力疾速來供職，不得仍行奏請，致乖大義。

隆慶二年七月十八日題，奉聖旨："林樹聲着痊可速來供職。"欽此。

覆兵部侍郎劉燾力疾赴任疏

題：爲怔忡病劇，不堪任使，懇乞天恩，准令休致事。考功清吏司案呈，奉本部送，吏科抄出，巡視陝西延綏寧夏甘肅等處邊務、兵部左侍郎兼都察院右僉都御史劉燾奏，奉聖旨："吏部知道。"欽此。欽遵。

隨該吏科參看得，本官久歷邊疆，勇略素負；晋貳兵樞，允協群望。邇因灤東失守，節經參論，遽入本兵，似非所安，故有此奏。但燾年力、才術克堪負荷，而桑榆之收，何病東隅之失也？移咨速行應召，殫攄誠悃，期協寅恭，懸斷務合機宜，坐策可收全勝，亦不辜知遇也。疆埸多故，奚必以病爲辭哉？抄出行之等因。通抄送司，案呈到部。

看得原任巡視陝西延綏寧夏甘肅等處邊務、兵部左侍郎兼都察院右僉都御史，今添注兵部左侍郎劉燾奏稱，怔忡病劇，不堪任使，乞要休致一節。爲照本官才力勇略，堪貳兵樞，誠如該科所論。即目防秋孔棘，一切邊務方賴佐理，乃以微疾，遽求休退，臣等不敢輕議。合候命下，行令劉燾力疾赴部供職，務與尚書霍冀等同心同德，以收宣猷之效，不得再行奏請，致乖大義。

隆慶二年七月二十日題，奉聖旨："是。劉燾着上緊前來供職。"欽此。

覆儹運御史蒙詔劾通判黄廷美提問疏

題：爲舉劾有司官員，以昭勸懲，以飭漕政事。考功清吏司案呈，奉本部送，吏科抄出，巡按浙江監察御史蒙詔題，奉聖旨："吏部知道。"欽此。欽遵，通抄送司。

查得本部見行事例，凡官員貪者爲民。近奉欽准事例，犯有贜私者務行提問的實，名下贜數盡行追併入官。又查得知縣謝師嚴，近該巡按浙江監察御史譚啓論劾，已經覆奉欽依，將謝師嚴革職提問訖。通查案呈到部。

看得巡按浙江監察御史蒙詔論劾湖州府通判黄廷美、武進縣知縣謝師嚴各不職，乞要提問各一節。除謝師嚴革職，行該管巡按御史提問追贜，無容别議外。爲照通判黄廷美，撫按、司府歷年考語，俱開有操履端潔，分例不染。本處巡按御史王得春近日復命，疏内亦未刺及。今據所劾贜數大多，賢否懸絶，無從中斷，必須嚴究以服其心。合候命下，將黄廷美先行革任作缺，仍行浙江巡按御史，行提本官到官，將所劾事情逐一審究。如果贜證明實，依律問擬具奏，照例盡數追贓入官，以爲改節者之戒。若係風聞虧枉，亦須從公辨理，不得拘於成案。及照天下郡縣之吏，本部雖悉心博訪，其勢自難周知，去留陟降，多以親臨上司舉劾考語爲主。乃今美刺參商，臧否矛盾，中間前廉而後貪，始勤而終怠，暫彌縫而久敗露者固難概論。即如謝師嚴、黄廷美，在御史譚啓、蒙詔，一時巡蒞，遂發其奸狀；在本管撫按、司府，終年相臨，乃溢有美詞。此是彼非，自難兩立，欲定國是，惟在於勘問之明的耳。若復依違雷同，或遷延不報，終何以示懲勸哉？是故懲貪貴嚴，持法貴平，詢事貴實，此正臣等部院與各該撫按之職。合無容本部移咨都察院，轉行各該撫按衙門，各將節年行勘提問官員逐一提吊一干人卷，虚心審究，真正者速置之法，冤横者速爲申理。文書到日，通限三個月以裏分别奏報。以後舉刺并考語，秉公稽實，以求至當，不得自作好惡之私，輕聽毁譽之言，致有後議。至於各差御史，先年題准事例，各照該管職事舉劾。都察院亦要并行申明，以一事權，庶幾公道大明，人心允服。事關吏治大機，誠非細故。

隆慶二年七月二十五日題，奉聖旨："黄廷美革了任，着巡按御史提問具奏。節年奉旨勘問官員，你部裏便行與各該撫按，務要依限分别勘明奏報。今後各差御史舉劾地方官員，只照該管職事行。"欽此。

覆都給事中龍光條陳疏

題：爲攄膚見，陳末議，以裨聖治，以效愚忠事。考功清吏司案呈，奉本部送，吏科抄出，吏科給事中龍光題，奉聖旨："該部知道。"欽此。欽遵，抄出送司，案呈到部。

看得吏科給事中龍光條陳"覈吏治"一事。爲照吏治之臧否，係民生之休戚。本部甄别去留，雖不敢不慎，大率尤以撫按舉劾、司府考語爲據，以其身當其事，目擊其人，庶幾綜劾得實，鑒别不爽也。乃今撫按、司道所憑信者，多出於各府掌印及各查盤官之口，其中或聽浮言，或泥舊履，或苟且雷同。事出於公，情猶可亮，而任情逞怨、挾私害正者往往有之，以致黑白混淆，舉措倒置，甚至一人之身，一時之事，稱之則才全德備，溢有美詞，刺之則罪貫惡盈，極其醜詆。不惟大拂乎人心，亦且有傷乎國是。所據給事中龍光開陳前因，相應通行酌議。合候命下，本部申明舊例，移咨都察院，轉行各該撫按并各守巡官，今後務要正己率屬，遍歷所屬地方，將大小官員面加考核。貪酷殃民罪著者，照例拿問參奏。其餘各官賢否，各據所見事實親手密注，不必拘於對偶。然後將司府掌印正官所報考語逐一查對，别其當否，因以觀其人之公私明暗，一併注考。不許仍委查盤官訪察，亦不必四季分造。巡撫候年終，巡按候復命之日，各類繳本部，以憑參酌施行。

再照人才不甚相遠，掄才貴於有章。舉之太濫，則冒進之門啓而人有倖心；劾之太苛，則數易之弊滋而人無固志。至於府同知以下官員，一經左調，非惟難望其遷善之徒，亦且益速其營家之念。況代者未必皆賢，紛更徒以增擾。黜者既多，遷者必驟，久任之法終於寢閣，端坐於此。合無行令撫按衙門，以後務要精舉而慎劾。舉以待夫賢能之卓異者，而尋常守職與心行未定者姑嘉獎之，以觀其後功；劾以待夫罪迹之彰顯者，而事體生疏與持守未玷者姑訓諭之，以策其前進。才識庸劣，自當改授教職、閑散。若民情政體，有不宜於此，仍宜於彼者，止宜酌量具奏，如近日汾州、忻州事例，就近互相更調。凡此數端，於甄别精明之中，寓培養渾厚之意，似皆吏治之所當飭者。臣等職司所在，不敢不盡其愚，均乞聖裁。

隆慶二年八月十七日題，奉聖旨："是。"欽此。

覆巡撫陝西都御史張祉條陳重邊吏疏

題：爲恪遵聖諭，效末議，以備采擇事。文選清吏司案呈，奉本部送，兵科抄出，巡撫陝西等處地方、都察院右僉都御史張祉題，奉聖旨："該部知道。"欽此。欽遵，抄出送司，案呈到部。

看得巡撫陝西都御史張祉條陳議處邊吏一事。看得在外兩司、守令等官均有地方之寄，而在邊諸臣尤一方修攘所繫。欲責實效，非久任無以畢其志；欲行久任，非旌獎無以慰其心。以故本部近將各官不分司道郡縣，不論正佐首領，但與地方相宜、人心相安者，資淺則加服俸，資深則升職級。如趙賢以參政管荆州府事，王尚賢以通判管安塞縣事，孫黄以同知管安定縣事，廖元以主簿管古田縣事，歷歷可指。即以趙賢言之，既以參政署管府事，接見監司，自有同僚之禮節；申呈上司，自有屬郡之體式。原無相礙，何俟申明？合無移咨都察院，轉行天下撫按衙門，以後果有不遵朝廷設官分職之意，或上凌其下，或下傲其上，分别曲直是非，指名參究。其二司、府州縣等官，不止仍加服俸，雖升俸級，亦各照舊施行，難以輒議更改。

隆慶二年八月二十三日題，奉聖旨："依擬行。"欽此。

奉詔酌擬郡邑繁簡疏

題：爲開讀事。文選清吏司案呈，伏睹詔書内一款："各處府州縣大小繁簡、衝僻難易不同，或逸而得譽，或勞而速謗，既乖黜陟之宜，遂起趨避之巧，士風日壞，吏治不修。吏部通將天下府州縣逐一品第，定爲上中下三等，遇該推升選補，量才授任，各官考語、獎薦同在優列者，先儘上等府州縣升擢行取，次及中等，次及下等。不惟視等以爲歲月之遲速，仍視等以爲官資之高下。内有以才優才短更調者，各就中酌處之。”欽此。欽遵，隨將天下府州縣大小繁簡、衝僻難易細加查訪，逐一品第，又通行各處撫按官分别開報。今已查理完備，呈乞具題，案呈到部。

臣等竊惟，士風吏治，相爲表裏，吏治不清，則士風日壞。即如郡縣，向來不分繁簡、衝僻、難易，則勞者無所勸，逸者無所懲，避繁求簡，避衝求僻，避難求易，勢所必至。以致緊要難治地方缺人整理，日漸廢弛。頃雖漸次剗革，然必法有畫一，方可行之經久。皇上登極之初，首念及此，可謂仰體天心，洞燭民隱，深得帝王之大經大法矣。臣等奉行綸音，不勝踴躍。其於各處地方，今止備核民情，未暇兼論形勢，大率以邊方殘破、遠方困憊、盗賊猖獗、灾沴頻仍、衝繁難支、刁疲難治爲上，稍易者爲中，易者爲下。每省總括數語以陳其概，細列等差以盡其詳，使一方利病宛然在目，治道緩急可指諸掌。爲守令者，果能睹邊方殘破則思保障之略，睹遠方困憊則思拯救之術，睹盗賊則思撫循而掃蕩，睹灾傷則思賑恤而安輯，睹衝繁則思愛人而節用，睹刁疲則思力本而善俗，外以是修其實政，内以是課其成功。至於推升行取，必準於此，以爲遲速高下。又念一紀之間，一方之事體更變不常，五方之民俗美惡難定，本部每十年釐正一次。今將南北直隸、浙江等一十三省府州縣上中下三等開坐進呈，恭候聖明裁定，敕下遵行。此外合行事宜，容臣等另行題請。

隆慶元年八月二十五日題，奉聖旨：“是。”欽此。

一、北直隸。臣等謹按，北直隸畿甸重地，根本係焉。永平逼近邊陲，屢遭虜患。順天役賦並繁，禁廠莊田，星羅棋布，事務掣肘，而養馬之累則諸縣同焉。河間類多水患。真定、保定路極衝繁，軍屯達塢，交錯其間，撫輯爲難，且每秋防守三關，更爲勞費。順德俗淳訟簡。大名、廣平地僻土饒，賦税易辦，長民者持廉惇儉，加意撫綏，可不勞而治矣。

一、南直隸。臣等謹按，南都根本重地，應天賦重役繁，頗爲難治。蘇、松、常均稱煩劇，蘇爲最，松次之，常又次之。至於歲遭水患，時增軍餉，則諸郡之通患也。鎮江、太平、寧國、池州、安慶民業差瘠，吏事殊簡，不甚難治。徽俗鄙吝健訟，棄本逐末，頃者且有礦寇，守令非廉而有威者，不能安於其職。江以北，廬爲善地。揚衝而俗侈。淮安轉漕，煩劇特甚。鳳陽地廣大荒，與淮北一帶不困賦而困役。徐、邳俗悍，業鹽，水陸孔道，州邑疲弊，一望蕭條，不當以江北簡易例也。

一、浙江。臣等謹按，兩浙當天下財賦之半，頃歲倭夷陸梁，東則寧、紹、台、温，西則杭、嘉、湖，諸郡邑横被蹂躪，以故增兵置帥，加賦給餉，視昔數倍。近方稍寧，議者即欲罷兵輟餉，海上卒然有警，不知何以應之。况定海係倭夷入貢之道，尤爲兩浙門户，懷安攘之遠圖者，奚容以一日忘備哉？至於杭、嘉、湖地饒多利，俗尚紛華，賦役不均，逋負日多，救弊補偏，誠爲急務。處州依山，盗礦黨與本衆，且與衢、嚴、徽州之寇聯蹤哨聚，時肆剽掠。義烏民俗獷悍，竄名兵籍，散無所歸，恐生它釁，先事預籌，不可不加之意也。

一、江西。臣等謹按，江西介吴楚、閩廣之間，土薄民勤，俗尚儉嗇，頗稱安壤。南昌省會衝煩，吉安健訟奸狡，至於豪右掣肘、田糧逋負則二郡同也。南贛密邇閩廣，巢寇時發，而贛當其衝，故軍門、兵備、參將在焉。饒州南枕彭蠡，九江東據上流，江湖水寇四出爲患，而饒郡内有藩封，邑多頑梗。瑞州地狹民頑，撫州訟繁多盗，袁州、臨江、建昌、廣信頗稱饒庶。第袁州界湖水寇當責撫臣，南贛山寇當責督臣，有司又能輕徭薄賦，養而教之，瘠土勞瘁之民庶幾其有瘳乎！

一、福建。臣等謹按，福建僻在南服，昔稱沃壤。頃緣島夷入犯，山寇内訌，地方荼毒極矣。大抵福、興、泉、漳以海爲襟，民習獷悍，而月港、海滄、詔安、漳浦、同安、福清等縣則爲溟渤要害；延、建、邵、汀以山爲枕，民多負固，而上杭、永定、大田、永安、松溪、光澤等縣則爲逋逃淵藪。福寧居通省上游，八閩喉舌；南粤係廣閩交界，倭寇巢窟。地勢民情，尤難控制。且閩中地狹人貧，殘傷之餘，錢糧無措。窺伺者未已，兵食之計不可緩也；反側者未安，綏靖之方不可後也。端本澄源，補偏捄弊，全賴有司，而風勵激勸則又繫乎撫鎮諸大吏焉。

一、湖廣。臣等謹按，湖廣襟帶江湖，澤多田少，民俗慓輕，鮮思積聚，且道通九省，冠蓋輻輳，郵驛苦之。即今宗室日繁，徭賦日重，采辦之後，財力愈難，故其民率呰窳而難治，此其大較也。武漢、德安民貧地瘠。承天陵寢所在，費冗事繁。荆、岳、潛、沔之間，頻遭水患，盜且乘之。近日鄖、襄大水，盡損田廬，則又向來未有之變。長沙地雖稍沃，税糧甲於他所。黄州澆頑，常德困憊。辰、沅半爲賊穴，麻陽溪洞諸蠻連結永保，每肆劫争，去歲支羅之害，實緣於此。衡、永僻饒，寶慶簡静，庶幾可爲，然已非復曩時比矣。加志窮民者，其尚思援拯之策乎！

一、廣東。臣等謹按，廣東介嶺海間，昔稱饒富。然地遠法疏，官多黷貨，以致山海諸寇聯蹤嘯聚，師旅繁興，民之殘疲既極，而廣西兵餉又全仰給。近增巡撫，雖稱得策，方在經始，故廣、潮、惠、肇、南、韶諸郡盜熾事繁，選用守令爲急。雷、廉、高、瓊諸郡民淳務簡，稍爲次之。至於擇海道副使以備諸夷，擇嶺南兵備以防山寇，擇屯鹽僉事以修舉屯政、講求鹽法，庶幾南粤有息肩之日乎！

一、廣西。臣等謹按，廣西當嶺南右偏，幅員甚廣。國初以桂林爲省會，肇建靖藩。於時編氓稀少，招猺墾荒，歲久蔓延，田土半爲侵占，糧額日減，宗人日繁，禄糧軍餉，支給不敷。昔惟府江五百餘里，夷獠阻灘爲患。潯州、大藤等峽，諸蠻巢穴，其間興安、西延、陸峒與武岡接壤，爲猺盤據。又柳、慶以西捌寨者，稱盗藪耳。今則珠連繩貫，在在有之，如古田、洛容、荔浦、思恩、懷柔等縣爲其蠶食，將無民矣。寔以官多降調，惟事誅求，以致土官驕横，民散猺盛，越城劫庫，戕害方面，豈一朝一夕之故哉？故邊方之官，非才不足以戡亂，非守不足以服人，非久任不足以諳土俗而識物情，斯乃謀國者任人之責也。

一、河南。臣等謹按，河南爲諸夏中區，向稱樂土。近以宗室日蕃，黄河歲徙，禄糧工役，勞費不貲，民始不堪命矣。開封、河南、懷慶、衛輝、彰德五郡衝煩雖同，彰德間於趙魏，軍民雜處，牽制尤甚；歸德地聯數省，統轄非一，宿奸大猾，時發首難之端。南陽疲弊，且多礦盗。殷富則汝、蔡爲優，勁强則河、洛爲最。是故藩禄軍需，均當規算，第恐皮盡而毛無所附，方來之患有難言者。保釐大臣，其蚤夜慎圖之哉！

一、山東。臣等謹按，山東齊魯舊域，海岱奥區。濟、兖、東患在役重，其民頑，輕於流移；青、萊、登患在賦煩，其民悍，敢於武斷。濟南雖稱沃壤，而武、濱、霑、蒲一帶即古廣斥之地，一望白茅。兖州水陸之衝，且宗藩、河工勞費不貲。至於沂、費、郯、滕，則荒落甚矣。東昌、青州差有可觀，均非昔比。登、萊地本瘠鹵，舟車不通，雖值富歲，猶多逋負。大率濟、青依山，多礦盗；萊、登頻海，多鹽徒；臨淄之間多奸俠；單、曹之境多妖民。保釐大臣實心綏輯之外，又不可不鋭意於防練矣。

一、山西。臣等謹按，山西大同府逼臨虜穴，最苦侵暴。太原府屬，如興、嵐、岢、保、河一帶，虜一大舉，輒入其境，斷烟宿莽，蕭條甚矣。汾州宗藩，不畏國法，頗爲地方之害。潞、澤、沁、遼環列大行上下，谷深林密，盗時竊發，往歲青羊山之事可爲鑒也。平陽雖稱富庶，其實止蒲、絳、臨汾、太平、襄陵、曲沃、翼城差有可觀，地震之後，則亦大不如昔矣。是故休養内地之民，使之裕於供邊，乃一方保釐者之責。否則割肉充腹，立見其弊，可嘆也已。

一、陜西。臣等謹按，陜西内綜八郡，外控三邊，吏兹土者牧且兼帥焉，責誠艱矣。西、鳳、漢中稍稱饒裕，百需給仰，供應頗難。延慶、平凉、臨鞏逼近邊陲，虜一入，無論貲産，鋒鏑死傷之患獨先嘗焉。三邊視諸郡尤衝而勢不相貫，故甘、肅星懸於河外，寧、夏株保於横城，榆林一望虜幕，千里饋糧。獨其人輕生敢戰，相持無恐，頻年更番入衛，耗亡半矣。墮城殞將，蓋有由然。又其甚者，固原爲開府調度之中，重兵屯戍，自去秋敗績之後，懸賞選募，至今鋭士尚不滿千。若虜襲舊套直驅，踐汧、隴，薄涇、邠，窺三輔，特再晝夜力耳。鳳、沔之墟，夙多回種，而無良亡命者又多逃匿其中，立俟風塵，鼓煽而起，腹心之患，其將大乎！是故有牧帥之責者，所當觀釁而預圖也。

一、四川。臣謹按，四川西南奥區，上則松茂、建昌，番夷時肆侵暴；下則播酉、石砫，土司互爲劫掠。控制消弭，非一朝可圖者也。成都素稱沃野，賦重役繁，供億稱詘。叙州地饒，而高珙諸夷兵費不貲，且大木多産其境，采辦之擾，商民殘疲。重、夔土寇連結施州諸夷，虔劉未已，而妖人内訌，受患尤烈。保順衝疲，民樸務簡。馬湖僻小，民夷相安。龍安新造，全在經始。大抵蜀地夷漢雜處，氣習靡淳；地理遼邈，巡歷難偏〔一〕；加以大木之困、大兵之殘，民貧多盜，勢使然也。是在撫按廣于咨詢，司道勤于躬歷，督率有司，持廉省費，愛養撫綏，數年之後，或者蜀其有瘳乎！

一、雲南。臣等謹按，雲南遠在西南，漢夷雜沓，無事則互爲桀驁，積弊然也。府屬如雲南、臨安、大理、永昌、鶴慶、楚雄，足稱沃壤。曲靖爲入滇之路，供億惟艱；武定當新造之區，安輯爲要。元江、景東、麗江、姚安、北勝、鄧川、靄益諸夷，其情叵測，鎮巡同心，恩威兼濟，方可稱治。至於旌别庶官，責在監司；撫字百姓，責在守令：惟求得人而已。

一、貴州。臣等謹按，貴州初屬四川行都司，永樂年間始建省治。官則流土相參，民則漢夷雜處，不當中土一大縣。一綫之路，外通滇南，官軍月糧仰給川、湖二省。黎平寄治湖廣五開衛。銅仁僻處萬山，逼近苗穴。都匀、程番與廣西接壤，土酋仇殺，素稱難治。鎮遠當湖廣之衝，面水背山，險頗足恃。思州、石阡孤懸一隅，勢可隱憂。惟思南城下有江，足通舟楫，商賈行旅，比之他郡，不甚蕭條。大抵貴州開省，原爲雲南，無貴州，是無雲南也。内安外攘，其撫鎮大臣之責哉！

會議清理屯鹽都御史龐尚鵬等併差疏

題：爲披瀝愚忠，直陳時政切要，以仰裨聖治事。兵科抄出，少保兼太子太保、禮部尚書、武英殿大學士張居正題，一款"固邦本"，節開屯鹽各差都御史應否取回别用，但責成于該管撫按，使之悉心清理。亦乞敕下該部，從長計議，具奏定奪等因。奉聖旨："覽卿奏，俱深切時務，具見謀國忠懇。該部院看議行。"欽此。户科抄出，巡按直隸監察御史王嘉賓奏，爲謹陳屯鹽末議，以備采擇事。吏科抄出，户科都給事中魏時亮等題，爲懇乞聖明申飭任事臣工，共懷遠圖，酌定屯鹽大計，以裨安攘事等因。俱奉聖旨："該部看了來説。"欽此。欽遵，通抄到部。

案查先爲陳末議，以贊時務，以求實效事。該吏科都給事中王治等條陳前事，該吏部等部覆議得，屯田鹽法，誠理財之要務；但地方隔遠，原議止差一人，其勢自難周遍。所據該科欲要分遣責成，并精選屯鹽之屬，均爲有益。合無依其所擬，吏部會舉才望素著者六員，請旨簡用三員，各以憲職分爲三差，一員管兩淮、長蘆、山東三鹽運司，兼理江北、山東、薊遼、保定、河南等處屯田；一員管兩浙、福建二鹽運司，雲南、廣東等處各提舉司，兼理江西、浙江、福建、兩廣、雲貴、湖廣、江南等處屯田；一員管河東鹽運司，陝西花馬池、四川提舉司，兼理宣大、山西、陝西、四川等處屯田。未盡事宜，聽户部備細定擬責任，請給敕書、關防，會同各該巡撫都御史、巡按巡鹽御史，以便行事等因。奉聖旨："依擬行。"欽此。欽遵，照例會同各部院寺堂上官，推舉得大理寺卿鄒應龍等俱各堪任，奉聖旨："鄒應龍升都察院左副都御史，唐繼禄本院右副都御史，龐尚鵬右僉都御史，總理各該地方屯鹽，寫敕與他。"欽此。後唐繼禄告病，復差僉都御史凌儒。俱經欽遵去後。今該前因。

臣等會同户部尚書臣馬森等、兵部尚書臣霍冀等看得，屯鹽大臣一事，在閣臣張居正，則欲從長計議；在臺臣王嘉賓，則欲取回别用；在科臣魏時亮等，則欲九邊酌用一員通管。詞雖不同，無非經國阜民、籌邊御虜之意。但惟論天下之事，無全利亦無全害；處天下之事，在治人不在治法。大臣應留應省，所謂治人是也。臺臣疏内"復本色""鑄鐵牌"，科臣疏内"慎防護""寬抛荒"，所謂治法是也。今日之議，先當以治人爲主。苟持議既定，任人既專，則一切治法不必籌之於廟堂之上，而自行于遐荒萬里之外矣。蓋九邊鹽利淵藪全在淮揚，各省屯政廢興無與邊徼。大臣專理屯政，比之軍門戎務旁午者不同；巡撫分理屯政，比之大臣隔遠遥制者迥異。參衆論而酌其中，江南、山西二處大臣似可省也，江北大臣必不可省也。臣等三部連日熟計其便，所見相同。合候命下，將江南屯鹽都御史鄒應龍、山西屯鹽都御史凌儒行令聽候别用，江北屯鹽都御史龐尚鵬照舊任事，關防不必另給，止换給敕書，内仍將九邊屯田通行管理一節一體增入。各省屯田，聽各該巡撫徑自管理，大臣不必干預。至於屯鹽應行事宜，如墩堡抛荒等項，本官悉心經畫，已具奏者不必重奏，未具奏者以次開奏。大率鹽法既清，即當巡行各邊，以爲國家經久之計，不拘二年三年，果有成效，聽户部舉奏，或璽書獎勵，或特加部銜，以示優異。但事干會議興革，臣等未敢定擬。

隆慶二年九月初六日題，奉聖旨："你每既會議停當，龐尚鵬着照舊清理各邊屯鹽，换敕與他。鄒應龍、凌儒聽候别用。"欽此。

會議誠意伯劉世延復爵疏

題：爲遵詔旨舉遺逸，以充任使，以隆聖化事。該本部題，驗封清吏司案呈，奉本部送，吏科抄出，南京科道官岑用賓等奏薦原任誠意伯劉世延，奉聖旨："該部知道。"欽此。續該原任南京後軍都督府掌府事、誠意伯，今革爵閑住劉世延奏，爲懇乞聖明原情推恩，賜復祖爵事，奉聖旨："吏部知道。"欽此。欽遵，抄送到司。

案查嘉靖四十五年五月内，該禮科都給事中辛自修題參南京後軍都督府掌府事、誠意伯劉世延奏詞欺慢，乞加究治，奉世宗皇帝聖旨："這本説的是，劉世延革了爵閑住，不許再用。"欽此。欽遵，查呈到部。

看得誠意伯復爵一事，在劉世延以情辯析，固爲陳乞之私；在南京科道官據理敷陳，寔出激勵之公。但事體重大，本部難以獨擬。合候命下，容臣等會同五府九卿科道等官，從公參酌伊祖劉基之功與劉世延之罪應否復爵，具實奏請，恭候宸斷等因。隆慶二年八月十九日具題，奉聖旨："是。"欽此。欽遵。臣等會同太師兼太子太師、後軍都督府掌府事、成國公臣朱希忠等，户部尚書臣馬森等議得，錫爵雖以詔功，而開國、繼世之不同；削爵雖以絀罪，而私罪、公過之各異。是故功懋者則爲世爵，上則爲公爲侯，次則爲伯，載在盟府，罪重者則仍議功，身免二死，子免一死，鑄在券書，自非子孫逆倫干紀，念其父祖之勛，不輕削焉。考之青田劉基，在國初時明于天文，精于戎略，佐佑聖祖，格於皇天，啓運之功，十居八九，以故稱爲子房而不名。且以其文臣守正，特封誠意伯，較之靖遠、新建，卓越多矣。乃今止以裔孫言語文字之差遽行削奪，似非崇德報功之義，所以南京科道官有此論薦。但惟劉世延性本輕浮，氣復盈滿，雖有樸樕之小才，不知岩廊之大計，必須仍加創懲，難以即爲任使。以臣等愚見，似應追叙伊祖劉基之豐功，曲宥劉世延之公過，將誠意伯准其復爵，照舊世襲。劉世延姑令帶俸閑住，候其痛洗舊愆，聿遷新善，兵部方許推用管事，庶幾功罪用舍，各有攸當。係干特恩，臣等未敢定擬。

隆慶二年九月初六日題，奉聖旨："是。劉世延准復伯爵。"欽此。

校勘記

〔一〕"偏"，疑當作"徧"。

蒲坂楊太宰獻納稿卷六

覆大學士張居正條陳時政疏

少傅兼太子太傅、吏部尚書臣楊博等謹題：爲披瀝愚忠，直陳時政切要，以仰裨聖治事。文選清吏司案呈，奉本部送，兵科抄出，少保兼太子太保、禮部尚書、武英殿大學士張居正題，奉聖旨："覽卿奏，俱深切時務，具見謀國忠懇。該部院看議行。"欽此。欽遵，抄出送司，案呈到部。

看得大學士張居正條陳諸事，剴切詳明，深中時弊，謀國忠懇，誠如聖諭。臣等幸際昌時，備位銓省，每念方今雖稱平治，中間尚有積弊成風、極重難反之事，所以挽回轉移者，全賴聖主裁斷於上。乃今閣臣有此論列，皇上慨然嘉納，亟命部院議行，此誠千載之一時也。臣等大小臣工，敢不矢竭公忠，勉修職業，以仰副我皇上明作勵精之意？除奏内事關朝廷主持斡運者，本官敷陳已極詳盡，當於聖心，臣等無容復贅，謹將所奏未盡事宜再加推衍，參以膚見，條列上請。大率稽先年之矩矱，爲今日之變通，既冀必行，且欲可久，庶幾皇上方隆之業、輔臣入告之猷均可以翊裨于萬一矣。

隆慶二年九月初十日題，奉聖旨："依擬着實舉行。"欽此。

計開：

一、省議論。看得國家之事，是非可否，原無兩在。經云："發言盈庭，誰敢執其咎？"又云："詢謀僉同。"自古未有議論不一而能成天下之事者。竊見近時建白，甲可乙否，實效鮮睹。如薊鎮練兵之事、廟堂巡邊之議，可爲鑒也。臣等謹即"省議論"一事再加參酌，列爲四款，以備采擇。

（一）軍國重務既經廷臣會議，又經部院覆准，必須寬以文法，假以歲月，久而罔效，方可徐議其後。若其所言尚未施行，不得遽有異同，反致誤事。

（一）督撫官初至地方，即便條上方略，以其文則爛然可觀，考其實則茫然無措，委非政體。今後南北及各省督撫官初至地方，除軍機重事時不容緩者照舊星馳具奏外，其餘合行事宜，必下司道再四講求，的可常行，單本具奏。不許仍前草率條陳，徒騁虚詞，竟無實效。其所屬文武人材，亦須在半年之後，考驗既真，方行舉刺。本部仍稽查各官所奏後來有無實效，其所舉劾果否允當，因以知其爲人。

（一）科道官敷陳有關國家治體者，部院作速題覆。其有窒礙難行者，亦即明白直陳可否，不得依違，一概題覆。蓋朝廷公事非一家之事，在言官固不可執己見而期於必行，在部院亦不宜持兩可而曲徇人意也。本部仍查照舊規，置建白文簿一扇，備將所上章疏一一登記，以備考覈。

（一）凡軍國大事，舊例，内閣、府部、科道等官闕下公同會議，正欲廣集衆思以昭公論，但有所見，自當面加剖析。若使口是心非，退有後言，殊非同寅和衷之義。今後廷臣議事之時，果有異同，不嫌力辯，務期協心共濟，以成國事。

一、重詔令。看得朝廷爲紀法之宗，號令之發，捷于風霆，故古者置郵傳命。《禮》稱“君言不宿於家”，其重如此。近者一應章奏旨下各部，凡係緊關事體，即時題覆，間有一二尋常條陳，或係舊例不覆，或待類覆者，各部俱有成規，未敢延遲。惟是轉行在外，撫按衙門查勘等項事務，或經年不行回報，或屢年竟不回報，轉相推諉，遂成故紙。所謂國有不伸之法，人懷不白之冤，玩愒之弊，在今日所當亟懲者也。臣等謹即“重詔令”一事再加參酌，列爲二款，以備采擇。

（一）在京各衙門，本部移文知會，今後章奏務從簡切，勿事浮文。一應覆奏，大事不過十日，小事不過五日。過期者，各堂上官即將承行官吏究治。年終各將未完事件咨呈本部，以稽勤惰。

（一）在外行勘事件，本部移咨都察院，嚴立各省住迴一定期限，轉行各處巡撫都御史、巡按御史，務要依限回報，各部仍各置號簿注銷。如過期限，撫按官將各該府州縣承行官吏罰治。或豪强抗違有司，有司抗違上官，徑自參奏。巡按未完數多，都察院遵照《憲綱》考察。巡撫未完數多，考滿之日，部院一體檢照，以別勤惰。

一、覈名實。看得國家操爵禄予奪之柄，以奔走天下之士，要不出于綜覈名實之一言。名實既辨，用舍進退，自無有不得其當者。然非行久任之法，無以別才能；非嚴考課之典，無以昭懲勸；非酌量人才，兼行循資、超擢之法，無以示低昂而彰鑑別。臣等謹即“覈名實”一事再加參酌，爲[一]一十一款，以備采擇。

（一）兩京衙門佐貳官量才擬授。正官有缺，先儘本衙門佐貳官。資望果不相應，方於别衙門佐貳官内擬授。南北督撫官果於地方相宜，不必轉動，止就彼加職，雖僉都御史洊加至尚書、宫保，亦不爲過。布、按二司，參議久者即升參政，僉事久者即升副使，一如先年之例。

（一）部院、撫按、科道或奉詔薦人，或循例薦人，但不當者，與所薦之人一體議罰。論劾不當者，照例議罰，仍將被誣之人亟爲昭雪，以彰公道。

（一）翰林、吏部今後不得仍拘舊格，挨次内轉。内轉者必須資望俱深，職務繁重，方得推舉。應外補者，一體轉補在外方面、知府等官。其科道官内外升轉，仍照嘉靖四十五年以前例行。

（一）在京各官與衙門政體相宜，在外各官與地方人情相宜，雖資序當遷，查照近例，加以職級，仍管原任事務。以後遷轉，即從加職上扣算。

（一）兩京小九卿堂上官，如太常、太僕、光禄之類，官品略同，事之繁簡亦不甚遠。今後前項衙門官既已量才授任，即就本衙門積資待遷，不復輪轉。其户、刑、工三部司屬官，舊例更調，似有重彼輕此之意，亦非事體，今後無故不得輕調。若在職勤慎、公論已孚者，與吏、禮、兵三部一體叙遷。

（一）三、六、九年考滿官到部，仍照舊例分别三等，不得概考稱職。其平常與不稱職各官内，或量行别處，或請旨罷斥。至于誥敕勛階，原係朝廷特恩，應否給與，臨期分别具題，取自上裁。

（一）兩京官員考滿，堂上官署考，務要明開或賢或否實迹，及或"稱職"或"不稱職"或"平常"字樣，不必仍用對偶，含糊塞責。

（一）内外大小官有守正得罪者，止超升一次。以後别無善狀，仍照本等資格叙用。如有罪過，公論不與，一體黜降。其以過誤遷謫者，以後别無顯過，仍照本等資格叙用。如有善狀，公論共推，一體超升。

（一）提學副使關係一方士習，如有不稱，查照先年提學副使郭持平改調分巡副使之例，量行更置，以重學校。

（一）兩京試御史，舊規考試實授，間有不稱職者，改别衙門用。今後照例遵行，以振臺綱。

（一）庶吉士近已題奉欽依，聽内閣、本部教書官、科道官訪其褊淺浮薄、懶惰不飭者，指名參奏，改除外任。不必拘定散館之時，亦不得概除科道部署，致褻名器。今後容臣等着實舉行，以端始進。

一、固邦本。看得固邦本在於安民生，民生之安，責在守令。臣等銓選之時非不加意於此，但取之於文，既無以遽信其行；辨之以貌，又無以遽知其心。至於他日，因其賢否以爲遷轉之優劣所據者，不過撫按、監司之考語而已。近來撫按、監司考語多難憑據，以愛憎爲毀譽者往往有之，以致有司虐下奉上，恬不爲怪。民生不安，職此之故。臣等謹即"固邦本"内所開慎選守令事理再加參酌，列爲四款，以備采擇。

（一）近年有司蒞任之始矯情干譽，一經薦舉，恣意放縱，無所不爲。撫按、監司雖察知其真，業已署在上考，不欲自相矛盾，遂至冒行取，得美遷，妨賢病國，情尤可惡。今後撫按官於所屬有司荐舉後果有改節易行者，務要從實參論。若敢曲加回護，故意縱奸，部院訪出，一併參治。

（一）有司官果能實心愛民，爲豪强中傷，撫按官務要多方保全。若坐視誣枉，不爲伸白，事明之日，部院指名參治。

（一）煩難地方錢糧催徵不完，户部舊例，將正官參擬降級，中間果有實心愛民者，許撫按奏保，該降級者量擬住俸，該住俸者量擬罰俸。

（一）四川、雲貴、兩廣地方，去京隔遠，行取推官、知縣到部，往往俱在考選之後，以致不得升授科道。今後果有賢能卓異者，本部查訪得實，雖一人二人，仍行題請選用。

議原任兵部侍郎陳洪謨等復職疏

題：爲再議應加恤典諸臣，以完明詔事。驗封清吏司案呈，奉本部送，吏科抄出，巡撫湖廣等處地方兼贊理軍務、都察院右僉都御史劉慤，巡按湖廣監察御史郜光先題，俱奉聖旨："吏部知道。"欽此。欽遵，抄出送司。

查得原任兵部左侍郎陳洪謨，嘉靖十年七月内，兵部爲失火事，節奉世宗皇帝聖旨："陳洪謨着爲民。"欽此。又查得原任户部右侍郎余胤緒，嘉靖三十一年八月内，該鴻臚寺序班曹榮等奏爲糾儀事，節奉世宗皇帝聖旨："余胤緒不敬恩命，着革了職，冠帶閑住。"欽此。欽遵，通查案呈到部。

看得原任兵部左侍郎、後爲民陳洪謨，自刑署而荐佐本兵，才德並茂。原任户部右侍郎、後冠帶閑住余胤緒，由銓曹而督理國計，政學咸優。均係因公落職，原于清議無碍，既經撫按官會舉前來，誠於明詔事理允合。合無將各官先行復其原職，仍行禮部議給恤典。臣等未敢定擬。

隆慶二年九月二十日題，奉聖旨："是。"欽此。

議原任修撰余承勛等升職致仕疏

題：爲再議應加恤典諸臣，以完明詔事。驗封清吏司案呈，奉本部送，先該提督軍務、巡撫浙江等處地方、都察院右僉都御史趙孔昭，巡按浙江監察御史王得春會荐原任兵科給事中傅佩，巡按四川監察御史陳萬言奏薦原任翰林院修撰余承勛，乞要録用等因。本部議得，原任兵科給事中、後爲民傅佩，因扈從而劾權奸，諫垣尚存直節；原任翰林院修撰、後閑住余承勛，因議禮而遭詿誤，藝苑雅著文名。但年俱七十，難以任事。既經撫按官會舉前來，合無將各官先行復其原職，倘蒙賜允，容臣等各查引年進階致仕事例，另行題請等因。本年十月十五日奉聖旨："傅佩、余承勛各准復原職。"欽此。

查得隆慶元年四月内，該本部題，原任吏科都給事中尹相、禮科都給事中魏良弼，雖准復職，俱見年七十之上，例該引年。合無將尹相等加升太常寺少卿，就彼致仕等因。奉聖旨："是。"欽此。又查得修撰、給事中該升太常寺少卿。今該前因，通查案呈到部。

看得原任兵科給事中傅佩、翰林院修撰余承勛，近蒙聖恩，准復原職，又經該司查有尹相等事例，相應題請。合候命下，將傅佩、余承勛俱升太常寺少卿職銜，容令致仕。臣等未敢定擬。

隆慶二年十月十七日題，奉聖旨："余承勛、傅佩俱升太常寺少卿，致仕。"欽此。

議處廕官疏

題：爲議處恩廕官員事。文選清吏司案呈。照得官生、恩生官至兩京宗人府經歷，順天、應天二府治中，舊例俱升遠方知府。中間操履、幹局卓然可稱者固有，而事體不諳、持守不端者亦有之。若一概循資升轉，不惟遠方之民不得其所，其人一被論列，罪譴亦自難逭，致使朝廷之恩禮不終，先世之家聲漸隕，吏治人材，均屬未便。合無今後恩生、官生出身者，必其才行堪以牧民，方得升授知府，其餘量升内外閑散衙門職事，以全器使。及查得兩京太僕寺寺丞係正六品，五府都事應得升授；在外各都轉鹽運使司同知係從四品，宗人府經歷，順天、應天二府治中應得升授。又查得先年凡係大學士、吏部尚書子孫，不論俸資深淺，例得奏改中書舍人，量帶部銜，惟復將治中及宗人府經歷歷俸年深者，以後一併量升部銜，填注中書科辦事。呈乞議處，案呈到部。

看得民生之休戚全在守令，慎選守令，屢奉明旨。臣等每遇知府員缺，雖進士、舉人出身中，亦必查訪堪任之人，方得推用。惟官生、恩生一途，歷官至經歷、治中，舊例俱升知府，于人材既爲不便，於遠方之民尤爲不便，委非爲官擇人、因人授任之意。既經該司具呈前來，相應議處。合候命下，將官生、恩生官歷俸至六年以上者，訪其才識堪任民牧，照舊升授知府。才識稍次，量升各都轉運鹽使司同知。如果官箴無玷，仍許洊升至各鹽運使及各行太僕寺、苑馬寺少卿，雖布政司參政，亦所不吝。其餘五府都事，遇有兩京太僕寺寺丞員缺，亦許一體升用。前後歷俸通計五年之上，不論經歷、寺丞，俱照舊升授順天等府治中。治中三年考滿，若放恣頑鈍，照例考覈，或罷黜，或降調外任；若志行端雅，止是事體生疏，量升工部員外郎職銜，填注中書科辦事。以後歷至九年，再考無過，應加職級及升服俸，俱聽本部臨期酌量題請。其聽選恩生、官生，仍查先年舊規，正歷上選八年，雜歷上選十三年，方准挨次取選，庶幾待次之人少則官階不致太驟，擢用之途廣則任使不致太淆，慎民牧、重國恩、惜人才三者悉寓於其間矣。

隆慶二年十一月十二日題，奉聖旨："是。"欽此。

議原任兵部尚書金獻民等復職疏

題：爲開讀等事。驗封清吏司案呈，奉本部送，吏科抄出，巡撫四川等處地方、都察院右僉都御史陳炌題，奉聖旨："吏部知道。"欽此。又該總理糧儲、提督軍務兼巡撫應天等府地方、都察院右僉都御史林潤題，奉聖旨："該部知道。"欽此。欽遵，通抄到部送司。

查得金獻民原任兵部尚書，嘉靖四年六月，爲衰病三乞天恩休致事，奉世宗皇帝聖旨："卿典司兵政，多效勤勞，方隆委任，而乃屢疏乞休，情詞懇切，特兹俞允，給驛還鄉，有司月給食米三石，歲撥人夫四名應用，以示朝廷優待之意。吏部知道。"欽此。嘉靖七年五月，爲因灾異修省陳言，急誅奸黨，昭示國法，以弭灾變，廣求人材，計復國土，以嚴邊備，以安生民事，奉世宗皇帝聖旨："金獻民係本兵大臣，受命專征，未至地方，乃敢掠取功次，妄行報捷。本當重治，但已致仕了，運炭完日還革了職，着冠帶閑住。"欽此。陳講，原任巡撫山西右副都御史，嘉靖二十一年，該兵部爲北虜遣使求貢事，節奉世宗皇帝聖旨："陳講修築邊墻不足，以致虜寇深入，失事重大，着發回原籍爲民。"欽此。湯沐，原任大理寺卿，嘉靖六年九月，爲大獄事，節奉世宗皇帝聖旨："顔頤壽等職掌邦刑，位列大臣，却乃畏避科道，奉制推勘事情，報上不實，有負重任。顔頤壽、劉玉、王啓、劉文莊、湯沐、顧佖、汪淵俱事重，都革了職，着冠帶閑住。"欽此。余才，原任光禄寺少卿，嘉靖六年九月，爲大獄事，節奉世宗皇帝聖旨："余才逞忿横議，與孟春、閔楷、張仲賢風聲相通，同惡相濟，也都革了職閑住。"欽此。王俊民，原任吏科都給事中，嘉靖六年七月，爲傳奉事，該司禮監太監温祥傳奉世宗皇帝聖旨："前日科道官抗命欺君，朕已訪出爲首三人，吏科都給事中王俊民造言惑人，阻撓成命，御史程啓充、杜民表倡率合朋，不行糾舉，好生無理，都着錦衣衛拿來午門前，各打二十棍，送吏部着爲民。該衙門知道。"欽此。欽遵，通查案呈到部。

看得原任兵部尚書、後閑住金獻民，剛方直正，練達忠貞；原任巡撫山西、都察院右副都御史，後爲民陳講，問學宏深，才猷敏贍；原任大理寺卿、後閑住湯沐，讜言執法，真一時之典刑；原任光禄寺少卿、後閑住余才，明敏端嚴，爲諸曹之冠冕；原任吏科都給事中、後爲民王俊民，孤忠自守，獨立敢言。諸臣雖職任大小不同，皆因公事黜落，均與官常無玷，既經彼處巡撫官各舉前來，委于明詔允合。合無將各官先行復其原職，内金獻民、陳講、湯沐仍行禮部議給恤典，余才、王俊民容臣等查例另行題請。臣等未敢定擬。

隆慶二年十一月十四日題，奉聖旨："是。金獻民等准復原職。"欽此。

覆監察御史鍾沂條陳考滿規則疏

題：爲懇乞聖明定立考覈規則，以便遵守事。考功清吏司案呈，奉本部送，吏科抄出，河南道掌道事浙江道監察御史鍾沂題，奉聖旨："吏部知道。"欽此。欽遵，抄出送司，案呈到部。

看得内外官員考績之典俱有舊章，止緣舉行未至，是以旌别失真，係關吏治，誠非細故。所據御史鍾沂具奏四事，均於考覈有裨，合就開立前件，擬議上請。

隆慶二年十一月二十六日題，奉聖旨："依擬行。"欽此。

計開：

一、考覈京官。看得京官五品以下考滿到部，大率以堂官考語爲主；顧節年注考類多溢美之詞，殊失覈實之意。先該大學士張居正具題，該本部覆奉欽依，今後考滿官到部，仍照舊例分别三等，不得概考稱職。其兩京堂上官署考，亦各要明開或賢或否實迹，及"稱職""平常""不稱職"字樣，不必仍用對偶，含糊塞責。近日刑部尚書毛愷，果以郎中戴冕考注平常，一時庶官頗知警惕。御史鍾沂猶恐視爲虚文，仍踵故套，以故復有此論。合無申飭兩京各堂上官，以後務要查照近議，詳察所屬人品才行，分别注考，以爲本部并都察院覆考之據。如仍徇情溢美，致難憑信，聽吏科河南道指名參罰。

一、考覈外官。看得外官三、六年考滿，近年題准，州縣佐貳、司府衛所首領及教職、驛遞等官，俱候年終撫按類題。府州縣正官，許令滿日即具奏齎繳牌册。方面府佐，仍舊給文赴部，有事地方聽其保留。九年，通要赴部，通聽各上司并撫按官從公分别考注，報部覆考。但人情市恩遠怨，往往多署美詞，誠無足據。至於奏留官員，一向徑令復職，亦屬未盡。合無斟酌所擬，行令各撫按官每遇所屬給由，俱要從公察其貪廉勤惰，分别"稱職”“平常”“不稱職”字樣，明白開注，報部覆考。其所奏留方面府佐并府州縣正官，例該奏繳牌册者，先令帶俸管事，本部再加考覈，總候雙月引奏之時，另本題請，就彼復職。其平常、不稱職者另行議處，不得濫給恩典。各官中間有例該送河南道考者，仍各照例送考。若原來考詞溢美含糊，漫無鑒别，不分咨呈奏抄，一體參奏罰治。

一、考覈限期。看得部院考覈各官，貴於詳慎，若使引奏期迫，方纔起送過堂，委於察訪未便。合無依其所擬，以後在京給由官，無論大小，滿後十日以裏，一面移文起送，一面遵照部院常期謁見聽考，定以雙月十六日爲止，過十六日案候下次引奏。其有應赴該道考覈，規避不到者，聽其徑自參究。

一、考覈體要。看得考課之典，期於綜核名實，旌别淑慝，以昭懲勸而已。若每次拘於三等，必求其人以實之，人情政體，均有未協。合無依其所擬，以後考滿官員，部院虚心覈實，定注考詞。果多不肖，雖盡署下考，不以爲刻；果皆稱職，雖盡署上考，不以爲濫。至於中材之士，取其所長，略其所短，通候大計之日另行定奪，不必一年六次，每次搜索，以傷敦大之體。

會議革職副使張正和勘問疏

題：爲贓官未正法典，居鄉復肆悖横，懇乞聖明重治，以肅官常，以飭士行事。吏科抄出，巡按江西監察御史顧廷對題，奉聖旨：“吏部、都察院知道。”欽此。欽遵，抄出到部。

查得先該巡按湖廣監察御史唐繼禄題，爲糾劾貪縱方面官員，以肅官常事，内劾原任湖廣采木副使、今升四川參政張正和不職。該本部議覆，張正和刑法濫用，贓私狼籍，合照貪酷例革職爲民。仍行巡按御史查勘，若果核實，徑自具奏處治；若其情罪止此，亦具由報部施行等因。覆奉世宗皇帝聖旨：“是。”欽此。欽遵。今該前因。

臣等會同都察院左都御史臣王廷等看得，巡按江西監察御史顧廷對參劾原任湖廣副使升四川參政、今爲民張正和，居鄉稔惡，乞要重治，及將先任湖廣所劾贓私一併勘實追問一節。爲照張正和性本貪殘，行多暴横，官一方則爲一方之灾，居一鄉則爲一鄉之害，委當重處。但所論事情多係人命、贓私，必須勘問得實，方可明正其罪。合候命下，將張正和一面行江西巡按御史備查奏内所劾事情，先提一干人證，從公鞫審明實，依律問擬，徑自招參；一面行湖廣巡按御史，將被論前贓查勘的確，作速回奏。在湖廣者如果出自風聞，事無實迹，在江西者如果出自家衆，孽非己作，亦要虚心辨理，無致縱枉。文書到日，各限三個月以裏結正，不許遲緩。

隆慶二年十一月二十七日會題，奉聖旨："是。"欽此。

覆都給事中魏時亮條陳疏

題：爲恭遇大祀，感激愚衷，敬獻祈天永命十札，裨睿采，飭臣工，以隆萬世治安事。文選清吏司案呈，奉本部送，吏科抄出，户科都給事中魏時亮等條陳十札，奉聖旨："這所奏前五事知道了，其餘的該部看了來説。"欽此。欽遵，抄出送司，案呈到部。

看得户科都給事中魏時亮等條陳"先憂""養士""久任"三札，合就開立前件，議擬上請定奪。

隆慶二年十一月二十九日題，奉聖旨："依議行。"欽此。

計開：

六札曰先憂。看得"先憂"一札，竊惟今之知府，即漢之太守，誠爲吏民之本。若使果得其人，如先年嘉興之楊繼宗、揚州之王恕、徽州之彭澤，則撫按兩院、布按兩司均可裁省。該科欲要慎重其選，超異其升，無非重念民嵒之意。但異材殊少，中材甚多，今日之計，惟當漸爲釐正之法，難以盡行畫一之政。合無以後知府有缺，照舊於内外各衙門堪任人員内揀用。其官生經歷、治中，仍酌量本部近題事理，必須堪任之人方升知府，不得一概升用。如果三年、六年政有成績，或加服俸，或升職級。其已升參政，本布政司即待以參政之體，敢有不容到任，或非禮狎侮，容臣等訪實，先以抗違明旨參奏罷斥。果有治行異等者，則升兩京京堂，或徑升各處巡撫都御史，以示優異。其餘治行平常者，止照舊例循資升用。

八札曰養士。看得"養士"一札，各處提學官，一方德教文教所係。先朝名臣，如戴珊以御史之在南畿，陳選以副使之在河南，薛瑄以僉事之在山東，首崇德行，次掄文藝，以故一時所造，類多梁棟榱桷之材。邇年以來，精於考校即爲修職，睦姻孝友，一無所問，甚至專務講論，不以躬行實踐爲事，用意徒勤，而矩矱盡失矣。該科條陳及此，誠爲清源正本之論。合無以後兩直隸提學御史，十三省提學副使、僉事，必須文行兼優、輿論推服者方得與選。不必限以三年、六年，俟其資深望重，或徑升祭酒，或量加翰林相應職事，以示風勸。不稱職者，聽本部訪實，改調别用，重者罷斥。其遼東、甘肅巡按御史兼管學政，移咨該院，一體遴選。至于一切注措，乃是提學之責，果得其人，自無不當，似不必一一爲之申飭。

九札曰久任。看得"久任"一札，國家因事立法，事體便然後可以必行，人心安然後可以常行。即如久任一節，言官屢嘗建議，本部屢嘗裁覆，見今各邊兵備官員、各省賢能守令加升職級、服俸，漸次施行。其餘則以員缺數多，不容不補；需次人衆，不能久候。欲行久任之法，事體人情，誠有當預計者。合無斟酌所擬，先將職務緊要，如兩京府尹、兩監祭酒、在外邊腹巡撫、各布政使司左布政使、兵備、提學、知府、知州、知縣賢能有聲者，方行久任，資俸已及者于本職上量加一官，以安其心。以後每歷至三年考滿，稱職者加級，異等者超擢，俱聽本部臨期酌量題請。中間有與地方人情、衙門事體見不相宜者，不妨即爲更置。此外各官且須照舊遷轉，姑待數年之後，事體既便，人心已安，進士額數有定，加納事例停止，待次之人漸少，然後可以一切通行，庶無窒礙。

覆發廣東軍餉疏

題：爲申責任以圖治安事。考功清吏司案呈，奉本部送，吏科抄出，湖廣道監察御史楊標題，奉聖旨："該部看了來説。"欽此。欽遵，抄出送司。

查得先爲兩廣軍情重大，懇乞聖明速賜究處失事人員及剿除事宜，以救危急事，該本部覆議，要行兩廣提督侍郎張瀚、巡撫都御史熊桴，即將廣東該道守巡、兵備并廣州府府縣掌印、巡捕官各查明的，一面住俸，令其立效贖罪；一面逐一評品，要見何官才力有餘，應該存留，何官才力不及，應該更易，就於附近堪任官内具名坐奏，以憑請旨銓補。節奉聖旨："該道守巡、兵備、有司等官，應該存留、更易的，著總督、撫按作速查覈具奏。"欽此。欽遵，已經移咨去後。今該前因，通查案呈到部。

看得巡按廣東監察御史楊標所奏，大意謂廣寇猖獗，率由於貪吏計行，兵威不振，欲要責成分巡、知府等官以覈吏治，慎擇兵備等官以詰戎兵各一節。爲照朝廷設官分職，凡以爲民。分巡得以按治官邪，知府得以督率屬吏，皆係自來相臨相維之規，巡按御史例當督責之事。廣東巡按缺官月久，合無聽本官速臨地方，嚴加申飭。不如約者指名奏劾，尤須實踐躬行，倡導所屬，務以安民彌盜爲事，不以簿書期會爲能。至於用兵之際，兵備等官才力不同，委當慎擇。合無查照本部題奉明旨，催行總督、撫按官，應易應留，查覈明白，作速回奏。其所議府佐等官，應該委用調補，及一切應該久任超遷事宜，悉如所擬，應具奏者以次具奏，應施行者徑自施行。然臣等竊有愚見，飭吏詰戎，固爲日後戡亂之方；給餉增儲，尤爲目前濟時之要。廣東地方邑里蕭條，庫藏空竭，即如潮州府城之外，盡爲草莽，拯溺救焚，時不容緩。臣博向在本兵，曾以福建危急，奏准發銀二十萬兩前去接濟。即今廣東之危，比之福建更爲過之。雖經議留本省應解銀兩，涓滴難以補漏；雖經查催二省原借銀兩，畫餅難以濟飢。伏望皇上敕下兵、户二部，再加查議各處銀五萬兩共十萬兩，分投差官解送廣東督撫官處隨宜支用。一則使海賊知朝廷之上多方調度，心自讋服；一則使廣人知聖皇之衷不忘遐遠，心自感奮，而封疆之臣亦得藉之以生色矣。所費甚少，所關兵機甚大，臣等無任惓惓之至。

隆慶二年十二月初二日題，奉聖旨："是。該地方未靖，每切朕懷。這給發銀兩一節，着户、兵二部即便查議來説。"欽此。

會議都給事中張鹵劾督撫官張瀚等別用疏

題：爲秋防事竣，酌議督撫諸臣，以欽承明詔事。吏科抄出，兵科都給事中張鹵等題，奉聖旨："吏、兵二部看了來説。"欽此。欽遵，抄出到部。

查得本年五月内，該巡撫大同右僉都御史劉祐自劾庸病不職。該吏部覆稱，本官頃以才望開府雲中，一切修攘之政方在振舉。即目秋防，邊陲多事，難以聽其休致。九月，該總督兩廣左侍郎張瀚奏稱積勞病劇，不能供職。該吏部覆稱，兩廣地方山猺方熾，海禍正殷，一切安攘之計全在督府。即使本官果有微疾，正當盡瘁鞠躬，豈宜遽言休致？合無行令本官力疾任事，不得再三瀆陳，自干規避之議。俱奉欽依外。今該前因。

臣等會同兵部尚書臣霍冀等看得，兵科都給事中張鹵等論劾巡撫大同地方、贊理軍務、都察院右僉都御史劉祜，總督兩廣軍務兼理糧餉兼巡撫廣西地方、兵部右侍郎兼都察院右僉都御史張瀚，各於地方不宜，乞要改任，會推才望素著者上請簡用各一節。爲照大同一鎮設在沿邊，乃北門鎖鑰之地，廣中二省設在沿海，寔南蠻襟帶之邦，巡撫、總督均爲重任。所據大同都御史劉祜、兩廣侍郎張瀚，論其人品，清望咸歸，絶無可議。但一則經時卧病，力不從心；一則屢疏乞休，志難帥氣。既經該科酌論前來，相應通行依擬。合候命下，將劉祜、張瀚俱令回籍，遇有相應員缺，另行調用。一面各會推熟諳虜情夷情官二員請旨簡命，令其作速前去，接管行事。

隆慶二年十二月初四日會題，奉聖旨："張瀚、劉祜依擬回籍聽用，員缺即便會官推補。"欽此。

覆順天巡按御史劉翾等劾兵備參政羅瑶調用疏

題：爲循例舉劾兵備官員，以圖安攘事。考功清吏司案呈，奉本部送，吏科抄出，巡按直隸監察御史劉翾題，奉聖旨："吏部知道。"欽此。又該巡按直隸等處監察御史鍾繼英題，爲循例舉刺方面官員，以昭勸懲事，奉聖旨："吏部知道。"欽此。欽遵，通抄送司，案呈到部。

看得巡按直隸監察御史劉翾、巡按直隸等處監察御史鍾繼英各題稱，欲將薊州道兵備參政羅瑶降調，或罷斥一節。爲照薊鎮各路兵備，比之别鎮不同，責任既艱，利害尤重。即如近年，密雲道盧鎰則以失事充軍，永平道沈應乾則以失事爲民，此皆别鎮未有之事。參政羅瑶在薊數年，修邊練士，多有保障之勞。若據所論即從降斥，以後人心未免解體，尤非地方之利，相應斟酌功罪，以示後勸。合候命下，將羅瑶仍以參政原職起送赴部，改調邊遠，令其策勵供職，以責後效。

隆慶二年十二月初五日題，奉聖旨："是。"欽此。

覆廣東督撫官張瀚等保留提學副使羅元禎别用疏

題：爲保留賢能提學官員事。考功清吏司案呈，奉本部送，吏科抄出，總督兩廣軍務兼理糧餉兼巡撫廣西地方、兵部左侍郎兼都察院右僉都御史張瀚，巡撫廣東地方兼贊理軍務、都察院右僉都御史熊桴題，俱奉聖旨："該部知道。"欽此。欽遵，通抄送司。

查得近該少保兼太子太保、禮部尚書、武英殿大學士張居正題"覈名實"一款，該本部議將三、六、九年考滿官到部，仍照舊例分别三等，不得概考稱職。提學副使關係一方士習，如有不稱，查照先年提學副使郭持平改調分巡副使之例，略行更置，以重學校。又該户科都給事中魏時亮題"養士"一札，該本部議覆，以後提學必須文行兼優、輿論推服者方得與選，不拘三年、六年，資深望重，或徑升祭酒，或量加翰林相應職事，以示風勸。不稱職者，聽本部訪實，量改别用，重者罷斥。又該河南道監察御史鍾沂題"考覈外官"一款，該本部議覆，今後外官考滿，撫按奏留到部者，本部再加考覈，題請復職。其平常、不稱職者，另行議處。俱奉欽依遵行外。今照廣東提學副使羅元禎三年任滿，該督撫官奏留到部，相應照例考覈。通查案呈到部。

看得總督兩廣兵部左侍郎張瀚、巡撫廣東右僉都御史熊桴各保留提學副使羅元禎賢能，乞要留任管事一節。爲照人材各有所宜，師範尤當掄簡。副使羅元禎心事光明，吏才精練，向在臺中巡鹽巡按，所至有聲。至於督學之事，原非所長。今考其在廣三年，殊於士望未孚，既經該司查有近例，似難議留復職。合候命下，將羅元禎仍以副使酌量改用，以全器使。

隆慶二年十二月初五日題，奉聖旨："是。"欽此。

覆都給事中鄭大經條陳兩廣事宜疏

題：爲議處兩廣任人事宜，併乞甄别人材，以備任用，以圖治安事。文選清吏司案呈，奉本部送，吏科抄出，吏科都給事中鄭大經等題，奉聖旨："吏部看了來説。"欽此。欽遵，抄出送司，案呈到部。

看得吏科都給事中鄭大經等具題前因，大率皆爲兩廣而發，所據"重事權""久信任""寬文法""聽委用""廣招徠""厚酬功""儲人材"七事，知之甚詳，言之甚當，合就開立前件，議擬上請。及照廣東、福建相去接壤，是誠唇齒之地。近該兵部題奉欽依，兩省夾剿，已爲得算。但廣東如右臂，福建如左臂，形既相隔，勢難相使。必須頭目、心腹爲之主持，兩臂合一，事方有濟。古云十指之更彈，不如合拳之一擊，言貴同力也。又云二則角立，三則鼎峙，言貴定於一也。以臣等愚見，合無將新任右都御史劉燾，令其兼督福建軍務，鎮巡以下官員悉聽節制。然止是夾剿海寇一事，其餘福建山寇不必管理，福建糧餉不必兼理。既不得取福建之食以濟廣兵，亦不得括福建之財以備公用。事寧之日，照舊總督兩廣。此誠審勢運機，必不可已者，伏望皇上俯賜采允，併入敕内，則閩廣生靈不勝幸甚。臣等無任惓惓之至。

隆慶二年十二月十五日題，奉聖旨："依擬行。"欽此。

計開：

一、重事權。臣等議得，總督大臣專閫一方，事權委當隆重。合無斟量原定敕諭，鎮巡不受節制者，聽劉燾指名參奏。副參游守失事，先取死罪招由，仍以軍法從事，都指揮以下徑自斬首。三省都、布、按三司等官俱聽委用，但不許令其越境參謁，妨政害治。一切軍中事務，許其便宜行事，不相中制。

一、久信任。臣等議得，閩廣之寇委與倭虜不同，出没既無定時定向，責效難以計月計日。合無聽劉燾多方籌畫，務爲一勞永逸之計。小有挫失，巡按御史并兩京科道官不得輒爲論劾，以失鎮重之體。

一、寬文法。臣等議得，成大事者難惜小費，務深文者必致罔功。操切之法，委不宜加於軍旅之際。合無聽劉燾將軍中功賞等項，遲速輕重，徑自處置。巡按御史并兩京科道官不得過爲指摘，致難展布。至於燾之奮勵澡雪，不忍自棄，該科言之已明，無容别議。

一、聽委用。臣等議得，土俗人情，生於其鄉者知之更真。若使因而委用，尤得廣集衆思之要。合無聽劉燾將彼中士夫不問顯晦，但有才略，取置軍門贊畫軍務。如果有功，指名具奏敘用，或徑復原職。

一、廣招徠。臣等議得，殲厥渠魁，脅從罔治，此誠自古平寇之長策。然必兵威大震，足以制其死命，方可行之。合無聽劉燾用計招撫，散其脅從。中果能擒斬首惡來獻者，非惟特免其罪，仍照賞格敘功。不得輕蹈覆轍，任其陽順陰逆，反爲後患。

一、厚酬功。臣等議得，重賞之下，必有勇夫。功賞委當從厚，以勵人心。所據賞格，既該兵部咨議前來，俱已停妥，合無斟酌先後事例，聽劉燾出榜曉諭廣東、福建二省。不分官兵、軍民及黨與，但能海上斬獲巨寇曾一本、林道乾首級者，賞銀一千兩，仍升實授二級；生擒者賞銀三千兩，仍升實授四級。與賊對敵，擒從賊一名，賞銀四兩；斬首一顆，賞銀二兩；衝鋒，雖無首級，奪獲一船，賞銀一百兩。其陸續擒斬，止照舊例升賞。

一、儲人材。臣等議得，天生一世之材，自足一世之用，原無取材異代之理。但奉旨所舉各官，中間議論多有未一。除才力可用、未及推補，或負有鉅材、曾經論劾者，本部置立儲材文簿一扇，先行開注外。合無仍行兩京九卿堂上官、兩京科道官并在外撫按等官，人各一疏，將前日所薦未盡者，不問資格崇卑，或所屬，或不係所屬，如果真知其賢，較量南北，文書到日，限一月以裏坐名奏薦。雖親故、讎嫌，俱不許引避，但期得人以備朝廷任使而已。至於素閑將略、可備緩急之材尤爲難得，果有其人，雖操履少疵，衆議紛紜，亦許破格疏薦。

覆監察御史張問明薦原任尚書吕光洵酌用疏

題：爲遠方任事撫臣誤中人言，懇乞聖明亟賜起用，以勵臣工，以定國是事。文選清吏司案呈，奉本部送，吏科抄出，山東道監察御史張問明題，奉聖旨："吏部知道。"欽此。欽遵，抄出送司，案呈到部。

看得山東道監察御史張問明題稱，要將原任巡撫雲南、贊理軍務、兵部尚書兼都察院右都御史吕光洵亟賜起用一節。爲照雲南巡撫二十年來更置數人，盡爲總兵劫持，紀綱大壞。尚書吕光洵自入地方，即以興廢舉墜爲己任，百凡注措，悉中機宜，夷酋既已革心，權貴不覺斂手，乃卒爲其中傷，滇人至今思之。御史張問明巡歷彼中，博采輿情，故有此奏，相應依擬。合候命下，將吕光洵遇有相應員缺酌量起用。

隆慶二年十二月十六日題，奉聖旨："是。"欽此。

覆都給事中魏時亮等起用原任給事中石星疏

題：爲恭遇大祀，感激愚衷，敬獻祈天永命十札，裨睿采，飭臣工，以隆萬世治安事。文選清吏司案呈，奉本部送，吏科抄出，户科都給事中魏時亮等條陳十札内“納諫”一札，乞敕該部，要將原任給事中石星録用，節奉聖旨：“這所奏知道了。”欽此。隨該巡按直隸監察御史張櫝題，爲薦舉地方傑才，懇乞聖明亟賜召用，以廣忠益，以隆治化事等因，奉聖旨：“吏部知道。”欽此。欽遵，通抄送司，案呈到部。

看得原任吏科給事中、後爲民、今冠帶閑住石星，感奮清時，恭上封事，雖其所言不無過當，一念忠懇，似亦可亮。近該都給事中魏時亮等奏欲收録，仰蒙聖明垂鑒，亟賜温旨。御史張櫝適有薦星之疏，蓋張櫝巡按真定，正係石星原籍地方，足見本官被譴之後痛自循省，且才識可用，年力正强，委難終棄。合候命下，將石星遇有相應員缺聽本部酌量起用。

隆慶二年十二月十七日題，奉聖旨：“石星如何起用？都且不究。”欽此。

覆巡撫保定都御史温如璋等參知縣崔世俸等提問疏

題：爲亟斥貪縱有司，以肅吏治，以蘇民困事。考功清吏司案呈，奉本部送，吏科抄出，巡撫保定等府兼提督紫荆等關、都察院右僉都御史温如璋題。又該巡按直隸監察御史劉翾題，爲循例舉劾有司官員以飭吏治事；巡按直隸等處監察御史鍾繼英題，爲循例舉劾有司官員以昭勸懲事。俱奉聖旨：“吏部知道。”欽此。欽遵，通抄送司，案呈到部。

看得巡撫保定等府兼提督紫荆等關、都察院右僉都御史温如璋論劾肅寧縣知縣范愛、安平縣知縣崔世俸、深澤縣知縣宋之范、阜城縣知縣王臣各不職，乞要提問、罷斥、降調。巡按直隸監察御史劉翾論劾武清縣知縣今丁憂衛陽和、玉田縣知縣崔克智、深澤縣知縣宋之范、肅寧縣知縣范愛、阜城縣知縣王臣、容城縣知縣童思善、滄州知州楊府各不職，乞要罷斥、提問、降閑散、改教、調簡僻。巡按直隸等處監察御史鍾繼英論劾魚臺縣知縣宋璣、黄縣知縣張俊、肅寧縣知縣范愛、堂邑縣知縣孫達德、深澤縣知縣宋之范、齊東縣知縣喬飛鳳、商河縣知縣馬仲學各不職，乞要罷斥、降調、改教各一節。

爲照守令與民最親，貪殘誠宜亟處。但糾劾提問之例，固非嚴於畿内，寬於各省；不肖闒茸之官，亦非各省獨少，畿内獨多。順天、真定等處，自今歲考察以後，州縣正官節經論罷二十餘員，中間提問者亦多，較之各省，似有遠近疏數之殊，恐非廣大均平之體。即如論劾各官，内知縣范愛、宋之范，撫按所擬彼此互異。查其歷任未深，物議未甚，提問則情有可原，降調則才無足取。丁憂知縣衛陽和，在任方及五月，所據增税支剩之銀，原數不多。知縣崔世倖，蒞任亦僅一年，即有求索科罰之贓，事亦甚細。其餘與本部查訪大略相同，相應通行酌議。合候命下，將崔世倖、衛陽和、崔克智、宋機、張俊俱照貪例革職爲民，内崔克智仍行巡按御史提問具奏。宋之范、范愛俱照不謹例冠帶閑住。楊府、王臣、童思善、孫達德、喬飛鳳、馬仲學俱照不及例起送赴部，楊府量調簡僻，王臣、喬飛鳳改授教職，孫達德、童思善、馬仲學降閑散用。各員缺另行銓補。再照奉旨提問官員，一向多未完報，究竟其故，或官已離任，人卷難集；或事出風聞，贓證無據。遷延推避，漫無了期。非惟無以懲貪庇民，牽連詿誤，所傷益多。查得《憲綱》内一款，風憲官按臨去處，遇有貪污官員徑自拿問，五品以上具奏定奪。合無移咨都察院，申明前例，通行各該撫按官，務要各持大體，嚴糾官邪。除五品以上官員照舊奏請外，其餘貪酷顯著者徑自提問，贓私的實，然後參奏，一則法得明正，一則人無屈情，朝廷之立綱陳紀，憲臣之彰善癉惡，均有攸賴矣。

隆慶二年十二月二十日題，奉聖旨："是。崔世倖等俱革了職爲民，崔克智還着巡按御史提問具奏，宋之范、范愛閑住。今後貪酷暴著官員該提問的，都照《憲綱》行。"欽此。

覆宣大巡按御史燕儒宦論大同都御史朱笈留用疏

題：爲酌議更調撫臣，以保重鎮，以仰贊安攘事。文選清吏司案呈，奉本部送，吏科抄出，巡按直隸監察御史燕儒宦題，奉聖旨："吏部知道。"欽此。欽遵，抄出送司，案呈到部。

看得大同一鎮逼近豐州、威寧等處，外而虜勢益强，内而人心未定，比之别鎮，緩急不同。開府大臣固在於持鎮静之體，尤貴于有駕馭之材。頃因巡撫員缺，臣等會同九卿三品以上官，虚心評騭，咸謂見任寧夏巡撫都御史朱笈向在大同，蒞任雖淺，士心已孚，偶遭右衛之挫，衝鋒陷陣，原係總兵之職，巡撫止是贊理，以故破格推調，奉有欽依。今據御史燕儒宦所論，未嘗别有指摘，惟恐難以展布，殊爲有見。但總兵龔業一事，臣等先已慮及，即使盡係巡撫責任，律以兵家勝負之機、朝廷使過之義，亦當責其桑榆之效。伏望皇上嚴敕朱笈，令其遵奉新旨，作速前來，策勵供職。果能修攘有迹，自當久任責成。如無後效，另行議處。

隆慶二年十二月二十三日題，奉聖旨："朱笈着遵新命上緊赴任供職。"欽此。

議原任監察御史張敕升職致仕疏

題：爲循新例，遵明詔，薦舉境内人才，以廣聖恩事。驗封清吏司案呈，奉本部送，吏科抄出，巡按直隸監察御史劉翾奏薦原任四川道監察御史張敕，乞要旌進等因。奉聖旨："吏部知道。”欽此。欽遵，抄出送司。

本部議得，原任四川道監察御史、後爲民張敕，正色危言，臺端風裁尚在；直節勁氣，鄉評行誼甚高。既經巡按御史薦舉前來，合無先行復職。倘蒙賜允，容臣等查照引年進階致仕事例另行題請。本年正月二十七日奉聖旨：“是。”欽此。查得隆慶二年十月内，該本部題，原任兵科給事中傅佩、翰林院修撰余承勛俱准復原職。續查各官俱年七十以上，量升太常寺少卿職銜致仕等因。奉聖旨：“余承勛、傅佩俱升太常寺少卿致仕。”欽此。又查得御史該升太常寺少卿。今該前因，通查案呈到部。

看得原任四川道監察御史張敕，近蒙聖旨，准復原職，但見年七十之上，難以起用。既經該司查有余承勛等事例，相應題請。合候命下，將張勛量升太常寺少卿，容令致仕。臣等未敢定擬。

隆慶三年正月三十日題，奉聖旨：“張敕升太常寺少卿致仕。”欽此。

校勘記

〔一〕“爲”前，疑脱一“列”字。

蒲坂楊太宰獻納稿卷七

覆通政趙灼等自陳分别去留疏

少傅兼太子太傅、吏部尚書臣楊博等謹題：爲自陳不職，乞賜罷黜，以嚴考察事。考功清吏司案呈，奉本部送，吏科抄出，通政使司提督謄黄右通政趙灼、鴻臚寺卿李用敬、大理寺左少卿王諍、大理寺右少卿顧存仁、提督四夷館太常寺少卿武金、太常寺少卿陳瓚、尚寶司掌司事太常寺少卿李鑛、太僕寺少卿李際春、太僕寺少卿董堯封、順天府府丞何起鳴各奏，奉聖旨："吏部知道。"欽此。欽遵，通抄送司。

查得先該本部題奉欽依，兩京四品以上官員丁憂者不必自陳，本部徑自議擬，具奏定奪。今照丁憂官内太僕寺少卿高應芳有議，呈乞併處，案呈到部。

看得右通政趙灼，卿李用敬，少卿王諍、顧存仁、武金、陳瓚、李鑛、李際春，府丞何起鳴，行誼俱可，職業咸修。以上九臣似宜留用。少卿董堯封操持嚴謹，資性寬和，巡蘇松則注措失中，轉京堂則輿望未協。少卿高應芳行本長厚，年亦壯强，山東之流傳固難盡信，臺端之幹理殊未有聞。以上二臣似應議處。合無將趙灼等仍留供職，董堯封改調外任，高應芳候服闋之日降調外任。臣等未敢定擬。

隆慶三年二月十三日題，奉聖旨："趙灼等著照舊供職，董堯封調外任用，高應芳降一級調外任。"欽此。

覆查盤御史馬明謨劾副使唐九德等留用疏

題：爲舉刺方面官員以飭吏治事。考功清吏司案呈，奉本部送，吏科抄出，巡按江西等處監察御史馬明謨題。又該本官題，爲舉劾有司官員以昭勸懲事。俱奉聖旨："吏部知道。"欽此。欽遵，通抄送司。

查得副使于錦於隆慶二年十二月内已升陝西布政使司右參政，知縣黄守潛近該兩廣總督張瀚論劾，已經本部議覆不謹。通查案呈到部。

看得巡按江西監察御史馬明謨，論劾福建按察司副使唐九德，江西按察司副使于錦，福建福州府知府、今升江西按察司副使胡帛，廣東廉州府同知、今升益府右長史昌應會，江西吉安府通判朱朝用，福建建寧府通判申錡，廣西桂林府通判蔣奎，江西東鄉縣知縣胡麒，廣東定安縣知縣黄守潛，廣西桂平縣知縣方若坤，廣東潯州府通判周震，福建古田縣知縣楊存禮各不職，乞要罷斥、調降、改教各一節。除知縣黄守潛已經閑住，無容别議外。爲照副使唐九德，先任漳州府，正值多故之時，負才任事，極有聲稱。但率意操切，人因過疑其心；持己方嚴，似難并訾其守。即如疏中首論一事，本府同知鄧士元既以不謹去官，復以何辭挾制？彼亦何所顧忌而用此重賄乎？謗蓋生於怨口，議實得之風聞。副使于錦雖非揮霍之才，雅稱廉平之吏，指摘數事，似屬大過。先任知府、今升副使胡帛，素有才名，所論贓私頗多，難以中斷。知縣方若坤，先據撫按、司府考語，咸謂其以嚴致怨，操守無疵；近據本省進表、兩司册開，均稱其文學優長，操持耿介。以上四員若遽黜調，不無可惜。通判周震，先經本部查訪，官箴有玷，已轉審理，亦難再議降用。其餘俱與本部查訪相同，相應通行酌擬。合候命下，將昌應會、朱朝用、申錡、蔣奎、胡麒、周震俱照不謹例行令冠帶閑住，楊存禮照不及例起送赴部，改授教職。胡帛先行革任回籍，仍將被論贓迹轉行福建撫按官，從公查勘，有無作速具奏。唐九德、于錦、方若坤容令策勵供職，以責後效。

隆慶三年二月十六日題，奉聖旨：“昌應會等革了職閑住，楊存禮改用，胡帛革任回籍聽勘，唐九德等著策勵供職。”欽此。

覆都給事中鄭大經論御史譚啓等舉劾異同疏

題：爲舉刺方面官員以昭勸懲事。考功清吏司案呈，奉本部送，吏科抄出，巡按浙江監察御史譚啓題。又該本官題，爲舉劾有司官員以明勸懲事。又該吏科都給事中鄭大經等題，爲憲臣職守不殊，舉劾互異，懇乞核實以昭定論事。俱奉聖旨：“吏部知道。”欽此。欽遵，通抄送司。

查得總督南京糧儲、都察院右僉都御史游震得一本，爲薦舉賢能方面官員以飭儲政事，内開浙江布政使司左布政使郭朝賓，老成清重，樸茂貞純。賢智不以先人，允得大臣之度；渾厚寔能容物，尤殫鑒别之明。雖帶管曾未多時，而文移自無滯務。豈獨南儲之是賴，式占大受之攸宜。廉勤公謹，有裨儲政，所當薦揚者也。又一本，爲公舉劾以飭儲政事，内開常州府知府許嶽，儀度貞清，風猷英發。經盤錯而操執彌堅，值衝繁而紀綱畢舉。賢能盡職，賦税如期，所當薦揚者也。又查得吏科條陳弛異同之禁，該本部議覆，今後撫按官論劾到部，惟覈當否，不責異同。又查得御史譚啓於隆慶三年二月内已升雲南僉事，推官陳文焕隆慶二年七月内升刑部福建司主事。通查案呈到部。

看得巡按浙江監察御史譚啓論劾浙江布政司左布政使郭朝賓、紹興府推官陳文焕，各事體乖違，乞要罰治。直隸常州府知府許嶽才識庸劣，乞要降調。及據吏科都給事中鄭大經等題稱，御史譚啓與總督糧儲都御史游震得各舉劾布政使郭朝賓、知府許嶽互有異同，乞要查覈當否，量加罰治。嗣後舉劾果有甚不諧于公評者，仍照原行事例别議示創各一節。爲照憲臣糾劾之體，固當各照職事，不得泛及其他，尤當論人大節，不宜搜求其細。布政使郭朝賓、知府許嶽查據節年考語，參之輿論，咸謂職守無虧，所據都御史游震得保舉之詞，似爲得當。而御史譚啓所論郭朝賓及陳文焕拘泥成案，一概催徵，原與官守無疵。其論許嶽寬免吏罪，稽遲解銀，似亦搜求太過，遽議罰治降調，殊非事體。合無將郭朝賓、陳文焕俱令照舊供職，許嶽行令策勵供職，以責後效。御史譚啓前後糾劾固多不諧公論，該科欲要量加罰治，亦不爲過。但本官職司耳目，且已經外補，合無俯從寬宥，惟復別有定奪。再照《憲綱》所載，風憲官舉劾不當，以失職論。若私搜求細事及糾言不實者抵罪，凡以重事權、飭吏治也。乃今該科欲要慎重舉刺以持大體，尤爲有見。合候命下，移咨都察院申明前例，通行各處撫按衙門，一體遵照施行。

隆慶三年二月十九日題，奉聖旨："是。"欽此。

覆監察御史王原相論都御史温如璋調用疏

題：爲憸惡撫臣心行污穢，蹤迹邪昧，乞賜斥逐以除奸黨事。考功清吏司案呈，奉本部送，吏科抄出，南京河南道監察御史王原相奏，奉聖旨："吏部知道。"欽此。欽遵，抄出送司，案呈到部。

看得南京河南道監察御史王原相論劾巡撫保定等府兼提督紫荆等關、都察院右僉都御史温如璋不職，欲要罷黜一節。爲照本官原係護衛之人，方伊庶人作孽之時，其家受禍甚慘，乃今謂其爲伊過付，難服其心。其餘事情，亦多出於風聞之議。但向來止以資序轉官，輿望未協，即今大計群吏，正屬自陳之時，相應照例議處。合候命下，將温如璋改調外任，遺下員缺會官推補。臣等未敢定擬。

隆慶三年二月二十二日題，奉聖旨："是。温如璋着調外任用。"欽此。

覆山東巡撫都御史姜廷頤等勘明知府宋豫卿照舊供職疏

題：爲憲臣一時舉劾互異，懇乞查覈，以昭公論，以一政體事。考功清吏司案呈，奉本部送，吏科抄出，巡撫山東等處地方兼督理營田、都察院右副都御史姜廷頤，巡按山東監察御史羅鳳翔題，俱奉聖旨："吏部知道。"欽此。欽遵，抄出送司。

查得先該吏科都給事中鄭大經等題稱，御史鍾繼英、趙岩舉劾山東東昌府知府宋豫卿互相有異，乞要查覈當否，量行罰治。該本部看得，知府宋豫卿性本方直，人疑其傲；事持大體，人病其疏。其失銀、脱獄事固有因，而人品操持似無可議。今據二臣舉刺之詞，臧否懸絶，難以中斷。既經該科糾正前來，合候命下，移咨都察院，轉行山東撫按官，一面行令宋豫卿照舊管事，一面將本官被論贓迹逐一查勘，有無的確，徑自回奏。其二臣舉刺當否，應否罰治，候勘至之日另行奏請定奪。又查得御史趙岩於隆慶三年二月内已升湖廣按察司僉事。通查案呈到部。

看得巡撫山東等處地方兼督理營田、都察院右副都御史姜廷頤，巡按山東監察御史羅鳳翔會題，東昌府知府宋豫卿被論各起事情俱查明無礙，惟失銀一項，支借還補不一，稽查久之始明。本官心迹固無疵議，而疏虞那移之罪自不能免。及稱御史鍾繼英專歷一方，以考察爲重；趙岩兼巡五省，以錢糧爲重。一舉一劾，各就所聞，第於大同大公之道不爲少間，乞要覆議一節。爲照論人當觀大節，論事當持大體。所據知府宋豫卿被論各項事情既經查明，則其操持大節果無可疵，御史鍾繼英之薦舉已得其當，而御史趙岩之論劾大爽其真，該科原議欲行罰治示戒，誠不爲過。但失銀一項那借有迹，在宋豫卿未能無致議之由，在趙岩亦止是風聞之誤，況今業已外補，似亦不必深究。合無將趙岩姑免罰治，宋豫卿行令策勵供職。臣等未敢定擬。

隆慶三年三月初二日題，奉聖旨："是。"欽此。

覆通政海瑞等自陳分別去留疏

題：爲自陳不職，乞賜罷斥，以嚴考察事。考功清吏司案呈，奉本部送，吏科抄出，南京通政司右通政海瑞、南京鴻臚寺卿史朝賓、南京太常寺少卿劉一儒、南京太僕寺少卿朱天球各奏，奉聖旨："吏部知道。"欽此。欽遵，抄出送司，案呈到部。

看得南京通政使司右通政海瑞、南京鴻臚寺卿史朝賓、南京太常寺少卿劉一儒，品格既高，才識兼裕，均當留用。南京太僕寺少卿朱天球，操持克謹，年力正强。但督學東土未見成章，向來不次之轉，輿望未協，似當酌處。合無將海瑞、史朝賓、劉一儒令其照舊供職，朱天球改調外任。臣等未敢定擬。

隆慶三年三月初四日題，奉聖旨："海瑞等著照舊供職，朱天球調外任。"欽此。

覆科道官鄭大經等劾侍郎洪朝選奏辯革職疏

題：爲被劾大臣違例妄辯，懇乞聖明究治，以肅法紀，以儆臣工事。考功清吏司案呈，奉本部送，吏科抄出，吏科都給事中鄭大經等、河南道監察御史郝傑各題，俱奉聖旨："吏部知道。"欽此。欽遵，通抄送司，案呈到部。

看得吏科都給事中鄭大經等、河南道監察御史郝傑各參稱，原任刑部侍郎、今致仕洪朝選違例妄辯，乞要重究爲民一節。爲照本官平日徒勤講學之功，臨事全無克己之實。瑣瑣歸咎屬吏，固難律以庶官奏辯之條；悻悻見於面顔，殊有失乎大臣進退之義。既經科道官交章參論前來，相應究處。合候命下，將洪朝選革去職級，姑令冠帶閑住，以爲妄肆攻訐者之戒。臣等未敢定擬。

隆慶三年三月初五日題，奉聖旨："是。洪朝選著閑住。"欽此。

覆山西屯鹽都御史凌儒自陳閑住疏

題：爲自陳不職，乞賜罷斥，以嚴考察事。考功清吏司案呈，奉本部送，吏科抄出，原任總理山西等處屯鹽、都察院右僉都御史、今聽補凌儒奏，奉聖旨："吏部知道。"欽此。欽遵，抄出送司，案呈到部。

看得原任總理山西等處屯鹽、都察院右僉都御史、今裁革聽補凌儒自陳不職，乞要罷斥一節。爲照本官筮仕而令永豐，依附權門，大逞溪壑之欲；用賄而得臺察，奔趨捷徑，不勝壟斷之心。雖有小人之才，難厠大臣之列。既經自陳，相應議黜。合候命下，將凌儒革職閑住。但憲臣去留出自朝廷，臣等未敢定擬。

隆慶三年三月初八日題，奉聖旨："凌儒着閑住。"欽此。

覆户部侍郎譚大初乞休留用疏

題：爲老病不能供職，三懇天恩容令休致事。考功清吏司案呈，奉本部送，吏科抄出，總督倉場、户部左侍郎譚大初奏，奉聖旨："吏部知道。"欽此。欽遵，抄出送司。

案查先該本官二次具奏休致，俱將奏詞立案，移咨行令本官照舊供職去後。今又再奏前因，案呈到部。

看得總督倉場、户部左侍郎譚大初奏稱老病不能供職，乞要休致一節。爲照本官始以清望起用，洊登卿貳。頃者總督倉場，剗奸革弊，輿論翕然。乃今止以家遠子幼懇求謝政，揆以公爾忘私之義，似爲未盡。所據奏詞雖已至再至三，臣等寔不敢輕擬。合候命下，行令譚大初在任調理，痊可即出供職，不得堅執懇陳，致乖大義。

隆慶三年三月初九日題，奉聖旨："譚大初准在任調理，痊可即出供職。"欽此。

覆宣大巡按御史燕儒宦劾都御史劉祐詐病褫職疏

題：爲撫臣詐病淫縱，負國欺君，懇乞聖明亟賜罷斥，以警不忠，以勵人心事。考功清吏司案呈，奉本部送，吏科抄出，巡按直隸監察御史燕儒宦題，奉聖旨："吏部知道。"欽此。欽遵，抄出送司。

案查隆慶二年十二月内，先爲秋防事竣，酌議督撫諸臣，以欽承明詔事，該兵科都給事中張鹵等論劾大同巡撫都御史劉祐不職緣由，該本部等部會題，節奉聖旨："劉祐依擬回籍聽用。"欽此。欽遵。今該前因，案呈到部。

看得巡按直隸監察御史燕儒宦參論巡撫大同、都察院右僉都御史劉祐詐疾淫縱，乞要罷斥一節。爲照本官先被該科論列，已經覆奉欽依，革任聽用。今據御史劾其納部民之女爲妾，則是荒淫詐病，明於官守行檢有礙，風紀重地，似難再留。合候命下，將劉祐革職閑住，交代畢日方許離任。及照國家之事莫重於邊鎮，人臣之罪莫大於避難。頃見各邊督撫一遇艱危，輒多稱病，既無赤心報稱之忠，尤非鞠躬盡瘁之義。甚至兩京部院大臣亦往往引疾爲詞，不思顯頎之秩、豐厚之禄、光裕之寵平日安然受之，望望而去，是何心也？合無今後各邊總督、巡撫、兵備等官，有疾不許自奏，如果是實，巡按御史勘明轉奏。若有托詐情弊，聽巡按御史從重參究。其兩京三品以上官告病，必是十分危急，本部方與具由上請，不得一概題覆，致乖大義。

隆慶三年三月十一日題，奉聖旨："劉祐着冠帶閑住。人臣之義，當委身以徇國。今後各邊督撫官如有托疾避難的，該科及各巡按御史即便參奏處治。其兩京部院大臣告病者，你部裏亦要查勘的實，不許一概題覆，致乖大義。”欽此。

覆江西巡按御史顧廷對參主事楊枏勘問疏

題：爲部臣貪縱不檢，府官抗暴無度，懇乞天恩併行處究，以肅官常事。考功清吏司案呈，奉本部送，吏科抄出，巡按江西監察御史顧廷對題，奉聖旨：“吏部知道。”欽此。欽遵，抄出送司，案呈到部。

看得巡按江西監察御史顧廷對論劾户部主事楊枏，欲要勘問，通判郭希泰欲要調用，及要將鈔關主事停差，委官管收各一節。爲照主事楊枏，先該本部訪有物議，已經考察閑住。今照御史所劾侵匿税銀，以船計之，約有數萬，大可駭異，必須行勘的實，方可明正其法。通判郭希泰原因争禮，輒敢懷私。聚衆而擅搜該關之庫，决裂紀綱；逞憤而拿問部使之人，倒置冠履。專敕既已故違，量調未盡其罪。所據巡按御史論列前因，相應議擬。合候命下，移咨都察院，轉行江西撫按衙門，會同户部接差主事，提吊該關人卷文簿到官，逐一從公查審。如果奏内税銀的係楊枏侵盗，别無屈枉，從實會奏，聽本部轉行雲南巡按御史，將本犯提解來京，押送法司，問擬追贓，以爲部臣貪縱不職者之戒。一面查究通判郭希泰，主事果有侵盗，止合申呈撫按衙門會本具奏，緣何引領衆役搜庫拿人，蕩無法紀，先行住俸，革去冠帶，不許管事，通候勘明之日一併奏請，重加處置。及照天下之事有治人，無治法。今以楊枏之貪，即欲不用部官，專用委官，不知部官未必皆不賢，委官未必皆賢。即使委官一一皆賢，亦非祖宗設官之初制。以臣等愚見，止宜救弊補偏，慎選郎吏，不當懲羹因噎，變易舊章。但係户、工二部職掌，臣等難以輕議。伏乞敕下二部掌印官，備將各鈔關事理酌處停當，徑自奏請施行。

隆慶三年三月二十五日題，奉聖旨："是。"欽此。

議原任户部侍郎孫禬贈官疏

題：爲比例陳情，懇乞天恩，俯賜贈謚祭葬恤典，以光泉壤事。驗封清吏司案呈，奉本部送，准禮部咨送，原任户部左侍郎孫禬贈官緣由到部。

查得嘉靖二十四年六月内，該原任吏部右侍郎歐陽鐸男歐陽獻奏稱，伊父歷官前職，致仕病故，乞要贈官。該本部覆奉世宗皇帝聖旨："歐陽鐸贈工部尚書。"欽此。欽遵。今該前因，通查案呈到部。

看得禮部咨開原任户部左侍郎孫禬贈官一節。爲照本官褆身嚴謹，莅政公勤。始巡按後巡撫，於東遼大著休聲；三揖進一揖退，在中朝尤全令譽。雖有人言，無干清議。所據贈官既經該司查有事例，相應題請。臣等未敢擅便。

隆慶三年三月二十六日題，奉聖旨："孫禬贈工部尚書。"欽此。

覆巡撫南贛都御史張翀自陳留用疏

題：爲自陳不職，乞賜罷黜，以公考察事。考功清吏司案呈，奉本部送，吏科抄出，巡撫南贛汀韶等處地方、提督軍務、都察院右僉都御史張翀奏，奉聖旨："吏部知道。"欽此。欽遵，抄出送司，案呈到部。

看得巡撫南贛汀韶等處地方、提督軍務、都察院右僉都御史張翀自陳不職，乞要罷黜一節。爲照本官才長經略，行茂端方，三巢已成戡定之功，兩廣更賴夾持之力，雖經自陳，仍應留用。合候命下，行令張翀照舊供職。臣等未敢定擬。

隆慶三年四月初六日題，奉聖旨："張翀著照舊供職。"欽此。

覆江西巡按御史顧廷對劾布政張柱聽勘疏

題：爲藩臣貪黷無忌，迥乖素望，懇乞聖明亟賜罷斥，以飭官箴事。考功清吏司案呈，奉本部送，吏科抄出，巡按江西監察御史顧廷對題，奉聖旨："吏部知道。"欽此。欽遵，抄出送司，案呈到部。

看得巡按江西監察御史顧廷對劾稱，江西右布政使、今升河南左布政使張柱貪黷無忌，欲要罷斥一節。爲照本官揚歷中外，素稱清正。向遭伊庶人之横，挺然不屈，時論偉之。今據所劾贓私狼藉，何其不自愛惜，一至於此？必須行勘明實，以服其心，以正其法。合候命下，一面將張柱行令回籍聽勘，員缺即行推補；一面移咨都察院，轉行江西巡撫都御史，會同巡按御史，通將奏内人卷提吊到官，逐一查究。如果是實，會本具奏，不止罷黜，仍當照例究治，以示懲戒。若係過於嚴刻，致生謗議，亦要虚心辯理，不得拘於成案。

隆慶三年四月初八日題，奉聖旨："是。"欽此。

議原任户部尚書李士翺等贈官疏

題：爲再議應加恤典諸臣以完明詔等事。驗封清吏司案呈，奉本部送，准禮部咨，送尚書等官李士翺等贈官緣由，到部送司，案呈到部。

看得户部尚書李士翺、兵部左侍郎劉源清、都察院右副都御史雒昂，服官邊腹雖異，共懷不貳之心；涖事夷險匆同，均抱無雙之節。撫按奏薦已明，禮部揚確更的。所據贈官，既經該司查例明白，相應題請。臣等未敢定擬。

隆慶三年四月初八日題，奉聖旨："李士翺等贈官俱依擬。"欽此。

計開：

原任户部尚書李士翺擬贈太子少保；

原任兵部左侍郎劉源清擬贈兵部尚書；

原任都察院右副都御史雒昂擬贈户部右侍郎。

覆吏部侍郎林樹聲養疾疏

題：爲力疾赴任，中途增劇，不能前進事。考功清吏司案呈，奉本部送，吏科抄出，總督漕運兼提督軍務、巡撫鳳陽等處地方、都察院左副都御史方廉題，奉聖旨："吏部知道。"欽此。欽遵。又該吏部右侍郎林樹聲奏，爲中途患病，十分危篤，不能赴任，再乞天恩容令休致事，奉聖旨："吏部知道。"欽此。欽遵，通抄送司。

案查先該吏部右侍郎林樹聲奏，該本部覆題，奉聖旨："林樹聲着疾痊可速來供職。"欽此。又該本官奏，該本部覆題，奉聖旨："林樹聲着上緊前來供職。"欽此。俱經備咨欽遵去後。今該前因，案呈到部。

看得總督漕運兼提督軍務、巡撫鳳陽等處地方、都察院左副都御史方廉題稱，吏部右侍郎林樹聲力疾赴任，中途增劇，乞容回籍調理，及本官自奏患病，乞要休致各一節。爲照右侍郎林樹聲力疾就道，再疏陳乞，情極懇切。既經巡撫官具奏前來，相應准理；但年華方逾六帙，文行卓冠群倫，遽欲休致，不無可惜。合候命下，行令本官回籍調理，痊可之日，本處撫按官具奏起用。

隆慶三年四月初九日題，奉聖旨："林樹聲准回籍調理。"欽此。

覆右給事中光懋條陳端士習疏

題：爲效愚忠，敷陳末議，以仰禆聖治事。文選清吏司案呈，奉本部送，吏科抄出，刑科右給事中光懋題，奉聖旨："該部知道。"欽此。欽遵，抄出送司，案呈到部。

看得右給事中光懋條陳"端士習"一款，大率謂明興以來，上無異教，下無異學。近歲乃有厭煩就簡，高自標致，一物不究，援儒歸釋，築墻開牖，引類呼朋，驥附木托，陰爲捷徑。在廷臣工已見改圖，在外之臣猶襲舊風。乞要嚴考課以責實政，重經術以定趨向各一節。爲照道若大路，學貴力行，豈容徒騁虚詞，全無實踐，雜以勢利之私，尤非道義之正。兩京臣工前時果有此風，仰賴聖明在上，敦本尚實，以故自靖自獻，靡然向化。但在外之臣未盡革心，猶有倡爲妙悟之説，流於禪寂之歸，甚至大盗附名以脱罪，白丁托庇以進身。壞之於家，難以效於天子之庭；納之於邪，何以望其名賢之業？風俗紀綱，關係不淺，誠如該科所論，相應釐正。合候命下，今後中外官員果有專事空談、不修實政者，聽吏部倶署下考。禮部仍行會試鄉試考官并提學官，士子但有上悖六經《語》《孟》之旨，下排濂洛、關閩之説者，不得收之科目，列之貢廩。如敢謬以異論刊刻成書，惑世誣民，尤爲正道之蠹，仍照祖宗朝事例，重加懲創，以示後戒。

隆慶三年四月十一日題，奉聖旨："是。"欽此。

覆禮部侍郎萬士和不當改南疏

題：爲衰才忝職，懇乞聖明簡别任使事。文選清吏司案呈，奉本部送，吏科抄出，禮部左侍郎萬士和奏，奉聖旨："吏部知道。"欽此。欽遵，抄出送司，案呈到部。

看得禮部左侍郎萬士和自求改南，推讓原任吏部左侍郎潘晟堪補其缺一節。除潘晟另行議用外。爲照本官讀書中秘，揚歷外藩，學行既優，政事亦練。向自提督倉場改貳禮部，輿論允協，乃今忽有此奏，難以准理。合候命下，行令萬士和照舊供職，不得再陳，以煩聖聽。

隆慶三年四月十一日題，奉聖旨："萬士和着照舊供職。"欽此。

覆南京兵部尚書劉采引年留用疏

題：爲因疾曠職，循例引年，以全晚節，以保餘生事。考功清吏司案呈，奉本部送，吏科抄出，參贊機務、南京兵部尚書劉采奏，奉聖旨："吏部知道。"欽此。欽遵，抄出送司，案呈到部。

看得參贊機務、南京兵部尚書劉采循例引年，乞要致仕一節。爲照本官資性端淳，注措詳敏。自筮仕州牧，至今四十餘年，清苦之操，真如一日。雖稱七十，精力未減，時方求舊，難以聽其休致。合候命下，行令劉采照舊供職，以答簡眷。但大臣進退出自朝廷。

隆慶三年四月十二日題，奉聖旨："劉采老成端謹，精力未衰，着照舊供職。"欽此。

覆給事中駱問禮奏卿張登高加職疏

題：爲懇乞聖明責忠勤，肆優暇，以勵臣節事。考功清吏司案呈，奉本部送，吏科抄出，南京刑科給事中駱問禮奏，奉聖旨："吏部知道。"欽此。欽遵，抄出送司，案呈到部。

看得南京刑科給事中駱問禮具奏前因，大率欲要將致仕南京尚寶司卿張登高加銜各一節。爲照原任南京尚寶司卿張登高，今據其衰殘之狀，固應謝政；追録其謇謇之忠，委當晋官。既經南京該科具奏前來，相應依擬。合候命下，將張登高升授太常寺少卿，照舊致仕。臣等未敢定擬。

隆慶三年四月十二日題，奉聖旨："張登高准升太常寺少卿致仕。"欽此。

覆南京科道官張應治等劾侍郎洪朝選妄辯疏

題：爲杜私謗，植公論，以嚴察典，以端士風事。考功清吏司案呈，奉本部送，吏科抄出，南京户科等科給事中張應治等、南京江西等道試監察御史潘允哲等各奏，奉聖旨："吏部知道。"欽此。欽遵，通抄送司。

查得隆慶三年三月内，該科道等官鄭大經等參論原任刑部左侍郎洪朝選違例妄辯，已該本部覆奉聖旨："是。洪朝選着閑住。"欽此。今該前因，案呈到部。

看得南京户科等科給事中張應治等、南京江西等道試監察御史潘允哲等各參劾侍郎洪朝選妄辯緣由，張應治等又稱士習大壞，官方欠端，乞要被論官員不許挾讎傾陷各一節。爲照侍郎洪朝選動稱道義，久假時名，一被彈劾，盡露本相。不惟下犯公評，抑且上干法典。但已奉欽依閑住，無容再議。至於考察被論官員不自引咎，紛紛奏辯，搦管投牒，有同聚訟，委於明例有違、士風有玷，相應通行禁革。合候命下，今後大小臣工，言官已經論列之後，未奉朝廷處分之前，仍有暗造飛語、希圖傾陷，明具奏牘、覬望保全者，即係寡廉鮮耻、裂綱凌紀之徒，部院與科道官各加參論，照例奏請處治，以示懲戒。

隆慶三年四月十四日題，奉聖旨："是。"欽此。

覆南京巡倉御史張啓元薦提問知府衛東楚等疏

題：爲循例舉劾有司官員以昭勸懲事。考功清吏司案呈，奉本部送，吏科抄出，巡按直隸監察御史張啓元題，奉聖旨："吏部知道。"欽此。欽遵，抄出送司。

查得知府衛東楚、知縣張憲翔、原任知縣今升工部主事謝師嚴，先該巡按浙江監察御史譚啓論劾，俱經本部覆奉欽依，將衛東楚革職，張憲翔提問，俱行廬鳳巡按御史王友賢提問；謝師嚴革職，行蘇松巡按御史温如玉提問去後。今該前因，通查案呈到案〔一〕。

看得巡按直隸監察御史張啓元舉稱原任揚州府知府、今聽問衛東楚，原任武進縣知縣、今聽問謝師嚴，原任五河縣知縣、今聽問張憲翔，乞要勘明録用一節。爲照知府衛東楚，知縣謝師嚴、張憲翔久在地方，屢經旌薦，才猷均有可稱，操持未聞有議。自御史譚啓論劾以來，不止本處官寮士民極口稱屈，雖同時觀風之臣亦皆相顧駭愕，莫知所自。乃今御史張啓元獨能不避異同，爲之辯白，至謂直方取忤以致風聞，乃被劾之由。公論既已昭明，成案自難拘泥，相應催行勘處。合候命下，備咨都察院，轉行各該巡按御史，將衛東楚等原勘事情作速勘明。文書到日，限一月以裏連人起送赴部，以憑覆奏定奪。

隆慶三年四月二十一日題，奉聖旨："是。"欽此。

覆南京工部尚書林雲同引年留用疏

題：爲衰老不堪供職，循例引年，乞恩休致事。考功清吏司案呈，奉本部送，吏科抄出，南京工部尚書林雲同奏，奉聖旨："吏部知道。"欽此。欽遵，抄出送司，案呈到部。

看得南京工部尚書林雲同奏稱循例引年，乞要休致一節。爲照本官氣度端凝，操持廉正，方與尚書劉采同以耆舊并美留都，雖當引年之期，精力爽健，難以聽其休致。合候命下，行令林雲同照舊供職。但大臣進退出自朝廷，臣等未敢定擬。

隆慶三年四月二十六日題，奉聖旨："林雲同老成端慎，年力未衰，着照舊供職。"欽此。

覆監察御史劉翾條陳考選科道事宜疏

題：爲條議選授事宜，以掄真才，以贊聖治事。文選清吏司案呈，奉本部送，吏科抄出，河南道監察御史劉翾題，奉聖旨："吏部知道。"欽此。欽遵，抄出送司。

查得近該吏科都給事中鄭大經題，爲懇乞遵例選補六科員缺以備侍從等事。又准都察院咨，爲選補風憲官員以備差遣事。隨該本部題奉欽依，行取在外推官、知縣等官，與在京行人、博士、中書舍人、國子監官相兼選用去後。今該前因，查呈到部。

看得河南道監察御史劉翾條陳五事，合就開立前件，議擬上請定奪。

隆慶三年五月初二日題，奉聖旨："依擬行。"欽此。

計開：

一、申嚴課糧之額。前件，臣等看得，行取知縣，關送户部稽查錢糧，原係先今題准事例。但先年行之甚嚴，即如薛宗鎧者，已選禮科，又復發回原縣催徵，以故人心知警，公儲告完。邇來隨查隨回，竟成故事，御史所言深切時弊。合無備咨户部，查有錢糧未完者，行撫按官，務候追徵完日方許起送。司府各官不遵明例，相爲容隱，聽撫按官查實參究。果係水旱殘傷，奉詔蠲免，亦要查覈明報，以憑議處。

一、斟酌繁簡之差。前件，臣等看得，地方有繁簡，則注措有難易，委難概論。合無依其所議，候各官到部之日，會同該院，查照本部刊刻書册逐一詳覈，繁難而稱職者即列上考，簡僻而卓異者方列上考，稱量權度，以均勞逸，以愜人心。

一、覈實素考之案。前件，臣等看得，知人不易，聽言最難。節年行取官員，始而據其薦詞、考語，終而試以身言、書判，本有易簡之道。若使聽信密揭、流言，輒爲軒輊，則是朝廷耳目之任反中險人胸臆之私，臣等久已痛絶，正與御史所見相同。合無如其所擬，以後考選之時會同該院益加詳審，以求至當。

一、辯别限年之例。前件，臣等看得，欲求事君而先欺君，古之名賢深以爲耻。减年之弊，嘉靖初年絶少。自倖進之門一啓，其風始熾，延至今日，尚亦未盡止息。合無候各官行取到日，本部查其年有增减者，非惟不許與選，仍行劣處，以示懲戒。至於限年之制，祖宗蓋有深意，照舊遵行，不宜輕改。

一、調停器使之宜。前件，臣等看得，科道兩衙門均爲朝廷耳目之官，因材授任，原無低昂。合無候各官行取到日，照舊給事中本部自行考選，御史會同都察院考選，悉如御史所擬，不論原取名次先後，詳加評品。某宜於科，某宜於道，務求各當其材。但選擇雖慎，亦難必其一一稱職。廉其舉措，隨宜外轉，仍照本部舊例施行。

議原任郎中岳倫贈官疏

題：爲懇乞録遺忠以勵臣節事。驗封清吏司案呈，奉本部送，准禮部咨送，巡撫宣府等處地方、贊理軍務、都察院右僉都御史王遴奏，要將原任工部屯田司郎中岳倫恤録等因。該本部看得，本官孤忠憤激，屢上封章。首諫南巡，備歷南冠之苦；挺生北塞，允爲北土之英。但終斃牖下，查與原題次等事例相合。既經巡撫官具奏前來，相應復其原職。所有贈官另行題請等因。題奉聖旨：“是。岳倫准復原職。”欽此。欽遵。查得郎中該贈太常寺少卿。案呈到部。

看得本官贈官既經奉有欽依，相應照例題請。臣等未敢擅便。

隆慶三年五月初六日題，奉聖旨："岳倫准贈太常寺少卿。"欽此。

覆貴州巡按御史王時舉劾僉事周以魯等去留疏

題：爲道府官員心迹欠明，懇乞聖明勘處，以昭勸懲事。考功清吏司案呈，奉本部送，吏科抄出，巡按貴州監察御史王時舉題，奉聖旨："吏部知道。"欽此。欽遵，抄出送司，案呈到部。

看得巡按貴州監察御史王時舉具題前因，大率謂道府官員心迹欠明，欲要將僉事周以魯降用，知府何維回籍聽勘一節。爲照僉事周以魯年力衰遲，才識庸暗，今春京考之時嘖嘖有議，已在姑留之數。乃今心術險仄，應對反覆，志不飭己，意欲陷人，難以准其降用。知府何維久牧邊府，屢列薦揚。即如打死一十七命，僉事自言止是風聞，明係裝誣，既無姓名，有何可勘，亦難令其回籍。相應通行議擬。合候命下，將周以魯行令閑住，何維照舊在彼用心供職，以保終譽。

隆慶三年五月初十日題，奉聖旨："是。周以魯着閑住。"欽此。

申救原任監察御史詹仰庇疏

題：爲臺臣愚戇不諳事體，懇乞俯賜矜宥，以隆聖治事。仰惟皇上臨御以來，每遇言官敷奏，留神省覽，輒賜允行。即使言未當理，亦下部院看詳。堯之疇咨、舜之明目再見今日，臣等躬逢其盛，何勝慶忭！昨者御史詹仰庇偶上封事，致干天怒，一時臣工相顧驚愕。連日披閱奏抄，始知再照之説果屬狂謬。海濱書生，學淺識疏，意圓語滯，心雖可亮，其事本可罪也。但惟天下之否泰係於言路之通塞，言路通則小往大來而爲泰，言路不通則大往小來而爲否。自昔臺諫未必皆賢，所言未必皆當，然必假之顔色，優之獎賞，無非廣視聽、决壅蔽，于以傾否保泰云爾。仰庇一介之微，進退死生，何足爲惜，但恐此後諸臣以言爲諱，儻有大政舛錯、大奸潛伏，誰復披瀝陳之？保身持禄，雖人臣之利；蠹民害治，非社稷之福也。臣等待罪股肱，受恩深重，不敢不效惓惓之愚。伏望皇明特垂鑒察，將詹仰庇量復一官。萬一不死，容其滌慮洗心，以昭日月照臨之明，以彰天地包含之量。仍乞明諭兩京科道官，有見必言，有言必盡。言果可采，即當行之；言不可采，亦姑置之。務以名賢蹇諤爲期，毋以仰庇譴罰爲戒。將見人知上意所嚮，自當交相感奮，争效其一得之愚矣。臣等無任屏營懸切之至。

隆慶三年五月十四日會題，奉聖旨："知道了。該衙門知道。"欽此。

再議新建伯王守仁封爵疏

題：爲懇乞聖明再議世爵大典，以服人心，以重名器事。先該本部題，該南京廣東等道試監察御史傅寵等奏，奉聖旨："該部知道。"欽此。欽遵。該本部看得，新建伯王守仁世襲一事，始而江西撫按勘議，繼而府部科道會議，揆之公論，似亦允協。乃今南京十三道官復有此奏，係干賞延重典，臣等難以獨議。合無容臣等仍照前例會官議擬等因。奉聖旨："是。"欽此。欽遵。查得誠意伯劉基食禄七百石，乃太祖欽定，靖遠伯王驥一千石，新建伯王守仁一千石，係累朝欽定，多寡不同。今該前因。

臣等會同後軍都督府掌府事、太師兼太子太師、成國公臣朱希忠等，户部尚書臣劉體乾等議得，國朝封爵之典，論功有六，曰開國，曰靖難，曰禦胡，曰平番，曰征蠻，曰捕反，而守臣死綏、兵樞宣猷、督府剿寇咸不與焉。蓋六功者關社稷之重輕，係方輿之安危，自非茅土之封不足報之。至於死綏、宣猷、剿寇則皆一身一時之事，錫以錦衣之廕則可，概欲剖符則未可也。竊照新建伯王守仁，乃正德十四年親捕反賊宸濠之功。南昌、南贛等府雖同邦域，分土分民，各有專責，提募兵而平鄰賊，不可不謂之倡義；南康、九江等處首罹荼毒，且進且攻，人心摇動，以藩府而叛朝廷，不可不謂之勁敵。出其不意，故俘獻於旬月之間，若稍懷遲疑，則賊謀益審，將不知其所終；攻其必救，故績收乎萬全之略，若少有疏虞，則賊黨益繁，自難保其必濟。膚功本自無前，奇計可以範後。靖遠、威寧姑置不論，即如寧夏安化之變，比之江西，難易迥絶，游擊仇鉞于時得封咸寧伯，人無間言。同一藩服，同一捕反，何獨於新建而疑之乎？所據南京各道御史欲要改廕錦衣，似與報功之典未盡，激勸攸關，難以輕擬。合無將王守仁男已襲新建伯王正億不必議改，以後子孫仍照臣等先次會題明旨，許其世襲。但予奪出自朝廷，臣等未敢定擬。

隆慶三年五月十八日題，奉聖旨："王守仁封爵，你每既再議明白，准照舊世襲。"欽此。

覆吏部侍郎王本固乞休留用疏

題：爲多病不能供職，懇乞天恩，容令休致事。考功清吏司案呈，奉本部送，吏科抄出，吏部左侍郎王本固奏，奉聖旨："吏部知道。"欽此。欽遵，抄出送司，案呈到部。

看得本部左侍郎王本固奏稱多病不能供職，乞要致仕一節。爲照本官性資端雅，操履清嚴。年華及艾，正當服政之時；精力稱强，豈是懸車之日？所據奏乞前因，難以輕擬。合候命下，行令王本固在任調理，痊可之日即出供職。不得再陳，致煩天聽。

隆慶三年五月二十三日題，奉聖旨："王本固准暫調理。"欽此。

覆都御史龐尚鵬等議儲養邊材疏

題：爲儲養邊才以圖安攘實效事。文選清吏司案呈，奉本部送，吏科抄出，總理江北等處鹽法兼理九邊屯田、都察院右僉都御史龐尚鵬題，奉聖旨："吏部知道。"欽此。又該巡按直隸監察御史陳于階題，爲條陳邊方要務以責實效事，奉聖旨："該部知道。"欽此。欽遵，抄出送司，案呈到部。

看得總理江北等處鹽法兼理九邊屯田、都察院右僉都御史龐尚鵬，巡按直隸監察御史陳于階各奏稱前因，臣等反復二疏，總其大意，一則欲慎選邊才，預養於未用之先；一則欲久任邊臣，優處於有功之後。其義互發，其事相須，誠有資於用人圖治之計。但兵家之指非口説之難，而身親閱歷爲難，則是儲養邊才豈止當求之郎官，凡邊境之守令正佐皆宜預行掄選；邊疆之務固貴於下能任事，尤先於上能任人，則是優處邊臣不止當隆其爵秩，凡邊事之注措區畫皆當不從中覆。合候命下，本部查照近日題覆都給事中鄭大經所奏廣儲邊才之議，催行兩京堂上、科道官及各總督、撫按官，各將所知堪任邊方督撫、兵備、守令及異途中可作佐貳者，分别南北，不拘内外大小，不論親故仇嫌，略其細疵浮議，人各一疏，坐名奏薦，總候本部登記儲才文簿，隨宜推用。應調補者優處調補，如知縣則加五品職銜，知州則加四品服俸，以至知府以上，莫不皆然。各部寺郎官堪任邊郡邊道者，即資俸未及，量爲超次轉擢，大率視處腹裹之官務加優異。以後選擢兵科給事中、兵部司屬及都察院奏差邊關巡按御史，亦隨於曾歷邊事者取用，以備他日兵備、督撫之選。其各邊督撫、兵備等官防禦獻捷及三、六、九年考滿恩例，先經題奉欽依破格升廕，俱各查照施行。如督撫官果歷任年久，奏有開疆禦胡不世之功，照依先年靖遠伯王驥、威寧伯王越事例，特請封爵，以示激勸。

仍行兵部，備咨各邊督撫重臣，一切邊防戎務聽其便宜行事，不責小挫，不奪浮言，各宜悉心殫力，上副九重宵旰之懷，下慰群黎雲霓之望，方稱委任。

隆慶三年六月初三日題，奉聖旨："依擬行。"欽此。

覆巡撫浙江都御史谷中虚論推官陳一龍留用疏

題：爲議處理刑官員事。考功清吏司案呈，奉本部送，吏科抄出，提督軍務、巡撫浙江等處地方、都察院右副都御史谷中虚題，奉聖旨："吏部知道。"欽此。欽遵，抄出送司。

查得推官陳一龍於本年四月該本部題奉欽依行取去後。今該前因，案呈到部。

看得提督軍務、巡撫浙江等處地方、都察院右副都御史谷中虚題，要將金華府推官陳一龍調用一節。爲照推官陳一龍素稱執法，偶因署印東陽，繩惡過嚴，遂致頑梗之民譟呼稱變。横亂之風，漸不可長。既經巡撫官論奏前來，相應通行議處。合候命下，一面將陳一龍酌量調用，一面移咨都察院，轉行彼處撫按官，務將首惡擒置於法，發遣烟瘴地面，以示後戒，其餘脅從之人姑不深究。不得姑息容縱，效尤松、常童生之事，自壞綱紀。

隆慶三年六月初四日題，奉聖旨："是。"欽此。

議原任少卿夏良勝等贈官疏

題：爲再議應加恤典諸臣以完明詔事。該本部題，驗封清吏司案呈，奉本部送，准禮部咨送，巡撫江西等處地方兼理軍務、都察院右副都御史劉光濟，巡按江西監察御史顧廷對各題稱，原任南京太常寺少卿夏良勝、福建漳州府推官黄直，或以議禮，或以建言，大節均有可稱，嚴譴咸非其罪。既經江西撫按官查勘明確，會薦前來，相應題請。合無將夏良勝、黄直各先復其原職，贈官另行題請等因。奉聖旨："是。"欽此。欽遵，抄捧送司，案呈到部。

看得各官贈官既經奉有欽依，相應題請。臣等未敢擅便。

隆慶三年六月十四日題，奉聖旨："夏良勝、黄直贈官俱依擬。"欽此。

計開：

原任南京太常寺少卿夏良勝擬贈太常寺卿；

原任福建漳州府推官黄直擬贈光禄寺少卿。

覆户部尚書劉體乾等參主事熊養中等褫職疏

題：爲司屬貪污，請正法典，以肅官常事。考功清吏司案呈，奉本部送，吏科抄出，户部尚書劉體乾等題。又該巡按直隸監察御史王友賢題，爲貪鄙部臣大肆索騙，乞賜究斥，以重兑運，以安地方事。俱奉聖旨："吏部知道。"欽此。欽遵，通抄送司。

查得熊養中於隆慶三年四月内升户部廣西司署員外郎事主事，又查得楊枏考察，原以不謹冠帶閑住。今該前因，案呈到部。

看得户部尚書劉體乾等、巡按直隸監察御史王友賢，各參劾原任南直隸監兑、户部福建司主事，今升廣西司署員外郎事主事熊養中貪污不職，乞要查勘斥治，户部又追論主事楊枏各一節。爲照廉介當官之美行，廉耻士人之美節。二三年來，濁風頓息，清議大明，奔競之途已塞，納賄之迹絶少。詎意户部二主事不自愛惜，後先一轍。在楊枏則管鈔九江，搜括羡餘，盡入於私囊；在熊養中則監兑江北，指稱饋送，混入乎公費。蠅營罔利，視之堪憐；鼠伏乞哀，言之可耻。若不重加究治，誠恐中才之士渝行改節，益無忌憚，國體吏治，關係不輕，相應通行議擬。合候命下，將熊養中、楊柟先行革職爲民，仍咨都察院，一行巡撫鳳陽侍郎趙孔昭，會同巡按御史，將熊養中前項贜迹，一行巡撫江西都御史劉光濟，會同巡按御史并九江接管鈔關主事，將楊柟原勘贜私，文書到日，各限一月以裏勘明具奏，以憑提解來京，參送法司，問擬追贜，以示後戒。本部仍行户部，今後各關主事及各處監兑員外郎、主事，斟酌吏科都給事中鄭大經題准事理，事完回部之日，該部一體考察。果有貪迹顯著，如熊養中者，雖差尚未完，訪據的確，即行參革，選官更替。庶幾法既正而群心知警，官得人而百度自貞，舊章不必輕動，新政自爾改觀矣。

隆慶三年六月二十三日題，奉聖旨："是。熊養中、楊柟都革了職爲民，著各該撫按官作速勘明具奏。"欽此。

校勘記

〔一〕"案"，疑當作"部"。

蒲坂楊太宰獻納稿卷八

覆太僕寺卿顧存仁崇重寺丞體統疏

少傅兼太子太傅、吏部尚書臣楊博等謹題：爲明職掌，慎典守，以飭馬政，以隆治安事。文選清吏司案呈，奉本部送，准兵部咨，内開，看得太僕寺卿顧存仁所陳明職掌以專責成，要將本寺寺丞選舉才望之優者以充其任，如光禄、尚寶及南京太僕寺丞之例，各佐少卿行事，俟政績有成，一體超擢。無非崇重寺丞之權，明同寅協恭之誼，相應依擬。但設官分職，各有司存，而更易低昂，本部輒難定擬。合候命下，移咨吏部，再加詳議，題覆施行等因。題奉欽依，備咨到部送司，案呈到部。

看得太僕寺丞原係在京堂上官員，每當給由，與尚寶司丞、光禄寺丞、南京太僕寺丞俱例不考覈，體貌本自崇嚴，職守原非輕小。向因官非其人，遂致體壞於舊。或受管馬丞簿之分例而贓賄多端，或畏印馬御史之糾彈而卑諂可厭。堂卿惡之，耻與爲寮；朝紳鄙之，目爲冗散。臣等深知其弊，以故二三年來慎加掄選，即今在列者頗號得人，漸已改觀矣。該寺復有此論，無非振飭馬政之意，相應斟酌議擬。合無以後寺丞有缺，於賢能推官、知縣并見任各部主事内相兼推補。如果聲迹卓越，查照尚寶、光禄事例，在内擬升少卿等官，在外擬升副使、參議、知府、僉事等官。本寺遇有少卿員缺，許其分任三堂之事。在京則每日赴寺，升堂公座，卿與少卿處以寮寀之禮。出巡則府佐以下悉行屬官之禮，違者聽其移文本寺，具呈吏、兵二部，以憑參治。恭候命下，通行兵部、都察院，轉行各該衙門，一體欽遵施行。

隆慶三年閏六月初三日題，奉聖旨："是。"欽此。

覆廬鳳巡按御史王友賢勘明知縣張憲翔叙用疏

題：爲貪官侵欺軍餉，乞賜究問，以正紀法，以警臣工事。考功清吏司案呈，奉本部送，吏科抄出，巡按直隸監察御史王友賢題，奉聖旨："吏部知道。"欽此。欽遵，抄出送司。

查得先該巡按浙江監察御史譚啓題，該本部看得，本官論劾五湖縣知縣張憲翔侵欺抵餉税銀，妄稱修理支用，又不待查明，輒自離任赴部，乞要提究一節。爲照知縣張憲翔以舉人作縣三年，屢經撫按等官保薦九次，中間開有清介剛方，嚴明節愛，一毫紙贖不私，凡百浮費盡革等語，以故本部照例題請行取，以備考選。今據御史譚啓查出侵欺税銀，事若有據，罪當不止罷斥。但與以前薦語廉貪迥異，必須勘問明白，以服其心。合候命下，移咨都察院，轉行廬鳳巡按御史，行提本官一干人卷，虛心查審。如果欺侵有迹，徑自據法議擬奏請。若係因公支費，無損官箴，仍即起送赴部，另行定奪等因。題奉聖旨："近來有司官員，初任類能矯勵取名，既得保舉，輒便放恣，法宜查究，以懲欺僞。張憲翔著巡按御史提問具奏。"欽此。欽遵，已經行勘去後。今該前因，案呈到部。

看得巡按直隸監察御史王友賢題稱，勘過原任五河縣知縣、後行取張憲翔被劾錢糧，委無侵欺，民懷去思，官箴無議，乞要查處一節。爲照知縣張憲翔雅稱才幹，茂著公廉。止緣禮度之失，遂致劾彈之禍，五河之民憤憤不平久矣。既經該本處巡按御史勘明具題前來，公論已明，相應亟處。合候命下，將本官遇有相應京缺即行推補，以示激勸。

隆慶三年閏六月初九日題，奉聖旨："是。"欽此。

覆遼東巡按御史盛時選奏巡撫都御史魏學曾力疾任事疏

題：爲巡撫官員患病事。考功清吏司案呈，奉本部送，吏科抄出，巡按山東監察御史盛時選題，奉聖旨："吏部知道。"欽此。欽遵，抄出送司，案呈到部。

看得巡按山東監察御史盛時選題稱，巡撫遼東地方、贊理軍務、都察院右副都御史魏學曾放回養病一節。爲照巡撫魏學曾年力方强，韜鈐久諳，自入東遼以來，悉心注措，上下相安，揆以爲官擇人之義，一不宜去。且自郎署以至副都，僅僅五年，中間二代誥封，一子承廕，尤爲優異之典，據其分自當鞠躬盡瘁，原其心豈忍以私忘公？揆以人臣圖報之忠，二不宜去。雖經巡按御史代奏前來，原非沉痼之疾，即目六月，即係往年七月，防秋事重，臣等不敢輕議。合候命下，行令本官力疾視事，不得堅卧不出，再瀆天聽，以負國恩，以失人望。

隆慶三年閏六月初十日題，奉聖旨："是。"欽此。

覆都給事中鄭大經申明贈廕疏

題：爲參論違例祈恩，併乞申明定制，以杜覬倖事。驗封清吏司案呈，奉本部送，吏科抄出，吏科都給事中鄭大經等題，奉聖旨："該部看了來説。"欽此。欽遵。又奉本部送，吏科抄出，原任南京都察院已故右都御史端廷赦妻恭人夏氏奏，爲比例乞恩以圖補報事，奉聖旨："該衙門知道。"欽此。欽遵，通抄到部送司。

查得大臣贈廕恤典事例，係本部掌行。又查得弘治四年五月内，節奉孝宗皇帝聖旨："今後有乞恩贈謚的，恁部裏還要斟酌可否來説，務合公論，不許一概徇情比例濫請。該科記着。"欽此。又查得凡兩京堂上三品以上官病故，弟男比例奏請贈謚者，除謚號行禮部另行具奏，其贈官，本部查其人品、政績具題，取自上裁。又查得嘉靖二十七年，該本部申明事例，今後除奉特旨録廕外，其文職正途京堂三品以上官考滿復職，已經請給誥命者，本部查無過犯被劾，方與題請録廕。中間如有雖經被劾而公論稱屈，及不係干礙行檢者，仍行具由奏請定奪。若年遠違例，妄行陳乞者，聽該科參奏治罪等因。題奉世宗皇帝聖旨："依擬行。"欽此。又查得凡廕子未仕而故，及先由録廕而後中科目者，止許補廕一人。補廕之子又故，不許再補。今該前因，又查得抱本人係端錝。通查案呈到部。

看得吏科都給事中鄭大經等，參論原任南京都察院右都御史端廷赦妻恭人夏氏違例祈恩，欲將抱本人參送問罪，併乞申明定例，以杜覬倖各一節。連日呼喚端錝不到，顯是逃回原籍，除移咨都察院，轉行彼處巡按御史提問發落外。爲照京堂三品、二品官，原未被劾、考滿復職者，許廕一子入監讀書。雖經被劾，查與行檢無礙者，節奉特旨，亦廕一子入監讀書。廕子未仕而故，及已廕而中式者，止許補廕一人。載在令甲，甚爲明切。自我皇上臨御以來，因奉恩詔，往往混行陳乞，不止夏氏一人。本部痛加裁抑，該科力爲參駁，並未嘗輕與題覆。大率希澤徼福，知而故奏者固多，僻壤窮鄉，不知而誤奏者亦間有之，委應申明以□〔一〕倖途。合候命下，容臣等將前項贈廕事例刊刻揭帖，分發各處撫按衙門，通行知會。以後再敢奏擾，聽本部與該科參奏，不止罪及生者，仍將死者原官量爲削奪，以示懲戒。

隆慶三年閏六月二十四日題，奉聖旨："是。"欽此。

覆都給事中張鹵劾閑住侍郎何遷不許起用疏

題：爲預陳用人理財大要，以飭臣工，以承明詔事。考功清吏司案呈，奉本部送，吏科抄出，兵科都給事中張鹵題，奉聖旨："該部看了來説。"欽此。欽遵，抄出送司。

查得嘉靖四十一年，該刑科給事中趙灼題，爲糾劾不職臣工懷奸積蠹，懇乞聖明亟賜罷斥，以清仕路事，内開南京刑部右侍郎何遷僞學亂真，空談惑衆。撫江右而倚彭孔爲腹心，流殃全省；列薦剡而納董仕仁之賄賂，貽臭一時。行訪察於離任之時，惟圖罰贖；索關防於交代之際，專務貪求。今處比部之尊，猶放縱不檢，敢於欺天欺人而不顧焉。節奉世宗皇帝聖旨："着冠帶閑住。"欽此。除通行欽遵外。今該前因，案呈到部。

看得兵科都給事中張鹵題稱用人、理財二事，除理財户部徑自議復外，其用人大率要慎於薦舉，仍要本部將侍郎何遷再加詳議品第一節。爲照人臣之義，功莫大於薦賢，罪莫大於蔽賢。若使以不肖爲賢，不知而誤薦之則罔，知而故薦之則欺，其罪均在蔽賢之上。即如奏内侍郎何遷依附嚴嵩，蠖屈鼠伏；交結彭孔，婢膝奴顔。鄉評不齒於湖南，貪迹大彰於江右。論其品則極其低下，考其才則寔無片長。彼時清議不容，言官論劾，猶得冠帶閑住，誠爲漏網。不知都御史孫應鰲何所見聞，特行疏薦，若非鰲之黨庇，必是遷之夤緣。該科指名參奏，輿論翕然稱當。即今南北多事，奉有欽依，正在明揚之際，委當申飭以嚴稱匪其人之戒。合候命下，將何遷仍令閑住，不許再圖起用。本部通行兩京九卿、科道及各該撫按衙門，查照先今事理，較量南北，人各一疏。如果真知其賢，雖十數人亦不爲多；知之不真，雖三五人亦不爲少。不得將罪過如何遷者濫行舉薦，亦不得漫無可否，附和雷同，以負聖明側席之意。中間果有弘才異等，偶被負俗之累者，仍照本部原題事理一體開薦，以憑具奏定奪。

隆慶三年七月初七日題，奉聖旨："是。人才貴有實用。如有徇情濫舉，以致日後僨事的，查照前旨並舉主一體坐罪。"

欽此。

覆議太常寺應屬禮部疏

題：爲申明職掌以便遵守事。文選清吏司案呈，奉本部送，吏科抄出，太常寺卿陳慶等題前事。又該禮部尚書兼翰林院學士高儀等題，爲太常冗員已經奉旨裁革，寺官復行飭奏，懇乞宸斷，以杜瀆擾，以一政體事等因。俱奉聖旨："吏部知道。"欽此。欽遵，通抄到部送司。

查得弘治十三年九月初三日，吏部等衙門太子太傅、尚書等官屠滽等題，爲申明舊例以正體統事。先該太子少保、禮部尚書徐瓊等題前事，内稱太常寺卿崔志端抗違明旨，不行造報厨役文册，又要將厨餘徑自頂補。及稱該寺不係本部所屬。檢照《諸司職掌》，膳部項下俸給一條備開太常等衙門。及查洪武一十六年間欽依造報職掌文册，内開太常寺厨役四百一十名。設若不應職掌，孰敢造報？則是祖宗以來職掌已定。且該寺所行，如祭祀牲口等物及樂舞生并一應厨役，不敢自出勘合行移各該司府州縣僉補，俱開呈本部定奪，轉發施行。上下統屬，事體不紊，聖祖良法美意，萬世遵行而不可易。又查得景泰七年，本部尚書胡濙爲因厨役事，據例覆奏，奉景皇帝欽依："只依洪武年間，由禮部行，不許徑自行，有失體統。"欽此。欽遵。且胡濙係洪武年間人，歷任年久，備知洪武年間事例。若不應職掌，彼時覆奏，豈敢稱洪武、永樂年間厨役由本部定奪？照得光禄寺之于本部，太僕寺之于兵部，各安體統，罔有紛更。今太常寺與二寺事體相同，似此紛更，關係不細。如蒙乞敕各官會議明白，奏請定奪等因。奉欽依："着各官公同會議明白來説。"欽此。欽遵。隨該太常寺卿崔志端等題，爲不遵舊例，故違祖宗成法事，内稱祖宗設立太常寺，以奉天地神明，其來遠矣，未聞其有所統屬也。

《傳》云：“國之大事，在祀與戎。”戎即兵部所掌，祀即本寺所司是也。太常既與兵部爲伍，則其秩難與光禄、太僕二寺相同明矣等因。奉欽依：“着各官一併議了來説。”欽此。欽遵。又該户科給事中叢蘭題稱，我朝設立衙門，惟六部、都察院、通政司、大理寺各分一職，不相統屬。而太常寺、光禄寺之屬禮部，太僕寺之屬兵部，自國初至今，行移往來，名分一定。可見本寺乃祠部中之一事，與光禄寺爲膳部之一事、太僕寺爲駕部之一事相同。以此三事乃事之大者，所以又設此三寺衙門以專之耳。今太僕寺既屬兵部，光禄寺既屬禮部矣，獨太常寺與禮部齊等可乎？崔志端等乃謂本寺與光禄寺、太僕寺事體不同，不係禮部統屬，悖謬妄誕，莫甚于此。伏望皇上將崔志端等拿送法司，明正典刑，以爲將來變亂成法者之戒等因。奉欽依：“是。該衙門知道。”欽此。欽遵。臣等會同後軍都督府等衙門掌府事、太師兼太子太師、英國公等官張懋等看得，禮部、太常寺節次題奏，事情大略有三，一件厨役造册，一件厨餘補役，一件衙門體統。臣等查得洪武年間事例，參詳《諸司職掌》諸書，公同議得，前二件，本寺明知禮部節奉皇上聖旨，自合遵依施行，不合故違。後一件，明知本部[二]事務原屬禮部，不合妄奏。所以户科給事中叢蘭劾奏本寺卿崔志端愈無忌憚，忍爲欺罔，直欲攀援六部，頡頏九卿。其餘僚佐又皆依阿朋比，釀成此舉。要將崔志端等拿送法司，明正典刑，以爲將來變亂成法者之戒，乞另選賢能以補前任等因，不爲無見。合行都察院，行提崔志端，少卿馬宗遠、黄寶，寺丞趙繼宗、王甫廣、周序、鄭常容，並提首領官吏，問擬如律。首領官吏先行發落，崔志端等通行奏請定奪等因。具題，本月十一日奉孝宗皇帝聖旨：“是。崔志端等并首領官吏本當究問，且都饒這遭。”欽此。今該前因，通查案呈到部。

看得太常寺與禮部各奏前因，大率俱爲裁革冗員一事。在禮部則奉旨議處，卓有節財省費之忠；在該寺則奉職嚴恪，恐有缺人誤事之患。詞皆因公，意非徇私。但太常寺之屬禮部，乃祠部中之一事，正猶太僕寺之屬兵部，乃駕部中之一事，光禄寺之屬禮部，乃膳部中之一事。我朝設官分職，以六部爲政本，自都察院、通政司、大理寺之外，未有頡頏六部者，祖宗良法美意深且遠矣。景泰年間，尚書胡濙習知洪武以來之事；弘治年間，尚書徐瓊習知成化以前之事。今其言具在，咸謂太常寺自來屬於禮部。且彼時又經五府九卿會議，英國公張懋首爲具題，豈是雷同附和之流？孝宗皇帝特賜允可，仰見明良都俞之盛，蓋固不可謂之部屬，亦不可謂之統屬，不待今日禮部之辯已自明析。其協律郎等官，禮部所裁爲是，該寺所言爲非。即如郊天之禮，始自聖祖，國初止設官十員，不聞廢禮；於後逐漸增至二十七員，更不聞廢禮；今又增二員爲二十九員矣。是故分立九廟之後，則當添官；合九廟於太廟之後，則當減官。因時損益，自是政體。至於祠祭司與典簿廳手本不行僉名，亦自有説。六部與五府均爲文武大臣，六部二品衙門，與五府則僉名畫字；五府一品衙門，與六部則押字，不僉姓名。祠祭郎中乃大九卿，五品司屬，典簿廳典簿乃小九卿，七品首領，可以平行而漫無分别乎？變文移爲手本，一時簡便之法；行手本而不僉名，先年調停之義。原無差錯，難稱改正。合候命下，行令太常寺照舊屬之禮部，一切事宜俱照節年事例施行。存留與裁革各官，仍依本部覆題事理一體遵守。祠祭司手本，以後用印而不僉名，悉仍其舊。不得再行奏擾，仰瀆天聽。

隆慶三年七月十九日題，奉聖旨："是。"欽此。

覆南京工部尚書林雲同請老不允疏

題：爲懇乞天恩哀憐衰老，賜歸田里，以全骸骨事。考功清吏司案呈，奉本部送，吏科抄出，南京工部尚書林雲同奏，奉聖旨："吏部知道。"欽此。欽遵，抄出送司，案呈到部。

看得南京工部尚書林雲同奏稱衰老，乞賜歸田，以全骸骨一節。爲照本官年齡雖已七帙，文行卓冠群倫，向以引年乞休，已蒙温旨勉留。乃今復有此請，耆舊老成，臣等實不敢輕議。合候命下，行令林雲同照舊供職，以報國恩，以慰人望。不得再陳，重失大義。

隆慶三年八月初七日題，奉聖旨："林雲同着照舊供職。"欽此。

覆南京吏部尚書吴嶽乞休留用疏

題：爲衰病危迫，五乞天恩容令休致，以延殘息事。考功清吏司案呈，奉本部送，吏科抄出，南京吏部尚書吴嶽奏，奉聖旨："吏部知道。"欽此。欽遵，抄出送司。

案查先該本官三次具奏休致，俱該本部覆奉欽依，行令供職外，續又奏，爲衰病危迫，四乞天恩容令休致，以延殘息事，奉聖旨："卿清望素著，年力未衰，宜遵近旨供職，不准辭。吏部知道。"欽此。俱經備咨欽遵去後。今又具奏前因，通查案呈到部。

看得南京吏部尚書吴嶽五奏乞休，情詞懇切，具見恬退之義。但惟本官清望素著，年力未衰，已蒙温旨勉留。人惟求舊，臣等仍不敢輕議。合候命下，行令吴嶽照舊供職，以答天恩，以副人望。

隆慶三年八月初九日題，奉聖旨："吴嶽着照舊供職。"欽此。

覆科道官鄭大經等申嚴薦舉疏

題：爲乞嚴甄别，以辨人材，以裨聖治事。文選清吏司案呈，奉本部送，吏科抄出，吏科都給事中鄭大經題。又該河南道監察御史郝傑題，爲公用舍，惜人才，以裨吏治，以光聖政事。俱奉聖旨："吏部知道。"欽此。欽遵，抄出送司，案呈到部。

看得吏科都給事中鄭大經、河南道監察御史郝傑各具題前因，大率皆爲近日薦舉邊材一事。在鄭大經則欲從公品騭，分爲二等，在郝傑則欲詳加酌議，痛革三弊各一節。爲照求才貴廣，不當摘其細行之疵；掄才貴精，惟當取其大節之正。即如一時在廷諸臣，或同薦一人，匪爲阿黨；或獨薦一人，匪爲偏徇。要之各舉所知，以盡以人事上之義。但中間一二不無可議，或名厠考察，或行勘未完。或封疆失守，幸逭於刑書；或行履逾閑，不滿於士論。若使一概起用，未免重爲明揚之累。所據該科該道欲要嚴加甄别，無非辨人材以裨聖治之意，相應通行議擬。合候命下，將薦到各官，除見任外，但係養病、丁憂、聽勘、聽調、閑住、致仕者，逐一從公甄别，應該起用與不應起用，明白開奏，取自聖裁。仍容臣等酌量南北，隨才器使，務適其宜。以後果有巧獵虚聲、詐病規避者，定行裁抑駁究，以正士風，以清吏治。一面通行南北科道官并各處撫按官，均當以愛惜人材爲主，不得專意搏〔三〕擊，甚至參以喜怒愛憎，以負朝廷耳目之寄。事下部院，亦要從公裁覆，不得依違兩可，以負委任。其南京并各該撫按，候薦到之日另行一體甄别。庶幾所進皆賢，不賢者不得以倖進，在臣等今日可免不明之咎，在諸臣他日亦自無不任之議矣。

隆慶三年八月十三日題，奉聖旨："是。"欽此。

覆給事中駱問禮劾都御史塗澤民留用疏

題：爲亟處驕妄大臣以重要地事。考功清吏司案呈，奉〔四〕部送，吏科抄出，南京兵科署科事、南京刑科給事中駱問禮奏，奉聖旨："吏部知道。"欽此。欽遵，抄出送司，案呈到部。

看得南京兵科署科事、南京刑科給事中駱問禮劾稱，巡撫福建、都察院右僉都御史、功升右副都御史塗澤民驕恣不職，欲要亟爲議處一節。爲照都御史塗澤民頃者一二注措委涉任情，該科指名舉奏，誠不爲過。但惟巨寇初平，餘燼未熄，本官發蹤之功方蒙優録，地方安袵之休正切依賴，若使即行别處，不無可惜。伏望皇上容令照舊撫循，特勤天語，令其虚心平氣，開誠布公。人材必甄其臧否，毋徇乎喜怒之偏；兵計必審其機宜，務臻乎修攘之效。以報天恩，以慰人望。

隆慶三年八月二十七日題，奉聖旨："塗澤民着策勵供職。"欽此。

覆部院科道官薦舉尚書黄光昇等酌用疏

題：爲薦舉人材以備録用事。文選清吏司案呈，奉本部送，吏科抄出，户部等衙門尚書等官劉體乾等各題，奉聖旨："吏部知道。"欽此。欽遵，俱各通抄到部送司。

案查先該吏科都給事中鄭大經、兵科都給事中張鹵題，俱該本部覆奉欽依，通行兩京九卿、科道并在外撫按官，查照本部原覆事理，不問資格崇卑，或所屬，或不係所屬，如果真知其賢，人各一疏，薦舉前來，以備録用。已經通行去後。今該前因。

查得各官所薦，原任山西巡撫右副都御史楊巍，近已起用。

兵部左侍郎、今升南京都察院右都御史曹邦輔，總理河道右副都御史翁大立，福建巡撫右僉都御史塗澤民，四川巡撫右僉都御史嚴清，總理鹽屯右僉都御史龐尚鵬，應天巡撫右僉都御史海瑞，太常寺少卿、今給假歐陽一敬，太僕寺少卿阮文中，南京太僕寺少卿殷從儉，南京鴻臚寺卿史朝賓，户部雲南司郎中吕藿，四川司郎中袁三接，兵部職方司郎中孫應元，武庫司員外郎劉漢儒，户部雲南司員外郎吴哲，主事杜友蘭，湖廣司主事李充實，廣西司主事雒遵，兵部武選司主事韓應元，職方司主事朱潤身，工部都水司主事唐鍊、張純，南京吏部文選司郎中、今升尚寶司少卿汪宗伊，南京户部廣東司員外郎馬豸，南京刑部陝西司主事覃應元，南京太僕寺寺丞霍與瑕，福建道御史蒙詔，雲南道御史鍾繼英，湖廣左布政劉佃，廣東左布政熊汝達，福建左布政陳典，山東右布政陳瓚，陝西右布政曹金，河南右布政梁夢龍，江西按察使殷正茂，浙江按察使陳道基，湖廣按察使何寬，廣東按察使張子弘，雲南按察使徐栻，四川按察使朱綱，河南左參政孟重，四川右參政曹科，山西右參政楊錦，雲南右參政朱袗，福建右參政周賢宣，陝西右參政馮舜漁，湖廣右參政、管荆州府事趙賢，陝西副使張守中，浙江副使毛鋼、劉有誠，福建副使潘一桂，山西副使鄭洛、方逢[五]時、楊綵，易州副使何東序，淮揚副使傅希摯，江西副使陳萬言，山東副使喬應光、朱卿，河南副使張佳胤，山東右參議顔鯨，河南右參議董文寀，廣西右參議曹楝，湖廣右參議李堯德，四川右參議張子仁，山東僉事宋守約，山西僉事劉時秋、艾杞、崔鏞，河南僉事申佐，江西贛州府知府黄扆，浙江紹興府知府岑用賓，河南汝寧府知府史桂芳，懷慶府知府紀誠，山東東昌府知府洪忻，山西太原府知府蔡可賢，湖廣承天府知府何子壽，四川成都府知府盧仲佃，順慶府知府徐學古，直隸廣平府同知劉宗岱，直隸蘇州府同知張雲鷟，山西蒲州知州許希孟，以上八十二員俱見任。

原任甘肅巡撫右僉都御史石茂華、總理河道右副都御史潘季馴、刑部陝西司主事李材、南京江西道御史張士珮、廣東左參政謝鵬舉、山西副使周斯盛、山東副使張學顔，以上七員俱丁憂。

原任兵部左侍郎吴嘉會，南京兵部右侍郎喻時，福建巡撫右僉都御史汪道昆，順天巡撫右僉都御史徐紳、温景葵，應天巡撫右僉都御史張景賢，雲南巡撫、兵部尚書兼右都御史吕光洵，協理京營戎政右僉都御史李燧，雲南左參政梅守德，福建左參政馮皋謨，廣東副使劉穩，十一員俱係覆准起用。

原任太常寺少卿陸光祖，係另行議處。

原任兵部左侍郎吴桂芳、遲鳳翔，兵部右侍郎冀鍊，南京户部右侍郎盛汝謙，南京兵部右侍郎劉畿，河南巡撫右副都御史孟養性，河南巡撫、户部右侍郎兼右僉都御史王國光，江西道御史劉存義，以上八員俱係養病。

原任遼東巡撫右僉都御史張西銘，係聽候别用。

原任大同巡撫右僉都御史張志孝、保定巡撫右僉都御史温如璋，俱係調外任。

原任陜西參政羅瑶、福建副使唐九德，俱係改用。

原任南韶兵備副使馮謙、福建副使宋儀望，俱係聽降。

原任山東按察使謝孟金，係聽勘。

原任貴州巡撫右副都御史康朗，係覆再訪。

原任總督南京糧儲右副都御史曾于拱，係閑住。

原任刑部尚書黄光昇、貴州巡撫右副都御史陳洪濛、廣西左布政王宗沐、陜西副使張天馭、徐州兵備副使陳奎、廣東副使陳紀、山西副使廖逢節、直隸真定府趙州知州蔡懋昭，俱係致仕。

原任山西巡撫、兵部右侍郎兼右僉都御史萬恭，貴州按察使盧岐嶷，陜西左參政姚九功，俱係考察閑住。

原任順天巡撫都御史馬九德，係以邊儲虧折閑住。

原任廣西思恩府同知党緒，係被劾不謹。

原任山東左參議張問仁，係考察不謹。

原任順天巡撫都御史馬珮，係罷職。

原任遼東巡撫都御史路可由、永平副使沈應乾，俱係革職。

原任尚書兼都御史趙炳然、河南副使楊準，俱已病故。

通查案呈到部。

看得在京九卿、科道官疏薦人材，大率皆爲南北兵計。即如兩京兵部堂屬，各省鎮總督、提督、巡撫、操江、撫治，及沿邊沿海守巡、兵備等官，悉皆於中掄選。其餘不係兵計者，自難借此以圖登進。除新升侍郎楊巍與右都御史曹邦輔等八十二員俱見任，聽候以次擢用；都御史石茂華等七員係丁憂，侍郎吴桂芳等八員係養病，候其服闋、痊可酌量推用；侍郎萬恭係奉詔糾劾，考察閑住；參議張問仁係部院考察不謹；按察使盧岐嶷、參政姚九功係開讀撫按，考察閑住；同知党緒係被劾不謹，例不起用；尚書趙炳然、副使楊準近已病故外；其餘各官相應通行甄别。合候命下，將尚書黄光昇，都御史曾于拱、陳洪濛，少卿陸光祖，副使陳奎、張天馭、陳紀、廖逢[六]節，知州蔡懋昭，與同先次題准起用尚書吕光洵，侍郎吴嘉會、喻時，都御史汪道坤、温景葵、張景賢、李燧、徐紳，參政梅守德、馮皋謨，副使劉穩，聽候别用。都御史張西銘遇有中外相應員缺，不必拘其原官，酌量擬用。聽調外任都御史張志孝、温如璋改調邊方。參政羅瑶聽改。副使唐九德聽降。副使馮謙、宋儀望各仍照原資遇缺銓補。按察使謝孟金，催行原勘衙門，文書到日，限一月以裏作速完報。都御史馬珮、馬九德、路可由、康朗，布政使王宗沐，副使沈應乾，雖經薦舉，緣非邊才，俱難一概起用。

隆慶三年九月初二日題，奉聖旨："這所薦人才，你部裏須要斟酌停當，見任的量才拔用，其餘的必真有邊才，方許起用，不許一概濫叙，以長奔競之風。"欽此。

覆巡撫廣東都御史熊桴養病疏

題：爲巡撫重臣患病事。考功清吏司案呈，奉本部送，吏科抄出，巡按廣東監察御史楊標題，奉聖旨："該部知道。"欽此。又該巡撫廣東地方兼贊理軍務、都察院右僉都御史熊桴奏，爲痼疾愈加沉重，曠廢職業，再乞天恩，早賜骸骨還鄉事等因。奉聖旨："吏部知道。"欽此。欽遵，通抄送司。

案查先該熊桴奏稱病勢十分危篤，該本部看得，廣東地方海寇初平，山賊尚熾，正賴督撫總理，已將奏詞立案，及咨行本官，在任隨便調理，力疾供職去後。今該前因，案呈到部。

看得巡按廣東監察御史楊標題稱，巡撫廣東右僉都御史、功升右副都御史熊桴患病，乞容回籍調治，及該本官再奏，痼疾愈加沉重，乞要骸骨還鄉一節。爲照都御史熊桴自撫廣東以來，正值群凶擾攘之際，竭精調度，元惡就擒，一應善後事宜方賴經理，乃今久患危疾，誠爲可惜。既該巡按官代奏前來，别無詐假情弊，相應依擬。合候命下，行令本官回籍調理，痊可之日有司具奏起用。遺下員缺，照例會官推補。

隆慶三年九月十四日題，奉聖旨："熊桴准回籍調理，員缺即便推補。"欽此。

覆宣大巡按御史燕儒宦申明將官有司職守疏

題：爲明職守，嚴責成，以固邊防，以保萬全事。吏科抄出，巡按直隸監察御史燕儒宦題，奉聖旨："吏、兵二部知道。"欽此。抄出到部。

卷查先准兵部咨，爲北虜衆强，大肆猖獗，兵馬寡弱，重鎮危急，懇乞天恩早賜整飭，以固邊圉等事。該鎮守大同總兵官趙岢題，該兵部覆議，若有司官平時不行修築城堡，聞報不肯嚴行收斂，以致城堡殘破、殺虜人民者，比照被賊侵入境内、擄掠人民律例，一體參治。題奉欽依，備咨前來。今該前因。

臣等會同兵部尚書臣霍冀等看得，巡按直隸監察御史燕儒宦具題前因，大率謂總兵官趙岢近議大同一鎮民堡，題准責令有司修理。如或修築不固，收斂不時，致虜攻殘，律以守備不設之罪，似爲太過。欲將前例另議上請，仍乞天語叮嚀，但有邊報，總兵官率衆堵截，虜不能入，即爲上功。賊既入境，總兵官舍生血戰，追賊出境，不得殘害地方、攻陷堡寨，即爲次功。若縱賊侵掠，觀望失機，罪難假借。其有司修築不固，收斂不早，俱聽督撫參究各一節。

爲照大同地方軍民錯居，本難齊一，而王府侍衛參於其間，尤爲作梗，以故總兵趙岢近有責成有司之議。據其心本爲救弊補偏，考其詞未免意圓語滯。蓋失陷州縣專城，自是有司之罪。若使一堡傷殘，一寨攻毀，即擬侵入境内、虜掠人民之律，不惟人情不堪，抑且國法有礙，相應通行酌議。合候命下，兵部移咨總督右都御史陳其學，備行該鎮巡官，嚴行兵備、守巡各道，文書到日爲始，屯堡仍責之軍衛，民堡仍責之有司，侍衛堡寨仍責之長史司，各一體修築。一遇有警，各照堡分分投收斂。如致誤事，督撫官即將有司、長史參究重治，不用守備不設律例。其總兵官止督軍衛堡分，不必干預有司。至於拒虜不能侵突入邊，即爲將官上功；逐虜不得殘害地方，即爲將官次功；縱虜入邊不能堵截，視虜攻陷不能救援，均屬將官失機之罪，自難推避。悉如所擬查照施行。

隆慶三年九月十八日會題，奉聖旨：“是。”欽此。

議巡撫廣東都御史熊桴贈官疏

題：爲仰仗天威，官兵奮戰，生擒倭王，飛報大捷事。驗封清吏司案呈，奉本部送，准兵部咨開，巡撫廣東都御史熊桴生前獲有軍功，應該優恤等因。

案查先准文選清吏司付稱，總督兩廣福建軍務、兼理糧餉兼巡撫廣西地方、都察院右都御史兼兵部左侍郎劉燾等題，爲仰仗天威，官兵會剿海賊，生擒曾酋，斬獲醜類，飛報異常大捷，以仰紓聖明南顧事。節奉欽依，熊桴升右副都御史，廕一子入監讀書，案候在卷。今該前因，案呈到部。

看得原任巡撫廣東地方兼贊理軍務、都察院右副都御史熊桴，博大精明，忠誠慷慨。群凶就殄，方收海晏之功；一疾云亡，詎意天奪之速。以死勤事，委當特贈一官，以爲人臣致身者之勸。

隆慶三年十月十四日題，奉聖旨："熊桴贈兵部左侍郎。"欽此。

覆給事中張國彦遇詔補給敕命疏

題：爲比例陳情，懇乞推廣天恩，溥賜封典，以全人子至情，以彰聖明達孝事。驗封清吏司案呈，奉本部送，吏科抄出，兵科給事中張國彦奏，奉聖旨："吏部知道。"欽此。欽遵，抄出到部送司。

查得嘉靖七年八月内，該通政使司左參議杜柟奏稱，丁憂在京，候領勘合，恭遇恩詔，乞要比照給事中張潤身等事例，請給誥命。又該南京國子監司業江汝壁奏稱，先任翰林院編修，丁憂在家，恭遇嘉靖三年四月内恩詔，乞要比照主事汪堅等事例，請給敕命。該本部備查，天順以來丁憂、養病、給假，但係見任官員，節有准給事例。覆奉世宗皇帝聖旨："既係累朝已行之例，實我祖宗廣愛敬之意，不必變更，都准照例給與。該衙門知道。"欽此。欽遵外。又查得隆慶元年二月十七日欽奉敕諭，内開："文官一品至九品，各給與應得誥敕。"欽此。二年三月十一日詔書，内開："兩京文官一品至九品，各給與應得誥敕。"欽此。俱經通行欽遵去後。今該前因，通查案呈到部。

看得兵科給事中張國彦奏稱丁憂回籍，遇蒙隆慶元年、二年兩次恩詔，未及霑被，乞要比例請給應得敕命一節。爲照遇詔覃恩，丁憂、養病、給假官員父母均得霑被渥典，推廣愛敬，委有累朝已行之例，不止編修江汝壁一人而已。况奉有世宗皇帝明旨"不必變更，都准照例給與"，相應依擬。合候命下，將張國彦父母應得敕命查照給與，其餘丁憂、養病、給假者，果在隆慶二年三月十一日以前遇蒙恩詔，例應請給父母誥敕，候其復除之日移文到部，即與具題，不必紛紛陳奏，致煩天聽。臣等未敢定擬。

隆慶三年十月二十二日題，奉聖旨："是。"欽此。

參典史張儀誣奏司官疏

題：爲劣升官員挾私裝誣選司，大傷國體事。考功清吏司案呈。近該直隸真定府元氏縣典史張儀奏，爲遵明旨，糾官邪，明國法，正士習，殄鑽刺，以安民生事。伏蒙皇上洞燭其妄，敕下法司提問，懲奸振紀，一時人心無不稱快。但中間干係本部考察、選法二事，若不題請明白，不惟中彼污衊之私，亦且無以上彰聖世平明之治，呈乞查處，案呈到部。

臣等看得，直隸真定府元氏縣典史張儀具奏前因，信口裝誣，不下數千餘言，除瑣屑者不敢煩瀆天聽外，括其大者概有四事：其一謂行取不公，又四川人升補主事不當，皆員外郎滕伯輪之私。查得行取官員，出自部院公同查訪。于時伯輪尚任考功員外，絶無相干。其四川主事員缺，本部悉心咨議，咸謂安福縣知縣陳惟直可用。蓋陳惟直志向端謹，雅有實政，比之元氏縣知縣古之賢性氣浮華、巧獵虚聲者不同。慎簡所屬，實臣等堂官之事，伯輪有何與乎？其一謂員外郎滕伯輪私厚鄉親，將真定府知府陳奎推升副使，京考又不行考黜。查得陳奎先任知府，節經督撫、巡按、巡關等官劉燾、張師載、宋纁、董學、顔應賢、王乾章、徐爌等旌薦，隆慶元年六月，歷俸三年之上，方升徐州兵備副使。伯輪時尚任禮部主事，安得遽執吏部之權？及至京考之日，臣等部院與尚書馬森等面相訂證，謂陳奎先在户部，一無可議，以故擬注存留項下。考功司承行者，郎中李世達也，與伯輪有何與乎？其一謂員外郎滕伯輪與貪肆副使何東序表裏爲奸，營升紫荆，又替被劾都御史温如璋鑽刺打點。查得東序、伯輪既未同官，又非同科，南北隔遠，曾未識面。紫荆三關，胡虜窺伺之地，利害極重，人人畏避，真同陷穽，東序獨營求爲之，不情甚矣。且如璋以開府之臣謫調外寮，至今未補，又何用鑽刺打點乎？其一謂真定府知府陳燁、順德府知府費堯年皆稱賢能，員外郎滕伯輪不當考謫，郎中徐濬不行□〔七〕衆升遷。查得陳燁、費堯年相繼榷税杭州，物議沸騰。部院惜其年力方壯，止擬不及。本部惡其操履不端，不敢擬升。劑量斟酌，悉關激勸，與徐濬、滕伯輪有何與乎？臣等反覆參詳，止緣從公將伊劣升南京豹韜衛左倉副使，不自反己，逞肆刁潑，欲將當事之臣一網打盡。内則揭單呈堂者該司官也，以員外郎滕伯輪之謹飭而極其詆毁，以郎中徐濬之清謹而巧爲中傷。外則親臨者巡撫都御史、副使、知府也。陳奎嘗注儀考詞，有巡捕有議之語。魏尚純、張師載、温如璋、何東序俱係儀本管上司，相臨日久，必有束縛過嚴之怨。蓋屬官之于上司，有父兄子弟之義。即使張師載等如果不法，在兩京有科道官，在本處有巡按巡屯等官，自能糾舉，何俟于所屬之一典史乎？傷風敗俗，裂綱毁紀，此誠我朝二百年來未有之事。况今聖主明明于上，閣臣穆穆于下，賄賂絶迹，奔競頓息，大小臣工靡不精白一心，以承休德。乃猶駕言納賄鑽刺，略有效嚴世蕃之例，青天白日，含沙射影，竟不知其爲何心也。除儀已蒙聖明處分，不敢再議外。但惟文選司官職掌銓務，關涉頗重，連日被誣，司官心切不甘，相率求去，以後不職官員雖一人亦不敢劣升，行取官員雖一人亦不敢劣處。臣等與有統均之責，心竊憂之，相應亟行議擬。合候命下，將郎中徐濬、員外郎滕伯輪、主事陳惟直，俱令用心修職，毋以議論之訛而輒求引避，毋以求全之毁而過爲驚疑，仰戴日月之明，下盡涓塵之報，世道、銓曹不勝幸甚。

隆慶三年十一月二十一日題，奉聖旨："這事情既與徐濬等無干，着用心供職。"欽此。

奉諭自陳乞罷疏

奏：爲自陳不職，懇乞天恩亟賜罷黜，以端政本事。隆慶三年十二月初一日，該内閣大學士李春芳等傳示聖諭："近來灾異頻仍，多因部院政事不調，假公營私，聽信刁風，濫受詞訟，誣害平人，致傷和氣，着廠衛暗訪來奏。"欽此。欽遵，抄出到部。臣等捧讀再三，汗流浹踵。仰惟皇上臨御以來，敬天法祖，勤政懋學。人心既悦，天意自得，諸福之物、可致之祥理當駢至。乃今蟲蝗水患、地震木冰之灾，種種爲異，委皆部院之臣政事不調所致。竊念臣等待罪銓曹，職專甄别。不公之弊固不敢爲，不明之咎難以自文。即如大小司刑官員，如果假公營私，聽信刁風，濫受民詞，誣害平人，其人皆由臣等注擬，終而刑罰不中，始於舉錯失平，召灾致戾，臣等寔爲之首。伏望聖慈少寬斧鉞之誅，先將臣等亟賜罷黜，以答天戒，以儆臣工。臣等無任惶悚戰慄之至。

隆慶三年十二月初二日奏，奉聖旨："卿等宜安心供職，不准辭。"欽此。

覆山西巡按御史郜永春劾屯鹽都御史龐尚鵬留用疏

題：爲亟罷憸佞負國，以正士風、裨國計事。考功清吏司案呈，奉本部送，吏科抄出，巡按山西監察御史郜永春題，奉聖旨："吏部知道。"欽此。欽遵，抄出送司，案呈到部。

看得巡按山西監察御史郜永春論劾總理屯鹽、都察院右僉都御史龐尚鵬，大率謂其剛愎狡詐，凶狠機械等項，又謂其屯鹽慢不經理，專以迂瑣鄙屑、不干己事搪塞瀆奏，乞要罷斥各一節。爲照本官奉命督理屯鹽，責任甚重，事務孔殷。顧乃掇拾敕外瑣屑之事，屢瀆天聽，既詳於此，必略於彼。且性氣過剛，其政每流於苛；彈劾數多，其言自難盡當。人怨所積，物議自生。御史郜永春指摘其非，誠非過舉。但考其履歷，自筮仕縣令以至今日，中間如浙直之查盤，河南、浙江之巡按，北直隸之提學，咸有風裁。況今邊方多事，邊才難得，方當疇咨之時，遽棄跅弛之才，不無可惜。合無將龐尚鵬姑令策勵供職，務要痛自刻責，力加修省。先奏遺闕者後有所見，不妨補奏舉行；先奏窒礙者後知其誤，不妨更奏改正。非爲目前之圖，必爲經久之計；非爲一身名譽之圖，必爲九邊兵食之計。不得草率塞責，仍毛舉别事，再招後議。臣等未敢擅便定擬。

隆慶三年十二月十三日題，奉聖旨："近來吏部不查各官賢否、應去應留，專一遮避，好生欺詐。"欽此。

乞恩認罪疏

奏：爲懇乞天恩認罪事。該本部題。該巡按山西監察御史郜永春題參總理巡鹽、都察院右僉都御史龐尚鵬不職緣由，該臣等議擬，題奉聖旨："近來吏部不查各官賢否、應去應留，專一遮避，好生欺詐。"欽此。欽遵，抄捧到部。臣等仰讀綸音，不勝戰慄，不勝慚赧。竊念臣等一介書生，待罪銓曹，蚤夜兢兢，惟以不副皇上任使爲懼。即如都御史龐尚鵬自任御史以至今日，部院、科道交薦其賢，不下一二十疏。御史郜永春今次所論，止是言其心術險詐，行事乖方，并無毫髮贓私，以故臣等采之輿論，議擬策勵。且以恩威出自朝廷，恭請上裁。聖神照臨，明如日月。欺詐之事，不惟不敢，亦自不忍。但惟臣等年力衰遲，智識短淺，身在堂下，何以辨人之曲直，舉錯乖剌，罪當萬死。伏望皇上少寬斧鉞之誅，將臣等亟賜罷斥。臣等無任席藁俟命之至。

隆慶三年十二月十五日奏，奉聖旨："既認罪，楊博着致仕，堂上官姑免究，該司官罰俸半年，龐尚鵬着閑住。屯鹽事務，只着各該巡撫官着實整理，不必再差。"欽此。

校勘記

〔一〕□，底本漶漫不清，疑當作"杜"。

〔二〕"部"，疑當作"寺"。

〔三〕"摶"，疑當作"搏"。

〔四〕"奉"後，疑脱一"本"字。

〔五〕"逄"，疑當作"逢"。

〔六〕"逄"，疑當作"逢"。

〔七〕□，底本漶漫不清，疑當作"隨"。

蒲坂楊太宰獻納稿卷九

議更大選日期疏

少傅兼太子太傅、吏部尚書臣楊博等謹題：爲大選事。文選清吏司案呈，照得本部每遇雙月二十八九日，例該大選官員，本司承行，先期考舉貢監生、三考吏員、司審本稿、堂審單、説選各一日，共五日，俱在十六日之後、二十五日之前，必不可併者。今照隆慶六年六月終復該選期，緣本部印信本月十六日缺官掌管，二十一日始奉欽依，本部尚書楊博回部管事。本日具疏辭免，二十二日奉旨不允，二十四日面恩，二十五日到任。前項銓務本司向在聽候，日期已過，相應更處。查得嘉靖四十四年八月例該大選，因停封疏移至九月初四日，事體相同，呈乞比照題請等因。案呈到部。

看得前項大選事宜，既經該司查呈前來，委當更處，況有前例，相應題請。合候命下，將六月大選日期移於七月初五日，其考試、審單、説□〔一〕等項，容臣等照舊輪日舉行。

隆慶六年六月二十七日題，奉聖旨："是。"欽此。

覆河南撫按官梁夢龍等議復開封府捕盜通判疏

題：爲查復巡捕官員事。文選清吏司案呈，奉本部送，吏科抄出，巡撫河南等處地方、都察院右副都御史梁夢龍，巡按河南監察御史楊相題，俱奉聖旨："吏部知道。"欽此。欽遵，抄出送司。

案查隆慶三年十月内，該河南撫按官李邦珍等會題，裁革開封府捕盜通判一員，就令清軍同知帶管，本部覆奉欽依遵行去後。今該前因，案呈到部。

看得河南巡撫都御史梁夢龍、巡按御史楊相會題，稱開封府盜賊日繁，乞要復設通判一員，專管捕盜一節。爲照該府該在河南會城，地方闊遠，盜賊充斥。前項捕盜通判委不可缺，不知彼時何故輕易裁革，甚非政體所宜，相應通行議擬。合候命下，將河南開封府復設捕盜通判一員，令其專管巡捕事務，不許各衙門差占誤事。本部仍通行兩直隸十三省撫按官，今後裁革官員，必事體穩便，衆論僉同，的係冗員，方可具題。不然，以一人之言而革之，以一人之言而復之，或以一人之言而又革之，歲月未久，反覆不一，仰煩明旨，殊非“革而當，其悔乃亡”之義。以後果有革之不當，旋即查復者，即將原議官員悉聽本部指名參究。

隆慶六年六月二十八日題，奉聖旨：“是。”欽此。

覆山西撫按官楊綵等議行太僕寺卿量兼憲職整飭寧武等處兵備疏

題：爲僕寺閑散，酌議量帶憲職，以省冗設，以裨邊政事。文選清吏司案呈，奉本部送，吏科抄出，提督雁門等關兼巡撫山西地方、都察院右僉都御史楊綵，巡按山西監察御史桂天祥題，俱奉聖旨：“該部知道。”欽此。欽遵，抄出送司。

案查嘉靖三十八年十二月，准兵部咨，山西按察司驛傳僉事改駐札寧武關，分管兵備。及查嘉靖四十四年十月内，准兵部咨，將遼東行太僕寺少卿兼山東按察司僉事職銜，不妨原管馬政。隆慶元年正月内，又准兵部咨，將甘肅行太僕寺寺丞裁革，改設少卿，兼陝西按察司僉事。俱經題奉欽依，案候在卷。今該前因，通查案呈到部。

看得山西巡撫都御史楊綵、巡按御史桂天祥會題前因，乞要裁革寧武兵備，將行太僕寺卿兼僉事職銜，移駐寧武，帶管兵備；寺丞裁革，大同馬政令各兵備道嚴加整理各一節。臣等反覆參詳，便徵發，省冗員，免閑曠，委有三便。況見任寺卿王惟寧才力有爲，足稱任使。既經該司查有前例，相應通行依擬。合候命下，將山西行太僕寺卿王惟寧加兼按察司僉事職銜，改駐寧武關，不妨馬政，整飭中路兵備。本部給憑，仍咨該部照例請敕，令其欽遵行事。其原駐寧武兵備僉事并該寺寺丞俱行裁革，見任僉事趙世相、寺丞熊傑各令起送改選。大同馬政事務，仍行該鎮各兵備道兼理。該寺主簿、衙舍，聽撫按衙門徑自議處施行。

隆慶六年六月二十九日題，奉聖旨："是。"欽此。

議處考察京官疏

題：爲傳奉事。考功清吏司案呈，奉本部送，隆慶六年六月二十七日，該司禮監太監馮保等傳奉聖諭："朕初嗣大位，欲簡汰衆職，圖新治理。兩京五府掌印、僉書、管軍、管事公侯伯，都督，總兵，副總兵官，錦衣衛管衛事，并南北鎮撫司管事指揮以上，六部等衙門四品以上，及各總督、提督、巡撫官，俱著自陳，去留取自上裁。五品以下文職，兩京吏部、都察院會官考察，科道拾遺糾劾。俱如隆慶元年例行。"欽此。欽遵，恭捧到部送司。

查得成化十三年，該本部議得，通政使司參議，大理寺、太常寺、太僕寺寺丞，翰林院學士，光禄寺、鴻臚寺少卿、寺丞，國子監司業，欽天監監正、監副，太醫院院使、院判，上林苑監、監丞等官，雖係五品以下，俱係在京衙門堂上官員。若論堂上官，例不考覈；若論品級，例該考察。具題，節奉憲宗皇帝聖旨："各衙門堂上官，但係五品以下的，恁部裏照例會官考察。"欽此。又查得弘治元年，該翰林院掌院事少詹事兼侍講學士汪諧等奏，要將侍講等官并内閣書寫誥敕等項署正等官，會同内閣學士考察。該本部查照舊例覆題，節奉孝宗皇帝聖旨：“恁部裏還會同翰林院掌印官考察。”欽此。又查得正德十六年奉詔考察，該本部查議具題，節奉世宗皇帝聖旨：“翰林院、詹事府、春坊官并其餘帶俸官，照弘治年間例考察。”欽此。隨該翰林院侍講學士劉龍奏稱本院學士俱聽自陳，免赴部考察等因。奉欽依：“學士照例免考。劉龍着會同考察。”欽此。又查得嘉靖六年，題奉欽依：“各衙門堂上官五品以下的，都照成化以來節年舊例，你部裏會同都察院并本衙門堂上官考察。翰林院、詹事府、左右春坊、司經局等官及内閣書辦、四夷館譯字，各衙門帶俸等官，都照正德十六年事例考察。學士免考，著自陳。”欽此。又查得嘉靖二十四年，該本部題奉欽依：“這考察官員貪酷、不謹等項，部院從公考覈去留。其依附權勢、夤緣速化的，着嚴加黜汰，以正士風。其餘准議行。太醫院官照例考察。欽天監罷。”欽此。又查得文華殿、武英殿辦事各官例該考察，近年雖嘗奏乞免考，似於黜陟之典有礙，呈乞查處。通查案呈到部。

看得欽天監官、御用監等監各項匠作官，俱例不考察，難以別議外。其在京各衙門并文華、武英二殿辦事各官，欲便照例，通行將堂上五品所屬、五品以下見任帶俸公差、丁憂、養病、侍親、給假，及行查未報并隆慶三年二月以後升任等項官員，逐一備開脚色，務在二日以裏先送本部查收，約日會考。廉勤公謹、才行超卓者，遇有内外相應員缺，另行擢用。職業頗修、操履不失者，存留辦事。貪淫酷暴、罷輭無爲、素行不謹、年老有疾、浮躁淺露、才力不及衆所共知者，分別黜退降調。翰林院、詹事府、左右春坊、司經局等官，内閣書辦、四夷館譯字、各衙門帶俸等官，仍會同都察院并該衙門堂上官考察，完日通將黜調緣由奏請定奪。若有遺漏，聽科道官照例糾劾。黜退降調官員備行巡城御史、緝事衙門嚴加查究，不許潛住京師，造言生事，摭拾妄奏。違者不分有無冠帶，俱發口外爲民。一面行南京吏部，一體查照施行。臣等再惟我皇上嗣位之初，厲精圖治，親總萬機，中外仰頌聖明，真同日月。所據簡汰衆職一事，查有嘉靖、隆慶兩朝事例，委當舉行。但嘉靖元年當積弊之後，隆慶元年當積久之餘，一時考黜，老病、不謹等項種種有人。先帝臨御僅及六年，元年則奉詔考察京官，二年則朝覲考察外官，三年則遵例考察京官，四年則奉諭考察言官，五年又朝覲考察外官，六年五考，剗除殆盡。今次若使拘泥舊例，不惟善類有傷，殊非清世平明之治。合無容臣等從實考察，如老病、不謹等項果有其人，即便議黜；果無其人，寧虚其名目，不宜委曲遷就。且各衙門事有繁簡，人有純駁，難以一律，果有其人，雖汰黜數人，亦不爲多；果無其人，雖不黜一人，亦不爲少。大抵因時制宜，不貴於繁，惟貴於簡；不貴於多，惟貴於精。臣等愚見如此，併乞聖裁。

隆慶六年六月二十九日題，奉聖旨："是。卿等務要虚心甄别，毋縱匪人，毋枉善類，以稱朕簡才圖治之意。"欽此。

覆工部尚書朱衡等議河道官守久任疏

題：爲議處守河事宜以圖善後事。文選清吏司案呈，奉本部送，准工部咨，都水清吏司案呈，奉本部送，工科抄出，太子少保、本部尚書兼都察院左副都御史朱衡，總理河道兼提督軍務、兵部左侍郎兼都察院右僉都御史萬恭條爲六議等因，俱奉大行皇帝聖旨："工部知道。"欽此。欽遵，通抄到部送司。查得條陳六款内"議官守""議久任"二事，係隸吏部掌行，相應咨覆等因。咨部送司，案呈到部。

看得太子少保、工部尚書兼都察院左副都御史朱衡等所陳二事，合就開立前件，議擬上請定奪。

隆慶六年七月初五日題，奉聖旨："依議行。"欽此。

計開：

一、議官守。前件，臣等看得，官有專責，則事可責成，況今河道多艱，委難兼攝。所據尚書朱衡等要將淮安府添設同知一員，與見任通判總管河道，徐州復設判官一員，靈璧縣復設主簿一員，邳州判官減去治農管糧事務，與見任徐州州判，睢寧、宿遷縣主簿分管河道，而又分派信地，定擬駐所，事體俱屬詳妥。合無依其所擬，本部添設淮安府同知一員，復設徐州判官、靈璧縣主簿各一員，與同見任通判、州判、縣主簿等官，俱聽河道衙門查照今擬責成。内徐州判官二員，一員駐茶城，管徐州以上歷茶城境山溜涓等處河道各隄淺一段；一員駐黄鍾集，管徐州以下起至吕梁六十里一段。靈璧縣主簿駐雙溝，管吕梁起至馬家淺六十里一段。睢寧縣主簿駐王家口，管馬家淺起至邳州六十里一段。邳州判官減去治農管糧事務，駐張林鋪，管邳州起至直河六十里一段。宿遷縣主簿駐朱乙城，管直河以下至小河口七十里并小河口以下至宿遷縣一段。直河以上俱屬同知總管，直河以下俱屬通判總管，如遇有急，互相協理。以上職掌，本部登注缺册，仍明注各官文憑，通行遵守。其邳州治農管糧判官一員應否復設，備行彼處撫按官，另行查議具奏。

一、議久任。前件，臣等看得，久任之説屢經諸臣建白，本部覆議，然竟不能行者，人情、事體均有不便故耳。所據尚書朱衡等欲將河工諸臣久其事不久其官，誠爲確論。合無依其所擬，本部移咨河道衙門，每遇年終，備將管河官員通行甄别。如果熟諳河務、修守有效者，列爲上等，聽本部查議，管河主簿升管河縣丞，管河縣丞升管河州判，管河州判升管河同知〔二〕，管河同知〔三〕升管河通判。係科目出身，管河通判升管河同知，管河同知升管河僉事，遞升參議、副使，直至總理，亦不爲過。其職業頗修者，三年通叙。無益地方者，不時斥罰。行之既久，在河工則有得人之慶，在人才則無久滯之虞，調停之法，無良於此。

覆蘇松巡按御史劉曰睿論劾有司疏

題：爲舉劾有司官員以飭吏治事。考功清吏司案呈，奉本部送，吏科抄出，巡按直隸監察御史劉曰睿題，奉聖旨："該部知道。"欽此。欽遵，抄出送司。

查得本部見行事例，凡官員才力不及者，酌量調用。案呈到部。

看得巡按直隸監察御史劉曰睿論劾鎮江府同知于時保、松江府通判鄭日新改調一節。爲照同知于時保先任冀州，後任鎮江，御史陳省嘗疏薦其賢，都御史王宗沐近又特薦其才猷老練，任事實心，糧船監造，欲借專理。止緣設栅防盗，不便豪强，致成萋菲之謗。通判鄭日新勞怨不辭，廉勤茂著。歷年考詞絶無一字見呰，與今所劾亦相矛盾。若使聽其改調，似無以爲吏治之勸，相應議擬。合候命下，將于時保、鄭日新俱令照舊供職，不許因而阻喪，致招後議。本部備行彼處撫按官遵照施行。

隆慶六年七月初五日題，奉聖旨："是。"欽此。

覆巡按福建御史杜化中議僉事梁士楚等責任行勘疏

題：爲議處添注海防方面有司官員，以一事權，以專責成事。文選清吏司案呈，奉本部送，吏科抄出，巡按福建監察御史杜化中題，奉聖旨："吏部知道。"欽此。欽遵，抄出送司。

案查梁士楚於隆慶四年四月，題奉欽依添注福建按察司僉事，本年十月，該巡撫何寬題將梁士楚駐札詔安，團練民兵。又查得嘉靖四十二年三月，奉欽依將漳州府推官鄧士元添注本府同知，本官升任。隆慶二年十月，准福建巡撫塗澤民咨稱，漳州府添注同知，照舊銓補，責令專駐雲霄鎮，料理水陸軍務。俱經遵行去後。今該前因，通查案呈到部。

看得巡按福建監察御史杜化中題稱，巡海、團練勢難共處，清軍、海防事可兼攝。要將團練道僉事梁士楚以原官改巡海道，而裁去團練；以漳州府清軍同知羅拱辰兼海防，而革去清軍。及將見任巡海副使陶幼學、海防同知殷康查缺另補各一節。爲照漳南海濱之郡，屬邑不多，而憲臣并臨，同知并設，委難行事。但事干地方，未經巡撫官會奏，輒難議擬。合候命下，將御史杜化中所奏事情備行巡撫都御史殷從儉，會同巡按御史，督同司道等官再行詳議。要見梁士楚應否改福建按察司巡海道僉事，仍兼團練事務；漳州府清軍同知羅拱辰應否兼管海防，其原添注團練道、該府清軍同知俱應否裁革；見任巡海副使陶幼學、同知殷康應否候缺另補。如果無異，會本具奏；如有窒礙，亦要具由奏知。在巡按不宜專執己見，在巡撫務要廣集衆思，庶幾人無間言，事可經久。

隆慶六年七月初六日題，奉聖旨："是。"欽此。

覆右通政等官何永慶等自陳酌議去留疏

題：爲自陳不職，乞賜罷黜，以公考察事。考功清吏司案呈，奉本部送，吏科抄出，通政使司右通政等官何永慶等奏，奉聖旨："吏部知道。"欽此。欽遵，通抄送司，案呈到部。

看得通政使司右通政何永慶，提督謄黄通政使司右通政韓楫，鴻臚寺卿王之垣，大理寺左少卿劉思問、右少卿宋良佐，提督四夷館太常寺少卿劉滓、少卿陳行健，太僕寺少卿董堯封、陳聯芳、李幼滋，順天府府丞劉堯誨，各自陳不職一節。爲照王之垣、劉思問、宋良佐、陳行健、董堯封、陳聯芳、李幼滋、劉堯蕘誨年齡方茂，職業咸修，所當留用。何永慶甘心城社，不惟大壞乎官常；絶意風雲，亦且稍干乎選法：所當重處。韓楫曾上封事，才識未見其疏通；周歲驟遷，資望有歉於輿論。劉洊知識疏淺，實非衡鑑之才；注措乖張，虛冒清華之秩：所當酌處。既經各官自陳前來，相應通行議擬。合候命下，將王之垣、劉思問、宋良佐、陳行健、董堯封、陳聯芳、李幼滋、劉堯誨容令照舊供職，何永慶照不謹事例冠帶閑住，韓楫、劉洊照不及事例降級調外。但係京堂官員，去留出自朝廷，臣等未敢定擬。

隆慶六年七月初十日題，奉聖旨："王之垣等着照舊供職，何永慶冠〔四〕帶閑住，韓楫、劉洊俱降一級調外任。"欽此。

議起用建言罪廢諸臣鄭履淳等疏

題：爲開讀事。文選清吏司案呈，伏睹詔書内一款："自嘉靖四十五年十二月以後至隆慶六年五月以前建言罪廢諸臣，吏部備查，中間如果情非挾私、才力堪用者，議擬具奏起用。"欽此。欽遵。查得原任尚寶司司丞、今爲民鄭履淳，原任户科都給事中、今爲民李巳，原任禮科左給事中、今革職陸鳳儀，原任吏科給事中、今爲民石星，原任工科給事中、今爲民陳吾德，原任雲南道監察御史、今爲民詹仰庇，俱係建言罪廢人數，相應遵詔議擬具奏。案呈到部。

臣等看得，原任尚寶司司丞等官鄭履淳、李巳、石星、陳吾德四員，仰荷先皇覆載之恩，恭效臣子曝芹之獻，其言雖不當而心本爲公，其人雖不同而才皆可用，相應准復原職者也。陸鳳儀、詹仰庇二員，或奉事不恭而迹成訕舛，或敷陳無序而志在干名；但才識尚多足取，年力均在可惜，相應另行議處者也。既經奉有前項恩詔，通應題請。合候命下，將鄭履淳等復除原職，行令到任管事，陸鳳儀等另議。

隆慶六年七月十五日題，奉聖旨："是。"欽此。

議將給事中陪補都左給事中疏

題：爲缺官事。文選清吏司案呈，准吏科手本開稱，兵科等科缺都給事中三員、左給事中三員、右給事中四員，共十員，煩爲銓補等因到司，已經呈部具題訖。隨准該科手本，開稱各科見任止左給事中三員、右給事中一員，并給事中一十二員歷俸年月日期到司。

查得右給事中員缺，應於給事中内推補外，其都給事中、左給事中應於左、右給事中内推補，正陪十二員，人數不敷，相應酌處。案呈到部。

看得六科推補之序，以左升都，以右升左，雖係成例，而一時乏人，委難盡拘。既經該司查呈前來，相應題請。合候命下，將見任左、右給事中與給事中，容臣等酌量資俸，相兼題補。

隆慶六年七月十五日題，奉聖旨："是。"欽此。

議已故大學士高儀贈官疏

題：爲病故輔臣事。驗封清吏司案呈，奉本部送，准禮部咨，該本部題，祠祭清吏司案呈，奉本部送，禮科抄出，少師兼太子太師、吏部尚書、建極殿大學士張居正題，近該太子少保、禮部尚書兼文淵閣大學士高儀在任病故，乞要贈官等因，咨部送司。

查得嘉靖二十九年，該少師兼太子太師、吏部尚書、華蓋殿大學士嚴嵩等題稱，太子太保、禮部尚書兼文淵閣大學士張治病故，乞要贈官，該本部議擬，題奉聖旨："張治准贈少保。"欽此。除欽遵外。今該前因，查呈到部。

看得禮部咨開太子少保、禮部尚書兼文淵閣大學士高儀在任病故，乞要贈官一節。爲照本官學識淵醇，性資端亮。新迪内閣，雖未紓捧日之忠；久在南宫，寔茂著格天之烈。三朝耄舊，一代名臣。所據贈官，既經該司查有前例，似應題請。但恩典出自朝廷，臣等未敢定擬。

隆慶六年七月十五日題，奉聖旨："高儀准贈太子太保。"欽此。

覆都給事中雒遵等會薦尚書劉體乾等起用疏

題：爲仰承德意，薦舉遺賢，以需簡用，以光新政事。文選清吏司案呈，奉本部送，吏科抄出，吏科都給事中雒遵等題，奉聖旨："吏部知道。"欽此。欽遵，抄出送司。

查得原任兵部右侍郎楊巍、尚寶司司丞鄭履淳、吏科給事中石星已經遵詔起用，復除原職，户科都給事中李已復除兵科都給事中，雲南道御史詹仰庇覆奉欽依，另行議處外。及查户部尚書劉體乾係閑住，户部尚書馬森、大理寺右少卿丘橓、湖廣左參政温純俱係養病，兵部尚書郭乾、南京户部尚書譚大初、南京兵部尚書劉采俱係致仕，南京糧儲都御史海瑞係裁革。通查案呈到部。

看得吏科都給事中雒遵等題奉恩詔，要將尚書等官劉體乾等，或以原官起用，或遇便缺改補，各一節。除楊巍、鄭履淳、李已、石星已經起用，詹仰庇另行議處外。爲照尚書等官劉體乾等，以累朝培養之材，當聖治維新之會，雖品局不同，均係一時之望，既經都給事中雒遵等會薦前來，相應通行題請。合候命下，將尚書劉體乾、馬森、郭乾、譚大初、劉采，都御史海瑞，少卿丘橓，參政温純，容臣等遇有相應員缺酌量推補。

隆慶六年七月十九日題，奉聖旨："是。"欽此。

覆巡撫宣府都御史吴兑自陳留用疏

題：爲自陳不職，乞賜罷斥，以新聖治事。考功清吏司案呈，奉本部送，吏科抄出，巡撫宣府等處地方、贊理軍務、都察院右僉都御史吴兑奏，奉聖旨："吏部知道。"欽此。欽遵，抄出送司，案呈到部。

看得巡撫宣府等處地方、贊理軍務、都察院右僉都御史吴兑自陳不職，乞要罷斥一節。爲照本官性資慷慨，操履清嚴。自撫上谷以來，百凡注措，悉有條貫，地方方切依賴，雖經陳乞罷免，難以輕擬。合候命下，行令吴兑照舊供職。務要感先帝超擢之恩，奮後食敬事之義。調停暫羈之虜，權而不失乎經；安戢久附之夷，動而必歸於正。南山要害，固宜戒嚴；北路户庭，尤當慎固。以久任相安，以政成自勵。

隆慶六年七月二十七日題，奉聖旨："吴兑着照舊供職。"

覆監察御史馬明謨等會薦尚書郭宗皋等起用疏

題：爲奉德意，舉逸材，以備甄録，以光聖治事。文選清吏司案呈，奉本部送，吏科抄出，陝西等道掌道事、福建道監察御史馬明謨等題，奉聖旨："吏部知道。"欽此。欽遵，抄出送司。

查得兵部右侍郎冀鍊，巡撫陝西都御史張師載，大理寺丞、降廣西横州判官耿定向，陝西僉事紀大鋼，俱係養病。兵部左侍郎翁大立，係回籍聽候處分。巡撫順天都御史耿隨卿，係爲民。巡撫鳳陽都御史陳炌，係閑住。南京兵部尚書郭宗皋、南京刑部右侍郎曹三暘、陝西右參政舒化，俱係致仕。左副都御史何維柏、江西道御史劉存義、江西副使黄憲卿，俱係丁憂。大理寺卿何寬、寺丞孫丕揚，俱係回籍聽勘。吏部稽勛司主事魯邦彦，係終養。内冀鍊、劉存義於隆慶三年九月，該户部尚書等官劉體乾等奏薦到部，本部覆奉欽依，痊可酌量推用。耿隨卿於六年正月，該工科給事中劉伯燮奏薦到部，本部覆奉欽依，遇有繁難員缺起用。黄憲卿於五年五月，該吏科都給事中韓楫等奏薦到部，本部覆奉欽依，候缺酌量起用。又查得孫丕揚係都給事中程文聽信罷閑知縣揭帖，挾私妄劾，今已考察閑住。何寬係御史杜化中挾私妄劾，今已考察降調。且事内將官，刑部先已審明。通查案呈到部。

看得福建道御史馬明謨等題，奉恩詔，要將侍郎等官冀鍊等共一十六員，遇有相應員缺録用一節。除冀鍊、耿隨卿、劉存義、黄憲卿俱經奉旨酌量起用，耿定向先雖養病，今在仕籍，另行推用外。爲照尚書郭宗皋等，雖品秩大小不同，均係一時之望，新政之初，委當及時録用。内何寬、孫丕揚無端受誣，公論甚明，造言者既已見黜，被言者自無可罪。既經御史馬明謨等奉詔會薦前來，相應通行議擬。合候命下，將郭宗皋、曹三暘、翁大立、張師載、何維柏、陳炌、魯邦彦、舒化、紀大鋼、何寬、孫丕揚十一員，容臣等遇有相應員缺，酌量推用。何寬、孫丕揚二員，仍移咨都察院，轉行各該巡按御史，將原勘事情不必勘擾，具由回報。

隆慶六年七月二十八日題，奉聖旨："是。"欽此。

覆巡撫順天都御史楊兆自陳留用疏

少師兼太子太師、吏部尚書臣楊博等謹題：爲自陳不職，乞賜罷斥，以新聖治事。考功清吏司案呈，奉本部送，吏科抄出，整飭薊州等處邊備兼巡撫順天等府地方、都察院右僉都御史楊兆奏，奉聖旨："吏部知道。"欽此。欽遵，抄出送司，案呈到部。

看得整飭薊州等處邊備兼巡撫順天等府地方、都察院右僉都御史楊兆自陳不職，乞要罷斥一節。爲照本官年力富强，操持清謹，自撫薊鎮以來，一切邊計處置得宜，人心翕然，雖經自陳求罷，難以輕擬。合候命下，行令楊兆照舊供職。務要益勵初忠，勉圖後效。以主兵爲經，常存一視之懷；以客兵爲權，力求萬全之計。孰夷奸狡，固當潛消；驕虜跳梁，尤宜深慮。上紓朝廷腹心之憂，下盡臣子肱股之義，方稱任使。

隆慶六年八月初一日題，奉聖旨："是。楊兆着照舊供職。"欽此。

覆巡撫保定都御史宋纁自陳留用疏

題：爲自陳不職，乞賜罷斥，以肅新政事。考功清吏司案呈，奉本部送，吏科抄出，巡撫保定等府兼提督紫荆等關、都察院右僉都御史宋纁奏，奉聖旨："吏部知道。"欽此。欽遵，抄出送司，案呈到部。

看得巡撫保定等府兼提督紫荆等關、都察院右僉都御史宋纁自陳不職，乞要罷斥一節。爲照本官廉潔無私，强明有幹，自撫畿南以來，興廢舉墜，大有可觀，雖經自陳求罷，難以輕擬。合候命下，行令宋纁照舊供職。務要以《采薇》治外，慎三關防禦之圖；以《天保》治内，嚴六郡保釐之計。必須存渾厚之體，方可保精明之功。

隆慶六年八月初一日題，奉聖旨："是。宋纁着照舊供職。"欽此。

議行取舉貢揀選州縣正官疏

題：爲議處久缺有司官員事。文選清吏司案呈，照得南北直隸、浙江等十三省見今各缺知州一十餘員、知縣一百四十餘員，久未銓補。今查在部守選進士除授將盡，八月正選舉人通無一人。歲貢又多衰邁，求之教職則歷俸尚淺，求之佐貳則考語不堪。牧民正官，難以久缺。查得弘治、正德年間，題准事例，每年大選外，遇有各處府佐、州縣正官員缺數多，照例將在部聽選，并行取臨近地方舉人、歲貢監生，揀選人物端重、學識優長者考選銓補。嘉靖四十三年、隆慶元年具題舉行，地方稱請。及查揀選事例，近年以來，止於朝覲考察之後舉行一次。案呈到部。

看得揀選之法，每遇考察後舉行一次，雖係成規，但有司正官既缺數多，一時升除不及，通融議處，委屬相應。合候命下，行文兩直隸各布政司，將舉人上選三年以上、歲貢上選六年以上者，許其起送赴部。如北直隸河南、山東、山西臨近地方，限本年十一月，其餘地方限來年三月。投文到部之日，嚴加揀選，分别銓補。以後但遇缺多，聽臣等酌量奏請，不必拘定考察舉行之例。

隆慶六年八月初二日題，奉聖旨："是。"欽此。

議都督同知李偉封伯疏

題：爲欽奉敕諭事。驗封清吏司案呈，奉本部送，隆慶六年七月三十日，伏蒙召臣等恭詣會極門，欽奉敕："吏、兵二部，朕嗣應大統，恭上兩宫聖母尊號禮成，率循我祖宗列聖舊典，加恩外戚皇親。固安伯陳景行歲加禄米一百石，伊長男陳昌言升錦衣衛指揮僉事，次男陳嘉言授錦衣衛副千户。都督同知李偉着封伯爵，給與應得誥命，伊長男李文全授錦衣衛指揮僉事，次男李文貴授錦衣衛副千户。如敕奉行。"欽此。欽遵，恭捧到部送司。

除固安伯陳景行歲加禄米移咨户部，并指揮陳昌言等聽兵部徑自議題外。查得嘉靖二年七月内，皇親陳萬言以孝潔皇后之父蒙世宗皇帝特封泰和伯，禄米一千石。又查得嘉靖十九年五月内，皇親方鋭以孝烈皇后之父蒙世宗皇帝特封安平伯，給與誥命，追贈二代。又查得隆慶元年二月内，皇親指揮杜繼宗，千户李銘、陳景行，該本部查例具題，奉穆宗皇帝聖旨：“杜繼宗封慶都伯，李銘德平伯，陳景行固安伯，各如例禄米一千石。”欽此。除通行欽遵外。案呈到部。

看得皇親都督同知李偉，查與泰和伯陳萬言、德平伯李銘等事體相同，委當一體加封。但爵名併禄米數目係干特恩，臣等未敢擅擬。伏乞聖明俯賜裁定，所有應得誥命，候伯爵既定，容臣等另行題請定奪。

隆慶六年八月初二日題，奉聖旨：“是。李偉封武清伯，食禄米一千石。”欽此。

議大學士張居正進勛階疏

題：爲欽奉敕諭事。稽勛清吏司案呈，奉本部送，隆慶六年七月二十六日，節該欽奉敕諭：“朕恭膺天命，嗣承大寶，顧惟在京文武群臣，昔奉先帝，今事朕躬，效勞尤多，宜加特賚。文官一品至九品，各給與應得誥敕，内先已給領者與進應得勛階一等，”欽此。欽遵，抄捧到部送司。

檢照《諸司職掌》，内開凡文職官員應合授勛者，照依散官定擬，奏聞給授。正一品該授左右柱國，從一品該授柱國。查得少師兼太子太師、吏部尚書、建極殿大學士張居正一品三年考滿，已經本部請給誥命，并給授柱國訖。今奉敕諭大賚文武群臣，或蒙誥敕之榮，或被金帛之錫。獨本官職居首臣，勩勞獨茂，反無一命之恩，誠爲缺典。又查得弘治十八年武宗皇帝即位後，七月十五日手敕吏部，少師兼太子太師、吏部尚書、華蓋殿大學士劉健加左柱國，支正一品俸，與誥命，餘仍舊。嘉靖年間，少師兼太子太師、吏部尚書、華蓋殿大學士楊廷和、楊一清節蒙特恩，加授左柱國。呈乞查處等因，案呈到部。

爲照少師兼太子太師、吏部尚書、建極殿大學士張居正，弼亮三朝，儀刑百辟。贊襄先帝，格天捧日，已成保泰之功；翊戴聖皇，旋乾轉坤，益衍亨豐之烈。恭承大賚，宜有殊恩。既經查有先年少師大學士劉健等手敕加授左柱國、支正一品俸、與誥命事例，相應題請。但係干特恩，臣等未敢定擬，伏乞聖裁。

隆慶六年八月初三日題，奉聖旨："是。候敕行。"欽此。

覆巡撫山東都御史傅希摯自陳留用疏

題：爲自陳不職，乞賜罷斥，以肅新政事。考功清吏司案呈，奉本部送，吏科抄出，巡撫山東等處地方兼督理營田、都察院右僉都御史傅希摯奏，奉聖旨："吏部知道。"欽此。欽遵，抄出送司，案呈到部。

看得巡撫山東等處地方兼督理營田、都察院右僉都御史傅希摯自陳不職，乞要罷斥一節。爲照本官政迹卓異，簡命復隆，自撫東土以來，一切注措，深慰東人來蘇之望，雖經陳乞求罷，難以輕擬。合候命下，行令傅希摯照舊供職。務要撫字疲民，潛消礦寇。海運一時之權，不可少忘防倭之圖；漕運百世之經，尤當力贊修河之策。

隆慶六年八月初八日題，奉聖旨："是。傅希摯着照舊供職。"欽此。

覆監察御史胡涍等參大理寺卿陳一松罰治疏

題：爲糾參不恪大臣，乞賜罷斥，以隆祀典，以正人心事。考功清吏司案呈，奉本部送，吏科抄出，廣西等道監察御史胡涍等題，奉聖旨："吏部知道。"欽此。欽遵，抄出送司，案呈到部。

看得廣西等道監察御史胡涍等參劾大理寺卿陳一松慢神瀆

禮，肆無忌憚，乞要罷斥一節。爲照人臣之禮，入朝則當便便惟謹，入廟則當事事必問。乃今大理寺卿陳一松，旬日之間，兩致差錯，既該御史胡涍等查參前來，委當究治。但本官久在外寮，事體疏曠。一則天威之下，震懼失措；一則昏夜之間，辨别未真。且致詞一事，先已奉旨罰治。合無仍行重罰，惟復别蒙處分，伏乞聖裁。

臣等再惟長安東西二門，比之文廟，尤爲隆重。近來文武官員輿馬俱突至鹿角柞内，傘扇等項徑自穿朝往來，甚者至於門首乘坐而出，肆無忌憚，不止陳一松一人而已。若不亟加釐正，殊非尊朝廷、明等威之義。合無聽兵部出榜禁約，以後有違犯者，巡視科道官一面指名參奏，一面將跟從人役拿送法司，治罪枷號，以示懲戒，不許容縱。

隆慶六年八月初十日題，奉聖旨："陳一松姑罰俸半年。門禁依擬，有違犯的，着巡視科道官從實參拿處治，不許容縱。"欽此。

覆巡撫大同都御史劉應箕自陳留用疏

題：爲自陳不職，乞賜罷斥，以昭聖治事。考功清吏司案呈，奉本部送，吏科抄出，巡撫大同地方、贊理軍務、都察院右僉都御史劉應箕奏，奉聖旨："吏部知道。"欽此。欽遵，抄出送司，案呈到部。

看得巡撫大同地方、贊理軍務、都察院右僉都御史劉應箕自陳不職，乞要放歸田里一節。爲照本官慎於持身，敢於任事，自撫雲中以來，百凡注措，上下相安，雖經自陳求罷，難以輕擬。合候命下，行令劉應箕照舊供職。務要悉心民瘼，加意邊防。毋恃貢市之小安，頓忘修攘之大計。馭軍士則有恩有威，永消反側之心；處宗藩則不剛不柔，仰體親睦之義。

隆慶六年八月十三日題，奉聖旨："是。劉應箕着照舊供職。"欽此。

覆武清伯李偉封贈三代疏

題：爲欽奉敕諭事。驗封清吏司案呈，准中軍都督府經歷司手本，奉本府案令，准本府帶俸武清伯李偉咨，將追贈三代并本身及妻授封緣由到司。

查得先該本部題奉聖旨："是。李偉封武清伯，食禄米一千石。"欽此。已經通行欽遵去後。查得先爲傳奉事，奉世宗皇帝聖旨："皇親左都督方鋭封安平伯，給與誥命，追贈二代。"又查得泰和伯陳萬言追贈三代。案呈到部。

看得都督李偉，既經奉有前項武清伯封爵，所據誥命例該贈及三代。但先奉世宗皇帝聖旨，方鋭追贈二代，以故皇親杜繼宗、李銘、陳景行相沿，各止給二代誥命。合無將李偉准贈三代，惟復止贈二代，伏乞聖明裁定，敕下遵行。

隆慶六年八月十五日題，奉聖旨："李偉准照舊例追贈三代。"欽此。

酌議封贈事宜疏

題：爲酌議封贈事宜，以霈特恩事。驗封清吏司案呈。照得近奉敕諭："大賫在京群臣及在外督撫、兵備官員，悉與應得誥敕。"欽此。又遇恩詔："兩京文職官員未及三年考滿者，俱與應得誥敕。"欽此。除品同而職銜不同得以改給，及移封、移贈、補給本等誥敕者開載已明，無庸别議外，中間見行事例猶有未經畫一者，呈乞題請，以便遵行等因。案呈到部。

臣等仰惟皇上嗣登大寶，孝奉兩宫，旬日之間兩霈恩綸，一時臣工欽承渥典，榮被所親，是誠千載希闊之遇。臣等職守所關，敢不祗承德意。但中間事例有未畫一，反覆參詳，條爲七款。伏望聖明特垂省覽，俯賜宸斷，敕下遵守。其近日諸臣陳情各疏，如與例相合者，容臣等即爲具題撰述。未經陳情者，許本衙門移文本部，照例類題。其與例不合者，聽臣等即行停寢，不得再肆瀆奏。

隆慶六年八月十七日題，奉聖旨："大慶覃恩，爲民的准與閑住。生母并封，既無例罷。其餘依擬行。"欽此。

計開：

一、見行事例，凡封贈官員祖父官高于子孫者，得進散官一階。夫、子兩有官者，從一高者封贈。查得嘉靖三十六年二月，吏部右侍郎孫升考滿請給誥命，該本部查得，本官父孫燧原任都察院右副都御史，已贈資善大夫、禮部尚書，母楊氏已封夫人，合將孫燧進階資政大夫等因。題奉世宗皇帝聖旨："是。"欽此。前件，臣等議得，親以子貴，妻從夫榮，載在令甲。先年侍郎孫升，伊父孫燧始贈資善大夫，故得進階資政大夫；伊母楊氏已封夫人，難以加贈。合無今次遇蒙赦詔官員内，祖父與父有如孫燧者，照例進散官一階。其祖母與母即各從其夫一體封贈。

一、見行事例，丁憂、養病、給假，但係見任官員，遇蒙恩詔，准與封贈。查得嘉靖七年八月，該通政使司右參議杜柟奏稱丁憂，在京候領勘合，恭遇恩詔，乞要比照給事中張潤身等事例請給誥命。該本部備查，天順以來丁憂、養病、給假，但係見任官員，節有准給事例，題奉世宗皇帝聖旨："既係累朝已行之例，實我祖宗廣愛敬之意，不必變更，都准照例給與。"欽此。又查得隆慶三年十月，該兵科給事中張國彦奏稱丁憂回籍，遇蒙隆慶元年、二年兩次恩典，未得霑被，乞要比例請給應得敕命。該本部查照世宗皇帝明旨"不必變更，都准照例給與"，將張國彦父母敕命照例請給。其餘丁憂、養病、給假者，果在隆慶二年三月十一日以前，遇蒙恩詔，例應請給父母誥敕，候其復除之日，移文到部，即與具題，不必紛紛陳奏，致煩天聽等因。奉穆宗皇帝聖旨："是。"欽此。前件，臣等議得，丁憂、養病、給假，俱係見任官員，遇詔得與封贈，是誠祖宗廣溥愛敬之意，况奉有世宗皇帝成命，隆慶三年又經本部申明。合無今次遇蒙敕詔官員，自隆慶六年七月二十八日以前，但係丁憂、養病、給假官員應得封贈誥敕，候其復除之日，移文到部，即與具題，不必自行陳奏，煩瀆天聽。

一、見行事例，貪酷爲民者不許封贈。查得隆慶二年五月内，該尚寶司少卿吴自成、錦衣衛經歷牛應龍、序班李國卿，各奏遇詔，伊父各任同知、縣丞，考察爲民，有礙請給，乞要將本身敕命移贈于父。本部查得，貪酷爲民，例不封贈。合無内外官員應該封贈者，其父若係貪酷爲民，悉聽其子陳情，本部斟酌奏請，姑准以原職冠帶閑住。以後子孫官雖高，封贈及母，其父不得一體封贈。所據吴自成等之父，雖貪逃問革少異，其爲私罪則同，遵奉明旨，俱不當封贈。應否不准復職，止量給與冠帶閑住等因。題奉穆宗皇帝聖旨："貪酷并考察在逃及問革爲民的，既不當封贈，冠帶也不准給。"欽此。又查得隆慶三年四月，該刑部廣東司主事侯居艮等奏稱，先任知縣等官，遇詔請給敕命，乞要將伊父原任直隸邳州判官、考察爲民侯眕復職致仕。該本部議，將侯眕姑令冠帶閑住等因。題奉穆宗皇帝聖旨："是。"欽此。前件，臣等議得，貪酷不准封贈者，所以懲惡也；量與冠帶閑住者，所以廣孝也。但惟大慶覃恩，雖謫戍之徒亦從末減，高年之人尚給冠服，所據貪酷爲民官員，身作之孽既已削其仕籍，及親之寵似當慰其孝思。合無今次遇蒙敕詔官員，中間如有父祖曾犯前項罪名，許其子孫具奏陳情，停止本身封典，量准其父祖冠帶閑住，惟復遵照先帝前旨，冠帶亦不准給。

一、見行事例，四五品、六七品官不得同封。查得隆慶元年三月，該國子監司業萬浩等開送親供前來，乞要改給敕命，緣係六七品，例不重封。該本部議得，恩命特頒，臣工均被。品同者既得改給，品不同者反不得與，殊非推廣聖恩、一視同仁之義。況六七不同封，乃爲初給者而言，非爲改給。合無將萬浩等俱照見任職銜改給。此外再有相同者，照例一體題請，免致陳乞等因。題奉穆宗皇帝聖旨："是。"欽此。前件，臣等議得，四五品、六七品例不重封，舊例原爲考滿而言。至于大慶覃恩，特准改給，自難拘于常例。隆慶元年欽奉敕諭，既經本部題准；二年遇詔，又經申明。合無今次遇蒙敕詔官員内，不拘五品升四品，或六品改七品，或先已授外官封典、今升授京職者，俱照見任職銜一體改給。以後考滿等項，仍照舊例，不得妄爲援引。

一、議升授京官封典。查得隆慶元年六月，該户部左侍郎徐養正等奏稱，授官在恩詔之内，欲要請給誥命。該本部議，將南京各官並在京侍郎徐養正等，但係隆慶元年二月十七日以前升授者，誥敕俱准請給等因。題奉穆宗皇帝聖旨："是。"欽此。前件，臣等議得，兩京官員推升除授，既有成命，即係見任，以故隆慶元年本部題奉欽依，一體請給誥敕。二年遇詔，又經申明。即今兩逢大慶，尤爲非常之遇。合無將兩京官員，自隆慶六年七月二十八日以前升授者，不分已、未到任，仍照前例一體准給。至于在外兵備官員未經到任者，不許援以爲例。

一、議前母贈典。查得隆慶元年三月，該工科都給事中馮成能奏乞追贈前母羅氏。該本部議得，前母之封，令甲未載。如先年侍郎曹鼐等、近年學士蔡昂俱蒙准贈，皆係特恩。臣等竊惟，禮緣人情，恩以類錫。前母之于子，雖無撫育之恩，自父視之，其爲母一也。所據本官前母羅氏，似應一體加贈等因。題奉穆宗皇帝聖旨："准他。"欽此。前件，臣等議得，前母追贈，係出特恩。隆慶元年諸臣相繼請乞，不止馮成能一人而已。比時本部以登極覃恩，難拘常例，覆奉欽依，多從准給。至于隆慶二年，遇蒙恩詔，遂行停寢。即今兩逢大慶，所據前母追贈，似當暫爲一行。以後考滿等項，不得援以爲例。

一、議生母贈典。查得隆慶元年五月，該户部廣東司署員外郎事主事林喬相奏稱三年考滿，乞要比例追贈生母張氏。該本部議得，嫡母在，生母不得并封，嫌于以庶匹嫡，所以正分也。若生母故于嫡母之先，則幽明懸隔，無嫌可别。合無以後如遇生母先故者，一體給與贈典，不必各另陳乞，煩瀆天聽等因。題奉穆宗皇帝聖旨："准給與，仍着爲例。"欽此。前件，臣等議得，生母故在嫡母之先，許其追贈，先該本部議擬已明，奉有先帝俞旨"仍着爲例"，無庸别議。至于嫡母見在，欲要并封生母，係干成憲，臣等不敢輕議。

覆提督操江都御史張鹵自陳留用疏

題：爲自陳不職，乞賜罷黜，以新聖治事。考功清吏司案呈，奉本部送，吏科抄出，提督操江兼管巡江、南京都察院右僉都御史張鹵奏，奉聖旨："吏部知道。"欽此。欽遵，抄出送司，案呈到部。

看得提督操江兼管巡江、南京都察院右僉都御史張鹵自陳不職，乞要罷黜一節。爲照本官年力方强，才猷茂著，江防重任正賴整飭，雖經自陳求罷，似難輕擬。合候命下，行令張鹵照舊供職。

隆慶六年八月二十日題，奉聖旨："張鹵着照舊供職。"欽此。

覆南京右通政等官周詩等自陳留用疏

題：爲自陳不職，乞賜罷斥，以光新政事。考功清吏司案呈，奉本部送，吏科抄出，南京通政使司等衙門右通政等官周詩等奏，奉聖旨："吏部知道。"欽此。欽遵，通抄送司，案呈到部。

看得南京通政使司右通政周詩、南京鴻臚寺卿孫鑨、南京太常寺少卿汪宗伊、南京國子監祭酒林士章各自陳不職一節。爲照右通政周詩、卿孫鑨、少卿汪宗伊、祭酒林士章，才望方隆，職業無玷，雖經自陳求罷，俱難輕議。合候命下，行令周詩等照舊供職。

隆慶六年八月二十日題，奉聖旨："周詩等着照舊供職。"欽此。

校勘記

〔一〕□，底本漶漫不清，當作"選"。

〔二〕"同知"，疑當作"通判"。

〔三〕"同知"，疑當與下文"通判"二字互換。

〔四〕"冠"，原作"官"，據上文改。

蒲坂楊太宰獻納稿卷十

覆翰林院編修陳于陛請父新銜誥命疏

少師兼太子太師、吏部尚書臣楊博等謹題：爲比例陳情，懇乞聖明特賜推廣恩典事。驗封清吏司案呈，奉本部送，吏科抄出，翰林院編修陳于陛奏，奉聖旨："吏部知道。"欽此。欽遵，抄出送司，案呈到部。

看得翰林院編修陳于陛奏稱遇蒙恩詔，伊父陳以勤原任少傅兼太子太傅、禮部尚書、武英殿大學士，授光禄大夫、柱國，屢經賜給誥命，後加兼太子太師、吏部尚書致仕，乞要查議題請伊父新銜誥命一節。爲照大學士陳以勤歷事兩朝，咸有一德。在春宫既多啓沃之勞，入内閣更著贊襄之績。先帝優禮重臣，特加新銜，准其致仕。所有前項誥命，無庸伊子陳情，似應給與。但恩典出自朝廷，臣等未敢定擬。

隆慶六年八月二十一日題，奉聖旨："准給與。"欽此。

覆左給事中宗弘暹劾南京右都御史魏學曾仍以原職調用疏

題：爲貪縱大臣徇私壞法，懇乞聖明亟爲罷斥，以儆官邪，以正人心事。考功清吏司案呈，奉本部送，吏科抄出，刑科左給事中宗弘暹題，奉聖旨："吏部知道。"欽此。欽遵，抄出送司，案呈到部。

看得刑科左給事中宗弘暹劾稱原任吏部左侍郎、今升南京都察院右都御史魏學曾徇私壞法，乞要罷斥，以儆官邪，以正人心一節，歷陳通判趙無咎等升遷不公，事皆有據。臣博到任之後，因見物議沸騰，遂將各官應考黜者考黜，應劣處者劣處，一時速化之風居然頓息。至謂學曾親自受賄，臣等實無所聞。蓋學曾起官郎署，内轉光禄，以邊才而超拜巡撫，以邊撫而稱病求歸，彼時人即以避難議之。未幾起爲兵部，未任，輒改吏部，舍繁重而就清顯，士論不平，益復藉甚。及佐吏部，則任情縱恣，私厚親故，不止員外郎韓應嶽一人而已。鑑衡之地，豈容有此？况南臺風紀之司，既經極口論列，自難展布。恭候命下，將魏學曾以侍郎原職調用。其該科所稱建言者毋得挾私以輕瀆，被言者不必妄辨以飾非，事關大體，委當釐正，合悉如所言施行。但大臣進退出自朝廷，臣等未敢定擬。

隆慶六年八月二十五日題，奉聖旨："是。魏學曾以原職調南京用。"欽此。

覆陝西巡茶御史褚鈇劾副使等官錢進學等酌議去留疏

題：爲舉劾方面官員以昭勸懲等事。考功清吏司案呈，奉本部送，吏科抄出，巡按陝西監察御史褚鈇題，奉聖旨："吏部知道。"欽此。欽遵，抄出送司。

查得見行事例，凡官員貪者爲民，才力不及者酌量調用。又查得近奉欽准事例，凡官員犯有贓私者，務行提問的實，名下贓數盡行追併入官。又查得四川巫山縣知縣葉文炳，于隆慶六年六月已升周府審理正。通查案呈到部。

看得巡按陝西監察御史褚鈇論劾甘肅兵備道副使錢進學罷斥，原任四川按察司水利茶法道僉事、今升廣東布政司右參議周鳴塤降調，鞏昌府通判梁需，原任西安府通判、今升階州知州謝鋭，原任蘭州知州、今升慶府長史劉畿，山陽縣知縣楊勤，安化縣知縣婁炯，三水縣知縣雷辰化，四川巫山縣知縣葉文炳，廣元縣知縣寇玳罷斥，内梁需、楊勤贓多枉法，仍行提問各一節。爲照副使錢進學，守平凉尚有去後之思，任肅州頗慰來蘇之望，今稱貪酷顯著，贓[一]否懸殊，必須體勘明實，方服其心。参議周鳴塤，餘姚作縣有聲，本兵司屬無議，但防檢疏闊，性頗傲慢，似難議降，止當量調，以示懲戒。通判梁需、謝鋭，知州劉畿，知縣楊勤、婁炯、雷辰化、葉文炳、寇玳，俱與本部查訪相同，内梁需、楊勤贓多枉法，罪難輕貸。既該巡按御史褚鈇参劾前來，相應議擬。合候命下，將錢進學先行革任，回籍聽勘，一面移咨都察院，轉行彼處巡按御史，將前劾事情逐一查明，從實参奏處置。如果屈誣，即與辨豁。周鳴塤照不及例起送赴部調用。謝鋭、劉畿、婁炯、雷辰化、葉文炳、寇玳各照不謹事例閑住。梁需、楊勤先各革職爲民，仍行巡按御史，提問追贓具奏。遺下員缺，各另銓補。

隆慶六年八月二十七日題，奉聖旨："是。錢進學革任回籍聽勘。周鳴塤調用。謝鋭等冠帶閑住。梁需等着爲民，還行巡按御史，提問具奏。"欽此。

覆撫治鄖陽都御史凌雲翼自陳留用疏

題：爲自陳不職，乞賜罷斥，以彰新政事，考功清吏司案呈，奉本部送，吏科抄出，提督撫治鄖陽等處地方、都察院右僉都御史凌雲翼奏，奉聖旨："吏部知道。"欽此。欽遵，抄出送司，案呈到部。

看得提督撫治鄖陽等處地方、都察院右僉都御史凌雲翼自陳不職，乞要罷斥一節。爲照本官操持廉謹，幹濟精明，自撫鄖中以來，真心實意，靡廢不興，雖經自陳求罷，難以輕擬。合候命下，行令凌雲翼照舊供職。務要克詰戎兵，潛消山寇。地介四藩，統馭當爲一體；人雜九土，輯和使無二心。地方奠安，方稱任使。

隆慶六年八月二十八日題，奉聖旨：“是。凌雲翼着照舊供職。”欽此。

覆巡撫應天都御史張佳胤自陳留用疏

題：爲自陳不職，懇乞天恩俯賜罷斥，以新聖政事。考功清吏司案呈，奉本部送，吏科抄出，總理糧儲、提督軍務兼巡撫應天等府地方、都察院右僉都御史張佳胤奏，奉聖旨：“吏部知道。”欽此。欽遵，抄出送司，案呈到部。

看得總理糧儲、提督軍務兼巡撫應天等府地方、都察院右僉都御史張佳胤自陳不職，乞要罷斥一節。爲照本官才猷精敏，操履端嚴。開府南畿時雖未久，適遇安慶之變，即能處置得宜，大伸法紀，雖經自陳求罷，難以輕擬。合候命下，行令張佳胤照舊供職。務要内安反側之心以固根本，外勤撫字之政以惠疲癃。海汛之期固當戒嚴，江防之事尤宜詳慎。

隆慶六年八月三十日題，奉聖旨：“是。張佳胤着照舊供職。”欽此。

覆議兵部右侍郎楊巍不准養病疏

題：爲母老子病，懇乞天恩，免令赴任事。考功清吏司案呈，奉本部送，吏科抄出，原任兵部右侍郎楊巍奏，奉聖旨：“吏部知道。”欽此。欽遵，抄出送司，案呈到部。

看得原任兵部右侍郎楊巍奏稱母老子病，乞要免令赴任一節。爲照本官久歷邊方，諳練戎務。自養病回籍以來，部院、臺諫連章累薦，即目正在防秋，豈容以親老子病爲辭，相應議擬。合候命下，行令楊巍作速赴任管事，以報國恩，以慰人望，不得再行具奏。

隆慶六年九月初一日題，奉聖旨：“是。楊巍着上緊前來供職。”欽此。

覆已故大學士高儀録廕疏

題：爲比例陳情，懇乞天恩，俯賜録廕，以圖補報事。驗封清吏司案呈，奉本部送，吏科抄出，原任太子少保、禮部尚書兼文淵閣大學士，今故高儀妻夫人鍾氏奏，奉聖旨：“吏部知道。”欽此。欽遵，抄出送司，案呈到部。

看得原任太子少保、禮部尚書兼文淵閣大學士高儀妻夫人鍾氏奏稱，伊夫在任病故，乞要比照先年大學士謝遷等事例，録廕尚寶司司丞一節。爲照閣臣身後例有録廕。查得近歲大學士張治、袁煒俱各廕一子爲中書舍人，所據大學士高儀正與二臣事體相同。既該伊妻夫人鍾氏具奏前來，相應斟酌題請。但恩典出自朝廷，臣等未敢定擬。

隆慶六年九月初四日〔二〕，奉聖旨：“高儀准廕一子中書舍人。”欽此。

覆巡撫四川都御史曾省吾自陳留用疏

題：爲遵例自陳不職，乞賜罷斥，以新聖治事。考功清吏司案呈，奉本部送，吏科抄出，巡撫四川等處地方、都察院右僉都御史曾省吾奏，奉聖旨：“吏部知道。”欽此。欽遵，抄出送司，案呈到部。

看得巡撫四川等處地方、都察院右僉都御史曾省吾自陳不職，乞要罷斥一節。爲照本官端嚴之守，縝密之才，自縣令、郎署以至藩臬，所至有聲。頃以太僕超拜川撫，士論咸謂得人。雖經自陳求罷，難以輕擬。合候命下，行令曾省吾作速前去地方，接管行事。務要痛懲貪吏，力字疲民。外而都蠻之寇撫剿並用，求久安長治之策；内而草竊之奸威惠并施，爲潛消默奪之計。

隆慶六年九月初四日題，奉聖旨："是。曾省吾着赴任供職。"欽此。

覆蘇松巡按御史李學詩論同知于時保調用疏

題：爲被論府官留任不便，懇乞聖明俯從調用，以全器使事。考功清吏司案呈，奉本部送，吏科抄出，巡按直隸監察御史李學詩題，奉聖旨："吏部知道。"欽此。欽遵，抄出送司。

案查同知于時保、通判鄭日新，近該巡按直隸監察御史劉曰睿論劾，已經本部覆奉欽依，照舊供職，移咨都察院轉行去後。今該前因，案呈到部。

看得巡按直隸監察御史李學詩題，要將松江府通判鄭日新姑議留用，鎮江府同知于時保仍議調用改選各一節。除鄭日新照舊供職，無容別議外。爲照同知于時保，先該巡按御史劉曰睿論劾，本部查其歷年考語俱優，且兩經旌薦，以故擬作存留。今據御史李學詩復論前來，大率謂其才幹雖通，性資剛愎，所見必真。臣等不敢拘泥原議，相應依擬。合候命下，行令于時保赴部照例調用，遺下同知員缺另行銓補。

隆慶六年九月初四日題，奉聖旨："是。"欽此。

覆巡撫延綏都御史郜光先自陳留用疏

題：爲自陳不職，懇乞天恩，俯賜罷斥事。考功清吏司案呈，奉本部送，吏科抄出，巡撫延綏等處地方、贊理軍務、都察院右僉都御史郜光先奏，奉聖旨："吏部知道。"欽此。欽遵，抄出送司，案呈到部。

看得巡撫延綏等處地方、贊理軍務、都察院右僉都御史郜光先自陳不職，乞要罷斥一節。爲照本官持己端嚴，涖事勤敏。自撫延中以來，互市通貢，設險修邊，一切安攘事宜既竭心思，真爲一時開府之良，雖經自陳求退，難以輕擬。合候命下，行令部光先照舊供職。務要毋恃目前之小安，力求日後之長計。西路定邊一帶接連花馬，固當預防；東路神木各城密邇偏關，尤宜慎固。

隆慶六年九月初九日題，奉聖旨："是。部光先着照舊供職。"欽此。

議衍聖公孔尚賢祖母加號太夫人疏

題：爲懇乞聖恩改加祖母封號，以廣孝治事。驗封清吏司案呈，奉本部送，吏科抄出，襲封衍聖公孔尚賢奏，奉聖旨："吏部知道。"钦此。钦遵，抄出到部送司。

查得伊祖孔聞韶、伊父孔貞幹各以襲爵後請給誥命，俱該本部題奉欽依，將伊祖母衛氏并伊母張氏俱封爲夫人訖。又檢照《諸司職掌》内，凡祖與父已死，而祖母并母見在應封，俱於夫人上加"太"字，若已亡歿者不加。又查得正德五年十月内，衍聖公孔聞韶繼嫡母袁氏封爲太夫人。通查案呈到部。

看得衍聖公孔尚賢奏，要加改祖母及母封典一節。除伊母張氏受封身故，例不加贈外。所據伊祖母衛氏見存，合加封爲衍聖公太夫人。既經該司查有前例，似應題請，但係干恩命，臣等未敢定擬。

隆慶六年九月二十五日題，奉聖旨："准他。"欽此。

會推閲視邊務大臣疏

題：爲虜衆内附，邊患稍寧，乞及時大修邊政，以永圖治安事。准兵部咨，該本部題，閲視邊務係干大計，乞要會推才望大臣三員，一員前去宣大、山西，一員前去薊遼、保定，一員前去延寧、甘固，逐一閲視等因。奉聖旨："是。着吏部會推忠實任事的三個去。"欽此。欽遵，移咨到部。

臣等照例會同各部、都察院、通政使司、大理寺三品以上堂上官，推舉得協理京營戎政、兵部左侍郎兼都察院右僉都御史王遴堪以閱視延寧、甘固，兵部右侍郎吴百朋堪以閱視宣大、山西，兵部右侍郎汪道昆堪以閱視薊遼、保定。伏乞欽命，王遴仍以原職，吴百朋、汪道昆量兼憲職，移咨該部定擬責任，請給敕書、關防。其選帶司屬并符驗、書吏等項，各該衙門徑自奏請。各令作速前去，欽遵行事，完日具奏回京。其協理戎政，就行兵部左侍郎石茂華，不妨部事，暫行帶管，候有官之日另議。

隆慶六年九月二十七日題，奉聖旨："是。王遴着以原職，吴百朋、汪道昆俱兼都察院右僉都御史，各閱視邊務，寫敕與他。營務着石茂華暫管。"欽此。

覆太僕寺少卿等官王宗載等自陳留用疏

題：爲自陳不職，乞賜罷斥，以光新政事。考功清吏司案呈，奉本部送，吏科抄出，南京太僕寺少卿王宗載、應天府府丞楊標奏，奉聖旨："吏部知道。"钦此。钦遵，通抄送司。

查得隆慶六年九月初六日，爲缺官事，該本部題奉欽依，王宗載改太僕寺少卿，已經札行本官欽遵去後。今該前因，案呈到部。

看得南京太僕寺少卿、今改太僕寺少卿王宗載，應天府府丞楊標，各自陳不職，乞要罷斥一節。爲照少卿王宗載、府丞楊標，一則以望而得改北寺，一則以資而初遷南府，均係一時之隽，雖經自陳求退，難以輕擬。合候命下，行令王宗載作速前來該寺，到任供職，楊標照舊供職。

隆慶六年九月二十七日題，奉聖旨："王宗載着遵新命，楊標照舊，各供職。"欽此。

覆巡撫四川都御史劉斯潔劾右布政等官方攸績等革任聽勘疏

題：爲糾劾巨奸，以維世道，以正人心事。考功清吏司案呈，奉本部送，吏科抄出，巡撫四川等處地方、都察院右副都御史劉斯潔題，奉聖旨："吏部知道。"欽此。欽遵，抄出送司，案呈到部。

看得巡撫四川等處地方、都察院右副都御史劉斯潔題參原任布政司右布政使、今丁憂方攸績，成都府知府顧褒貪肆不職，乞要革職爲民一節。爲照右布政使方攸績、知府顧褒被劾贓私若果是實，其罪不止罷黜。但查方攸績蒞官七任，旌薦甚多，且有冰蘗之稱；顧褒到任經年，考詞咸美，且有青天之頌。今乃贓〔三〕否懸殊，必須體勘明實，方服其心，相應通行議擬。除方攸績見今丁憂，在籍聽勘外，合候命下，將顧褒先行革任。一面移咨都察院，轉行四川撫按官，會同將所劾二臣事情逐一查勘明實，參奏處置。如果屈誣，即與辨豁。遺下知府員缺，另行推補。

隆慶六年九月二十七日題，奉聖旨："方攸績、顧褒都着革任聽勘。"欽此。

覆已故大學士蔣冕録廕疏

題：爲比例陳情，懇乞天恩，俯賜補廕，以圖報稱事。驗封清吏司案呈，奉本部送，吏科抄出，少傅兼太子太傅、户部尚書、謹身殿大學士已故蔣冕嫡長孫生員蔣務樵奏，奉聖旨："吏部知道。"欽此。欽遵，抄出到部送司。

查得嘉靖十六年十月内，該已故少師兼太子太師、吏部尚書、華蓋殿大學士費宏妻封一品夫人孫氏奏稱伊夫病故，乞要比照先年大學士商輅等、近年桂萼等輔臣身後録廕，或授尚寶司司丞，或授中書舍人事例，將伊男費懋良録廕等因。本部覆題，奉世宗皇帝聖旨："費懋良准廕授尚寶司司丞。"欽此。又查得隆慶元年，爲開讀事，准禮部咨，該兩京科道官辛自修等會舉得，原任少師兼太子太師、吏部尚書、華蓋殿大學士楊廷和准給祭葬贈廕前來，比照先任大學士謝遷身後録廕事例，將楊廷和廕一子與做尚寶司司丞，已經題奉欽依，案候在卷。今該前因，通查案呈到部。

看得已故大學士蔣冕備查恩廕，原有四項，其一則吏部侍郎時廕子一人入監讀書，其二則四川、山西等處軍功廕子一人做中書舍人，其三則以翊戴功廕子一人爲五品文職，其四則身後例該有廕。除侍郎之廕已經伊男蔣履坦受職，後病故；翊戴之廕屢疏控辭，一時同事諸臣俱未承領；四川等處軍功，近該本部查照大學士梁儲、孫梁孜事例，廕其孫蔣務稼爲中書舍人：俱難再議外。爲照本官在武廟之時則有社稷之功，在世廟之時則有贊襄之功，委爲一時名臣。既經廣西布政司將伊孫蔣務樵起送前來，該司查得閣臣身後例該録廕，合無將蔣務樵量廕中書舍人。但恩典出自朝廷，臣等未敢定擬。

隆慶六年九月二十七日題，奉聖旨："蔣務樵准與做中書舍人。"欽此。

議處貪酷憲臣疏

題：爲議處貪酷僉事以重憲職事。文選清吏司案呈，照得按察司僉事風紀所係，得其人則一路蒙福，掄選不可不精；非其人則一路受害，剗除不可不早。今有河南按察司僉事夏易、陝西按察司僉事范愛衆，詳稽素履，博采輿情，咸爲貪酷顯著，且用賄奸人，挾升憲職，呈乞議黜，以振風紀。案呈到部。

看得僉事夏易百方需索，一意營求，自知縣、府同知以歷今職，酷亦有之，而貪爲甚。僉事范愛衆賦性凶狠，行事乖張，自推官、府同知以歷今職，貪亦有之，而酷爲甚。且用賄求升，明有顯迹，按察之官，豈容有此？既經該司查呈前來，相應議處。合候命下，將夏易、范愛衆俱照依貪酷事例革職爲民，員缺另行推補。

隆慶六年九月二十八日題，奉聖旨："夏易、范愛衆都着革職爲民。"欽此。

覆監察御史計坤亨論原任通政韓楫少卿呂藿存留供職疏

題：爲申飭不法遺奸，懇乞聖明重行黜斥，以彰公論，以光新化事。考功清吏司案呈，奉本部送，吏科抄出，南京浙江道監察御史計坤亨題，奉聖旨："吏部知道。"欽此。欽遵，抄出送司。

查得《宗藩條例》内一款"王親仕格"，該禮部尚書李春芳等會議得，民間連姻宗室，本爲榮寵，宜人之樂就也。近乃多方規避，以一屬王親，則例不得任京職故耳。及考先年有奏改京職，如嚴時泰；近年復有比例奏改，如王淑、王湜者。合再申明，以後除係王親同祖親枝外，其不係同祖與係同祖而妃與儀賓、郡縣鄉主君已故者，一體除授京職，以爲定例等因。題奉世宗皇帝欽依外。

又查得隆慶五年四月内，該本部題，爲條獻膚議以仰贊聖政事，准禮部咨，該吏科都給事中韓楫等題，内一款"弘登薦之例"，臣等竊睹皇上臨御以來，特俞督臣之奏請，擢久淹之宗親，志急庸賢，見超往禁，甚盛圖也。臣等查得，國朝制書原無宗親不任京官之文。《會典》既成，始有女爲王妃或夫人、男爲儀賓等項俱各見在及有子孫者不除京官之例，則夫人而下其不在禁例可知。仰惟先帝斷自宸衷，特酌會議之條，定爲宗藩之例。專言王親而不及將軍，則應禁者止爲王親，而將軍以下之親不在禁例之中；特指妃家而並去夫人，則所重者獨爲王妃，而夫人以下之親盡係開豁之數。真大公至正之典、萬世遵行之法也。合無再敕吏部查照奉行，自今除授官員，除係王親同祖親枝妃與儀賓、郡縣鄉主君未故者應禁外，其不係同祖并夫人以下之親，及係同祖而妃與儀賓、郡縣鄉主君已故者，格當内任，徑行題除；望宜京堂，直爲擢授。既不失累朝遵奉之規，又不循往年拘泥之弊矣等因。該禮部尚書潘晟等覆議得，今後升授官員，除係王親同祖親枝妃與儀賓、郡縣主未故者照例應禁外，其不係同祖與夫人以下之親，及係同祖而妃與儀賓、郡縣主已故者，一體升除在京大小官職，以爲定例。再照女爲夫人以下之親，既遵條例，在所不禁，則男爲郡縣鄉君儀賓者，亦係將軍以下之親，親屬相同，而儀賓之家獨蒙禁抑，似爲未均。合無今後郡縣鄉君儀賓之親，照依夫人以下不禁事例亦從開豁，一體升除京職，以補條例所未備之意等因。題奉穆宗皇帝聖旨："是。"欽此。欽遵，備咨到部。該掌管部事大學士高拱等看得，王親禁例開載未詳，一向遵守無據。今該科臣建議，禮部題咨前來，亦既明白。但天下官員係王親者甚多，新例一開，便當不拘内外推用，于例合否，難以一一行查，相應題請，着落各該地方官員覈實以便銓補。恭候命下，咨行各撫按衙門，備將該省鄉宦，不拘見任、聽用，凡係王親者俱各查明，要見某官有無與前例相合，應否開豁，通限文到一月以裹從實回奏等因。題奉穆宗皇帝聖旨："是。"欽此。欽遵外。

又查得本部職掌内開，正德五年署郎中等官李嵩等曾經改授各道御史。隆慶四年十二月，該吏科都給事中韓楫條陳，將員外郎、主事等官改選後，本部覆議，相應題奉欽依，將員外郎宋之韓等照例改授各科給事中。

又查得隆慶五年六月取選官員，先日已經司揀，次日例該堂揀，偶值掌管部事大學士高拱閣務有妨，分付免揀，實與原任文選司郎中吕藿無干。查得隆慶五年三月内選除教職，徐應宿原選直隸休寧縣訓導，謝來原選直隸祁門縣訓導，并無更改情節，舊案見存可查。通查案呈到部。

看得南京浙江道監察御史計坤亨參稱原任通政司右通政、今聽降調韓楫冒居諫垣，巧立詭論，將王親不分親疏，皆得混入京官之列，外官五品濫入臺省，變祖宗之成憲，壞朝廷之選法。原任太常寺提督四夷館少卿吕藿揀選官員，攬權自專，説堂免其堂揀，除授訓導既已揭榜部前，受其請托輒復改于出榜之後，廢掄才之大典，壞朝廷之大體。各要明正典刑，以懲大惡各一節。臣等反覆參詳，其論韓楫也，一則爲王親升授京職，變亂祖宗成憲。查得王親不許除授京職，祖訓雖未開載，《會典》内開載甚詳。但嘉靖年間會議《宗藩條例》，款開係王親同祖親枝應禁外，其餘悉與除豁，奉有世宗皇帝成命。韓楫建議之時，乃申明前説，禮部覆允，本部行查，皆本《宗藩條例》，而推廣之例之開，實不自楫始也。一則爲五品改選科道，大壞朝廷選法。查得五品不許改選科道，原未著在令甲。正德年間，郎中李嵩等亦嘗改授御史，律以立賢無方之意，原不爲過。但惟當楫建議之時，本部誤以市井無賴如宋之韓者得厠其間，以故人言嘖嘖，乃是用匪其人，非關選法也。其論吕藿也，一則爲大選免其堂揀，廢掄才之大典。查得司揀、堂揀，本部見行定例。隆慶五年六月大選，偶因掌管部事大學士高拱閣務相妨，暫免堂揀一次，主之在拱，似非藿之敢於攬權。一則爲除授教官既已出榜，而又取改，壞朝廷之大體。查得選除命下，出榜曉諭，本部用堂印鈐蓋，並無既出復改之事，原本原榜，見在可查。頃者奉論考察，臣等會同該院考得，韓楫、吕藿雖有小疵，未玷大節，與一時同官之應黜者交相比量，自難一律，以故俱擬存留項下。于後韓楫以通政自陳，復該臣等擬降外任，荷蒙聖明俯賜俞允。吕藿以科道糾劾，又蒙皇上親賜裁斷，調南京用。所據御史許坤亨追論前因，臣等逐一查理明白，似難再議。合候命下，行令韓楫照依今降参議，吕藿候調有衙門，各策勵供職。但去留出自朝廷，臣等未敢定擬，伏乞聖裁。

隆慶六年十月初一日題，奉聖旨："是。"欽此。

覆太常寺少卿陳于陛自陳留用疏

題：爲自陳不職，乞賜罷斥，以光新政事。考功清吏司案呈，奉本部送，吏科抄出，太常寺少卿陳于陛奏，奉聖旨："吏部知道。"欽此。欽遵，抄出送司，案呈到部。

看得原任河南參政、新升太常寺少卿陳于陛自陳不職，乞要罷黜一節。爲照本官年力富强，才識贍敏，頃者以望内轉太常，輿論允愜，雖經自陳求罷，難以輕議。合候命下，行令陳于陛到任供職。

隆慶六年十月初三日題，奉聖旨："陳于陛着遵新命供職。"欽此。

覆原任兵部右侍郎冀錬在籍調理疏

題：爲舊疾未痊，懇乞聖恩辭免新命事。考功清吏司案呈，奉本部送，吏科抄出，原任兵部右侍郎冀錬題，奉聖旨："吏部知道。"欽此。欽遵，抄出送司，案呈到部。

看得原任兵部右侍郎、今改户部右侍郎冀錬奏稱舊疾未痊，非扶不起，非杖不行，足不能逾閾，手不能梳頭，乞要容令在籍調理一節。爲照本官端雅清修，輿論咸孚，頃以言官首薦，以故臣等題推南京兵部侍郎，再改户部，無非以我皇上新政之初用人求舊之義。乃今病勢如此危亟，據其所奏，情詞懇切，相應准理。合候命下，行令冀錬照舊在籍調理，痊可之日，本處撫按官具奏起用。遺下員缺先行推補。

隆慶六年十月初七日題，奉聖旨："是。冀錬准在籍調理。"欽此。

議已故南京吏部尚書吴嶽贈官疏

題：爲大臣恤典事。驗封清吏司案呈，奉本部送，准禮部咨送，巡撫山東等處地方兼督理營田、都察院右僉都御史梁夢龍題稱，原任南京吏部尚書吴嶽在家病故，乞要贈官等因，備咨到部送司。查得尚書該贈太子少保。通查案呈到部。

看得禮部咨開，原任南京吏部尚書吴嶽病故，該撫按官奏舉前來，贈官移咨本部一節。爲照本官人品端方，官常嚴恪。早年北署，勵冰清玉潔之操；晚歲南遷，成風移俗易之效。所據贈官，似應題請。但恩命出自朝廷，臣等未敢定擬。

隆慶六年十月初九日題，奉聖旨："吴嶽准贈太子少保。"欽此。

議已故兵部尚書毛伯温贈官疏

題：爲比例陳情，懇乞天恩，賜録微勞，特賜恤典，以光泉壤事。驗封清吏司案呈，奉本部送，准禮部咨，送右軍都督府經歷司署經歷事都事、今告養病毛棟奏，父毛伯温原任太子太保、兵部尚書病故，乞要贈官等因。備咨到部送司。查得太子太保該贈少保。通查案呈到部。

看得禮部咨開，原任太子太保、兵部尚書毛伯温病故，伊男都事毛棟奏乞贈官一節。爲照本官才優經濟，名播華夷。東省西臺，茂著公明之望；南征北討，屢成寧輯之功。所據贈官，似應題請。但恩命出自朝廷，臣等未敢定擬。

隆慶六年十月初九日題，奉聖旨："毛伯温准贈少保。"欽此。

議慎選科道官員疏

題：爲遵奉明旨慎選科道官員事。文選清吏司案呈，該本部題，爲缺官事。看得兩京科道員缺數多，相應選補。合無查照節年舊規，將在京歷俸已及三年行人與進士出身中書舍人，并國子監博士等官，及行取起送到部各官，一併選用給事中，聽本部御史會同都察院各從公考選議擬，奏請升授等因。題奉聖旨："是。科道係朝廷耳目之官，必心術端正、事體通達的乃稱此任。你每務要從公慎選，毋致冒濫。兩京言官，職任原無輕重，今後選用升遷都一體酌量行。"欽此。欽遵，抄捧送司，案呈到部。

仰惟皇上慎重言職，涣發德音，既欲致辨於心術之微以謹其始，又欲甄别於升遷之日以善其終，誠鼓舞人材之大機也，臣等愚昧，敢不仰承？夫科道之官以耳目爲名，爲其獻可替否，有補於朝廷之聞見也。若使心術回曲，則乖異之説返以惑聖聽；事體生疏，則迂淺之謀無以禆化理。實以庸流，虚列清貫，亦奚取於耳目之義乎？以故今次臣等未選之前，質以輿論，細加查訪，必求其端正與通達之根本；取選之日，試其文詞，公同品騭，必驗其端正與通達之枝葉。再三酌量，一體注擬，未嘗過爲分别，不敢少致冒濫。但向來人情重北而輕南，大率以北多内轉，南多外轉，揆以磨世礪鈍之義，委爲未盡。既經奉有明旨，相應申明議處。合候命下，以後在京都、左右給事中得升太常少卿、太僕少卿、尚寶司卿等官，南京給事中雖無都與左右之銜，若資望相等，升遷亦如之。在京刷卷、提學、大差御史得升太僕少卿、大理寺丞、光禄少卿等官，南京御史雖無刷卷、提學之差，若資望相等，升遷亦如之。至於職業不修、罔克有終者，無論科道，不分南北，容臣等以次區處。

隆慶六年十月十一日題，奉聖旨："是。"欽此。

議推官李一中不當降級疏

題：爲給文起送事。文選清吏司案呈，奉本部送，據福建布政使司咨呈福州府推官李一中起送降用緣由，到部送司。

查得先爲被劾貪穢將領鑽刺部院大臣及司府勘問等官，致圖脱網，懇乞聖明嚴行並究，以正法紀，以昭公論事。該巡按福建監察御史杜化中題稱，要將巡撫都御史何寬罷斥，推官李一中降用等因。該本部覆題，節奉穆宗皇帝聖旨："何寬着回籍聽勘，李一中降用。"欽此。又查得爲奉德意舉逸才，以備甄録，以光聖治事。該陝西等道掌道事福建道監察御史馬明謨等題，該本部覆議得，内何寬係御史杜化中糾論，無端受誣，公論甚明。造言者既已見黜，被言者自無可罪，相應免勘，遇有相應員缺酌量推用。奉聖旨："是。"欽此。除通行欽遵外。今該前因，查得李一中與何寬係干一事。案呈到部。

看得福建福州府推官李一中，查與巡撫都御史何寬原係一事。所據造言御史杜化中既經以此考察，何寬與李一中自當昭雪。除何寬先已奉旨聽用外，合候命下，將李一中免其降級，仍以推官原職查缺改補。以後政果有成，照例推升行取，不得拘泥私言，致妨公議。

隆慶六年十月十一日題，奉聖旨："是。"欽此。

覆總理河道侍郎萬恭不准休致疏

題：爲患病不能任重，懇乞天恩，容令休致事。考功清吏司案呈，奉本部送，吏科抄出，總理河道兼提督軍務、兵部左侍郎兼都察院右僉都御史萬恭奏，奉聖旨："吏部知道。"欽此。欽遵，抄出送司，案呈到部。

看得總理河道兼提督軍務、兵部左侍郎兼都察院右僉都御史萬恭奏稱患病不能任重，乞要休致一節。爲照本官才能集事，志欲立功。協理京營，兵將皆服其制馭；撫循山右，士民咸頌其公明。頃者起用河道，又能悉心料理，卓有成效。况今運道正在大修，方當用人之際，雖經以疾求退，難以輕擬。合候命下，行令萬恭照舊供職，以副簡任之義。不宜再行具奏，致妨河務。

隆慶六年十月十一日題，奉聖旨："是。萬恭着照舊供職。"欽此。

覆應天撫按官張佳胤等議知縣鄺彭齡等免降疏

題：爲新任縣官遲違兑運，罪有可原，懇乞聖明議調以慰民心事。文選清吏司案呈，奉本部送，吏科抄出，總理糧儲、提督軍務兼巡撫應天等府地方、都察院右僉都御史張佳胤，巡按直隸監察御史李學詩題，俱奉聖旨："吏部知道。"欽此。欽遵，抄出送司。

案查隆慶六年五月内，准户部咨，查參上海縣知縣鄺彭齡、嘉定縣知縣趙舉廉漕運遲違，各照例降二級等因。題奉欽依，移咨前來，案候在卷。及查鄺彭齡到任日期，委於本年二月十二日到任。其趙舉廉未經繳報，無憑查考。又查得嘉定縣知縣員缺已於本年七月内除補王焕，上海縣知縣員缺於本年九月内調補李志學，丹陽縣知縣員缺調補尹良任，俱各給憑去後。今該前因，案呈到部。

看得巡撫應天都御史張佳胤、巡按御史李學詩會題，稱遲糧降級上海縣知縣鄺彭齡、嘉定縣知縣趙舉廉，履任日淺，情有可原，乞要姑免降調，仍將趙舉廉改補丹陽知縣，鄺彭齡照舊供職各一節。除丹陽縣知縣員缺已經調補外，所據知縣鄺彭齡等既經撫按官會題前來，其情委有可原，相應議擬。合候命下，將知縣鄺彭齡、趙舉廉姑免降調，各令本縣照舊供職。其新選上海縣知縣李志學、嘉定縣知縣王涣，查有相應員缺另行題補。

隆慶六年十月十二日題，奉聖旨："是。"欽此。

酌議養病官員違限疏

題：爲兩奉明詔，議處養病官員，以廣聖恩事。考功清吏司案呈，隆慶六年六月初十日，伏睹詔書内一款："其有以養病違限革職者，若違限未久，姑與叙用。以後仍照近題事例行。"欽此。本年七月二十八日，伏睹詔書内一款："養病、給假違限，例該罷職不叙，原不係考察黜退人數。事久論定，年力可用者，各該撫按官具以名聞吏部，再加查實，具奏定奪。"欽此。查得嘉靖八年十一月内，該都察院題，爲催取風憲官員事，奉世宗皇帝聖旨："這御史但有養病三年以上的，都革了職，着冠帶閑住。以後養病官員照這例行。"欽此。又查得本部見行事例，凡病痊官員，起文到部俱在三年之外者，革職閑住。若到部雖在三年之外、起文尚在三年之内者，准令復職。隆慶四年七月内，該掌管部事大學士高拱議得，病痊赴部，三年爲期，已甚寬假，自當遵守。近年養病諸臣中，多假托營私，或情有規避，恣意家居，及至過期，巧圖援引，甚非人臣之禮。以後務要及期赴部，方准叙用。若到部在三年之外，雖稱三年之内給文，仍照違限罷職。題奉穆宗皇帝聖旨："是。"欽此。又查得病痊鴻臚寺序班張三桁違限一個月零一十八日，郭柱違限一十三日，俱題奉欽依革職。病痊進士葉明元違限三個月零二日，聶良杞違限八個月零二十一日，俱不准付選。通查案呈到部。

臣等查得，養病官員，令甲俱以三年爲限。奉世宗皇帝之旨，違限三年以上革職閑住。若起文在三年之内者，猶准復職。奉穆宗皇帝之旨，但係三年以上，罷職不叙，雖起文在三年之内者亦不准理。頃者皇上恭臨大寶，兩降明詔，一則曰違限未久，姑與叙用；一則曰原不係考察人數，許撫按官具以名聞。大哉王言，真天地無棄物之心、帝王不求備之意也，臣等愚昧，敢不祗承？但惟前項養病官員，假病濟私者固多，真病妨公者亦有，若使一概盡從罷免，似非情法之中。除序班張三桁、郭柱，進士葉明元、聶良杞，違限未久，另行查題叙用外。合候命下，以後養病官員起文在三年之内、到部在三年之外者，該司查驗，果有本處官司印信保結，仍照舊例准其拔選，庶人才、法紀得以兩盡矣。

隆慶六年十月十二日題，奉聖旨："是。"欽此。

議處調閑官員疏

題：爲議處調閑官員以疏通選法事。文選清吏司案呈，照得本部見行事例，有司不係繁劇、才力不及者，對品改調閑散。近據兩直隸各布政司起送調閑官員，除知州以上難以别議，其通判、知縣二行在部守候，多至數十餘人，閑缺甚少，拘於對品之例，日見壅滯，乞於品級正從之間量爲議處。案呈到部。

看得官有調閑，或以負才有限，或以秉氣稍偏，揆之器使之宜，法固難變。然調必對品，人多缺少，未免日見壅滯，人情、政體委有未便。既經該司具呈前來，相應議處。合候命下，容臣等以後逐項酌量。如各府通判，正六品官也，對品調閑，則該都司、留守司各經歷、斷事。若果無缺，則從六品，如布政司經歷、理問，鹽課司提舉俱得改調，仍支正六品俸。各縣知縣，正七品官也，對品調閑，則該都司都事、副斷事，按察司經歷，苑馬寺監正。若果無缺，則從七品，如布政司都事、副理問，行太僕寺、苑馬寺各主簿，鹽課副提舉，鹽運司經歷，正八品，如按察司知事，從八品，如布政司照磨、鹽運司知事，正九品，如布政司檢校、按察司照磨，從九品，如按察司檢校，俱得改調，仍支正七品俸。到任之後，果能砥礪官箴、閑習吏治者，許撫按官與同有司一體保薦，本部仍依原品查照叙遷。

隆慶六年十月十三日題，奉聖旨："是。"欽此。

覆巡撫甘肅都御史廖逢節自陳留用疏

題：爲自陳不職，懇乞聖明早賜罷斥，以安危鎮事。考功清吏司案呈，奉本部送，吏科抄出，巡撫甘肅等處地方、贊理軍務、都察院右僉都御史廖逢節奏，奉聖旨："吏部知道。"欽此。欽遵，抄出送司，案呈到部。

看得巡撫甘肅等處地方、贊理軍務、都察院右僉都御史廖逢節自陳不職，乞要罷黜一節。爲照本官本以美器，雅務邊才。近由參政開府河西，正值套虜馳鶩之際，一切注措，悉中機宜，地方晏然，允可嘉尚。雖經自陳求罷，難以輕議。合候命下，行令廖逢節照舊供職。務要興復屯田，開通水利。先守而後戰，收萬全制勝之功；足食以强兵，成五郡平寧之利。

隆慶六年十月十三日題，奉聖旨："是。廖逢節着照舊供職。"欽此。

覆原任監察御史今升參議部永春致仕疏

題：爲在告患病危篤，不能赴任，再乞天恩，容令休致事。考功清吏司案呈，奉本部送，吏科抄出，原任河南監察御史、今升福建布政司左參議部永春奏，奉聖旨："吏部知道。"欽此。欽遵，抄出送司。

案查先該本官具奏休致，已經本部札行作速赴任供職去後，今又再奏前因。查得本部見行事例，凡自願告退官員及有疾者，不分年歲，俱准致仕。案呈到部。

看得原任河南道監察御史、今升福建布政司左參議部永春奏稱在告患病危篤，不能赴任，乞要容令休致一節。爲照本官年力、才猷正堪效用，乃今抱此沉痾，且有不遑將母之情，兩疏乞休，誠非得已。既經該司查有前例，相應准理。合候命下，行令本官照依今升左參議職銜在籍致仕，病痊之日，本處撫按官具奏起用。遺下員缺即行推補。

隆慶六年十月十三日題，奉聖旨："是。"欽此。

覆巡撫寧夏都御史朱笈自陳留用疏

題：爲自陳不職，乞賜罷斥，以新聖治事。考功清吏司案呈，奉本部送，吏科抄出，巡撫寧夏等處地方、贊理軍務、都察院右僉都御史朱笈奏，奉聖旨："吏部知道。"欽此。欽遵，抄出送司，案呈到部。

看得巡撫寧夏等處地方、贊理軍務、都察院右僉都御史朱笈自陳不職，乞要罷斥一節。爲照本官本以長才兩撫寧夏，始而人懷去思，今而人慰來蘇，保釐之良，居然可見，雖經自陳求罷，難以輕擬。合候命下，行令朱笈照舊供職。務要西飭賀蘭之險，赤木諸口一一爲之戒嚴；東慎花馬之防，定邊諸城處處爲之謹備。毋以貢市之小安，遂忘修壤〔四〕之大計。

隆慶六年十月十四日題，奉聖旨："是。朱笈着照舊供職。"欽此。

覆南京科道官張煥等會薦尚書裴宇等起用疏

題：爲遵奉明詔薦舉遺賢，以需簡任，以裨化理事。文選清吏司案呈，奉本部送，吏科抄出，南京吏科等科署科事、南京户科給事中張焕，南京浙江等道監察御史計坤亨等奏，俱奉聖旨："吏部知道。"欽此。欽遵，通抄到部送司。

查得南京禮部尚書裴宇，係丁憂。尹臺，係革職。禮部右侍郎丘岳，係參政改用。兵部左侍郎谷中虚、河道都御史潘季馴、山西參議查鐸，俱係閑住。屯鹽都御史龐尚鵬，係爲民。巡撫應天都御史陳道基、河南參政董德明，俱係聽勘。江西左布政侯一元，雲南左布政陳善，貴州左布政江珍，浙江右布政莫如忠，雲南右參政、升廣東按察使何鏜，浙江副使、升陜西行太僕寺卿蔡結，俱係致仕。南京廣東道御史柴祥，係終養。通查案呈到部。

看得南京六科十三道官張焕、計坤亨等，各遵詔奏薦原任尚書等官裴宇等共一十六員，乞要遇缺推用，或以原職起用各一節。除丁憂官尚書裴宇應該遇缺起用，改用官侍郎丘岳應該外官改用，聽勘官都御史陳道基、參政董德明應該勘明推用，終養官御史柴祥應該親終之日赴部，俱無容别議外。爲照尚書等官尹臺等十一員，人品、才識委皆可用，既經南京科道官張焕等奏薦前來，相應通行議擬。合候命下，將尹臺、谷中虚、潘季馴、龐尚鵬、侯一元、陳善、江珍、莫如忠、何鏜、蔡結、查鐸十一員，容臣等遇有相應員缺酌量推用。

隆慶六年十月十六日題，奉聖旨："是。"欽此。

覆南京户部尚書曹邦輔引年不准休致疏

題：爲衰年七十，不能供職，懇乞聖恩憐准如例休致，以全晚節事。考功清吏司案呈，奉本部送，吏科抄出，南京户部尚書曹邦輔奏，奉聖旨："吏部知道。"欽此。欽遵，抄出送司，案呈到部。

看得南京户部尚書曹邦輔奏稱衰年七十，不能供職，乞要休致一節。爲照本官性度堅貞，才識老練。向者觸忤權奸，遠投荒徹。爰自起用以來，屹然如山，氣不少挫，且年雖七十，精力全未衰減。雖經以例乞休，難以輕擬。合候命下，行令曹邦輔照舊供職。但大臣進退出自朝廷，臣等未敢定擬。

隆慶六年十月二十五日題，奉聖旨："曹邦輔着照舊供職。"欽此。

覆巡撫湖廣都御史趙賢自陳留用疏

題：爲自陳不職，乞賜罷斥，以肅吏治事。考功清吏司案呈，奉本部送，吏科抄出，巡撫湖廣等處地方兼贊理軍務、都察院右僉都御史趙賢奏，奉聖旨："吏部知道。"欽此。欽遵，抄出到部送司，案呈到部。

看得巡撫湖廣等處地方兼贊理軍務、都察院右僉都御史趙賢自陳不職，乞要罷斥一節。爲照本官操履端方，才識精敏。向以參政仍守荆州，治行裒然稱首；乃今開府於湖，甚慰人望。任雖未久，一切注措，悉中機宜。雖經自陳求罷，難以輕擬。合候命下，行令趙賢照舊供職。務要軫恤民艱，糾察吏弊。内而灾沴則首防水患，常懷拯救之心；外而苗夷則克詰戎兵，潛消負固之念。至於江寇、湖寇乃腹心之疾，尤當嚴備。

隆慶六年十月二十五日題，奉聖旨："是。趙賢着照舊供職。"欽此。

覆四川撫按官劉斯潔等裁冗員因議各處教官不當裁革疏

題：爲裁冗員，省糜費，以蘇民困事。文選清吏司案呈，奉本部送，吏科抄出，巡撫四川等處地方、都察院右副都御史劉斯潔等題，奉聖旨："吏部知道。"欽此。欽遵，抄出送司。

查得四川鹽課提舉司同提舉已於嘉靖三十八年議革住選訖。

今該前因，案呈到部。

看得四川巡撫都御史劉斯潔會同巡按御史孫濟遠題稱，要將鹽課提舉司等衙門同提舉等官俱行裁革一節。除同提舉已經住選，無容再議外。爲照官無冗閑，固理財之要；事必經久，乃立法之中。所據副提舉、都事、大使等官，徒寄空名，無所事事，裁革相應。至如各州學訓導，位卑禄薄，所省無幾。近日南北州縣學校，偶因學正、教諭、訓導咸缺，不得已以年長生員署篆，春秋丁祭，甚至無官分獻，殊非愛禮存羊之義。況今歲就教貢士多至八百餘人，近又開有恩貢，明年就教之數計不止此。選法壅滯，亦當曲爲變通。既該四川撫按官會題前來，相應併行議處。合候命下，將四川鹽課提舉司副提舉一員，天全招討經歷司都事一員，雜造局、碉門茶馬司各官吏，俱准裁革。見任各官免其起送，聽候改補。吏典行令改撥。司局印記另行奏繳。其崇慶等州儒學訓導，仍令照舊。本部備將各處裁革過教官逐一酌量，何處仍當復設，何處不必再設，另行具奏定奪。

隆慶六年十月二十五日題，奉聖旨："是。"欽此。

嚴催提勘官員疏

題：爲遵奉明旨嚴催提勘官員，以正法紀事。考功清吏司案呈，奉本部送，先該本部題，爲亟處貪暴州官，以肅吏治，以安民生事。該巡按湖廣監察御史舒鰲題參隨州知州周行貪酷顯著，該本部議擬，將周行先行革職爲民，仍行巡按御史提問具奏等因。奉聖旨："周行着革了職爲民，巡按御史提問具奏。近來有旨提勘官員，日久俱不見奏報，貪吏無所懲戒，虧枉久不獲伸，撫按官所幹何事？你部裏便行與他每，着上緊從實完報。有推委故縱的，查參來説。"欽此。欽遵，抄捧送司。

查得嘉靖三十年四月内，該本部題，爲催勘廣東廣州府知府曹逵被劾緣由，内開近來積弊，聽勘官員往往遷延歲月，經營求解，而承勘之人亦依違觀望，不肯完結，若非避嫌，即屬回護，其爲背公黨私一也。合無今後查有此等，容臣等并該科參究等因。奉世宗皇帝聖旨："是。"欽此。又查得隆慶二年七月内，該本部題覆巡按浙江監察御史蒙詔論劾湖州府通判黄廷美緣由，内開即如通判黄廷美，在御史蒙詔，一時巡蒞，遂能發其奸狀；在本管撫按、司道，終年相臨，乃溢有美詞。此是彼非，自難兩立，欲定國是，惟在于勘問之明的耳。若復依違雷同，或遷延不報，終何以示勸懲哉？是故懲貪貴嚴，持法貴平，詢事貴實，此正臣等部院與各該撫按之職。合無容本部移咨都察院，轉行各該撫按衙門，各將節年行勘提問官員逐一提吊人卷，虚心審究，真正者速置之法，冤横者速爲申理。文書到日，通限三個月以裏分别奏報等因。節奉穆宗皇帝聖旨："黄廷美革了任，着巡按御史提問具奏。節年奉旨勘問官員，你部裏便行與各該撫按，務要依限分别勘明奏報。"欽此。除通行欽遵外。今該前因，查呈到部。

看得貪酷官員革職爲民，仍行提問者，所以嚴奸惡之防。被論官員勒令回籍聽候查勘者，所以求是非之實。若使撫按、憲臣祇承明命，奉行惟謹，非惟大奸大惡不敢縱肆，亦且公是公非得以昭明。乃今或因官已離任，人卷難集；或以事出風聞，贓證無據。先後推延，漫無了期。即如近歲五河縣知縣張憲翔横被污衊，于時臣等立限催勘，毫無干涉。即今憲翔見任御史，儹運有聲。竊計被勘官員如憲翔者恐亦不少，各該撫按公然廢閣，貪吏無所懲戒，虧枉久不獲伸，誠如聖諭。合無容臣等移咨都察院，通行天下撫按衙門，自本年十月以前至嘉靖三十年五月以後，不拘京官、外官，凡奉旨聽勘并提問未完者逐一查出，除先係聽勘，續以考察黜退不論外，其餘應勘應提問者，一面分委廉幹官員，提吊一應人卷逐一審究。贓證俱明、情罪無枉者，依律問擬，各另回奏；事出虧枉，或病故年久者，明白奏請定奪。一面將原奉勘合撮其緊關情節開造文册，内開一件，爲某事，該某官某人論劾某官某人何項事情。前件下注某年某月該都御史某人或御史某人奉到咨札，轉行某司道官某人，行委某府州縣官某人勘問，某年某月呈詳到院，爲因何故未曾回奏緣由。一樣三本，一送本部，一送都察院，一送吏科查考。如或仍前推諉故縱，容臣等與該科遵奉明旨參奏究治，庶奸惡得以速懲，善類不致終枉，吏治、國法兩有所裨矣。

隆慶六年十一月初七日題，奉聖旨："是。"欽此。

校勘記

〔一〕"贓"，疑當作"臧"。

〔二〕"日"後，疑脱一"題"字。

〔三〕"贓"，疑當作"臧"。

〔四〕"壤"，疑當作"攘"。

大椿堂詩選

〔明〕楊　博　撰
張志江　點校

點校説明

《大椿堂詩選》二卷，明楊博撰。

《大椿堂詩選》，據其序跋，明萬曆八年庚辰（1580）楊博長子俊民初刻，萬曆二十一年癸巳（1593）楊博三子俊彦增校，裴述祖重刻。今存後一刻本，此次點校即以其爲底本。楊博"自喜爲詩以寄興"，作品當不少，但"有所屬綴，援毫輒就，著作雖富，往往棄去不存稿"，"集中存者蓋千百之十一耳"。（《大椿堂詩選》方九功序）故此全書僅收詩一百四十五首，卷上收五言律詩，卷下收七言律詩、七言古詩，内容確如方九功序所言，"率燕樂贈送之什"。楊博久典兵事，足迹遍及九邊，以其閲歷之豐富，而《大椿堂詩選》題材如此狹窄，實爲一憾事；但從研究楊博交游和思想的角度來看，也不失爲可資利用的重要資料。

原文目録下原有"蒲坂楊博撰　長男俊民輯　三男俊彦增校　孫男元祥仝校　晉城後學裴述祖重刻"等字樣，今删去。

《大椿堂詩選》序

隆、萬間，蒲坂少師楊襄毅公爲太宰，予爲郎，日習公治太宰狀，敏斷精審，日方中而部務畢。委蛇之暇，顧自喜爲詩以寄興，間以示諸郎。諸郎斂衽而愕，以爲公社稷重臣，勛業是茂，乃亦役志觚錐，操詞客之長若是耶？咸嘆服公全才全才[一]，每欲得公全稿讀之，方以職事事公，不敢請。又聞公有所屬綴，援毫輒就，著作雖富，往往棄去不存稿。蓋公之歿五年，而大中丞本庵楊公撫治鄖陽，始録其遺詩梓之，乃以貽予，曰："先少師雅重子，敢以叙累子。"予受而卒業，五七言、近體堇堇百六十餘章。猶記署中所見贈徐僉憲子與一首："徐幹才名天下稀，久欽《中論》欲皈依。西曹獨擅金聲美，南國争傳玉樹輝。日照楚江明繡豸，風生燕甸促征騑。都門相晤還相别，愁見衡陽數雁飛。"今遺而不録，乃知集中存者蓋千百之十一耳。

叙曰：詩緣人情，豈不因時乎哉？近體昉於初唐，當其時，多君臣遊幸倡和之什，故沈、宋等侍燕應制，其詩暢以麗；開元之初，治庶貞觀，蘇、張之流盛矣，益以王、岑數子繼響，故其詩純而雅；天寶之季，海内多故，杜少陵間關蜀道，萬死一生，故其詩多悲惋愁鬱。正變不同，音節亦異。天寶以還，漸趨漸下，亦其時使然也。自公爲司馬郎，督學齊魯，參大藩，鎮巡九邊，入爲少司馬、大司馬、大冢宰，所履咸亨衢順境，無少抑閼，矧丁三朝熙泰之運，中外晏然，上下恬愉，以故發之咏歌，率燕樂贈送之什，無憤世抒鬱之調。而其體裁嚴整，風骨遒健，有若大人嶽立，冠裳珮玉，見者孰不斂容而敬事之，渢渢乎盛世之音，豈勞人畸士困拂無聊、窮思苦吟、争長一字之工者埒哉？

予嘗誦三百篇，中忠臣、孝子、仁人非少也，其所以托物聯類，憂國傷時，意非不正，辭非不婉，然皆列之變雅。至咏歌太平、感人情、動天地，若“鹿鳴”、“魚麗”、“嘉魚”之於燕享，“崧高”、“烝民”、“梁山”之於贈送，何其中正和平、一唱三嘆有餘音也！仲尼删《詩》而併存之，豈無軒輊於其間哉？讀者可以觀矣。公勛勒中朝，名著四夷，迹平生所建豎，固其鄉先達裴晋公、司馬文正公倫也，詩烏足重公？然而誦其詩，庶幾益有以窺公之才兼也。説者謂詩必窮而後工，非然哉！非然哉！

萬曆八年庚辰夏日，賜進士第、中順大夫、翰林院提督四夷館太常寺少卿後學南陽方九功頓首撰

校勘記

〔一〕“全才”，據文義此二字似衍。

大椿堂詩選卷上

五言律詩

秋初同雷古和高熙齋二尚書吕沃洲蔡白石李方村王疏庵四侍郎鄭園小集

公餘邀上客，同醉帝城南。萬柳晴烟合，千花宿雨含。蟬聲消伏暑，帆影動秋嵐。莫惜留連久，由來自盍簪。

暫出尚書省，郊園盡日遊。翠荷還共賞，黄鳥亦相求。不羡陳徐榻，真成李郭舟。治平公等在，尊酒結綢繆。

古和白石二丈鄭園之作各成四章余亦再賦二章不自知其爲蛙鳴也

名園鄰古寺，秋日會公卿。荷蓋迎冠蓋，蟬聲雜管聲。遊魚識舊艇，野鳥戀新旌。莫道林塘晚，還期待月行。

群公興不淺，吾意更留連。步葉青林外，穿花碧水邊。晴光通蕙閣，暑氣蕩蓮泉。却笑山陰事，空歸雪夜船。

七月之杪高熙齋司徒邀遊鄭園雷古和吕沃洲二司空以事未至即席漫賦四章

鄭圃重開宴，招携有地卿。天能收宿雨，人得暢閑情。籍草池邊酌，看花檻外行。寒蟬如有意，時復送秋聲。

園林景色遲，客至鳥先知。夾岸青苔合，圍墻緑柳垂。雲光摇桂宇，秋氣入荷池。幸接夔龍侣，長瞻化日熙。

時清公事少，郭外喜聯鑣。晴日花仍麗，秋風馬欲驕。山亭神自爽，水館暑全消。薄暮歌鍾起，相將出畫橋。

昔宴七賢並，今遊惟五君。物情忽自異，秋色亦平分。日月豐城劍，乾坤渭水雲。還期重九節，同醉菊花芬。

過文山祠

丞相名偏重，遺祠世共尊。乾坤柴市遠，日月蕙樓存。一死消胡運，孤忠報宋恩。中原還正統，辛苦向誰論？

讀謝疊山傳

宋鼎沉炎海，疊山起信州。潛龍終見奮，驚鶴自難收。故作君平卜，真懷豫讓憂。遺忠今尚在，常共大江流。

秋日鎮遠顧公招飲劉氏水樓

水閣龍宫上，居然瞰太虛。滄州一葦近，緑竹萬行疏。移席偏鶩鷺，臨淵祇羡魚。上公情愛好，欲去復躊躇。

正值清秋日，同登王粲樓。西山横萬疊，東海列三洲。紅葉當筵落，青萍接岸浮。無言歡宴晚，坐見月華流。

侵曉朝天後，移尊訪石丘。禁池新雨漲，宫樹暮雲秋。魚戲蓮房動，龍吟桂閣幽。蓬瀛何必問，即此足遨遊。

雨中高熙齋黄葵峰二尚書見訪留酌

雷雨滌煩暑，軒車喜並過。傳觴方入夜，《伐木》自成歌。高適名元重，黄瓊興更多。坐看星斗近，不覺醉顔酡。

鄭園泛舟

停舟菀柳下，暑氣迥難侵。況值秋風至，兼逢夕日陰。花能催作賦，魚解聽鳴琴。坐見塵襟豁，不妨酒細斟。

憶大椿堂

大椿堂者，余與右山中丞、鑑川憲長、鳳磐内翰疇昔講誦之所。偶聞右山暫歸，獨登此堂，悵然有作。

聞君乘駟馬，時過大椿堂。垂柳當窗密，曲藤引蔓長。轆轤汲舊井，桑扈啄新梁。應念同遊客，徘徊月滿廊。

恭遊西苑兔山呈同行諸公

佳氣滿瀛洲，霜清萬木秋。高臺開卦迹，曲水見河流。兔倚天邊桂，魚窺檻外舟。聯翩趨禁闥，何幸碧霄遊。

頃者閩中告捷實惟吾君吾相之功敬述二章呈省中僚友

盛夏休明候，南州捷始傳。閩天驚再造，漢月喜重懸。旌旆千山定，桑麻萬井連。中興真勝事，應見續瑶編。

廟略元無敵，安危有相公。榻前誰得與，禁裏自收功。香稻江天白，扶桑海日紅。妖氛今盡掃，無復片帆東。

翟石門師相巡行九邊上特定曰行邊使蓋異數也敬賦二章以紀其實

春風拂禁柳，都護出長安。已正中台席，還登上將壇。洪河旌外見，醫閭坐中看。尚憶軍謀日，賡酬月每殘。

從來經略者，分閫各西東。何似行邊使，全收出將功。九霄雙赤舄，萬里一彤弓。回首松亭嶺，還看海日紅。

秋日同蔡白石少司馬邀徐敬齋顧平溪燕集同蒙口召識喜

秋風吹玉樹，並坐理瑶弦。忽奉蓬萊召，急停草閣筵。禁雲催去馬，宫柳拂長天。共荷皇恩重，不妨帶月還。

送梁鳴泉赴河南觀察便道省覲

籍籍梁京兆，提刑入豫州。十年趨禁闥，萬里問遐陬。先以給事查盤甘肅。清望開嵩嶽，高名動斗牛。會看前席召，早晚下龍樓。

十月離亭晚，霜清月更明。梁園難久滯，燕邸故多情。正色同司馬，雄詞類長卿。中山家慶畢，歸雁早傳聲。

奉和蔡白石少司馬夏日簡兵之作

盛夏狼烟息，殷勤尚選徒。君王自萬載，主帥豈千夫。已報南平越，何愁北擊胡。文皇開創後，今復見雄圖。

細柳含宫柳，營開日月間。争誇擒虎至，不説射雕還。風動桑乾水，雲連采掠山。亞夫堅卧處，刁斗自應閑。

壽鎮遠侯顧公

上公當嶽降，天地正昌辰。百粤傳雄略，三軍頌虎臣。青霄金桂曉，滄海玉桃春。南極流輝處，常看燕樂新。

送總憲龍岡張公公嘗令臨晋有惠政且誠意劉公國初首典南臺公固其人焉爾

晋中初倚玉，霄漢共翱翔。花縣三春雨，柏臺六月霜。青田開矩矱，白簡動巖廊。惆悵三山隔，相期意獨長。

聖代多豪俊，張綱望不輕。南臺新秉憲，北署舊持衡。泰嶽元鍾秀，長庚果降精。故人牽别緒，三復聽鶯聲。

送左司馬兩溪萬公督撫三晋

司馬銜新命，西征使節勞。天寒龍磧遠，霜重雁門高。文甲懸金印，輕裘映寳刀。軍中韓范在，不數漢嫖姚。

送羽泉劉中丞提軍撫浙

祖帳嘶驊騮，公卿滿道周。浙中新授鉞，吴下久彈鈎。日映百城曉，霜含萬島秋。聖皇從此後，應不憶南州。

早起訪張筆峰大雨驟至因得承詩教賦此奉謝

侵曉訪名賢，槐堂響夏蟬。雨聲留客住，天意遂吾緣。未論曹劉體，先傳雅頌篇。居然三昧覺，何幸得參禪。

挽吴若峰大參若峰自言廣西之功遺而未録明日余方檢牒訃音俄至悽惋久之

廿年同晝省，相見慰離愁。方論桂林事，忽成蒿里遊。一官不受薦，五嶺合遲留。直道今如此，油然雙淚流。

之子南州彦，南州美更多。生祠存粤嶽[一]，歸櫬向江沱。空館悲猿鶴，長途慘薜蘿。元功終未論，如負故人何。

秋杪朱鎮山少宰馬鍾陽司徒蔡白石司馬吕沃洲司空同遊西山其日嗚雨不絶賦詩懷之

意竟難明[二]。獨抱三韓略，誰當萬里城。樞垣東望處，不覺淚沾纓。

秋日劉中侍邀余與顧平溪王疏庵張林東同飲水樓蔡白石以事未至賦詩二章

小雨增秋爽，琴尊對晚霞。當樓多鳥迹，傍水盡人家。俯視天邊樹，平攀月裹花。侍中能愛客，時出上方茶。

天逼中秋近，秋筵樂事奇。晚雲含瑞閣，早雨媚芳池。華髮隨雙鬢，青醪且一卮。中郎知不至，多是草玄時。

春日郊行

散步青郊外，乘春玩物華。古松還結幄，新草欲抽芽。曉日山横黛，晴天水映霞。明朝仍出賞，應許見桃花。

賀吉水毛母鄧太君榮封

余往在職方，寔承司馬東塘公國士之遇。仲嗣參軍，頃以考績得封鄧爲太孺人，敬賦一章。

古來稱絡秀，吉水喜同之。司馬刑家遠，祥麟出世奇。壺觴涵桂醑，襴彩映萱墀。素髮飄蕭日，天章忽爾垂。

送沃洲吕公出撫滇南

滇徼方多事，巖廊借上卿。早嵐開貴嶺，遲日下昆明。銅柱追前烈，金沙啓後生。獨憐風範遠，相送重含情。

送毛駕部出守杭州

杭州真勝地，春杪羡君行。天目雙湖曉，江心一鑑明。璧魚懸素節，竹馬動新聲。勿使錢塘上，偏留蘇范名。

送周武選左遷裕州

夏省同心侶，青門引别觴。暫栖鳴鳳翮，常過卧龍岡。地據方城勝，天連漢水長。裕州今别駕，端不愧王祥。

嘉靖乙丑歲夏六月兵曹進士倅郡者三人餘姚葉子得寧國臨川陳子得紹興昆山王子得建寧宰邑者九人武安宋子得襄陵吴江陳子得鄞湖口張子得餘姚三原温子得壽光歷城韓子得無錫陽城王子得嵩東萊趙子得烏程南海陳子得諸暨總賦五言一律送之

夏省相從日，分符各異方。致身終稷契，拭目望龔黄。鳳翮青霄近，龍泉紫氣長。治平諸彦在，衰白愧巖廊。

送張武庫出參湖藩

南楚開薇省，仙郎出鳳城。衡山元自異，湘水若相迎。問俗勤青蓋，憂時倚翠屏。經年嘗視草，一别重含情。

送郭車駕出守濟南余嘗藩臬東土搦管賦别不無并州之感

長夏還江邑，深秋向歷城。舊遊吾所戀，新命爾何榮。泰岳雲霄近，滄溟日月生。兒童竹馬動，端爲細侯迎。

送閩進士林子教授吉安

經明真羡汝，晝省接高論。黄甲名同耀，青氊道自尊。前修安定在，先正考亭存。想到廬陵日，天寒雪滿門。

送李中舍出使魯藩便省令翁南渠公

節使臨東魯，瞻雲過越鄉。山中黄閣老，江上紫薇郎。世濟絲綸美，家藏琬琰章。春明萊彩宴，淑氣滿槐堂。

嘉靖乙丑秋八月兵曹進士出守者二人慈溪劉子得臨清廣德甯子得許州作令者五人海寧居子得弋陽瓊山張子得建德南昌熊子得歙廬陵賀子得溧水膠州匡子得淶水總賦五言一律送之

聖主崇民牧，臨軒策雋良。花封春欲滿，棠芾夏初長。一别仙郎署，同登召父堂。閭閻無盡話，徙倚駐離觴。

送冀州楊生分教懷遠乃翁嘗令高陵與余友善

羡爾儒官好，官閑道自尊。塗山風入帳，淮水雪盈門。燕甸家聲遠，秦關宦業存。黄鶯知别意，相對故成喧。

送黄武選出守安慶

畿郡得黄霸，江淮指顧間。澤分桐谷水，春滿皖城山。報國心常赤，談兵鬢欲斑。居然屏翰在，長見戍樓閑。

送王龍峰之南通政因便省覲龍峰往在諫垣誤以不肖爲賢屢言於上蓋知己也

吉郡多才雋，王遵更出塵。今爲門下省，昔作仗前臣。綵服江光麗，銀臺氣色新。離筵春漸暮，心事向誰論？

送吴近泉明府之蒲州

憶昔兵戈滿，爲郎時啓予。江城牽别緒，山郡羡除書。入境薰風動，臨關化日舒。無緣從父老，欣睹治平初。

送李西野出守鞏昌西野在計部屢嘗以詩與余商訂蓋名家也

羗爾登熊軾，秦關碧樹齊。風生洮水北，春到隴山西。民自安田里，羌應謝鼓鼙。經過畫卦處，莫忘一留題。

送孟武選出守懷慶

寶劍覃懷上，龍光射斗斜。晴開王屋桂，春滿河陽花。玉樹明初日，金魚映晚霞。定知公事少，庭塢噪棲鴉。

嘉靖乙丑冬十月兵曹進士出宰者二人南昌萬子得金華東昌錢子得安邑總賦五言一律送之

時清得茂宰，南北各分猷。日下雙鳧舄，雲邊五鳳樓。金華雄越嶼，鹺海映河流。遥憶鳴琴日，春風滿道周。

送二溪胡膳部得告入楚改兆

南征重卜兆，始信帝恩偏。桑梓三湘近，松楸七澤連。青雲瞻鳳翥，白日見牛眠。新柳那堪折，春光滿畫船。

癸亥重陽偶以公冗忘記明朝漫賦識之

東垣松竹深，簿牒苦相尋。忘却重陽節，空勞千歲心。黄花應自笑，緑酒共誰斟。明發驚遲暮，開軒漫一吟。

得左史月峰賈兄蘭州書見其中頗有去志賦詩奉慰

蚤歲同文圃，而今俱二毛。秦山空伫望，蘭水實增勞。舊業明周禮，新辭接楚騷。朱門真吏隱，琴劍日華高。

嘉靖乙丑冬十二月兵曹進士出守者一人陽信王子得易州出宰者二人長垣殷子得趙城耀州左子得汲縣總賦五言一律送之

青陽逼歲暮，除目又驚傳。天啓三刀夢，人稱二舄仙。太行分晋魏，易水接幽燕。須使閭閻下，相將樂舜年。

送張蒲川計部謫南通州

鶯花天正麗，之子入通州。瓜步晴雲合，狼山曉日浮。朝遊江口堰，夕上海門樓。島嶼方多警，時勞一運籌。

送李待庵僉憲兵備叙瀘

榆石逢君早，秋風悵别深。十年滇海意，五月渡瀘心。壩底沿羌俗，川南本漢音。孔明遺範在，此去好追尋。

萬里橋邊客，同瞻魏闕雲。何時出漢沔，計日度河汾。諭蜀文應壯，驅車志不群。願將忠孝節，長奉聖明君。

嘉靖丙寅春二月兵曹進士出宰者二人真定張子得臨朐南昌劉子得金壇總賦五言一律送之

羡爾寰中彦，乘春並握符。沂山臨北海，江水接東吴。赤縣歌來暮，蒼生望不孤。相從蘭署久，相送日平晡。

過張南園中侍故居

長夏驅車勞，陰風轉怒號。人隨鶴馭遠，家近鳳城高。仿佛聞新論，分明戀舊袍。蘆溝西望處，宿草半蓬蒿。

送掾曹徐子得告奉母還浙

徐庶陳情日，秋風滿帝畿。婺星天外見，桂子月中歸。一別含香署，頻看戲彩衣。蘭溪溪上草，偏許報春暉。

送信庵雷子出按甘肅

湟中形勝地，尚記昔年遊。清海昆侖起，黄河積石流。匈奴失右臂，漢將得前籌。爲問乘槎客，何時過隴州？

送武選許子遷葬南還

許子德卿，蚤負才名，壬戌校文禮闈，得人獨盛。乃翁三峰先生嘗令巫山，有善政，巫人至今德之。

仙郎朝上疏，夕宿潞河陽。桃李陰方滿，松楸思更長。巫山還墮淚，徽水自傳芳。爲問新阡上，合增日月光。

藁葬緣貧病，含情十載餘。忽驚雲誥重，翻痛夜臺虚。陟岵先流涕，臨岐尚唏嘘。感君純孝意，不忍滯行車。

送侍御白岩王君遷湖南憲副

西臺驄馬客，秉憲向江天。繡豸何年服，金魚此日懸。粤中風采在，沛上頌聲傳。况復閑文藻，時勞惠大篇。

論交餘十載，尊酒戀長亭。薊北稱鳴鳳，湖南仰法星。秋深衡嶽紫，春蚤楚江青。桓典知名久，終當入漢庭。

寄王龍川解元其一專爲舍妹而作

燕水一爲别，相思晋水涯。豹藏多霧露，龍卧自雲霞。人擬西昆玉，天留上苑花。明河今在近，任爾泛仙槎。

有妹居蒲坂，兄猶在帝城。山川元自遠，骨肉重含情。惟望伏龍起，相將彩鳳鳴。春來鄉雁到，爲我一傳聲。

嘉靖丙寅夏四月兵曹進士出宰者二人欒城李子得衛輝之獲嘉大名張子得濟南之陽信總賦五言一律送之

分曹入夏省，出宰夏初暄。單父琴方理，河陽花正繁。即看齊俗變，莫使衛風存。無限循良事，臨岐爲爾論。

雷電風雨大至懷馮氏女

舟行非汝慣，雷電况來侵。聲振千山反，光摇一水深。老夫欲下淚，弱女自關心。想在天津道，隔舲望夕陰。

得裴右山中丞至潼關消息

秋風鄉雁至，知爾渡潼關。華嶽千峰外，龍門一水間。槐堂終歲别，梓里暫時閑。早晚天書下，還看江上山。

桂花仙棹發，疑是晋公迴。繡服人争羡，華堂春自開。河風喧鸛閣，山月敞琴臺。瀟洒鄉園裏，新詩幾度裁。

送門人潘子守信陽州

潘岳才名舊，新懸刺史魚。淮源出郡境，桐嶽映庭除。何氏篇章在，《王風》雅頌餘。高齋應有作，須寄八分書。

東土稱賢令，湖南撫字勞。一麾仍出守，雙翮自騰霄。終歲常懷寶，新秋果夢刀。當時門下士，獨爾擅風騷。

送陳駕部赴商洛參議

十年遲畫省，藩政始參知。風動三秦地，雲連四皓祠。商山真豹窟，藍水似龍池。吏隱誰堪侶，憑君問紫芝。

送葉職方出守黄州職方嘗節推廣平口碑存焉

草奏方憑汝，仙舟不可留。十年承紫綬，千里入黄州。洺水棠堪憩，荆山璞自收。王蘇風範在，高步挹前修。

送葛武庫出守汝寧

自得葛洪後，樞垣滿頌聲。不求勾漏令，偏問汝陽城。桐柏棠應發，光羅桂自生。殷勤頻酌醴，非爲故人情。

孫武選奉命頒誥海内賦詩送之

紫誥風雲護，仙郎出帝京。越江成晝錦，燕甸正春明。斗柄隨車轉，簪纓負弩迎。黄鶯如有意，偏向别筵鳴。

賀安邑西村王公榮封豸史詩以贈之

高卧條山曲，傳家有義方。椿堂開豸繡，梓里焕龍章。天净槐陰滿，月明桂影長。無論出與處，名已動岩廊。

承倪若谷惠詩以伯起玄暉擬我非其倫矣乃反贈之

吾家楊伯起，君是謝玄暉。南國澄江遠，西山翠藹微。久聞飄鶴髮，親見晝龍旂。自注《參同》後，居然盡息機。

嘉靖丙寅夏六月兵曹進士出宰者祥符王子一人以才望得昆山焉

王尊初出宰，吴越本同風。旆自中州發，山從北固通。文章言偃里，忠孝仲雍宫。遥憶鳴琴處，江清海日紅。

張子思光先令良鄉太宰胡公知其賢特補清河蓋欲盤錯別利器耳

秋風征雁動，仙令下河陽。淮北傳王舄，燕南依召棠。山公獨鑒賞，宓子自成章。會見含苞鳳，虞廷傍日翔。

送歐陽獅川守高州

青門春正麗，之子入高州。家學元非忝，國恩豈易酬。五羊尋故迹，一鶴步前修。應見蠻烟息，清風滿郡樓。

壽泌陽封中書舍人雙河崔公

堪羨瑶池宴，冬深春滿觴。人稱黄髮叟，天授紫薇郎。嵩嶽名元重，泌源慶獨長。萊衣真不數，之子有金章。

送朱海峰考功之南都兼呈三渠王太宰

南國秋風起，仙郎晝錦還。草堂通畫省，梓里點朝班。玉樹難常倚，金尊得暫攀。山公方籲俊，見爾定開顔。

初度再集示内外諸兄弟

盛夏開芳宴，槐陰緑正繁。雁行皆玉樹，鶴髮對金尊。有意烟霞僻，無心車馬喧。翻思周柱史，欲問五千言。

施州人雜番漢楚蜀咽喉之地朝議置兵司控扼之僉謂非職方李君不可余辱部長賦詩送之

施州戎馬後，新命任才賢。僰道全通楚，荆門半入川。漢官方駐節，夷落盡歸田。須使要荒外，同歡雨露偏。

送門人洪子之南駕部

柳色遲燕甸，金尊駐别驂。爾才真冠北，吾道敢言南。紫劍臨風贈，黄圖盡日耽。海氛方在望，莫效賈生談。

送朱白野巡鹺淮上少司馬白石蔡公守衡時雅知白野衡人至今服公藻鑑云

南國觀風使，秋深衣繡行。荆山元玉潤，柏府自冰清。問俗應無事，平夷定有成。驚看衡嶽鳳，先向大江鳴。

朱雲奇節士，久矣滯湘衡。一被中郎顧，三騰上國聲。霜寒淮甸净，月朗楚江清。無限乾坤事，臨岐倍有情。

送朱計部轉餉雁門問〔三〕道還滇

聖主勤邊餉，金曹下玉坡。後車驅雁塞，先夢繞牂牁。晋北春光滿，滇南晝錦多。瑶章吾最羡，無奈别離何。

代送杜虹野授徒晋陽

秋風征馬動，秋色滿金卮。三晋元吾土，諸生得爾師。馬融開絳帳，劉向照青藜。轉憶論文日，臨岐不盡思。

文園方借重，雲樹忽長吟。共抱辭鸞志，常懷倚玉心。太行秋氣早，汾水夕陽深。虎坐横經處，青衿滿道林。

寄平凉祁柳谷太守

太守與余蚤同硯席，初令祥符，累遷兖州二守，甚有聲稱，近以書來告别，作詩貽之。

千里書爲别，令人憶舊遊。鳴琴今汴縣，立馬古原州。翠壁六盤出，黄河九曲流。龔黄勛業在，高步挹前修。

陽城道中

道出陽城縣，乘春玩物華。山田如閣板，村徑似盤蛇。深澗留餘雪，高崖出故花。鄉音頻入耳，且喜近吾家。

五言排律

題《罹變彰賢卷》爲西軒王孫作

清朝傳盛事，七葉見王孫。已入東平室，還窺曲阜門。詩書原自悦，孝友夙能敦。壽入從心境，日開樂善軒。聖懷特眷賞，天語疊温存。偶值坤靈震，忽驚世道屯。縱横徧豹虎，炎沴及雞豚。四野黄塵合，千家白日昏。倉皇勤妙算，頃刻息狂奔。指顧夷群醜，安危在一言。黎氓知頌德，枝屬更銜恩。開卷璵璠滿，緑階莚蕙繁。迂疏慚授簡，何幸侍梁園。

校勘記

〔一〕“墩”，據文意似當作“徼”。元王沂《伊濱集》卷九《送傅汝礪教授之羊城》：“榕陰迷粤徼，柳色寄盧溝。”此書“徼”均訛作“墩”，以下不再出校。

〔二〕此句前疑有闕文。

〔三〕“問”，據文意似當作“間”。漢陸賈《楚漢春秋·亞父碎玉斗》：“沛公脱身鴻門，從間道至軍，張良、韓信乃謁項王。”

大椿堂詩選卷下

七言律詩

石門師相行九邊也博時以職方郎中寔在幕府追憶疇昔敬賦二章

相公欲冠麒麟閣，鶴髮還從九塞遊。北度居庸金闕曉，西來張掖玉門秋。雲連漢月迎征蓋，風轉胡琴動戍樓。尚記從容歸政府，文章勛業滿皇州。

幕府追隨歲欲更，昌黎何補晋公名。赤霄人擬千翔鳳，紫塞天開萬里城。嘉峪驚傳回紇定，漁陽親見花當平。至今邊土留顔色，風雨猶聞大樹聲。

夜讀許忠節公遺事

孤忠不忍戴南冠，一死能令社稷安。許遠人稱雙節迥，張巡天與寸心丹。大河中嶽千年秀，彭蠡匡廬六月寒。手把遺編欲涕淚，幢幢燈影夜初殘。

送門人陳思翊録囚雲朔

法曹銜命雲邊下，不惜驪駒爲爾歌。魯國諸生元自異，漢廷仙吏更誰過？桑乾河上秋風急，采掠山前暮雨多。白草蕭蕭黄葉暗，好從天外布陽和。

送楊彬庵出守西安彬庵曩守華州有惠政

函關西望白雲層，北斗城高爽氣增。棠芾早聞連二華，麥岐今見傍諸陵。晴雲驪閣新豐繞，春日熊車鄠杜凭。出守從來多盛事，試看黄霸穎〔一〕川徵。

送吴初泉太僕之滁州初泉嘗督南畿〔二〕學政諸生至今宗之

金陵形勝接滁陽，虎踞龍蟠本帝鄉。此去驪黄應似錦，向來桃李自成芳。紫薇泉瀉魚争躍，豐樂山空鳳獨翔。廿載交遊今折柳，春明相對意偏長。

冬夜投蕭中貴宿賦詩謝之

冬夜逢迎不憚勞，月明真可辯秋毫。望門徐孺情元劇，下榻陳蕃義自高。中使早聞歸巷伯，故人今喜贈宫袍。却慚鍾鼎成何事，搔首相看感二毛。

石門相公行邊時上嘗賜一銀瓢博適在幕府日得以瓢飲酒迄今乙丑逾二十七年矣偶於乃郎二進士處復見此瓢感賦一章

巢許夔龍本異風，賜瓢難與棄瓢同。投醪自古緣明主，酌醴于今感相公。九塞追隨憐獨醉，萬方歡燕喜相通。不堪重把遺瓢飲，血淚傷心酒並紅。

送張高平覲畢西還余令長安日高平大父方伯公寔在陝西蓋有三十年通家之誼焉

當年分篆令秦中，薇省何緣侍魏公。天賜蘭孫歌舜日，人傳花縣播唐風。清漳澮蕩黄河近，王屋岧嶤太室通。回首仙凫知暫去，行看雕鶚五雲紅。

送職方楊子守潞安

職方視草羡仙郎，初佩金魚出建章。難弟已懸棠樹日，而翁曾擅柏臺霜。太行古郡天爲黨，漳浦新流河並長。西去吾家真不遠，仁風遍許使君揚。

送郭給諫麓池憲副晋陽

聖皇特重觀察使，青瑣親臣下晋陽。日暖太行花競發，月明汾水桂傳香。滇南久擅龍泉氣，冀北新看虎變光。鄉土澄清真不遠，願同野老獻霞觴。

送吴陸橋侍御出守太平

漢廷桓典獨稱豪，三輔巡行使節勞。夙望真能連泰嶽，新詞端可繼《離騷》。虎符忽自雲霄下，鳳翮元同日月高。念别却驚南國遠，江花江草遍江皋。

寄題怡怡堂有序

滇南給諫麓池郭君昆玉三人，一衛使，一茂才，相得甚歡，自名其堂曰“怡怡”，請余賦之。

三鳳和鳴滇水邊，滇中淑氣滿山川。荆花日尚東堂發，燕語時從北地傳。文武衣冠元伯仲，公侯孫子定聯翩。天倫樂事真難寫，爲誦芳棠第一篇。

送秦鳳樓侍御僉憲浙江道出上海便省乃翁封君

帝城新柳拂晴烟，澹蕩風光二月天。日下始聞丹詔出，雲間先見彩衣翩。越山風動千岩振，定海春生萬島連。須信澄清今第一，西臺早已獨稱賢。

寄送門人陸夢洲出守寶慶夢洲爲邑令時余嘗薦之

楚天初見虎符來，遠近驚傳得雋才。立雪令予慚華省，停雲知爾滯繁臺。堂開寶慶衡山近，艤出荆門漢水回。終羡陸機《文賦》好，郡齋窗岫若爲裁。

送王西瀛僉憲山東

王粲才名滿晋陽，霜含新節更輝光。風裁蚤動周南郡，先分巡河南，嘗力摧强藩。文學原從子夏鄉。豺虎淄青應斂迹，鳳麟周魯自呈祥。非關桑梓交遊舊，見説埋輪駐別觴。

贈上海秦封君

西臺令子玉爲驂，南國靈椿雨露含。天上早聞傳玉墨，山中新喜見朝簪。當年文藻江争麗，此日恩波海並涵。身世正逢開泰運，康衢長向五雲瞻。

寄南少宰水簾潘公

博於官諭遠峰汪公處兩讀公詩，其一專爲官諭，末云："我向周南初拜命，長安何日共鳴珂。"其二兼簡及博，至云："知音爲謝楊司馬，何日相逢解佩珂。"惟公侍從舊臣，聖心簡在，與遠峰公鳴珂長安在旦暮矣。依韵敬賦，不自知其言之俚也。

仙槎遥望隔銀河，且喜雙魚度海波。聖主已聞開鳳閣，詞臣應許步鸞坡。山濤夙望隆還重，潘岳新詩美更多。相見無煩頻解佩，長安争羡共鳴珂。

秋杪有懷蒲溪張侍御年兄

憶昔秦中作令時，聯鑣日向五陵馳。人分易水偏成夢，天入燕山不斷思。每羨馬周無計薦，獨憐張敞竟何之。秋風落葉鳴黄鳥，感慨長歌《伐木》詩。

送屠坪石憲副督學兩浙

錦帆遥下潞河津，南省仍傳禮樂新。人擬圭璋燕甸曉，天開桃李越江春。幸逢聖主崇文日，正是真儒倡道辰。樽酒非關牽别緒，願將澆薄盡還醇。

壽襄陽樂峴劉公

西臺錦誥帝恩偏，已過磻磎入相年。鶴氅經時隨爾著，鹿門深夜共誰還。瑶池浪説蟠桃宴，衡嶽真看種玉田。夢想龐公何日侍，臨風先寄紫霞編。

壽總憲笠江潘公

都諫通方趙君與余善，謂姻丈笠江公今歲乙丑春秋七帙矣，三月癸亥寔惟嶽降之辰，願一言爲壽，余曰：“諾。海内蒼生日望公起而壽國，當與蒼生共祝之。”

春來青鳥侑霞觴，緑野堂開七十霜。才並陸雲心更赤，文同潘岳鬢全蒼。芸臺宿望星辰近，麟閣勛名歲月長。未許《考槃》歌在澗，還期天保壽虞唐。

送晋似齋太常歸省太母

王屋岧嶢繞翠微，晋中争羡太常歸。金魚先動重闈曉，玉珮仍含合殿輝。典選山濤今獨盛，陳情李密古元稀。春明望爾還朝早，忠孝應須兩不違。

讀《旌孝録》爲孫伯泉都督賦

江城何事弄潢兵，痛哭懷親獨遠征。一劍氣横天地轉，九葩色映日星明。掄魁仗鉞猶閑事，娱彩汲泉總至情。忠孝高墳驚宿草，燭湖常見四時清。

送湯龍涇僉憲河南

拂幰乘春入豫州，二南風物坐中收。乾坤突兀開中嶽，伊洛縈洄據上游。攬轡若爲今日事，埋輪真與古人儔。離筵翻動交遊感，玉樹高攀盡日留。

職方范子惟丕寔文正忠宣公之裔頃以《麥舟圖》相示獲見國初諸老之作琬琰盈卷喜而賦此

夏省春開覽畫圖，丹陽舟次景模糊。曼卿空道無元振，龍閣真看有鳳雛。舊館脱驂光百代，新編聯璧映三吴。雲仍盡是雲霄侶，天道親賢信不孤。

送憲副張少源入賀南還過沁省母

憲副先翁漳源棘卿者，博之執友，文章、行誼卓冠海内，長兒俊民且與憲副同年，青門言别，即席敬賦。

萬壽宫前獻壽歸，聖恩特許過庭闈。椿堂鳥篆風雲護，萱草龍章日月輝。楚地早傳叔子政，晋山今見老萊衣。侍臣自有《長楊賦》，簪筆還應入禁扉。憲副嘗爲翰林吉士。

送張嵋陽僉憲遼左

十載爲郎久曳裾，法星今始照醫閭。地連孤竹清風近，海入扶桑化日舒。塞上烟塵應自息，省中詞翰定誰如。翻思少小追隨日，撫劍談兵時起予。

送司徒少巖傅公暫還沔陽

劍履驚看出鳳城，楚山燕水共含情。向來玉樹欣相倚，别後金尊悵獨傾。謝傅尚懸經國望，商巖何負濟川名。蒼生爲爾同回首，莫擬扁舟滯洞庭。

送門人艾子赴平陽節推平陽余郡也實舜與皋陶故里云

九天分竹佐名城，平水瀠迴檻外清。虞舜萬年方正位，皋陶百代實先明。白雲跂望原非遠，青瑣高懸自不輕。此日秋風偏拂幰，凌空雕鶚羡君行。

送少司徒永石張公之南都

憶昔艱危謫楚鄉，薊人何事獨彷徨。才聞聖主收梁棟，已見明公入廟廊。國計南都原並重，民情北土不同方。懸知建業春明候，《伐木》先歌第一章。

送門人傅庫部兵備敘瀘

華省含香夏正妍，霜臺親簡帝恩偏。即看川貴兼權日，正是華夷一統年。玉壘文翁遺俗在，錦江諸葛大名傳。門墻羡爾升堂早，勛業終當繼昔賢。

送司徒思庵鮑公出撫山東時京師久旱公至屢有大雨人咸以台輔望之

天書晚出大明宫，東國驚傳節鎮雄。泰岳春深雲自碧，海門秋早日初紅。未論周衮輝光滿，已見商霖瑞氣通。此去灤陽應咫尺，須知明主兆非熊。

送王武選得告侍母

仙郎何事出咸京，烏鳥深恩萬念輕。雲滿太行應在望，天空漳浦自含情。階前竹笋冬仍發，舍後江魚春復生。尊酒離亭偏羡汝，好將萊綵聽黄鶯。

職方范子頒詔海内蓋勝遊也詩以送之

紫誥親頒出帝州，五雲偏傍錦帆浮。華亭未試人間彩，吴地先探月下鈎。五岳名山隨爾眺，三江才子定誰儔。獨憐樞管倥傯日，無計淹留少借籌。

壽林東張公

鶴髮蕭蕭舊侣稀，五雲縹緲傍人飛。虚疑丹竈留蓬島，實有青囊貯禁扉。金殿每傳天上語，瑶宫常賜御前衣。綺筵忽聽南山曲，爲爾長歌盡醉歸。

雨中泛太液呈同舟諸公

仙舟同濟盡同心，早沐恩波太液深。萬歲山前看鷺浴，九成宫外聽龍吟。荷開偏愛微風入，鶯轉翻愁細雨侵。自愧不才真忝竊，願言公等並爲霖。

送門人王子兵備左衛

尚記雲西經略年，青門相送壯心偏。秋風直欲尋東勝，雪夜還期鎖右賢。嶺度飛狐天漸遠，峰連回雁月初圓。知君文藻元無敵，立馬先傳出塞篇。

秋日壽歷原叔父時沈坦庵戚畹李臨泉封君翟雩泉樓村二進士在坐

小阮親從季父遊，高蹤何敢挹前修。白雲光映南山曉，青鳥聲含北海秋。沈氏賓朋同唱咏，翟家兄弟自賡酬。却慚菽水家常會，博得名賢盡日留。

送冀康川光禄之南都

康川始令長安，即有盛名。後余視師雲朔，康川以計部郎中督儲上谷，余嘗薦之。

塞上逢君交誼深，笑談樽俎豁塵襟。薦賢敢附陳襄疏，憂國真同杜甫吟。建業秋風新彩艦，長安春曉舊棠陰。台衡功業從今始，莫負吾皇籲俊心。

甲子歲杪方定溪大行以詩見貽依韵奉謝

歲暮驚傳大雅音，迂疏何幸見知深。攀龍此日渾無補，鬥虎當年偶就擒。屢向匣中看紫劍，每從天上賜黄金。感君道義相規切，垂老寧忘衛武心。

題司空蟠峰李公乃翁《榮壽卷》

整日西山歷翠微，鷗從南浦盡忘機。眼看人醉緣何事，心與天遊竟不違。豹虎乍聞群孽動，鵾鵬先向九雲飛。春來紫誥恩光遠，星斗洪崖倍有輝。

過鄭司空舊莊

履聲曾識鄭尚書，秋日城南訪故居。曲水疑從東海出，危樓真對西山虚。裴公緑野名應並，陶令黄花樂有餘。郎署别來今廿載，鳥〔三〕啼楓落漫愁予。

同年張餘峰憲副遠貽詩教至以晋公汾陽相擬依韵奉謝

家山幸接裴公里，勛業何能望令公。指點邊疆誰似虎，笑談湖海爾尤龍。安危終仗隆中侣，得失休論塞上翁。珍重故人相勉意，願將衰謝罄餘忠。

送秦杜村參議分守宣府

藩參持節倍光輝，上谷今稱漢近畿。雕鶚秋深黄葉滿，雞鳴春盡翠華歸。八城已見龍韜略，葉文莊盛。獨石仍傳虎將威。楊襄武洪。知汝巡行尋往事，好將邊計達黄扉。

若谷倪中翰春秋八十又二所居與余密邇丙寅春杪忽辱過臨敬贈一章

蘭堂相望喜相依，地接西山引翠微。彤管祗應天上有，蒼顔博得世間稀。海洲日映新桃實，渭野春生舊釣磯。忽訝函關仙馭過，青牛真見疾如飛。

雙壽同封爲比部趙陽溪父母賦父嘗倅清苑有善政

見説梁鴻與孟光，和鳴雙鳳日翱翔。獨行清苑松亭徑，並養江都花縣堂。門閭更高天自祐，冠裳偕老世呈祥。賢郎比部元純孝，千里猶能獻壽觴。

吾蒲古舜都也形勝甲於西北久宦懷鄉漫賦一首

秦晋相望雞犬聞，黄河一派就中分。西連仙掌明初日，東接龍門起暮雲。五老峰前鶴自語，二賢祠畔鹿爲群。琴堂故迹依然在，千古南風仰舜薰。

顔井漫題

魯城顔井今猶在，始信源從洙泗深。千載繘汲明主意，一時瓢飲大賢心。晴雲泮水清相映，勝日尼山爽並尋。滲潤久沾歡自劇，宫墻還得聽餘音。

送邢後坡符卿奉使慶藩便過臨潁〔四〕經紀伯兄之喪符卿頃在兵垣屢上封事且嘗一知武闈兩知文闈所甄拔者皆預首選亦奇事也

金殿香分曉漏催，符卿銜命出蓬萊。闥前屢上經綸疏，門下兼收將相材。潁水月明鴻雁斷，燕山雲净鶺鴒哀。知君戀闕心尤切，秋日秋風首重回。

吊孫忠烈公

誰道中丞事可嗟，豫章天柱至今誇。孤松獨抱無雙節，兩桂同開第一花。氣憾西山冲斗宿，神遊南浦發雲霞。中興社稷由公等，漫説降王走傳車。

嘉靖丙寅秋八月兵曹進士出宰者同安池子一人以才美得遂昌焉

風流宓子獨鳴琴，遠道虚疑渤海深。天遣秋霜明赤縣，人從春雨望青衿。含香欲向燕中别，佩玉應傳越上吟。却憶秦川初出宰，驅車先問召棠陰。始予釋褐爲長安令。

承天大誌新成禮曹少浦徐君恭捧入郢便奉母氏還姑蘇賦此贈别

欣睹三墳映楚皋，更傳徐幹出儀曹。紫雲闕下辭龍衮，黄鶴樓前見鳳毛。錦佩含花天正爽，畫船牽柳日初高。斑襴醉舞長洲苑，未許北山嘆獨勞。

庚午初度燕集呈坐中親友

北野重開舊隱堂，喜逢初度醉霞觴。身閑自覺皇恩重，心遠偏增野興長。條華平分時炫彩，河汾交匯日流黄。瑶池况有群仙在，帶得蟠桃滿路香。

寄寧夏王鑑川中丞于時適有飛語兼以慰之

中丞節鉞向秋臨，西夏争傳章甫吟。赤木〔五〕黄沙明月静，黑山白草暮雲深。後先使相應難敵，左右賢王總不侵。莫謂明珠偏作累，且看銅柱到如今。

壽寧鄉劉封君

寧鄉新事出長安，丹桂偏宜月裏看。衮衮龍章真絢彩，蕭蕭鶴髮始彈冠。九天夢想雲霄迴，萬壑留連歲月寛。乞得君王開壽宴，萊衣翻弄紫衣寒。

送温函野御史出按蘇松

洛陽才子下江東，江畔驚傳白玉驄。燕甸尚懸桓典望，吴門争睹范滂風。乘軺十月楓林赤，解纜三春桂樹紅。終歲妖氛民力盡，好將封事慰宸衷。

送馮武庫出守東昌武庫與余有兒女之姻其爲郎也余實掌部事云

碧樹黄鸝夏正舒，彤庭新見拜除書。薇垣暫輟郎官草，花縣長迎刺史車。泰嶽有情時璧立，海邦無事夜窗虚。殷勤獨苦長亭别，薄劣憑誰更起予。

送董澐泉侍御僉憲河南

西臺風采萬人傳，此去嵩花入望研。攬轡寧忘衣繡日，讀書還記下帷年。閭閻民隱君須問，鄉國交情我獨偏。楊柳未紓春尚淺，故將松桂侑離筵。

送何肖山出守徽州

仙郎出守大江南，紫綬新承雨露含。徽水祇應棠作樹，晋山空結草爲庵。金魚獨佩明初日，竹馬争迎驅暮嵐。明史循良知第一，春風相送滿征驂。

送門人范子東還武定

樂陵武定元鄰境，忠節高風萬古傳。豈意范滂真化俗，遂令許遠並稱賢。天留符虎仍還郡，人買耕牛盡力田。却憶横經論道日，殷勤曾授《伐檀》篇。

若谷倪中翰托思庵鮑公來索詩口占奉答

詩草無端到鳳池，日來點檢愧支離。管中窺豹成何事，野外尋狐轉自疑。鮑叔載傳白雪調，楊雲長抱素絲悲。黄鸝似解吟情苦，故作清音上竹枝。

送張西川東還黄縣

手持黄紙歸黄縣，竹馬真看滿路迎。日映棠陰連海市，天生松節自蒲城。弦歌東土追前哲，文藻西京啓後生。檻外名花知暫挹，遷喬行見上林鶯。

送姜對陽憲副陜西

華胄遥遥出渭濱，連城白璧世同珍。漢京觀察餘風采，周典郎曹表縉紳。地擁諸關連九塞，天開八水抱三秦。埋輪攬轡尋常事，台斗還期向北辰。

壽董封君有序

封君自號朴庵，余晋臨汾人也。六月戊戌，寔惟嶽降之辰，仲嗣澐泉侍御稱觴上壽，元孫正國適補京兆諸生，封君樂飲，盡醉乃罷。時余在坐，拈筆賦之。

君家汾水古堯城，澹蕩堯天福壽并。柱史雲邊娱彩錦，蘭孫日下振鴻名。常開栗里淵明酒，每聽緱山子晋笙。北海綺筵賓從滿，南山相對若爲情。

聞年丈章九華省長言去

清淑東南號九華，敢言丹陛筆生花。平生風節收青瑣，幾度昌言壞白麻。白日忍教唐介去，黄門常惡馬融奢。此心不負明天子，廊廟江湖總一家。

七言古詩

五老歌

曉披五老峰上雲，晚釣五姓湖中鯉。忽逢漁父三五人，問是五姓誰家子。自云無姓亦無名，接輩相傳常釣此。月落天昏駕小舟，從來未見風波起。得魚心自安，無魚心亦喜。公昔提兵在薊門，單于繫頸呼韓死。頗聞飛語轉流傳，彤弓幾付東流水。東流水，真可笑，何如相將日垂釣。白雲冉冉生，玄鶴雙雙叫。極地與窮天，居然不盡其中妙。

鎮番行贈裴判官相

鎮番自昔稱瀦野，我嘗持節遊其下。滿城盡是忠義軍，兒童亦解騎生馬。整日横戈在戰場，歸來還取耕犂把。盼望官倉米似珠，官倉利復歸商賈。君令監儲正當時，慎毋甘作悠悠者。寧遭富商嗔，莫受貧軍駡。試看青海寄雙魚，賢聲我能爲君寫。

校勘記

〔一〕“穎”，據文意似當作“潁”。唐杜牧《早春寄岳州李使君》詩：“分符潁川政，吊屈洛陽才。”馮集梧注：“《黄霸傳》：爲潁川太守，得吏民心，治爲天下第一。”

〔二〕“幾”，據文意似當作“畿”。明李東陽《送邵國賢還治許州》詩：“入門長揖向座主，元是南畿選擢之英才。”

〔三〕“烏”，據文意似當作“烏”。唐張繼《楓橋夜泊》詩：“月落烏啼霜滿天，江楓漁火對愁眠。”

〔四〕“穎”，據文意似當作“潁”。明有地名臨潁。

〔五〕“木”，據文意似當作“水”。《楚辭·離騷》：“忽吾行此流沙兮，遵赤水而容與。”

《大椿堂詩集》後

先太宰襄毅公弱冠登朝，四十年餘，出總邊鎮，入綰兵樞，運籌折衝，心力俱盡。然生平酷好詩，羽檄旁午，吟哦不輟。每年揮毫應酬，率弗留稿，以故僅得五言律一百一首、七言律六十五首。久而益恐脱落，重不孝之罪，敬用編次成帙，捐俸鋟梓，與四方學士共諸。於戲！手澤尚存，音容杳隔，撫卷長思，悲惋奚勝，聊書此紀歲月云。

時萬曆庚辰春二月上澣日，都察院右僉都御史長男俊民百拜謹跋

重刻《大椿堂詩集》跋

先襄毅公詩集，舊刻郧中，歲久漫漶。暇日承伯兄司徒公命，廣搜遺澤，更得五言排律一首、七言律一首、古詩二首，偕仲子元祥稍加訂正。友人符明裴君有淮南之遊，珍重是帙，欲重付剞劂，余不忍秘也。嗚呼！午牛亥豕，庶徵證於二三；蠹簡蝕編，終掛漏乎萬一。可勝痛哉！痛哉！

時萬曆癸巳仲春吉旦，工部員外郎三男俊彦百拜謹跋，試中書舍人五男俊臣百拜仝閲